# 危局与抗争

洪兵 | 著

新世界出版社
NEW WORLD PRESS

**图书在版编目（CIP）数据**

南明十八年：危局与抗争 / 洪兵著 . -- 北京：新
世界出版社，2023.10
ISBN 978-7-5104-7729-4

Ⅰ.①南… Ⅱ.①洪… Ⅲ.①中国历史—南明 Ⅳ.
①K248.4

中国国家版本馆 CIP 数据核字（2023）第 154846 号

## 南明十八年：危局与抗争

| | |
|---|---|
| 作　　者：洪　兵 | |
| 责任编辑：董晶晶 | |
| 装帧设计：主语设计 | |
| 责任校对：宣　慧　张杰楠 | |
| 责任印制：王宝根 | |
| 出　　版：新世界出版社 | |
| 网　　址：http://www.nwp.com.cn | |
| 社　　址：北京西城区百万庄大街 24 号（100037） | |
| 发 行 部：（010）6899 5968（电话） | （010）6899 0635（电话） |
| 总 编 室：（010）6899 5424（电话） | （010）6832 6679（传真） |
| 版 权 部：+8610 6899 6306（电话） | nwpcd@sina.com（电邮） |
| 印　　刷：天津中印联印务有限公司 | |
| 经　　销：新华书店 | |
| 开　　本：710mm×1000mm　1/16　尺寸：170mm×240mm | |
| 字　　数：400 千字　印张：28.5 | |
| 版　　次：2023 年 10 月第 1 版　2023 年 10 月第 1 次印刷 | |
| 书　　号：ISBN 978-7-5104-7729-4 | |
| 定　　价：78.00 元 | |

目录

序篇

朱由检的算计

君非甚暗，孤立而炀蔽恒多；臣尽营私，比党而公忠绝少。
——（明）李自成《讨明檄》，
转引自（清）计六奇《明季北略·卷二十》

呜呼！庄烈（指朱由检）非亡国之君，而当亡国之运，又乏救亡之术，徒见其焦劳瞀乱，孑立于上十有七年。……卒致宗社颠覆，徒以身殉，悲夫！
——（清）张廷玉等《明史·卷三百零九》

# 第一章 | 亡国

## ①
## 勤勉的君王

大明崇祯十七年（1644年）正月初一，凌晨，北京，紫禁城。

东方的地平线上，刚刚露出一片惨白，凛冽的寒风从门窗的缝隙中挤进来，呼呼作响。这是一间不太起眼的偏殿，屋子中央摆着一盆燃烧殆尽的炭火，不时发出噼啪响声。点了一夜的蜡烛，只剩余一小截在苦苦支撑着忽明忽暗的火焰。一张半旧的椅子上，坐着一个面容困倦的中年男人。

又是一个不眠之夜！他不时抬起头，发出微弱的叹息，然后继续凝视着奄奄一息的炭盆。头顶的冠帽、身上的龙袍似乎在无声地证明，这个愁容满面的男人便是大明王朝的第十七任统治者——崇祯皇帝朱由检。

对这座神秘而深幽的紫禁城，朱由检再熟悉不过了。尽管生于斯，长于斯，但他过去从未预想过，自己有一天会君临天下，甚至打记事起，他就从未感受过生在帝王家的荣耀与惬意。

他的父亲名叫朱常洛，凭借长子的身份贵为储君，却不受他的祖父万历皇帝朱翊钧待见，当年要不是群臣据理力争，恐怕废立的重拳已经落了实锤。朱由检的命运其实也很凄惨，他排行第五，生母刘氏是一个卑微又不受宠的宫女，因为开罪于还是太子的夫君而不幸早亡。从那时起，尚处幼年却孤苦伶仃的朱由检便在这充满尔虞我诈、腥风血雨的深宫大内苦苦求生。可以说，正是这种缺少家庭温情，甚至性命都岌岌可危的生存环境，造就了朱由检猜忌多疑、刻薄寡恩、浮躁冥顽的极端性格。

天启六年（1626年）十一月，早已被封为信王的朱由检离京就藩，出居信邸[①]。可以想见，离开这个危机四伏的地方，时年十六岁的朱由检应该长舒了一口气吧。然而让所有人始料未及的是，还不到一年的光景，膝下尚无子嗣的天启皇帝朱由校便撒手人寰，年仅二十三岁。临终之际，这位痴迷于木匠活儿的天启皇帝，将早已风雨飘摇的王朝交到了五弟——信王朱由检的手里。

如今，朱由检从信王府回到紫禁城，已经是第十七个年头了！虽然与早先十几年如履薄冰的深宫生活完全不同，但这也是一段漫长而艰辛的岁月。面对内忧外患交织的危难局面，贵为一国之君的朱由检这些年宵衣旰食，"鸡鸣而起，夜分不寐"，时常因为忧劳而成疾，却不敢有丝毫懈怠。朱由检自忖，自己应该没有辜负皇兄当年"吾弟当为尧舜"的殷殷嘱托吧。

曾经的朱由检，算得上一个英姿飒爽的少年，十七年的时光在他的脸上刻满了沧桑的印迹。尽管有意识地遮掩，但两鬓的白发依然不听话地跳出来，让人难以相信这位一国之君只有三十四岁。

身旁的几案上，前一天送来的奏章堆积成了一座小山。疲惫不堪的

---

① 此据温功义《三案始末》（三联书店，2013年版）。另有说法认为，朱由检并无实际的藩地，他出宫后居住的信王府在北京城内。

朱由检瞟了一眼，微微抬起头，积蓄在胸中的一团浊气在一瞬间喷涌而出，冲过声门，发出重重的哀叹。

朱由检不想再去触碰那些繁杂的奏章，他心里很清楚，群臣长篇大论所述的，无外乎两桩令他无比头疼的麻烦事：西北的"流贼"和东北的清军。归根结底，不是要兵，就是要钱。对此，朱由检的心里恐怕有一万个不屑：朕要是有兵有钱，还要你们干什么？——话说回来，朱由检未必真的没钱，据说后来农民起义军攻破北京之后，从皇家内库中搜检出了三千七百万两白银[1]。如果此说为真，说明过惯了节衣缩食苦日子的朱由检，是真的不舍得从自己的小金库里往外掏钱啊！

说起西北的"流贼"，可以算是朱由检的"老朋友"了。后世有研究认为，大约从万历后期开始，神州大地便迎来了一次异常寒冷的小冰河期，尤其是陕西、河南一带，旱、涝、虫灾不绝，瘟疫肆虐，导致百姓流离失所，最终"草木俱尽，土寇并起"。

崇祯二年（1629年）四月，朱由检采纳一位言官的建议，做了一件自以为得计的大事——裁撤驿站，以此削减政府的开支。当时的驿传系统确实已经相当不像样了，内部腐败不堪，甚至与当地的黑恶势力互相勾结，成为各级官员违规享受公费服务、搜刮百姓、中饱私囊的工具。这位名叫刘懋的言官信誓旦旦地保证，通过此次大幅度的裁撤，每年便可以节省数十万两白银！

苦于无米下锅的朱由检怦然心动，全然不顾列祖列宗通过设立驿站来"笼络强有力之人""使之不敢为非"的良苦用心，闯下了弥天大

---

[1] 此说源自（明）杨士聪《甲申核真略》，其中有记载说："贼入大内，括各库银共三千七百万两。"另据（明）赵士锦《甲申纪事》记载：起义军"解内库银尚未动者，银尚存三千余万两"。后世也有研究认为，明朝的府库早已枯竭，杨、赵的记载纯属道听途说，根本不足为信。

祸。经过此次大规模的裁撤，节省下来的开支"未足充军饷十一"，却导致驿传系统几近崩溃，官府不得不将递送信息的任务交给沿途的里甲编户。用当时一位大臣的话说，"是犹剜肉医疮，疮未瘳而肉先溃"，即想通过剜肉的方法治疗脓疮，结果疮没治好，肉先烂掉了，遍布全国的情报信息传递系统遭到根本性破坏。更为严重的是，一大批驿夫因此失去了工作和生活来源，与饱受灾荒、衣食无着的流民一起，走上揭竿而起的道路。

正是从这个时候开始，形形色色的"流贼"在各地蜂拥而起，渐成燎原之势，在朱由检的眼皮子底下窜来窜去，赶不走，也打不死。这些年，群臣你方唱罢我登场，"流贼"却始终陪伴着朱由检，真可以说是"野火烧不尽，春风吹又生"啊！

这些年来，朱由检操控着这台锈迹斑斑的国家机器，与风起云涌的"流贼"反复较量，终于在崇祯九年（1636年）七月迎来了胜利的一线曙光——时任陕西巡抚孙传庭抓住了"作乱"七年之久的"闯王"高迎祥，押往京城处死。

朱由检没有想到，处死高迎祥，反倒给"流贼"的新陈代谢帮了大忙。三年以后，新一任"闯王"竟然率领起义军重出江湖，带着逃入商洛山的残众死灰复燃。再过四年，起义军更是一举荡平关中，从此声震天下。这位新的"闯王"，便是历史上大名鼎鼎的李自成，他曾经是银川驿的一名驿夫，在当年的大规模裁撤中不幸失业，后来便愤然投身于起义大军了。此时，雄心勃勃的"闯王"李自成正在西安城整装待发，打算东渡黄河，挥师直指京城。

回首当年，朱由检不是不想斩草除根，让高迎祥的残部和"流窜"于南方的张献忠彻底销声匿迹，实在是形势逼人，迫不得已。西北的"流贼"到处惹是生非，东北的清军也从来没有消停过。因此，西北的局势稍微有所转机，朱由检就不得不根据新的轻重缓急进行调整，先把关外咄咄逼人的女真人摁住再说。

如果说"流贼"仅仅是朱由检这一任君主的"老朋友"，那么东北的清军算得上是大明王朝几任皇帝的"老冤家"了。从万历四十四年（1616年）努尔哈赤建立大金政权（史称"后金"）算起，大明的皇位历经神宗朱翊钧（万历）、光宗朱常洛（泰昌）、熹宗朱由校（天启），一直传到朱由检，天子、臣属走马灯似的换，努尔哈赤、皇太极率领的这支女真部落却始终与大明王朝如影随形，难舍难分。

二十多年的时间里，明、清两方主要在山海关外频繁较量，各有胜负，基本上是势均力敌地僵持着。然而，崇祯十三年至十五年（1640—1642年）发生的那场"松锦大战"，以明军全面失败而告终，历史的天平开始发生明显的倾斜。当北京城里正在为据报已经英勇就义的蓟辽总督洪承畴举行追悼仪式时，前线却传来了这位"忠臣"被俘后降清的确切消息，朱由检心中残存的一丝幻想被残酷的现实击得粉碎。

尽管朱由检自认在位以来始终兢兢业业、殚精竭虑，不曾乱摆一回宴，不肯多花一分钱，但大明王朝这座千疮百孔的大厦已经是摇摇欲坠了。朱由检或许没有意识到，内囊尽坏的大厦根本经不起折腾，如果他像长兄那样选择声色犬马式的"躺平"，或许明王朝还能苟延残喘更多时日，但他实在太过于勤勉，这些年里除"阉党"、裁驿站、征"三饷"①、诛臣僚，夜以继日地各种算计，忙得不亦乐乎，结果是加剧了内忧与外患，颇有点"不满死神来得慢，黄泉路上猛加鞭"的黑色幽默。

回首往昔，再多悔恨也于事无补了，只说现如今，西北有声势浩大

---

① "三饷"包括辽饷、剿饷、练饷，属于应对紧急事态的额外田赋摊派，辽饷主要用于抵御关外的清军，剿饷、练饷则主要用于镇压各地的农民起义。

的"流贼"，东北有羽翼渐丰的清军，北京城已经朝不保夕，很多人都这样认为。朱由检不想去看，也不愿再想，他的内心早已不知道什么是抑郁了。十七年的勤奋辛劳，换来的却是"忽喇喇似大厦倾"，足以让他哀莫大于心死。刹那间，朱由检的脑海里闪过一丝不祥的预感：今天，或许就是自己度过的最后一个新年了。大明王朝经历了二百七十多年的风风雨雨，如今已成将熄的蜡烛；眼前炭盆里噼啪的声响，仿佛就是大明王朝生命的绝唱。朱由检捶了捶发麻的双腿，撑着椅子勉强站起来，佝偻着充满倦意的身躯，颤颤巍巍地走了出去。

　　天亮了，该上早朝了。

## ② 诡异的新年

朱由检没有想到，这个新年的第一天实在是太诡异了。

当他坐上太和殿的龙椅时，平日里熙熙攘攘的朝堂上却只有一名执金吾孤零零地站着。见朱由检面露惊诧与不悦，执金吾无奈地硬着头皮解释说：群臣应该是没有听到钟鼓声，以为圣上还没有出来，所以不敢擅自入殿。

或许是自己来得太早了吧！朱由检一面这样想着，一面吩咐太监鸣钟，打开大门，召唤群臣赶紧钻出来上早朝。在这个呵气成霜的冬日里，悠扬回荡的钟声仿佛给这座万籁俱寂的古都带来了一丝生气。

等了许久，朝堂上依旧不闻人声。群臣是集体失聪了，还是全都死绝了？朱由检没有心情去琢磨这份诡异，不过等得有些不耐烦。他没有往日的怒火，只是淡淡地对司礼太监说道："先去拜谒太庙，再回来上早朝吧。"司礼太监闻言，唯唯诺诺地出去，招呼车马。

每年的大年初一，皇帝都到太庙拜谒，这已成惯例，车马应该早就准备妥帖了。但老天爷似乎成心要将这一天的诡异继续下去，司礼太监找寻了许久，并不见銮舆的踪影，马匹依旧在马厩里悠然自得地享受着早餐。

为了能让皇帝出行，司礼太监只得将长安门外群臣的坐骑赶拢在一起，吆喝着聚集在端门之外。这些临时征用的马匹，并不知道自己即将身负重任，只是一味地跳腾嘶叫，肃穆的端门外瞬间变成了嘈杂的马市。

安全第一，太庙恐怕是没法去了。司礼太监只得向正准备登舆的皇帝回禀："圣上还是先上早朝吧。"朱由检没有深究内中的缘由，只是点点头，微微发出了一声只有自己能够听到的叹息。

幸运的是，文武群臣总算从东、西长安门进来了，新年的第一次朝会不至于冷场太久。文臣们从西门进来，他们的位置在东面；武官们从东门进来，他们的位置又在西面。两股人流很快便会聚成一团，官员们屏住气息，提着下摆，以半蹲的方式相互穿插着游走，杂乱的场面与端门外的"马市"遥相呼应，刚刚还一片死寂的紫禁城热闹得似乎过了头。

朱由检实在没有兴致观看这样的闹剧，下令让新年朝贺草草收场。但老天爷导演的诡异戏剧还在继续，朝会刚刚结束，一场大风便席卷而来，令人猝不及防，扬起的尘土遮挡住了所有人的视线，史载"震屋扬沙，咫尺不见"。

朱由检连忙用袖子遮着脸，匆匆退回到内殿，拜谒太庙的心思荡然无存。恰在此时，太监又送来一份急报。这是凤阳守陵者谷国珍送来的，不似长篇大论的奏折，上面的文字并不多，朱由检的目光很快就搜检出了最关键的字眼：凤阳地震！

凤阳是太祖朱元璋的老家，是整个大明王朝的龙脉之地，莫非……朱由检不敢再往下想。他赶紧传谕，召来筮官准备算一卦，希望能博个彩头，让这个诡异的新年恢复常态。筮官应召而至，卦签很快跳出来了，上面写着几句半大孩子都能看得懂的大白话：

> 帝问天下事，官贪吏要钱。
>
> 八方七处乱，十囊九无烟。
>
> 黎民苦中苦，乾坤颠倒颠。
>
> 干戈从此起，休想太平年。

未待看完，朱由检的双脚便不禁颤抖起来，整个身躯重重地瘫坐在椅子上，头上的皇冠被震掉了，滚了几滚才在不远处停下来。朱由检没有理会，他仰着头，缓缓地闭上双眼，两行泪水从眼角的皱纹间横溢出来，滴落在地，散成了一片。直到此时，朱由检才恍然大悟：这哪里是老天爷玩弄的诡异，分明是大明王朝的亡国气象啊！

他此时还不知道，东北的清政权在这一天改元顺治，幼小的爱新觉罗·福临（皇太极第九子）已经在去年八月登基，多尔衮成为辅政王。而在同一天的古都西安，与女真人心有灵犀的"闯王"李自成也宣布登基，正式建立了大顺政权，改元永昌。崇祯十七年、顺治元年、永昌元年，三个政权的年号堆叠到了一起，预示着一场血雨腥风即将到来。

"嗟尔明朝，气数已尽。"这是李自成在西安誓师时喊出的口号。紫禁城里的朱由检若能得知，应该会发自肺腑地赞同。

## 3 君忧虑，臣何思

诡异的新年总算是过去了，该过的日子还得过。到底如何应对眼下的危局，朱由检在短短几天的时间里收集整理出了群臣的三种意见。

第一种意见：南迁。

倡议者是时任左中允李明睿。此人字太虚，江西南昌人，天启年间进士及第，不久前得到左都御史李邦华、总督吕大器的举荐，方才得以入朝供职。

在德政殿陛见的时候，李明睿特意请求屏退左右，向朱由检陈述了一道密策。他认为，事到如今，"只有南迁一策，可缓目前之急"。原因很明显，在"流贼"与清军的两面夹击之下，北京城的陷落不过是时间问题，与其腹背受敌、坐以待毙，不如主动南迁，腾出地方给"流贼"和清军死磕，让他们刀兵相向、两败俱伤去吧！

回望历朝故事，但凡遭遇外敌入侵（通常来自北面）而难以抵御的时候，为了保住皇室血脉，赓续国祚，南下避乱无疑是一个不错的选择。远有晋室的永嘉南渡，近有宋室的建炎南渡，都凭借着南方的半壁江山，抱残守缺达百余年之久。现如今，南方既有固若金汤的"留都"

南京，又有财赋重地江浙水乡，足以让深处危急存亡之秋的大明王朝循东晋、南宋的旧例，凭借长江天险偏安一隅，再折腾个几十年应该不成问题。秦淮河畔醉生梦死，笑望中原硝烟遍地。隔岸观火，该是多么惬意而畅快的生活啊！

李明睿的这道提议深得朱由检的欢心。事实上，在李明睿神秘兮兮地抛出这条锦囊妙计之前，朱由检早就动过南迁的心思了。然而，他虽然贵为九五至尊、一国之君，并不是想干什么就能干什么的，读书有人管，娶老婆有人管，夜生活有人管，生孩子有人管，更别说南迁这么大的事了。就说去年吧，朱由检跟内阁首辅周延儒密议过南迁的事情，没想到很快就走漏了消息，惹得宫内外一片哗然，闹得沸沸扬扬。尤其是朱由检的嫂子、天启帝的皇后张氏，一句话就把朱由检堵得哑口无言："宗庙陵寝在此，迁安往？"你要是跑路了，宗庙、陵寝怎么办？总不能把十二陵里的棺椁拖出来一起搬家吧？

朱由检在这件事情上，确实是心有余而力不足。此时的他，只能神秘兮兮地向眼前的李明睿袒露了心扉：朕早就想这么干了，怎奈群臣不同意，所以一直延误至今。

李明睿已经想到了这一层，他劝谏朱由检拿出天子的威严与气度，值此危难之际乾纲独断，不要再去理会那些不足与谋的庸碌之臣。不过，朱由检内心的算计，李明睿还是没有看透：一朝天子身系江山社稷的安危，南迁避乱这样的怂话，谁都可以大放厥词，唯独不能从朱由检他自己的嘴里讲出来啊！

按照朱由检的算计，如果群臣皆如周延儒、李明睿，这事儿倒也不难办，只要大家反反复复地请求南迁，不达目的誓不罢休，他装腔作势地拒上几回，便也半推半就地从了。如果再冒出几个愣头青，拿出舍得一身剐、敢把皇帝拽上马的气魄，强行"押"着朱由检跑路，那就更加完美了。将来要是人们对南迁有什么非议与责难，这临阵脱逃的黑锅有的是人背，祭出几个人头，就算对付过去了，轮不到貌似情非得已的朱由检饱受口诛笔伐之扰。

朱由检的算盘打得精，偏偏大多数臣僚既不钻这个圈套，也不接这道话茬。真是奇怪了，莫非他们誓与京城共存亡，要在这危急存亡之秋，展现一番忠义与豪迈吗？三岁小孩或许会相信，但三十四岁的朱由检是绝不会这么想的，经历了十余年的君主生涯，他太了解手下这群蝇营狗苟之徒了！

朱由检的直觉没有错，大多数臣僚早已在心里达成了不可言传的默契：既然大明气数将尽，改朝换代也就是平常事了。天下无论是老朱家的，还是老李家的，自己不过是换一套制服而已，官照当、钱照贪、乐照享，除了坐在龙椅上的老板不一样，一切都没有任何变化。既然如此，能不冒险就不要冒险，混得一天算一天。南迁？根本没有那个必要嘛！

第二种意见：撤守。

倡议者是时任吏科都给事中吴麟征。此人字圣生，浙江嘉兴人，天启年间进士及第，历任建昌推官、太常少卿等职，为官刚直，以不畏权贵、犯颜直谏而闻名，后来在北京被起义军攻破的时候自尽殉国。

跟那些明面上守社稷、内心里迎"闯王"的臣僚不同，这位年过半百的言官算是多少有点良心的，他是一门心思地想保住这座大明王朝的帝都。吴麟征向朱由检提议说，为了破解两面作战的不利局面，朝廷应当果断弃车保帅，命时任宁远团练总兵吴三桂主动撤出山海关外的宁远、前屯二城，回防于北京近郊，拱卫京师，以备不测。

撇开吴三桂后来降清不说，吴麟征的这道提议还是极富战略眼光的。这么多年较量下来，在当时的山海关之外，明军势力已经消耗殆尽，只能勉强守住宁远、前屯、后屯几处要塞。然而，这几处要塞远离明军大本营，补给线极容易被清军骑兵切断，从而陷入四面受敌的境地。明军已经完全处于守势，这种楔子式的要塞只能成为敌人口中的大餐，敌人想什么时候吃就什么时候吃，根本不用跟你打招呼。正所谓"存人失地，人地皆存；存地失人，人地皆失"，与其咬紧牙关硬扛，倒不如主动弃守，收缩兵力，布置在山海关至北京一线，依托险隘、营垒，对入关之敌形成节节阻击的态势。这样既能迟滞清军的进攻，又能应对"流贼"的袭扰，为京城加强守备、各地集结兵马勤王争取到宝贵的时间。

然而，纷乱的朝廷已经容不下一丝明智了，吴麟征提出的救危之策遭到了冷遇，史载"廷臣皆以弃地非策，不敢主其议"。未战而弃地，谁也不敢担这个政治风险！大臣们不敢赞成，朱由检也对这个主动认怂的策略不太感冒，全当个冷笑话听听罢了。

一通谋划下来，最靠谱的南迁之策，朱由检认为挺靠谱，群臣却认为不靠谱，他只能悻悻然作罢；比较靠谱的撤守之策，朱由检和群臣一致认为不靠谱，当然也就实施不下去了。接下来，便有最不靠谱的人提出了一道最不靠谱的动议。要命的是，朱由检和群臣都认为这个人和他的提议非常靠谱。

这个最不靠谱的人，名叫李建泰，字复余，山西曲沃人，天启年间进士及第，时任吏部右侍郎，领东阁大学士衔。他呈给朱由检的动议，便是第三种意见：由自己率军数万，阻滞"流贼"于山西境内，以确保京城无虞。

据李建泰陈述，他敢于端出如此豪迈的动议，主要有这三方面的底气：第一，李自成率领的"流贼"从西安东渡黄河，挥师直指京城，山西是必经之地，而他自己正是山西人，比较熟悉地皮。第二，他"颇知贼中事"，对"流贼"比较了解。至于为什么会了解、了解到什么程度，李建泰没有展开讲。第三，他家资丰厚，并有"主忧如此，臣敢不竭力"的政治觉悟，愿意"以家财佐军，可资数月之粮"，不需要朝廷府库或者皇家内库掏一两银子。

听完李建泰的豪言壮语，尤其是第三条不需要府库或内库出钱，朱由检不禁喜出望外，一改面对前两种意见时的优柔寡断，当即拍板表示同意。于是乎，李建泰带着朱由检的无限期许，在群臣莫可名状的目光的注视之下，慷慨赴国难！

正月二十六日，李建泰率师西行，朱由检仿照古制，搞了一场所谓的"遣将礼"。古制的具体规定，咱们在这里不必详述，总之是一个级别非常高、声势非常大、仪式感非常强的场面。只见官军列队从午门一直排到正阳门外，"旌旗金鼓甚盛"。满面春光的朱由检亲自向李建泰赐酒三杯，并勉励他说："先生此去，如朕亲行。"最后，朱由检目送李建泰挥师远行，不见人影，良久方才返驾。

尽管朱由检给予了李建泰崇高的礼遇，但老天爷似乎并不买账，因为大风和地震再次如约而至。李建泰率领人马刚走出宣武门，旗杆就被大风吹折了。紧接着，太监韩赞周奏报说：南京地震。——诡异，太诡异了！

大风也好，地震也罢，也许是巧合，也许是史家故弄玄虚，但接下来不争的事实是：立誓要在山西跟"流贼"决一死战的李建泰，从北京城出来以后，一天只走了三十里！

李建泰如此辜负圣意、磨磨蹭蹭，当然是有原因的，而且这个原因直接影响到他此次慷慨赴国难的可行性和必要性：李建泰的老家山西曲沃，已经被李自成率领的大顺军攻陷了！曲沃失守，意味着李建泰赖以临危受命建奇功的丰厚家资已经落入敌手，说好的"以家财佐军，可资数月之粮"，倒也不完全错，不过"佐"的是李自成的大顺军而已！此时的李建泰心里很清楚，自己先前的牛皮吹得太大，已经没有办法收场了，除了在京畿一带迟滞不前、静观事态变化之外，实在是别无他法。

又过去几天，到了正月三十日，就藩于太原城的晋王朱审烜向朝廷发来急报说，山西已是危如累卵！李建泰唯恐遭到朱由检责难，索性装起病来，躲到河间府不挪窝。后来清军入关，这位老兄毫不迟疑地举手投降了。

得益于"三年免征，一民不杀"的政治口号，李自成率领大顺军在山西境内所向披靡。饱受苛政摧残的老百姓是真高兴，大小官吏则更关心自己的脑袋，总之，山西官民普遍表现出了欢呼雀跃、"箪食壶浆以迎王师"的高姿态。二月初八日，李自成的大顺军攻陷太原城，晋王朱审烜投降[①]。

此后，一份份战报如一片片雪花飞来，却没有一份是好消息：十二日，忻州失守。十六日，代州城破。二十三日，真定陷落。二十四日，山西全境沦陷。二十五日，彰德失陷，就藩于此的赵王朱常㳊被俘。大明王朝的帝都北京，到底还能太平多久？

---

[①]《明史》记载说，此时就藩太原并"陷于贼"的晋王是朱求桂，他随大顺军入京后不知所终。但据相关墓葬考古发现，晋王朱求桂死于崇祯三年（1630年），投降大顺军的晋王其实是朱求桂之子朱审烜，他在清军入关后又投降了清朝，于顺治五年（1648年）被杀。

## 4 江山不保，何惜一死

眼瞅着形势越发急迫，为了让大明王朝这座摇摇欲坠的大厦不至于瞬间崩塌，李明睿再次提出了南迁的动议。稳妥起见，李明睿决定先跟举荐自己入朝供职的左都御史李邦华商议一番，很快就得到了对方的积极响应。再不走，恐怕就走不成了！有这样一位重量级的人物附议，李明睿的底气足了，决定再豁出去一回，劝谏朱由检一锤定音、果断南迁，避敌之锋芒，以免玉石俱焚！

回头来看，这应该是南渡的最后一次绝佳机会。但朱由检的时运实在是不济，每逢关键时刻，诡异的事情总是层出不穷。不过，跟先前的大风、地震有所不同，这一次不是天灾，而是人祸：南迁之策尚未交由群臣商议，李明睿、李邦华两位老兄竟然先掐起来了！

事实上，李邦华一直都是赞成南迁之议的，但考虑到种种不利因素，诸如好说不好听、政治风险大、群臣非议多等会导致朱由检迟疑不决、不敢定夺，他汲取先前周延儒、李明睿的失败教训，私下提出了一个折中方案：圣上留守在北京城，安排太子南迁，以防不测。

但李明睿认为，太子朱慈烺少不更事（时年只有十六岁），恐怕担当不起这样的重任，更何况圣上留守在北京的话，太子南迁之后势必两头犯难，"禀命则不威，专命则不敬"，根本没有办法开展工作，所以还是圣上本人南迁更为妥当。

李明睿无法说服这位举荐过自己的恩人，便打算自陈其策，交给群臣商议、圣上裁决，没想到李邦华抢先一步上陈了自己的方案。这一次，朱由检非常果断地拍了桌子：亲爹下油锅，儿子看热闹，这是哪个圣人教你们的？！

时任兵科给事中光时亨不失时机地跳出来，阴阳怪气地拱了一把火，说李邦华此议不是循南渡故事，而是循肃宗故事。此言一出，帽子可就扣大了！所谓肃宗故事，说的是"安史之乱"时，唐玄宗李隆基仓皇南逃蜀中，太子李亨伺机策划了马嵬坡兵变，随即率众前往灵武郡自行登基，是为唐肃宗，并遥奉李隆基为太上皇，打着拯救社稷于危难的旗号，公然夺权。

光时亨这一番生拉硬扯，坐实了李邦华此议包藏着极其险恶的用心。一石激起千层浪，朝堂上吵成了一锅粥，有的大臣叫嚷着要与帝都共存亡，也有的大臣坚持主张太子南迁，做好两手准备。朱由检瞪大两只眼睛看好戏，其实是在苦苦等待着一个声音，但群臣从早吵到晚，始终没人提出让坐在龙椅上的当朝天子南下避祸。原本有意主张让皇帝南迁的李明睿，见朝堂已经被李邦华的提议搅得天翻地覆，担心自己会成为新的众矢之的，索性躲到一边冷眼旁观去了。

群臣为什么如此执拗，不愿意设身处地地为朱由检想一想呢？明末清初的史学家计六奇将这段朝堂纷争写入《明季北略》的时候，畅谈了一番自己的看法。他认为，太子南迁实乃万全之策，圣上亲行才是真的瞎扯。原因很简单："流贼"未至之时，圣上如果拍拍屁股跑路了，必然造成"人心骇惧，都城势若瓦解"，怎么向天下臣民乃至后世子孙交代？更何况天下已是一片纷乱，圣上长途跋涉，半道上遭遇"流贼"袭扰甚至被俘怎么办？因此，与其冒着巨大的政治风险和生命危险南迁，真不如"死守社稷，得古今君道之正"，至少能落下一个好名声嘛！

回到当时纷纷扰扰的朝堂，群臣是否也秉持类似的观点才闭口不谈天子南迁，不好妄加推断，恐怕他们还是为自己的退路算计得更多一些吧。总之事态发展到如今，朱由检彻底失望了，他原本已经秘密安排了经天津从海路南迁的车船与马匹，就等群臣奏上一本，自己半推半就之下，便可以欢天喜地下江南了，没想到文武臣僚济济一堂，偏偏知朕者独无。

当朝天子失去了最后一次脱离险境的机会，只有等着被蜂拥而至的"流贼"摧枯拉朽了！三月初一日，大顺军攻陷晋北险隘宁武关，以极其惨烈的代价全歼了守军。大同、宣府、居庸关的守军被吓破了胆，相继不战而降，帝都北面的昌平也发生了兵变，紧急戒严的北京城已经到了轰然崩塌的边缘。

何等雄伟的帝都，此时已经是谣言四起，官民乱作一团。早在元宵灯节的时候，大顺军派出的探子便趁机混入京城，不仅大造恐慌气氛，还怀揣金银收买将士，就等着大顺军主力一到，便打开城门迎降。

局势已经无可挽回，朱由检却依旧抱有一丝幻想。他猛然想起了吴麟征先前的撤守之策，一面急令吴三桂弃守宁远，火速入关回防京城，一面令时任山东总兵、驻防在北直隶地区的刘泽清率兵北上勤王。然而，这些谋划与部署已经太晚了。

再者说，既然高居庙堂的臣僚都各怀鬼胎，又怎么能指望拥兵在外的武将为国分忧，拯救江山社稷于倒悬？若是君明臣贤，何至于沦落到如此境地！宁远总兵吴三桂接到军令之后，学着先前李建泰慷慨赴国难的模样，磨磨蹭蹭地往关内挪，一步两回头，走一段再歇一阵。山东总兵刘泽清做得更绝，索性抗旨不从，反倒一路向南抢掠而去。

　　三月十七日，李自成率领的大顺军兵临北京城下，并利用从城外兵营缴获的火炮发起攻势，"如万雷轰烈，天地震慑"，大顺军士兵身披黄甲，"四面如黄云蔽野"。龟缩在紫禁城内的朱由检，显然已经插翅难逃了。在这一天的朝会上，群臣的表现非常有画面感，史载"皆惶恐莫对，嘘唏泪承睫"。朱由检沉思良久，十七年的抑郁、悲愤瞬间化作一团浊气憋在胸间，欲喷涌而出。他硬撑着站起来，颤抖着双手，提笔写下"文武官个个可杀，百姓不可杀"之后，拂袖而去。

　　十七年了，一切都该结束了！

　　两天之后，伴随着大顺军攻陷内城的喊杀声，朱由检自缢于煤山的一棵海棠树下，提督太监王承恩陪伴着他共赴黄泉。据说当天中午，在东北方向升起了一道白光，闪烁许久方才散去，时人揣测是"帝之灵气上达于天"。其实，所谓的白光灵气，只是佐证天人感应的故弄玄虚，而朱由检内心所有的不甘与愤懑，也已化为乌有。

　　"诸臣误朕至此！"

　　"朕非亡国之君，诸臣尽亡国之臣尔！"

　　"文武官个个可杀！"

　　朱由检的切齿之语，仿佛仍在深幽的紫禁城里不停地回荡。这位勤勉的亡国之君，至死不悟一个浅显的道理：君主猜忌多算计，换来的必然是众叛与亲离！不过，彻底解脱的朱由检或许已经明白了，这个世界上原本就没有什么诡异，一切都可归因于大明气数将尽，非人力所能挽回！

　　带着对江山的不舍、对命运的叹息、对祖先的愧疚、对群臣的愤恨，心力交瘁的朱由检走了，彻底告别了这个让他无比纠结的世界。同时，史称"南明"的时代悄然而至。正所谓不破不立，大明王朝似乎赢来了新的翻盘机会。

这将是一个说不清、道不明的时代，一个剪不断、理还乱的时代，一个民族的坚韧性、劣根性频繁较量的时代，一个明知内讧必亡国、纵使亡国亦内讧的时代，一个足以让泉下有知的朱由检决心再吊死一回的时代！

准备好了吗？南明开始了！

弘光篇

朱由崧的运气

　　顾少读书，章奏未能亲裁，政事一出士英，不从中制，坐是狐鸣虎噬，咆哮恣睢，纪纲倒持。……故虽遗爱足以感其遗民，而卒不能保社稷云。

——钱海岳《南明史·卷一》

　　自古亡国之君，无过吾弘光者，汉献之孱弱、刘禅之痴茝、杨广之荒淫，合并而成一人。

——（清）张岱《石匮书后集·卷三十二》

⑤

「南混」与「北漂」

北京丢了，朱由检也死了。有人说，大明王朝就此玩儿完；也有人说，现在下这个定论，恐怕为时过早，帝都沦陷了怕什么，咱们还有一个留都呢！如此气势豪迈的话语，恐怕只有明朝人敢说吧！

纵观历朝历代，每一个封建王朝都有自己的特色，大明王朝当然也不例外。相比于以往的其他朝代，明朝最为显著的特征莫过于它真的有两个首都！过去倒是出现过东京、西京之分，譬如唐朝以及武周时期，除了朝廷所在的西京长安之外，还有一个东京洛阳，后来北宋朝建都于东京汴梁，洛阳城便成了西京。同一个洛阳城，叫东京也好，称西京也罢，只是一个陪都的性质，政治上的象征意义远大于实际意义。还有一些王朝是因为战乱而被迫迁都，这也不鲜见，东晋、南宋都是如此，但在前后的时间段内，都城终究只有一个，或北或南，并无重叠。

而像大明王朝这样给朝廷搬家的，在封建王朝历史上独一无二。这都是拜大名鼎鼎的永乐皇帝朱棣所赐。他是明太祖朱元璋的第四子，洪武三年（1370年）被封为燕王，多次奉命参与征伐天下，并在洪武十三年（1380年）就藩于北京。从建文元年（1399年）到建文四年（1402

年），朱棣为了对抗削藩，打着"靖难"的旗号率军南下，最终将自己的侄子建文帝朱允炆轰下台，自己坐上了君位，成为明朝第三任最高统治者。

朱棣的庙号是"成祖"①，毫不夸张地说，无论哪一个字都是相当罕见的。先说"成"，这个字在古代属于"上谥"之列，谥法上说"安民立政曰成""民和神福曰成""内德纯备曰成"，诸如此类，都是顶级的好话。历史上率先享有这一上谥的君主，是任内平定"三监之乱"、营造新都成周、奠定周王朝八百年基业的周成王姬诵。再说"祖"，通常只适用于开国之君，譬如唐高祖李渊、宋太祖赵匡胤、元世祖忽必烈等，后嗣君主的庙号则多称为"宗"。能够以非开国君主的身份称"祖"，朱棣还是历史上的头一份，他的后面则只有清圣祖康熙皇帝。

平心而论，"成祖"的庙号绝非浪得虚名。朱棣在位二十余年，干了很多对后世影响极其深远的大事，例如编修《永乐大典》以彰显文治，遣三保太监郑和出海远航西洋，设内阁、东厂，征鞑靼、瓦剌，大兴屯田，疏通漕运，等等。当然，还有这一桩大事：永乐十九年（1421年），朱棣正式将都城迁到北京。

放弃弥漫王气的金陵，迁往寒气逼人的燕地，看似有些不可理喻，但朱棣确实有充足的理由这样做。首先，他这皇位的来路谈不上有多正，让朱棣难免有反客为主的观感，长居于此，心里实在是有些膈应。其次，北京原本就是朱棣的封藩之地，地皮比较熟，住起来要自在得多。再者，北方时常遭到鞑靼、瓦剌等游牧部落袭扰，边境线长年不宁，极大地损耗了朝廷的军力和财力，迁都以后，京城的卫戍军同时也能充作边防军，既省钱又省力，朝廷靠前指挥，还能提高反应速度，争

---

① 朱棣去世时，群臣议上庙号为"太宗"，嘉靖时期改为"成祖"。

取到更大的主动权。

话说回来，被迫也好，主动也罢，朝廷搬家终究是形势使然，算不得多么稀奇。大明王朝能够在都城问题上独树一帜，让其他朝代望尘莫及，主要是因为朱棣留了一手：迁都北京的同时，继续保留南京的都城待遇！

都城能有什么待遇？大了去了！

具体来讲，除了在法理上将南京定性为大明王朝的"留都"之外，这里还设置了跟北京几乎完全对应的中央级机构，包括六部（兵部、户部、刑部、吏部、工部、礼部）和两院（都察院、翰林院），一个衙署都不缺，而且全是满员编制。对于明朝这种极具特色的中央行政体系，咱们可以用两个形象而简练的词来概括："南混"与"北漂"。

从那时起，中央一级的官员，大到六部的尚书，小到各科的给事中，都要特别说明是北京的那位（属于"北漂"），还是南京的那位（属于"南混"）。这不是相当于另立朝廷吗？下面的地方官员到底听谁的呢？

看上去挺麻烦，其实远没有那么复杂，因为南京这边的官员，虽然在级别上与北京相对应的官员相同甚至略高，但他们有一个共同的特点：无事可干。根据朝廷规定，除了极其个别的职位以外，供职于南京中央机构的官员奉旨休息，按时来领工资就行，当然忘记领了更好！这真是堪比天堂的福利制度啊！

朱棣当年留这么一手，或许在很大程度上是因为他抢了侄子的皇位，难免有些心虚，同时也照顾一下老臣感念先主、故都的旧情。然而时过境迁，漫长的岁月足以荡涤一切美好的初衷，南京这套徒有虚名的中央级机构，所发挥的作用逐渐发生了本质上的变化。

如果圣上看哪位臣僚不顺眼，想把他打入大狱或者革职查办，但又苦于找不到足以服众的借口，怎么办呢？简单，让他到南京去。级别不变，待遇不变，唯一的变化是立即歇菜！

如果臣僚觉得官场斗争的形势对自己不利，想暂避一下锋芒，但又抛舍不下官位与俸禄，怎么办呢？简单，主动申请到南京去。级别不变，待遇不变，最大的好处是远离旋涡！

如果新科进士既没有背景，又掏不出孝敬银子，但按照朝廷的规定，还必须给他们提供工作岗位，怎么办呢？简单，安排他到南京去。级别有了，待遇有了，目标是混吃等死！

从幸福感的视角来看，咱们可以将大明王朝的官员大致分出三个等级：

第一等是敢下狠手的地方实权官员。按照大明王朝的定制，地方官员的俸禄其实非常有限，能勉强维持一家人的温饱就很不错了。就说一代名臣海瑞吧，不贪不占，一身正气，两袖清风，日子过得异常清苦，有一次买两斤肉回家孝敬老娘，都成了轰动一时的大新闻。当然，像海瑞这样安分守己、安贫乐道的清官毕竟只是极少数，比凤毛麟角还要稀罕。对于绝大部分地方官员而言，天高皇帝远的地利优势能够为他们巧取豪夺大开方便之门。别看这些官员品级不高，但为政一方收益极大，属于逍遥自在型。

稍次一等的是在北京做京官的"北漂"。中央级的官员有品级，俸禄比地方官员多一些，当然也不乏品级较低的小官员，俸禄的数字比较难看，但他们权力很大，每年还可以定期不定量地收受地方的进贡。因为长期在"老板"面前晃荡，好歹能混个脸熟，也更容易拉帮结伙，升迁的机会比较大。

有得必有失，"北漂"在享受优厚待遇的同时，也处在官场政治斗争的旋涡中心，随时都有拍上马蹄、站错队的风险，稍不留意，重则脑袋搬家，轻则流放戍边，属于压力山大型。

垫底的是在"留都"南京做京官的有名无实的"南混"。这些人有品级，有职务，就是没事可干，做官全靠混。想上班就顶着日头来，泡杯龙井茶品着，跟同僚扯点闲篇，交流一下哪家酒楼的狮子头做得好吃，谁家妹子的曲子弹得不错，或者索性待在家里蒙头大睡，等夕阳西下才起床。这些官员身居高位，俸禄却少得可怜，加之手上没有什么权力可言，外财便极其有限了。物质上是匮乏的，精神方面也没有实现自我价值的舞台。人最大的痛苦就是无聊，按照马斯洛需求理论，这些饱读诗书、满腹经纶的人不被穷死，就被憋死，因此他们属于没事憋屈型。

不达圣意者到南京去！韬光养晦者到南京去！没有背景者到南京去！从永乐皇帝朱棣开始，这三大口号一直延续到了现如今王朝衰微、北京沦陷的时候。两百年来，聚拢着三教九流各色人物的"留都"南京，成为官场失意者、潜伏者和愤青的乐园。

早已作古的朱棣万万想不到，自己当年一手创建的这个乐园，竟然有一天会重新成为大明王朝唯一的首都，肩负着光复大明的历史重任！咱们不妨来做一个形象的对比：大明王朝的开局，只有朱元璋赖以乞食的一个破碗；东晋、南宋这类偏安王朝的开局，恰似一些零碎残缺的过程数据；南明政权的开局，则是近乎完整的全套备份。

自带王气的南京是否能再续明太祖朱元璋时代的辉煌？实在不济也可以退而求其次，至少搞个划江而治、抱"残"守"缺"吧？

# 6
## 有君才有国

平心而论，虽然光复大明的愿景有些异想天开，但凭借半壁江山延续国祚并非痴心妄想，毕竟历史上有东晋、南宋的先例可循。

咱们就说南宋朝吧。当年"靖康之耻"，徽、钦二宗被金人俘获，标志着北宋王朝灰飞烟灭，侥幸逃脱魔掌的康王赵构南渡临安，凭借富庶的东南一隅，与北方的金王朝形成了长达一百多年的南北对峙。虽说后来金、宋两方都被更北面的蒙古人所灭，但南宋无疑是这场对峙的赢家，因为它撑得最久，前后历时达一百五十二载春秋，亡国时间比金朝还要晚四十五年！

跟仓皇南渡却延续了一百多年的南宋朝相比，明朝现时的条件简直就是天神眷顾，有利的条件实在太多了。咱们简单归纳一下，大致有这么三个方面：

第一，得益于朱棣的神操作，南京有完备而现成的中央级机构，"南混"可以替换"北漂"。

有如此前无古人的行政结构，别说帝都沦陷，就是"北漂"全部死光也无关紧要，"南混"顶上去就是了。南京的六部两院早就挤得满满当当，尚书、侍郎、给事中、都御史、司礼太监一个不少。

大家或许会有所担心，毕竟从源头上来讲，很多"南混"是官场争斗中淘汰下来的，值此社稷危难之际，他们是否能力挽狂澜呢？其实，从前面罗列的三条遴选标准来看，"北漂"那部分更没什么好货，反倒是在"南混"的行列之中，不乏一些不畏权贵、身遭贬谪的忠勇之士。

第二，大顺军反客为主，一时自顾不暇，短期内不会挥师南下。

在明、顺、清上演"三国演义"的复杂形势下，李自成率领的大顺军占领北京，表面上取得了辉煌胜利，实质上却是代替明朝守边，他们将直接面对东北清军的军事威胁。特别是招降了吴三桂的关宁铁骑之后，李自成自忖高枕无忧，逐渐放松了警惕，将自己的嫡系部队大部分留在陕西、山西一带，仅部署一小部分驻防在北京城外围，而且没有向山海关一线投入一兵一卒。

李自成无限信任吴三桂，但吴三桂对李自成大肆拷掠明朝官员的做法极度不满。在吴三桂看来，李自成的大顺政权并不稳固，跟他混下去迟早要倒霉。

举足轻重的吴三桂摇摆不定，而蠢蠢欲动的清军直接牵制着大顺军向南征讨的步伐。顺、清两大政权必然会在北方形成鹬蚌相争的局面，让南方的政权有足够的时间重新组织军事力量，待两败俱伤的时候坐收渔翁之利，形成比较稳固的南北对峙局面。

第三，江南经济总体平稳，眼下还没有直接的军事威胁。

以苏浙为龙头的江南一带，历来就是大明王朝赖以生存的重要财源。即便是"流贼"呈燎原之势时，苏浙地区基本上也没遭受到多少战火的洗礼，除了因为税赋加重，偶尔有些"乱民"闹事以外，社会局势和经济发展总体上还是比较平稳的。

李自成主要在黄河流域活动，目标一直是明朝的政治中心北京。另一位有影响力的农民起义领袖是张献忠，他跟李自成合作得不太愉快，索性分道扬镳，主要在长江流域活动。崇祯十年（1637年），张献忠的部队在郧县惨败于明军总兵左良玉之手，被迫于次年接受了朝廷的招安。崇祯十二年（1639年），张献忠决定反水，将目标锁定在西面的四川，并于崇祯十七年（1644年）八月攻克成都，数月之后便自行登基，建立了大西政权。此时，左良玉率兵镇守于武昌，张献忠正在倾力进取四川，完全没有精力顺江东下，招惹左良玉这个克星。由此可见，整个江南还是比较安全的。

南明政权相对于南宋王朝，优势实在太明显了，但历史往往令人大跌眼镜：先天不足的南宋朝坚挺了一百五十多年，而看似万事俱备的南明政权，仅仅勉强维持了十八年光景。

问题到底出在哪里呢？仔细琢磨一下，我们很快就可以发现，南京是大明王朝的"留都"不假，六部、两院也绝非形同虚设，江南的财富当然更是货真价实，但作为一个临危受命的中央政权，似乎还是缺少了那么一丁点儿。——猜到了吗？看上去什么都不缺的江南，偏偏就少了一个皇帝！国不可一日无君，有君才有国啊！

恰恰就是那么一丁点儿残缺，足以致命。大家或许会感到不服：这算哪门子的致命啊？找三条腿的蛤蟆不容易，找两条腿的皇帝哪有这么难？虽说崇祯皇帝朱由检上吊了，他不是还有儿子吗？

很遗憾，朱由检的太子，也就是李明睿口中"少不更事"的朱慈烺已经成了大顺军的俘虏。另外还有两位皇子情况也十分不妙，三子朱慈炯、四子朱慈炤也是与太子朱慈烺一道被大顺军俘虏的，虽然后来侥幸逃脱，却从此音讯全无。如此看来，只有在皇家的宗室里面想办法了，从朱由检往上查家谱，不是还有散落在各处藩地的兄弟、叔伯吗？

现时散落在各地的藩王，并没有像我们料想的那样，为了争夺新的君位打得头破血流。首先，北京城里到底是什么情况，崇祯皇帝朱由检以及诸皇子是死是活，谁也搞不清楚。其次，藩王的名号说起来好听，事实上根本没有什么实力。这事儿如果细论起来，还得归咎于明成祖朱棣做得实在太绝，他当年是因为建文帝削藩而起兵"靖难"，做上皇帝之后，为了防范其他藩王步其后尘，削藩削得比建文帝还要坚决、果断、彻底。从此以后，藩王的政治地位虽然很高，但实权一落千丈，平日里只能声色犬马、骄奢淫逸，既不掌握军队，更谈不上有什么幕僚班底，拿什么争斗？后来的历史充分证明，这直接导致了南明政权难以效仿开局同样岌岌可危的南宋王朝，始终困扰南明小朝廷的梦魇，根源也就在这里。

话说回来，即使各地藩王获悉北京城破、崇祯殉国的噩耗，但身处江山倾覆的危难时刻，他们有的已经归降了大顺军（如太原的晋王朱审烜），有的早已成为刀下之鬼（如洛阳的福王朱常洵），其余侥幸得以苟活的，全都惊慌失措地四处逃命。——皇位出缺？爱谁谁吧，实在是忙不过来！

真正的争斗，还是发生在"南混"的内部。

北京城破差不多二十天过后，这个令天下震惊的噩耗方才传入南京。先前北京城朝不保夕的时候，"北漂"的反应是诸臣"皆惶恐莫对，嘘唏泪承睫"。如今接到北京失守的消息，"南混"又做何反应呢？时人有一段记载，同样非常具有画面感："南中诸大老每集议事堂，惟相向攒眉，竟日无一语，或仰视屋之罘罳，咄嗟而已。间曰：'事如不可知，将奈何？'竟以靴尖蹴地作叹息声，各各散走，以为常。"

意思是说，"南混"大佬们济济一堂，再也没有往日东拉西扯的闲情逸致，纷纷皱紧眉头，一言不发，有的抬头仰望，长吁短叹，有的埋头凝视，靴尖戳地，嘴里咕哝着怎么办、怎么办之类的碎碎念，最终无可奈何，各自散去。

遭逢异常凶险的乱局，昔日做官基本靠混的"南混"们手足无措、无计可施，倒也情有可原，毕竟他们此时除了得知帝都陷落之外，并没有收到任何进一步的消息，天子、太子、皇子杳无音讯，谁也不敢妄加揣测、轻举妄动。

即便如此，一片迷茫的"南混"们还是部署了这么三件事情：

第一，禁讹言。

鉴于天子、太子、皇子下落不明，是死是活谁也说不好，为了防止谣言四起、混淆视听，南京六部立即联合发出公文，严令禁止谈论这一敏感话题。当然，制止谣言最有效的手段，莫过于及时公开事实真相。但是，并非"南混"故意隐瞒，他们是真的不知道确切消息！形势已经恶化到了这步田地，这道禁令的效果也就可想而知了。一时间，整个南京城阴云密布，有鼻子有眼的路边社消息花样百出，越传越邪乎，搞得人心惶惶。

第二，禁"草泽"擅自勤王。

所谓"草泽"，就是民间自发组织起来的义军。"南混"特别颁布禁令，除非得到朝廷特别的任命与派遣，谁都不准组织义军北上勤王。百姓感念皇恩浩荡，组织起来替国分忧，难道还有罪了？非但没有罪，还应该鼓励才是啊。但当权者的脑回路往往比较神奇，凡事都要先往最坏的方面考虑，这是从"北漂"到"南混"的普遍共识。

咱们就说"北漂"那边吧，李自成率领大顺军兵临北京城下的时候，时任户部侍郎吴履中提出一个建议，循当年于谦抵御瓦剌的故事[1]，

---

① 正统十四年（1449年），瓦剌挟持"土木堡之变"中被俘的明英宗朱祁镇进攻北京，兵部尚书于谦力排南迁之议，临危受命，力挽狂澜，率领军民取得北京保卫战的胜利，使大明王朝得以转危为安。

充分发动百姓，再打一场轰轰烈烈的北京保卫战。时任内阁首辅魏藻德显然要比吴履中老练得多，考虑问题的角度也有所不同。他提出："营兵屡守城，尚胆怯惊走，百姓非素习，益畏惧，恐致误事。"也就是说，专业的人（营兵）都干不好专业的事（守城），一出战就到处乱跑，让非专业的百姓顶上去，岂不是添乱？

"北漂"不相信群众，"南混"则优先考虑地方治安。为了谨防某些"草泽"打着勤王的旗号，摇身一变成为新的"闯王"，"南混"索性从源头堵起，将所有民间的自发武装全部禁止。

第三，调遣官军渡江北上勤王。

正所谓主忧臣辱，不应该作壁上观，这项部署倒是像那么回事儿。但似乎一点也不符合"南混"往常的风格，莫非值此国难当头之际，"南混"决意洗心革面、改弦更张了吗？

咱们在前面提到过，尽管绝大多数"留都"中央级官员都可以归入"南混"一类，有闲无事无权，混吃等死，但也有极其个别的例外，他们的职位决定了不能混日子，必须像"北漂"那样卖力地替朝廷干活。具体来讲，包括这三个职位：南京兵部尚书、南京守备太监、提督南京军务。

与正儿八经的帝都不同，"留都"没有设置事实上承担宰相职能的内阁班子，所以南京兵部尚书便是这里的百官之首。他既有文治权，又有统兵权，属于坐镇南京的实权派人物。调遣武装力量北上勤王，是此人职责所系，责无旁贷。

时任南京兵部尚书者，大家应该不会感到陌生，他就是历史上赫赫有名的明末抗清英雄——史可法。

史可法（1602—1645年），字宪之，河南祥符人，崇祯元年（1628年）进士及第，拜于东林党大咖级人物左光斗的门下，历任西安府推官、户部郎中、右参议等职。崇祯八年（1635年），史可法跟随时任兵部侍郎卢象生镇压江淮一带的农民起义，数年后升任户部右侍郎、右佥都御史，总督江南漕运。崇祯十六年（1643年），史可法改任南京兵部尚书、参赞机务。

与过往浑浑噩噩度日、如今惶惶不可终日的"南混"不同，史可法是掌握着实权的，也是想干一番实事的。因此，在获悉北京陷落的确切消息之后，史可法便携南京的一众官员颁布了一道"南都公檄"，决心效仿"靖康靡而宗泽、李纲之气烈"，拯救"南北之耗莫通，河山之险尽失"的大明社稷于倒悬。四月初七日，史可法亲率官军渡江集结，准备北上勤王。

⑦
选
嗣
大
对
决

史可法决心豁出去了，但计划往往不如变化快。距离他率军渡江集结、整训只过去了十天，有一位名叫魏照乘的"北漂"侥幸逃出帝都，并一路步行来到南京，给"南混"传来了一道惊天噩耗：崇祯皇帝朱由检，早已在城破之日自缢殉国了！

众多"南混"彻底蒙了，史可法更蒙。就在几天之前，他不知从哪里听到消息说，崇祯皇帝已经逃出生天，正在乘船南下的路上，太子朱慈烺也走小路逃奔南京。这才过去几天的光景，怎么就发生惊天大逆转了？

不过，混乱的局面并没有持续太久，"南混"平日里可以糊里糊涂，关键时刻倒是相当清醒。他们敏锐地意识到：既然圣上已经遭遇不测，太子、皇子恐怕也是凶多吉少，当务之急就不再是北上勤王，而是从藩王中选出新的皇帝。

散落在各地的藩王众多，但就血缘关系而言，有资格在南京继承大统的基本上可以锁定为四个人：福王朱由崧、惠王朱常润、桂王朱常瀛、潞王朱常淓。四中选一，优劣各异，并没有标准答案。无聊多年的

"南混"们终于找到正事做了，纷纷振作精神，各自陈述，各自站队，一场足以决定大明王朝未来走向的选嗣大对决正式在"留都"拉开了序幕。

先说福王朱由崧，从字辈可以看出，他跟崇祯皇帝朱由检是同一辈人。他生于万历三十五年（1607年），比朱由检大四岁。他的父亲——老福王朱常洵是万历皇帝朱翊钧的第三子，原本封藩于洛阳，早在崇祯十四年（1641年）的时候就被起义军杀掉了。嫡长子朱由崧侥幸得脱，袭封了福王的爵位。

几位带"常"字的亲王当中，前两位都是万历皇帝朱翊钧之子，朱由检、朱由崧的亲叔叔。惠王朱常润排行老六，就藩于荆州，被张献忠撵得惶惶如丧家之犬，索性看破红尘，皈依了佛门，一边跑路，一边参禅礼佛，不问世事烦忧。桂王朱常瀛排行老七，跟朱常润是同母兄弟，就藩于衡州，也是遭到张献忠的袭扰，逃往广西避难去了。剩下一个潞王朱常淓，血缘关系要稍微远一些，是万历皇帝的同母弟——潞简王朱翊镠之子，此人在音律、绘画、棋艺等方面造诣颇深。

通过第一轮评议下来，支持福王朱由崧的呼声很高，主要原因有三点：第一，从崇祯皇帝朱由检往下扒拉，只有朱由崧的父亲居长，符合"立长不立幼"的基本原则。第二，朱由崧属于同辈继承，虽然不符合"兄终弟及"的顺位规定，但特殊情况可以特殊处理，更何况跟其他几位亲王以叔辈的身份继承侄子的皇位比起来，终归是要合理得多。第三，朱由崧颠沛流离多年，"旧枕敝衾，孑影空囊"，混得那叫一个惨，与拖家带口、宫眷随行的其他藩王形成了鲜明对比，将他接到"留都"走马上任，比较容易安排。

既然如此，这场选嗣大对决应该可以轻松愉快地宣布结果了吧？——等等！出身东林党的"南混"们举起了否决牌。

　　说起赫赫有名的东林党，大家应该不会感到陌生，这是一个兴起于万历时期的庞大政治集团。当时，有一批大臣对政治腐败、民生凋敝的社会现状极度不满，积极主张澄清吏治，以雷霆手段变革积弊。正是秉持共同的治国理念，这些同道中人逐渐形成了相当强大的派系，并因为首领顾宪成等人在东林书院讲学议政，而得名"东林党"。

　　在这场选嗣大对决当中，东林党出身的"南混"为什么会给看似最合理的福王朱由崧投下反对票呢？咱们来听一听东林党的代表人物钱谦益怎么说。钱谦益是万历三十八年（1610年）的探花，资历相当老，曾经官至礼部侍郎，几年前被革了职。他在政坛、文坛的声望颇高，尽管闲在常熟老家多年，但仍被视为东林党的党魁，影响力不容小觑。钱谦益特意从常熟赶往南京，旗帜鲜明地亮出了自己的态度：立贤不立亲，潞王胜福王！

　　福王朱由崧是不是真的那么不堪，咱们姑且不论，但要说潞王朱常淓能够凭借贤明胜出，那纯粹就是胡扯！历史经验充分证明，贤与不贤这种标准不统一、主观性极强的无谓之争，往往隐藏着不可告人的玄机。

　　单就这次选嗣大对决来说，钱谦益为什么对朱由崧横挑鼻子竖挑眼？因为东林党跟他的父亲——老福王朱常洵过节很深。咱们在前面提到过，泰昌皇帝朱常洛是万历皇帝朱翊钧的长子，凭借排行优势成为储君，朱常洵是老三，比朱常洛晚出生了四年。不过，朱常洛的母亲王氏原本只是太后身边的一名宫女，偶然临幸怀了龙种，朱翊钧受盼孙心切的太后逼迫，方才勉强认下这桩风流糗事，册封王氏为妃，但对这母子俩都不怎么待见。朱翊钧真正宠幸的是郑贵妃，也就是老二朱常溆、老三朱常洵的生母。老二朱常溆不幸早夭，朱翊钧又迟迟不册立太子，显然是想把朱常洵扶上储君之位。然而，这一动议遭到东林党坚决反对，由此引发了耗时十余年、声势极其浩大的"国本之争"，并以朱翊钧最终妥协而告终。

后来，万历皇帝朱翊钧带着无尽的遗憾撒手人寰，太子朱常洛如愿以偿继承大统，却在极短的一段时间之内，接连发生了扑朔迷离的三大疑案："梃击案""红丸案""移宫案"。这三大疑案的过程与细节比较复杂，史料记载或语焉不详，或真伪难辨，但深层次的玄机还是比较清楚的，依然是东林党与郑贵妃、福王朱常洵母子之间的纠葛，结果是想翻盘的彻底落败，朱常洛这一脉得以延续下去。

想当初，东林党为了阻止朱常洵继承大统，可以说是不惧生死，不惜血本，先后有三百多名官员遭到整肃，其中有接近一半被罢官甚至流放，跟郑贵妃、福王朱常洵一方的梁子也越结越深，才换来"立长不立幼"的继承原则得以坚持。现如今风水轮流转，仇人见面势必分外眼红。如果让福王朱由崧继承大统，他是否会翻出当年的烂账旧账，搞一场血雨腥风？东林党人心里没底，宁可做最坏的估计、最稳妥的打算，仇多不压身，将福王这一家子得罪到底算了！

钱谦益这么一搞，很大程度上具有最终决定权的史可法就比较尴尬了。拥立福王朱由崧吧，无论是伦理上还是法理上都能说得过去，偏偏东林党表示不服，一时也找不出说服这个庞大政治集团的办法。拥立朱常淓吧，东林党那边倒是满意了，可怎么才能把这个"立贤"的故事编圆呢？

从严格意义上来讲，史可法并不属于东林党一派，但他在进士及第的时候，确实向那一届的主考官、东林党大咖左光斗行过拜师之礼。当时，左光斗对这位前途不可限量的年轻后生赞誉有加，甚至感慨"他日继吾志者，惟此生耳"，比普通的师生关系又进了一步。尽管恩师早已作古，但史可法对眼下东林党人的忧虑感同身受，更何况福王朱由崧真要翻起旧账来，他这个东林党已故大咖的得意门生，恐怕日子也会不好过吧。

站在关乎社稷安危的十字路口，史可法平生第一次感到自己肩负重任却又如此无助，眼前仿佛有一张巨网，一张令他无所适从又难以逃脱的巨网。史可法感到，凭借一己之力恐怕难以撑破这张巨网，必须找到一个同谋断、共进退的帮手。他的运气还算不错，很快就找到了可以一起商议定夺的同僚——马士英。

马士英（约1591—1646年），字瑶草，贵州贵阳人，万历四十七年（1619年）进士，历任南京户部主事、郎中、大同知府等职。崇祯五年（1632年），马士英迁任右佥都御史、宣府巡抚仅一个月，便因为挪用公款交结朝中权贵，遭到镇守太监弹劾，罢官后寓居南京。崇祯十五年（1642年），马士英在好友阮大铖的竭力举荐下得以复出，出任兵部右侍郎兼右佥都御史，总督庐州、凤阳等处军务。

从职衔上来看，马士英属于地方官员，并没有跻身"南混"的资格。史可法能够选中马士英，多少带有一点偶然性因素。当时，以钱谦益为代表的东林党人对福王朱由崧口诛笔伐，通过制造广泛的舆论，逼着掌握实权的史可法表态。并非东林党出身的马士英，则不失时机地给史可法指了一条明路："立君以贤，伦序不宜固泥。"意思很明白，怎么想就怎么干，不必拘泥于什么长幼伦序，事态危急，管不了那么多了！

有了马士英这句话，史可法顿觉心里有了不少底气，原来"倒福派"不只东林党一方嘛！于是乎，史可法将一干东林党人，包括赋闲归乡的钱谦益、南京兵部右侍郎吕大器、南京户部尚书高弘图、南京都御史张慎言等对福王朱由崧的恶评之辞向马士英和盘托出，认为福王朱由崧有七大不可拥立的否决项，具体包括贪、淫、酗酒、不孝、虐下、不读书和干预有司。史可法还进一步总结认为："在藩不忠不孝，恐难主天下。"

东林党也好，史可法也罢，对福王朱由崧的一系列恶评并非完全没有道理。就说当年在洛阳城被起义军攻陷的时候吧，朱由崧只顾着自己逃命，结果父亲朱常洵被杀，母亲姚氏从此下落不明，确实有不忠不孝之嫌。

经过一番密议，史可法与马士英拿出了一个出乎所有人意料的方案：既不拥立亲而不贤的福王朱由崧，也不拥立贤而不亲的潞王朱常㳆，而是拥立亲、贤兼备的桂王朱常瀛。照顾到东林党一方的情绪，史可法、马士英还提议说，由潞王朱常㳆出面统制兵马。

⑧
风
云
突
变

　　史可法、马士英自忖这一摊稀泥和得还算不错，照顾到了方方面面的利益与诉求，却对两大绕不过去的硬伤视而不见：首先，虽然桂王朱常瀛在血缘上比潞王朱常淓近得多，但他毕竟是朱由检的叔叔辈，舍兄而立叔，在顺位继承的问题上依然存在瑕疵。其次，福王朱由崧、潞王朱常淓此时都在淮安避难，距离南京也就几天的路程，桂王朱常瀛却远在广西，即便是接到消息之后立刻动身，快马加鞭也得赶一两个月的路，更何况路途遥远，风险不可预知。

　　相比较而言，这两处硬伤不算啥，还有更要命的一条：实权派文臣你来我往闹得挺欢，可曾征求一下实力派武将是什么意见？话说回来，这事儿倒不怪史可法、马士英考虑不周，大明王朝重文轻武、以文制武的格局，决定了武将在这种极端敏感的问题上基本没有什么话语权。朝堂纷争，文臣乃至阉宦可以互掐得你死我活，唯独轮不到武将大放厥词。

　　史可法、马士英以为这一次也不例外，却没有意识到今时不同往日，眼下大敌当前，江山社稷岌岌可危，拥兵在外的武将就是保护皇室、光复江山的希望所在，他们比任何一派势力都更加希望重新洗牌，借助枪杆子向文臣发难，以"策立之功"实现翻盘。

于是乎，就在南京张灯结彩，准备恭迎桂王朱常瀛继承大统的时候，一股强大的暗流涌动起来。东林党大咖钱谦益四处游说"倒福"的时候，时任凤阳守备太监卢九德——这位曾经追随过老福王朱常洵的干练宦官，在几位武将之间密谋串联"挺福"，打算凭借拥兵在外的实权强行扭转局面，拥立朱由崧继承大统。

当时，集结在江、淮一带掌握兵权的有四大总兵官，即高杰、黄得功、刘良佐和刘泽清。在卢九德的撺掇之下，前三位欣然应允，决定支持"挺福"，希望借助策立新主之功，换取更高的政治地位和更多的话语权。最后一位刘泽清，也就是先前拒绝北上勤王、抗旨南下劫掠的那位老兄，原本是追随东林党"倒福"的，眼瞅着风向不对，便立即倒戈，投入了"挺福"的阵营。

得知实力派武将对选嗣的结果强烈不满，最尴尬的还不是史可法，而是他临时找来的同道中人马士英。马士英现时的处境确实挺有意思，他原本是支持"倒福"的，跟史可法一起琢磨出了和稀泥的折中方案，但在东林党人看来，区区一个地方官员，怎么有资格参议此等军国大事？满腔热忱、满面春风的马士英，就这样受尽了"南混"的白眼，悻悻然离开了南京。等他返回凤阳，又发现名义上受他节制的四大总兵官已经在守备太监卢九德的撺掇下形成了不可小觑的"挺福"势力。合着自己一通操作猛如虎，两面都贴了人家的冷屁股，"倒福"也好，"挺福"也罢，竟然哪边都没有他的位置，天理何在？

马士英仿佛已经预见到了自己黯淡的前途：一边被四大总兵架空，一边被"南混"边缘化，轻则回家种地，重则锒铛入狱。千钧一发之际，善于钻营的马士英又发现了绝佳的契机："挺福"派里有太监，有武将，偏偏缺少重量级文臣。虽说"秀才遇到兵，有理讲不清"，但真要搞政治斗争讲起道理来，没有秀才怎么行？马士英决定亲自补上这个缺。

还记得吗？史可法视马士英为知音的当口，曾经毫无保留地向他交了底，认为福王有七大不可拥立的理由。现如今，这七条"罪状"成了马士英倒向"挺福"一边的投名状。出卖了史可法之后，马士英又代表卢九德和背后的四大总兵官，正式向时任南京守备太监韩赞周提出了拥立福王朱由崧继承大统的倡议。

一夜之间，风云突变！力主"倒福"的东林党影响力很大，声量也很高，但"挺福"一方在马士英、卢九德以及四大总兵官的加持下，实力也不可小觑，更何况此时又冒出来了一个关键人物——诚意伯刘孔昭。刘孔昭是大明王朝开国元勋刘伯温的第十四世孙，当时担任南京提督操将，负责长江下游一线的防务。此人自恃功臣之后，虽然工作能力低下，但一贯飞扬跋扈，搬弄是非。现如今，刘孔昭也站出来表明了"挺福"的态度。无论是坚持"倒福"的东林党人，还是指望着和稀泥、闯难关的史可法，都意识到事态已经无可挽回了，只能被迫接受迎立朱由崧继承大统的既成事实。

五月初一，福王朱由崧在马士英、高杰的武装护送下抵达南京，两天之后暂就"监国"之位。没有直接登基，很大程度上是心有不甘的东林党人以太子、皇子下落不明为借口，据理力争之后的权宜之举。除了诚意伯刘孔昭之外，群臣均表示赞同，也算是给"倒福"集团一个台阶下。不过，"倒福"集团的面子也就值十几天的光景，在群臣不厌其烦的劝进之下，朱由崧于五月十五日正式登基，并改次年年号为"弘光"，所以这个政权在历史上也被称为"弘光政权"。顺带提一句，暂就"监国"再正式登基的模式，后来也成为南明小朝廷恪守的一条不成文范例。

# ⑨ 混乱的开局

一朝天子一朝臣，这是中国历史的金科玉律。虽然朱由崧这个天子不过是实力派的傀儡和工具，但丝毫不影响群臣借此机会对"南混"队伍进行一次优化重组、重新洗牌。在短短一个月的时间里，以马士英、刘孔昭及诸武将为代表的"挺福"势力凭借策立之功，纷纷占据了重要位置。简单归纳一下，弘光小朝廷的开局大概是这样的：

首先，先前出卖史可法、大搞政治投机的马士英得以入阁，并在事实上取代史可法执掌了兵部，后来又出任内阁首辅。其次，手握兵权的四大总兵官——黄得功、高杰、刘良佐、刘泽清，分别受封为靖南侯、兴平伯、广昌伯、东平伯，各领一镇驻防于江、淮之间，统称为"江北四镇"。再次，在刘孔昭和四镇总兵官明里暗里的逼迫之下，无可奈何的史可法只好"自请督师淮扬"，悻悻然离开南京，算是被排挤出了最高决策层。

尤其值得一提的是东林党一方，被新账旧账拉通清算，分化瓦解得比较彻底。先是钱谦益、徐弘基等人见势不对，立即宣布倒戈，想争取宽大处理。紧接着，成功入阁的马士英投桃报李，向朱由崧举荐了对自已有提携再造之恩的阮大铖。

阮大铖也是老资格官员了，原本属于东林党的骨干大员，跟史可法的恩师左光斗有同乡之谊，交情甚笃，后来左光斗与杨涟等人发生内讧，阮大铖仕途受挫，一怒之下便攀附了魏忠贤。崇祯皇帝朱由检剪除"阉党"时，阮大铖受牵连而被罢官，多年来一直闲居于南京。正是因为有这些烂账旧账，当马士英想帮助阮大铖出山的时候，以高弘图、姜曰广为代表的东林党人不干了，纷纷指责他公然为"阉党"翻案。然而，眼下的东林党已经没有当年呼风唤雨的威风了，即使谈不上自身难保，影响力也大不如前。一场激辩纷争下来，阮大铖顺利得到起用，出任南京兵部右侍郎，成为炙手可热的实权派人物。

东林党还有一位标志性的人物是张慎言，即便他在朝堂上一言不发，也让"挺福"一方觉着碍眼。刘孔昭不断找他的茬，不仅当着众臣僚的面对他破口大骂，甚至在朝堂上手持利刃追着他撵，搞得南京守备太监韩赞周都看不下去了，大声呵斥"从古无此朝规"，方才避免了一场流血事件。张慎言惹不起、躲得起，没过多久就主动申请退休了。

社稷危难，大敌当前，弘光政权的朝堂却闹到这步田地，难怪后世有史家愤然总结说："立国之始而悖乱如此，将何以成朝廷？"

话说回来，朝堂上的悖乱无外乎口舌与权位之争，成败已成定局，也就那么回事儿。只有先前"自请督师淮扬"的史可法，现时的处境真是举步维艰。从名义上来讲，史可法毕竟是"留都"的文官之首，在弘光小朝廷中的官阶地位仅次于入阁的马士英，"江北四镇"也归他节制。不过，基于众所周知的原因，史可法实质上的地位已经一落千丈，别说马士英、刘孔昭之流不把他放在眼里，区区"江北四镇"的几名总兵官，就足以把他搞得焦头烂额、疲于应付了。

若论这几位总兵官谁最能打仗，可以说各有战绩（当然近年来以败绩为主），难分伯仲，但要说谁最能没事找事，那绝对非兴平伯高杰莫属。高杰生年不详，陕西米脂人，不仅是"闯王"李自成的老乡，还曾经是李自成的部将，江湖人称"翻山鹞"。此人原本是起义军中的一名骁勇，打仗是一把好手，勾搭女人也不含糊，阴差阳错地竟然跟李自成的妻子邢氏搞到了一起。高杰担心东窗事发，索性于崇祯八年（1635年）带着邢氏投奔了官军，并调转枪口对付李自成、张献忠。高杰归降之后，镇压农民起义军一点儿都不手软，凭借并不光彩的战功，一路擢升到了总兵官的位置。李自成攻陷北京之后，高杰见势不妙，撒开两条腿就往南逃窜。

逃归逃，跑路谁都会，但后勤补给成为摆在高杰面前的现实难题，毕竟朝廷都没了，粮饷找谁要去？沦落到这步田地，吃饭只能靠抢了，但披着这身官军的制服，实在太过招眼。一方面，百姓对官军恨之入骨，否则也不会冒出李自成、张献忠的起义军了，如今朝廷土崩瓦解，百姓们乐得痛打落水狗；另一方面，官军毕竟是朝廷的部队，四处烧杀抢掠，往后到了南京没法交代，难保不会被人伺机告发。

面对看似无解的难题，从来不知底线为何物的高杰使出了一个无耻至极的招数，他下令所属部队脱掉官军的制服，打起大顺军的旗号，一路大肆抢掠、骗吃骗喝，优哉游哉地祸害到了扬州。酒肉咱们可劲儿造，黑锅让他李自成背去吧！

进入扬州地界之后，高杰一面将扬州团团围住，一面与抗旨南下的刘泽清一拍即合，联起手来向南京方面施压，扬言要挥师渡江南下。史可法被吓得够呛，赶紧腾挪出一万两军饷，才勉强把这两大刺儿头稳住。

然而好景不长，高杰在江、淮之间一通劫掠之后，又返回扬州故伎重施，结果被深知高杰品性的扬州官民挡在了城外。双方对峙一月有余，高杰搬出一位名叫郑元勋的当地名流去说和，结果郑元勋刚进城，就被群情激愤的扬州人搞死了。眼瞅着局面不可收拾，史可法只得亲自出面安抚高杰，承诺将扬州附近的瓜洲划给高杰，方才平息了事态。

以上是设立"江北四镇"之前高杰的一些所作所为，斑斑劣迹足以证明，这个人真的是臭名昭著！"江北四镇"的设立让高杰如愿以偿分到了扬州，不过出于稳妥考虑，史可法还是利用督辅的权力做了一点有备而无患的安排，特意让相比之下"忠勇奉朝命"的靖南侯黄得功驻守在扬州附近的仪真。对此，高杰深感掣肘、如鲠在喉，一心谋划着如何搞掉黄得功。

等到九月初一，高杰终于抓到了一次难得的契机。当时，黄得功有一位好友名叫黄蜚，正要赴任登莱总兵之职，要路过高杰的地盘。黄蜚也知道高杰不是善茬儿，便写信请黄得功派些兵马护送一程。黄得功欣然应允，亲率三百骑兵前往高邮与黄蜚会合，结果半道上遭到高杰伏击，几乎全军覆没。黄得功侥幸逃脱，逃回驻防地仪真，发现高杰的军队竟然把自己的老巢也收拾了一通。

黄得功损失惨重，跑到南京去告御状，表示自己要跟高杰决一死战。希望息事宁人的史可法百般劝解，但始终无济于事。眼瞅着事态越闹越大，适逢黄得功的母亲因病辞世，史可法亲自前去吊唁，并抓住时机苦口婆心地劝说了黄得功一番，希望他能以大局为重。事已至此，黄得功尽管"以所杀亡多为恨"，但终究是深明大义的，便勉为其难地接受了史可法的调解。经过史可法一番斡旋，自知理亏的高杰答应拿出一千两银子给黄母办丧事，并如数赔偿黄得功损失的战马，两人的恩怨算是暂且做了一个了结。

话说回来，"江北四镇"再怎么飞扬跋扈，也终究是在朝廷的眼皮子底下闹。如果事情闹得太大，即便史可法管不了，马士英等人也不可能作壁上观，毕竟一竿子打翻了船，大家伙都得淹死。因此，这几位驻防在江、淮之间的实力派，总体上还是可控的。

真正的威胁，其实是在上游武昌，那里还有一个更难伺候的主——宁南伯左良玉。

左良玉（1599—1645年），字昆山，山东临清人，行伍出身，崇祯年间先后与清军、李自成、张献忠交手，实战经验丰富，虽然大字不识几个，但"多智谋，抚士卒得其欢心"，素以跋扈骄横出名，历经几番沉浮。崇祯十五年（1642年），趁张献忠西进四川，左良玉率军收复了重镇武昌，两年后受封为宁南伯。

得知北京陷落、崇祯皇帝殉国，南京又搞了一场惊心动魄的选嗣大对决，远在武昌的左良玉一直气不顺，甚至当着自己部下的面，将弘光皇帝朱由崧送到武昌的诏书扔在一边。在这关键时刻，还是时任湖广巡抚何腾蛟和湖广巡按黄澍出面规劝，你一言我一语，翻来覆去，好说歹说，才把左良玉心中的恶气压了下去，他勉强同意顾全大局，表态拥戴朱由崧的弘光小朝廷。

平心而论，左良玉有足够的理由感到无比憋屈。跟"江北四镇"乃至马士英之流相比，他的资格最老、战绩最多、实力最强，选嗣这么大的事儿，竟然没人征求一下他的意见，"定策之功"也没有他的份儿，是可忍，孰不可忍？

马士英、史可法不是不知道，地处长江中游的武昌对于南京有多么重要，他们也了解左良玉的秉性，尤其是他掌握的兵力非同寻常。因此，在对四大总兵官加官晋爵的同时，弘光小朝廷也卖了一个人情，让左良玉跟着水涨船高，由宁南伯晋升为宁南侯，算是给他一个安慰。

不过，左良玉根本不吃这一套。他明面上接受弘光小朝廷的领导，却对东林党人的遭遇表示同情，不时冒出几句主持公道的不满之词。当然了，左良玉跟东林党并没有什么瓜葛，谈不上有什么交情，他也没有路见不平、拔刀相助的兴致，只是找点话头，让马士英、高杰这些当红派难堪一下而已。不过，眼下左良玉的不满更多只能停留在口头上，要想给对方制造大麻烦，还得等待一个合适的时机。

左良玉的这些心思，马士英、史可法未必清楚。他们此刻需要打起十二分精神直面的，既不是大体上不乱、小纠葛不断的"江北四镇"，也不是尚未露出端倪的潜在危险分子左良玉，而是北方急剧变化、日益严峻的复杂局面。

混乱不堪也好，跌跌撞撞也罢，弘光政权的旗帜几经波折，终究还是树起来了。南京的君臣，又将如何制定稳妥的国策，在与顺、清两大政权的较量中立于不败之地呢？

# 第三章 | 国策

⑩
错
觉

对于新生的弘光政权而言，孰敌孰友的问题显得尤为迫切。撇开正在四川闯荡、近乎封闭式发展的张献忠不谈，尽管身处南京的君臣们指望着偏安一隅、隔岸观火，但大顺、大清两大势力正在北方打得不可开交，它们可以一起做弘光政权的敌人，却不可能三家其乐融融地做朋友，南京的小朝廷必须做出选择。

平心而论，以延续大明王朝国祚为己任的弘光政权，有太多的理由将李自成看作自己的死敌。第一，正是李自成率领的大军攻陷了北京城，崇祯皇帝才自缢殉国，大明王朝二百多年的辉煌竟然毁在了这名失业的驿夫手里。第二，李自成率领的农民军非常仇视明朝的官绅，即便是已经投降的前明官员，往往也会遭到极其严酷的拷掠。第三，李自成的势力已经蔓延到了黄河流域，对弘光政权的淮河防线乃至江南腹地，都构成了比关外清军更为直接的军事威胁。第四，李自成的队伍打着"均田免赋""三年免征，一民不杀""迎闯王，不纳粮"之类的旗号，公然抽官府的薪、拆官府的台、造官府的反，严重扰乱了大明王朝赖以生存的社会经济秩序。

这些不共戴天的理由，足以证明弘光政权是不可能跟李自成"相逢一笑泯恩仇"的。如此一来，问题可就简单多了，南京的小朝廷唯一需要决策的，就是将同样与大明王朝分庭抗礼的清政权看作敌人还是朋友。

在这个问题上，弘光政权的两大实权派人物——在朝堂上掌舵的马士英和"自请督师淮扬"的史可法——竟然不谋而合，他们高度一致的主张便是所谓的"联虏平寇"。简单来讲，就是利用关外之"虏"平关内之"寇"。

就当时的情势而言，马士英、史可法采取这样的策略，出自他们对于时局发展的错觉。崇祯十七年（1644年）四月二十二日，也就是福王朱由崧被接到南京暂就"监国"之前，一场具有决定性意义的山海关大战以大顺军的全面溃败而告终。李自成率领残部撤回北京城，并于同月二十九日仓促举行登基大典之后，放弃了京城向西撤离。

北京城从李自成攻陷算起，短短四十余天之后，便再次上演了"城头变幻大王旗"，着实令身处南京的围观者们大跌眼镜，一时摸不着头脑。细究起来，在这个关乎全局的重大变故中，原本归降于李自成的宁远总兵吴三桂发挥了至关重要的作用。如果不是他阵前倒戈，清军是不可能如此顺利地闯入关内并迅速占领北京城的。

正是这个反复无常的"三姓家奴"，给掌握情报不明的南京君臣造成了一种错觉：马士英、史可法一厢情愿地认为，吴三桂这么做堪称义举，他是想借助清军的力量来消灭李自成，从而光复大明王朝。既然如此，自诩为明朝正统继承者的弘光政权，当然应该给予高度肯定和积极配合。

于是乎，马士英呈上一道奏疏，提议尽快与吴三桂取得联系。随后，上台伊始的弘光皇帝朱由崧便下达诏令，加封吴三桂为"蓟国公"。这是仅次于亲王的爵位了，然而，南京的君臣此时还不知道，吴三桂已经被大清政权正式册封为"平西王"，又岂会稀罕一个偏安小朝廷册封的区区"蓟国公"？

清军入主北京城之后，在老牌归附汉人范文程以及新近归降的洪承畴、吴三桂等前明官员的倡议之下，采取了一系列安抚与笼络的绥靖政策，从而彰显"得之于闯贼，非取之于明朝"的政治寓意，麻痹那些眷念大明王朝的遗官遗民。具体来讲，一是为自缢殉国的崇祯皇帝朱由检发丧，举行盛大的祭祀典礼，俨然以汉人的"报君父之仇"者自居。二是采取从宽政策，只要是在规定时限内主动归顺大清政权的前明官员，一律既往不咎，官复原职，从而争取官心。三是宣布将天下搞得怨声载道、民怨沸腾的"三饷"立即废除，从而进一步争取到了民心。

大清政权所采取的这些安抚与笼络政策既麻痹了北方的遗官遗民，也进一步加深了马士英、史可法等人的错觉，使他们更加坚定了与清军联合对付李自成的想法。

既然想联手，就必须派出使团去接洽，交换一下意见，商讨一下价码。然而，在派谁前去洽谈的问题上，南京的君臣们一时拿不定主意，因为谁都不想去，确切地说，是谁都不敢去。——放着江南的好日子不过，到兵荒马乱的北方冒险，不是脑袋被门夹过，就是吃饱了撑的。于是乎，官大的会说自己工作太忙，眼下走不开，官小的则说自己级别太低，恐怕不够格，总而言之一句话：谁爱去谁去，反正我不去！

不过，只要基数足够大，任何事情都有可能出现例外。这不，尽管绝大部分官员不肯以身涉险、为国分忧，还是有两位不怕死的官员自告奋勇，解决了这个大难题。第一位是时任沿海五镇水师提督的陈洪范。至于这个并没有什么名气的"南混"为什么如此特立独行，咱们很快就能知晓，这里暂且放过，因为他眼下还不是应该关注的重点。第二位名叫左懋第，时任应天、安庆等处巡抚，素以忠勇刚直著称，虽然在陕西镇压过农民起义，但他为官清廉，体恤治下的百姓，官声、民望还算不错。正是这一次临危请命的出使，成就了他"明末文天祥"的盛誉。

转眼到了七月初，弘光政权派出的接洽使团从南京启程。这支短小精干的使团，由一名正使和两名副使领衔。正使由左懋第担任，他刚刚被加封了兵部右侍郎兼右佥都御史的官衔。副使有前面提到的陈洪范，刚迁任左都督之职，以及原兵部职方郎中、刚擢升为太仆寺卿的马绍愉。他们携带着弘光皇帝朱由崧分别颁赐给大清政权和吴三桂的御书、诰敕，以及白银十万两、黄金一千两、绸缎一万匹，乘船从大运河浩浩荡荡地北上。

使团的船队装载着压满船舱的厚礼，也有左懋第莫可名状的沉痛心情。尽管他不愿坐视社稷倾危，决意挺身而出，但他实在不知道，自己这次出使到底能得到什么样的结果。左懋第此时的心情，咱们应该能够理解，虽说使团的规格不算低、诚意也不见少，但唯独缺少一样至关重要的东西：与清政权接洽的方针。或者更直白一点讲，南京小朝廷能够接受的底线。虽然要采取"联虏平寇"的国策，与清军联手对付李自成，但有些话还是事先讲清楚比较好，尤其是两边打算在哪里分界？

其实，此次北上接洽事关重大，南京君臣当然希望商定一个方针，画出一条底线，但上至弘光皇帝朱由崧，下至内阁首辅马士英、督师史可法，谁也不知道底线究竟应该画在哪里。

在一次廷议中，有大臣提出了以淮河为界实行南北分治的方案，却遭到东林党人高弘图驳斥。高弘图认为，山东是万万不能放弃的，实在不得已，也应该以黄河为界。为了达到这个目的，高弘图的想法是先对方一步设定谈判的对价，具体包括这么几个方面：一是将崇祯皇帝朱由检迁葬到天寿山[①]；二是双方以山海关为界，清军"不得侵及关内"；三是循"可汗"故事，承认清政权的政治地位；四是赐予丰厚的岁币，以安抚清军。

平心而论，高弘图提出的方针还是挺正确的，如果能谈出这样的成果，对弘光政权而言无疑是天降福音，光复大明的伟业指日可待。当然，除了高弘图自己之外，所有人都认为他纯粹是在痴人说梦。

作为内阁首辅，马士英充分发扬了先前史可法在选嗣大对决中和稀泥的优良传统，索性避实就虚，提出了与清政权按叔侄相论、分境而治的方案。叔侄相论的意思很明白，既然那边的主子（顺治皇帝福临）年齿尚幼（当时只有七岁），比这边的主子（弘光皇帝朱由崧）小多了，干脆就做个侄子好了。马士英认为，这对双方都还算公平，毕竟大清政权有了实惠（得到自诩正统的弘光政权承认），南京朝廷也有了口惠，勉强保住了泱泱王朝的颜面。

毫不客气地说，马士英的这个方案才是瞎扯。你想认那边的主子做侄儿，也得人家愿意啊，合着清军铁骑入关进取中原，还打出一个南京的朱大叔来了？至于分境而治，又从哪里划分？既然高弘图可以提出以山海关为界这种不切实际的要价，对方是不是也会趁机狮子大开口？如果人家执意以海岸线划分，南京的小朝廷是不是还得搬到船上去办公？

相较于高弘图、马士英的一厢情愿，重任在肩的左懋第倒是提出了一个比较靠谱的方案：以出使洽谈为名，率领军队一路北上收复故土，先造成占据黄河以南的既成事实，再以此为筹码与对方谈判。用咱们今天的话来讲，真理永远在大炮的射程之内，战场上得不到的，谈判桌上

---

① 李自成攻占北京后，将崇祯皇帝朱由检及周皇后草草安葬在田贵妃的墓园中。清军入关后进行修葺，并改称"思陵"。

也休想得到，没有几块健硕的肌肉加持，拿什么跟人家掰手腕呢？

就当时的客观形势而言，左懋第的这道提议并非不自量力的异想天开。一方面，李自成率领残部向西撤退，直奔关中而去；另一方面，清军刚刚入关，正忙着稳定安抚北京的局面，暂时还顾不上向河南、山东一带进取。于是乎，广阔的黄河流域便出现了暂时性的权力真空，弘光政权趁着这个间隙出兵光复故土，在难度上跟开荒没多大区别，基本上不会遇到什么阻力。

掌握决策权和兵权的马士英、史可法非常爽快，果断否决了左懋第的提议。理由很简单：如果使团领兵北上，一路招降纳叛，大搞扩张，如何体现洽谈的诚意？万一激怒了对方，挥师南下跟咱们抗衡，岂不是无事生非，惹火上身？

当然，马士英、史可法还有一个不便公之于众的考量。他们用脚趾头都能想到，一味保存实力、沉湎于声色犬马的"江北四镇"是断然不会出兵的。而如果那几位大爷按兵不动，武昌的左良玉当然也不会犯傻，其余各镇的总兵自然乐于躲在后面看笑话。如果抽调京营的军队北上，全打光了怎么办？南方有人伺机造反，怎么办？

既然大臣们各执一词，短时间内难以达成一致意见，就该轮到弘光皇帝朱由崧出面拍板了，尽管只是象征性的。然而，朱由崧似乎打定了主意，横下一条决心，不关己事不开口，摇头一问三不知。在他看来，自己已经在御书、诰敕上摁下大印，拨付了黄金、白银、绸缎，晋升了使团成员的官衔，该干的、不该干的一股脑全干了，至于说派不派兵，马士英、史可法两位大佬也谈了想法，你们爱干啥就干啥去吧！

　　眼瞅着实权派人物软弱无能、鼠目寸光、畏惧不前到如此地步，左懋第实在无话可说，只能带着自己对大明王朝的一片赤胆忠心，踏上了北上的行程。此时的他并不知道，此次出使还将面临一个更为严峻的局面：身为副使的陈洪范表面上临危不惧、自告奋勇，其实早就跟清军眉来眼去、暗中勾结，包藏着卖主求荣的险恶用心了。南京朝堂上的一番争论，以及使团此番接洽的底牌，都被陈洪范事先透露给了对方。

　　九月初五，距离使团从南京启程已经过去了两个多月的光景，这支肩负着历史重任的船队终于沿大运河穿过江苏，进抵地处山东南部的济宁州。这样的蜗牛速度，恐怕连当初磨磨蹭蹭率师西征的李建泰都望尘莫及。倒不是左懋第故意迁延不进，而是实在快不起来，因为这一路上治安极度混乱，不时遭到大大小小的"流贼"袭扰，只能边走边停。

　　转眼到了九月底，使团终于抵达直隶境内，却又接到对方通知说，顺治皇帝福临将于十月初一举行盛大的登基典礼，以示统御中国之意。出于"汉贼不两立"的考虑，也为了避开这个敏感的当口，左懋第的使团又刻意耽搁了些许时日，终于在十月十二日抵达北京。大清政权方面原本打算将使团安置在所谓的"四夷馆"，经过左懋第据理力争，方才改为入住鸿胪寺。

虽说避免了被视为外夷藩属的尴尬处境，南京使团还是遭到了对方刻意冷遇。据奸细陈洪范后来在《北使纪略》中回忆说，清政权当时责令他们"内外不许举火"，也没有提供足够的衣食，以至于一路跋涉的"官丁饥寒殊苦"。

是夜，左懋第彻夜难眠。回到久违的帝都，这里的空气中似乎还残存着些许血腥与硝烟，他不禁浮想联翩，泪如雨下。作为崇祯时期的旧臣，他目睹了大明王朝的轰然崩塌。在他的脑海里，始终萦绕着母亲陈氏貌似孱弱却不肯屈膝的身影。北京陷落之后，陈氏在逃难的途中得知崇祯皇帝已经殉国的噩耗，悲怆之余，她认为自己身受国恩，不应该苟活于世，既然不能上阵杀敌，就只能通过绝食来表达自己的一腔忠烈与愤懑，史载其不食七日而亡，带着对大明江山的无限眷念撒手人寰。

左懋第不是不知道，南京小朝廷里的那些臣僚大多数沉湎于江南的风花雪月，只想着如何苟且偷生，此番北上接洽的希望实在是渺茫。然而，他的心里更清楚，母亲不惜付出生命的代价，虽然回天无力，于事无补，但诠释的是忠义与气节。相比之下，肩负重任、手握重兵的祖大寿、洪承畴、吴三桂之流是多么卑微与无耻。歌舞升平、暮气沉沉之日，方是彰显我大明王朝大有人在之时。左懋第既然抱定必死的决心北上，便决意效法南宋朝的名臣文天祥，为千古江山留下一身正气！

临行之际，左懋第特意向弘光皇帝朱由崧上陈了一道辞行的奏疏。他在里面奋笔疾书道："望陛下时时以先帝之仇、北都之耻为念。……更望严谕诸臣，整顿士马，勿以臣北行为必可成。即成矣，勿以和成为必可恃。必能渡河而战，而后能扼河而守，而后能拱护南都于万全。"

这段话的意思是说，先帝愤然自缢之仇、北京陷落之耻不能忘，忍辱偷安的想法更不可取。要延续大明王朝的国祚，不能把希望寄托在虚无缥缈的和谈上面，只有积极整军备战，才能进取黄河，只有守住黄河一线，才有划江而治的可能。话说到这个份上，左懋第确实已经尽力了，他做了自己能做的事、该做的事，至于结果如何，只有听天由命了。

经过这一夜辗转反侧的沉思，左懋第已经做好了前往紫禁城舌战群"虏"的准备，然而清政权这边并不打算给他这个机会。第二天，清廷礼部派出几名低级别的官员来到鸿胪寺，"热情"接待了使团一行。礼部官员率先发难，询问左懋第等人此行到底为何而来。左懋第回答说，我朝天子希望能与清军合力平"寇"，并为我朝先帝发丧，特来致谢礼。礼部官员没有正面接过话茬，转而向左懋第讨要书信。左懋第表示，御书只能当廷递交，没有在这种非正式场合转交的道理。对方解释说，凡是藩属进贡的文书，都由礼部专程，这是大清政权的规矩。左懋第正色驳斥道，你们要搞搞清楚，此乃天朝颁赐给尔等的国书，并非藩属的进贡！既然话不投机，几位礼部官员便拂袖而去，意味着双方的初次接洽不欢而散。

又过去了一天，终于有一位高级别的官员肯露面了。此人名叫刚林，瓜尔佳氏（满族八大姓氏之一），字公茂，正黄旗人，时任国史院大学士，与范文程等一道参与政事。刚林出身显赫，属于典型的根正苗红，此时又是位高权重，显然没有先前几位低级别官员的耐性。一见到左懋第，刚林便先声夺人，劈头盖脸地痛斥南京方面非但不出兵剿"寇"，反倒拥立起所谓的皇帝了，简直是无法无天！左懋第据理力争，强调弘光政权乃大明王朝的正统，在先帝业已殉国的情况下，"伦序相应立之"，没有什么不合适。刚林抓住话头诘问道，既然自诩为正统，为什么没有出兵北上，报先帝之仇呢？刚林这番话，其实也是左懋第想问一问南京君臣的，但家丑毕竟不可外扬，他只能避而不谈，表示"恐疑与贵国为敌"，勉强敷衍过去。刚林倒没有刨根问底的兴趣，转而以武力相威胁说，大清王朝正在整装待发，准备南下平乱。左懋第毫不示弱，表示江南地方足够大，兵马也不少，奉劝对方不可小觑。依然是话不投机，刚林起身便走，双方的第二轮接洽没有任何进展。

再过去一天，清政权内院以及户部的官员来了。他们并不打算再继续一通口舌之争，而是带着明确的收货任务，责令左懋第等人交出黄金、白银及绸缎，至于御书、诰敕，让南方使团自己留着，就地销毁也好，拿回去复命也罢，悉听尊便。

等到十月二十六日，刚林再度出面，代表大清政权向使团下达了逐客令，要求他们明日启程，回去给南京方面禀报一声：清军即将南下，你们就自求多福吧！左懋第早就预料到，此次和议必然是自取其辱、无果而终，但他还是想再尽一回身为臣子的赤胆忠心，希望对方能行个方便，让使团能到北京城外的昌平祭拜一下列位先帝的陵寝。

左懋第的这一恳求算是合情合理，但刚林的反应异常激烈，回答得句句诛心。根据奸细陈洪范的《北使纪略》记载，刚林当时是这样讲的："我朝已替你们哭过了、祭过了、葬过了，你们哭什么、祭什么、葬什么？先帝活时，贼来不发丧；先帝死后，拥兵不讨贼。先帝不受你们江南不忠之臣的祭！"听听，这番话骂得多么道貌岸然、厚颜无耻，却又一针见血、畅快淋漓，足以令南京君臣汗颜。只可惜啊，朱由崧、马士英无缘受训，只能让左懋第这样的忠肝义胆之士代为受过了！

这还不算完，刚林当着左懋第等人的面，代表大清政权宣读檄文，昭告南京方面已经犯下了三宗罪：一是京师危急之时不救先帝；二是擅立天子，妄图篡夺天下；三是各镇拥兵自重，虐待百姓。刚林进一步威胁说，清军不日将高擎拯救天下子民于水火的义旗，挥师南下，代替崇祯皇帝乃至大明王朝的列祖列宗，讨伐这些不忠不孝的后世子孙！

左懋第意识到和谈已经无望，只得率领使团悻悻南返。然而，陈洪范为了一己之私，不惜出卖昔日同僚，密奏清政权的"叔父摄政王"多尔衮，建议其扣押左懋第、马绍愉，并表示"自愿率兵归顺，并招徕南中诸将"。多尔衮大喜过望，将业已行至沧州的南方使团押返北京。次年闰六月底，多尔衮对忠贞不渝的左懋第失去了招降的耐心，遂下令将其处死。

在被羁押在太医院的几个月里，左懋第留下了很多在后世广为传颂的壮举。当洪承畴奉命出面劝降的时候，左懋第直呼自己见了鬼，故作惊诧之状，大呼道："洪督师已经在松山殉国，先帝当年还主持了盛大的葬礼，怎么突然冒出一个活的来？"洪承畴自惭形秽，红着脸悻悻而去。紧接着，曾经把崇祯皇帝朱由检忽悠得团团转的李建泰也来了，左懋第咬牙切齿，痛斥其贪生怕死、误国害主，愧对先帝的在天之灵。

继洪承畴、李建泰铩羽而归之后，清政权方面又派来一位重量级人物——左懋第的堂兄左懋泰。左懋泰是崇祯年间的进士，官至吏部郎中，北京陷落时投降了李自成，并出面保全了左懋第的母亲陈氏。后来清军入关、李自成西撤，左懋泰带着陈氏离开北京，准备逃往山东老家避难，陈氏痛斥左懋泰贪生怕死，随后绝食而亡。左懋泰似乎没有受到什么触动，索性又归顺了清政权，如今奉新主子之命，前来劝降堂弟左懋第。自家兄弟相见，左懋第依然不留丝毫情面。二人先是共叙了一番往日情谊，左懋第还答谢了左懋泰奉养并收葬其母之举，随后毅然决然，跟他彻底断绝了兄弟关系。

"生为明臣，死为明鬼，我志也！""兴替，国运之盛衰；廉耻，人臣之大节。""今日只有一死，何必多言！"这就是左懋第奉送给这些劝降者的慷慨之言。

面对威武不屈的左懋第，心有不甘的多尔衮软硬兼施，甚至到了刑场上，还在尝试做劝降的最后努力。但左懋第大义凛然，慷慨赴难。面对清军的屠刀，左懋第临危不惧，刽子手竟然跪地挥泪，不忍举刀，围观的百姓们更是奔走呼号，痛哭流涕。

在太医院的一面墙上，左懋第留下了这样一首绝命诗：

> 峡坼巢封归路回，片云南下意如何？
> 寸丹冷魄消磨尽，荡作寒烟总不磨。

一百多年以后的乾隆四十一年（1776年），大清朝廷钦定《殉节录》，特意追谥左懋第为"忠贞"。家可破，国可亡，但气节永存！左懋第的气节，令无耻的叛徒汗颜，令无情的对手敬佩，值得后世敬仰！

## ⑫ 错失的机遇

尽管有左懋第的忠勇，此番北上和谈还是以失败告终。何止是热脸贴了冷屁股，弘光政权真是赔了夫人又折兵，银两送出去一大堆，结果换回来三宗罪。时过境迁，咱们回过头再去看，当时的弘光政权虽然孱弱，但历史还是给过这个小朝廷划江而治乃至光复中原的机遇。

首先来看一看建立了大顺政权的李自成。这位失业的驿夫多年来四处征战，脾气、野心见长，偏偏胆识不见长，稍微遭受一些挫折，就琢磨着往山沟沟里面钻。兵败山海关之后，李自成率领大顺军残部仓皇撤离北京，这一撤相当彻底，根本没有利用山形水势之便节节阻击的打算，而是一路撤回根据地陕西，将广阔的中原之地拱手让人。李自成这么不禁打，着实让入关伊始的清军大吃一惊，当然更是喜出望外，这简直是做梦都想不到的好事儿啊！

其次来说一说大清政权方面，内部的形势其实相当不乐观。早在崇祯十六年（1643年）八月，皇太极（努尔哈赤第八子）突然去世，引发了一场异常激烈的继嗣之争。代善（努尔哈赤次子）、多尔衮（努尔哈赤第十四子）、豪格（皇太极长子）都有觊觎君位之心，各旗也开始选边站队，转入暗流涌动的内讧之中。在多尔衮和庄妃①等核心高层的一番运作下，尚处幼年、不谙世事的第九子福临被扶持上位，由多尔衮、济尔哈朗（努尔哈赤的侄子）共同辅政。此时，实质上大权在握的多尔衮还需要一定的时间协调处理好各方势力的关系，积极稳妥地推进善后事宜。

基于这个原因，当初在是否挥师入关的问题上，大清政权的最高层尤其是多尔衮本人，其实一直是犹豫不决的。李自成攻陷北京城，紧接着吴三桂倒戈，多尔衮最初的想法是作壁上观、静观其变，并没有插手的打算。值此关键时刻，范文程果断站了出来，大谈入主中原的愿景和策略。经过他三番五次的劝谏，多尔衮方才做出决断，出兵配合吴三桂取得了山海关大捷，打通了进军北京的道路。

李自成一路败退，清军顺利进入紫禁城。下一步该怎么办，大清政权内部又出现了严重分歧。以阿济格（努尔哈赤第十二子）为代表的"保守派"认为，占领北京已经远远超乎预期，理应见好就收，留下一个亲王镇守于此，将清军主力撤回关内比较稳妥。不过，在范文程以及洪承畴、吴三桂等一干前明叛臣的怂恿之下，多尔衮早就不满足于将北京城当作大清版图上的南大门，而是希望以此为契机，向广袤的中原大地谋求进一步的发展。为了说服阿济格等人，多尔衮甚至搬出了皇太极临终时的一句遗言："若得北京，当即徙都，以图进取。"

皇太极的遗言，还有范文程、洪承畴等人不厌其烦的游说，着实帮了多尔衮的大忙，大清政权的高层终于达成初步一致，同意将福临迎入紫禁城，举行盛大的登基典礼，以示统御中国之意。多尔衮也顺势被尊

---

① 庄妃是皇太极的西侧福晋（排位第五），名布木布泰，顺治皇帝福临的生母，去世后上谥号"孝庄文皇后"。

封为"叔父摄政王"，成为这场争论的最大赢家。

即便如此，大清政权能在中原闯荡多久，又能攫取多大的地盘，多尔衮的心里并没有多少底气。首先，清军的核心力量并不强，满八旗、蒙八旗加上组建不久的汉八旗，满打满算也就二十来万人规模，况且先前"多为辽民所杀"，兵员补充一直是个难题。正因为如此，像阿济格这样的"保守派"才会提出退保关内、力求稳妥的方案。其次，中原的形势目前还不甚明朗。尽管李自成已经率领残部西撤，但其麾下的有生力量依然不可小觑。从地域分布上看，大顺军主力退守到了陕西、山西一带，河南、山东等地则是一些散兵游勇的活动范围。兵力不足的清军实在没有办法彻底消灭李自成的残存力量。更重要的是，弘光政权以大明王朝的正统自居，名义上控制着半壁江山，实力到底如何，目前尚不得而知。如果清军在中原乃至关中与大顺军展开决战，万一两败俱伤、难解难分，南京方面是不是会趁势操刀北上，上演一出螳螂捕蝉、黄雀在后的好戏？

正是出于以上种种顾虑，从五月初进入北京城开始，清军在后来的三个月光景里，既没有继续追击西撤的大顺军，也没有乘胜挥师南下。此时的多尔衮既要稳定北京的局面，也要静观天下局势之变，先摸清楚各方的底牌。

如今看来，大顺政权、弘光政权显然都不给力，中原很快就出现了权力真空。一时间，归降清军的前明官员群情激愤，纷纷向多尔衮上书，力陈挥师南下之利，主张早做决断，一举荡平天下。这些人的心思，咱们并不难理解。没有江南财赋的支持，仅凭北方的经济发展水平，恐怕很难支撑一个政权的生存与延续，简单来说，北方迫切需要南方输血。另外，如果让南京方面抢占了先机，形成南北对峙的僵持局面，以后再想跟南方的亲友相见，那可真就是"雁来音讯无凭，路遥归梦难成"了。

事关重大，不可不仔细斟酌，更何况清军初来乍到，对中原社会的情况还比较生疏。因此，尽管这些前明官员不断在耳边咋咋呼呼，多尔衮依然秉持十分慎重的态度，充其量派出小股部队进行小规模、试探性的进取。他倒是有兴趣看一看，南京方面到底是一只会咬死人的真老虎，还是连吓人都够呛的纸老虎。

此时，如果弘光政权的君臣能有一丝进取之心，按照左懋第所提议的那样，部署"江北四镇"领兵北上，迅速接管河南、山东地区，多多少少能对清军构成一些威慑。在此基础之上，再与对方接洽联手平"寇"，弘光政权无疑掌握着至关重要的一道筹码。

令人痛惜的是，一味贪图安逸的弘光政权真是无可救药。对于山东、河南一带出现的积极变化，朱由崧、马士英之流不过是做一点表面文章，任命了一名山东巡抚和一名总兵，催促他们前去赴任。两位倒霉的官员接到诏令，顿时头都大了，无论如何不肯成行：朝廷只给官衔不给兵，难道让我们靠耍嘴皮子抢地盘去？

南京方面无能到如此地步，令多尔衮大喜过望。既然对手是一群草包，他就不再有任何后顾之忧了。因此，早在左懋第率领的使团行于途中的时候，多尔衮就差人给史可法送去一封书信，俨然以正统自居，敦促南京方面"削号归藩，永绥福禄"，否则将重蹈"故国无穷之祸，为乱臣贼子所窃笑"。丝毫不留情面的激烈言辞，寓示着大清政权已经将逐鹿天下、实现江山一统作为自己的终极目标了。在这样的背景下，南京的小朝廷派出再多的和议使团，携带再多的金银财宝，都难免羊入虎口、自取其辱的结局。

⑬

# 偏安的沉沦

山外青山楼外楼，西湖歌舞几时休。

暖风熏得游人醉，直把杭州作汴州。

　　生活在南宋时期的诗人林升，以相当直白的语言，将偏安一隅、不思进取的南宋朝廷描绘得惟妙惟肖、入木三分。如果他生活在南明时代，目睹一下弘光君臣的所作所为，恐怕很难有心情写出意在讥讽但不失美妙的诗句，而是直接送上一个字：呸！弘光自恃为大明王朝正统的新生政权，对外软弱无能，遭到对手无情蔑视，对内横征暴敛，官场一片乌烟瘴气，腐败到了极致。对于这样的偏安小朝廷，除了嗤之以鼻，实在是无话可说了。

　　弘光政权当时主要控制着富庶的江浙地区，而这里素来是大明王朝赖以生存的财赋重地，常年通过漕运向北方供给白花花的大米和银子，为朝廷的日用开支乃至"平寇""平虏"等军事行动提供粮饷支持。如今，北方已经被人家占了，"平寇""平虏"一时无从谈起，摊派到江浙的输血任务理应减少很多。因此，早在福王朱由崧暂就"监国"之位的时候，便有大臣提议降低赋税，以此安抚百姓，凝聚民心。然而，当时还手握大权的史可法最先站出来反对，他给出的理由是目前"天下半坏……军饷繁费"。也就是说，尽管大明王朝的疆域已经严重缩水，但天下的形势依然十分严峻，军费开支实在少不了。

史可法所言，的确也是实情。就说"江北四镇"吧，自恃有压制东林党、扶立新主的所谓定策之功，平日里飞扬跋扈，干啥啥不行，要钱第一名，个个都是贪吃没够的吞金兽、碎币机。身为督师，史可法的个性又过于优柔寡断，对这些刺儿头采取笼络安抚的政策，一味地投其所好，姑息迁就，进而多次向朝廷上疏，带头替四大总兵官要钱。"江北四镇"不知好歹，要钱的时候相当积极，等到朝廷需要他们干活的时候，既不出工，也不出力，反倒是在史可法的纵容之下纸醉金迷，挥霍无度。养着这样的军队，再多的钱也会被烧光。

时任都给事中李清，给这个小朝廷的军费开支算过这样一笔账：先说武昌的左良玉，麾下有五万人，每年的军费大约一百万两白银；其次是"江北四镇"，共计十二万人，每年的军费大约二百四十万两白银；再次是京营，有六万人，每年的军费大约一百二十万两；最后是散布各地的八镇，共计十二万人，每年的军费大约二百四十万两。也就是说，小朝廷直接控制的军队规模有三十五万，每年的军费高达七百万两！这还只是养兵的钱，另外还有宫内的开销、各级官员的俸禄，以及维系小朝廷乃至地方衙署日常运作的开支，无论哪一项，都不是一个小数目。那么，弘光政权每年能收上来的赋税是多少呢？根据李清的测算，在没有旱、涝、虫等灾害的情况下，充其量六百万两！

理论上测算的入不敷出，很快就在账面上变成了现实。是年十一月，工部、户部提供的报表显示，正式成立不到半年的南京小朝廷，财政赤字竟然高达二百二十五万两白银，户部库存的现银，只剩下区区一千两!

弘光政权守着江浙这个财赋重地，短短几个月就把钱花了个精光，混成了"库光族"，着实令人吃惊。究其根由，除了督师史可法帮着"江北四镇"狮子大开口之外，关键还是南京小朝廷的君臣们终日沉浸于声色犬马，不以江山社稷为念，骄奢淫逸，挥霍无度。

咱们就说朱由崧本人吧，或许是想补偿一下这些年来颠沛流离的凄惨生活，从坐上皇帝宝座伊始，他就像荷尔蒙爆发似的，立刻琢磨大规模选秀以充实后宫，并积极筹备自己的大婚典礼。朱由崧一声令下，时任南京司礼监秉笔太监韩赞周作为具体执行者，开始声势浩大地在南京、苏州、杭州等地选秀，甚至在众目睽睽之下当街抓人，"挨门严访淑女"，胆敢藏匿者，非但本家获罪，邻居也会受到牵连。凡是有女子待字闺中的人家，都要在门上贴一张黄纸作为标志，官差前来抓人，"街坊缄口，不敢一诘"。一些内侍趁机敲诈勒索，巧取豪夺，搞得人心惶惶，怨声载道。

朝廷到处抓女人参加选秀，百姓们苦不堪言，甚至逼出了"少女自刎，母亦投井"之类的极端事件。尽管有少数人不惜付出生命的代价来抗争，但大多数人还是希望能够保全自身苟活。于是乎，众人昼夜不停地拉郎配，也顾不得什么贫富、良贱、老少、美丑了，纷纷扎堆举行婚礼，一度出现"道途鼎沸，不择配而过门"的热闹场面。南京、苏州、杭州等大都市更是"合城若狂，行路挤塞"，真可谓"家家有喜事，处处是洞房，日日寻男子，夜夜有新娘"。一时间，男人们都不敢轻易上街，否则可能稀里糊涂就被人抢去成了婚。

除了大搞选秀之外，深居宫中的朱由崧"惟渔幼女、饮火酒、杂伶官演戏为乐"，同时大兴土木，不是修兴宁宫，就是造慈禧殿，"宴赏皆不以节"，进一步加剧了财政亏空。更加耸人听闻的是，马士英、阮大铖还把从青楼抓来的雏妓送入宫中，供朱由崧淫乐。难怪东林党人张岱无比痛心地感慨："自古亡国之君，无过吾弘光者，汉献之孱弱、刘禅之痴茝、杨广之荒淫，合并而成一人。"弘光皇帝朱由崧，真是把汉献帝之弱、蜀后主之痴、隋炀帝之淫给占全了！

在朱由崧的率先垂范之下，南京小朝廷的满朝文武官员，除了史可法、左懋第等极少数清廉官员以外，绝大部分也是腐化堕落到了极致，不知百姓苦，大发国难财。以内阁首辅马士英为例，除了接受僚属的贿赂之外，还将各级官衔明码标价，公然卖官鬻爵。别看弘光政权规模不大，管辖的地域小，官员队伍却十分庞大。当时流传着这样一首民谣，讥讽官职的极度泛滥：

中书随地有，都督满街走。

监纪多如羊，职方贱如狗。

荫起千年尘，拔贡一呈首。

扫尽江南钱，填塞马家口。

除了百姓满腹怨言之外，就连深陷其中、身不由己的史可法，后来也痛心疾首地感慨南京这个小朝廷真是"人人可以剥商，商本尽亏；新征不已，利归豪猾。不足之害，朝廷实自受之"。由此观之，本已繁重不堪的税赋，连供应君臣挥霍、维持朝廷日常开支都成问题，更谈不上花钱去"平虏""平寇"、光复大明江山了。

家贫出浪子，国弱多愤青。以大明王朝正统自居的弘光政权堕落到
如此地步，引起了一些正直官员的极大忧虑与无比愤慨。时任兵科给事
中陈子龙便是当时少有的愤青之一。

陈子龙（1608—1647年），字卧子，南直隶松江人，崇祯十年
（1637年）进士，做过绍兴府的推官。崇祯十七年（1644年）初，陈子
龙因为招抚发生在浙江的民变有功，被擢升为兵科给事中，奉旨巡视江
浙地区的城防守备。北京城告急之时，陈子龙本有"联络海舟，直达津
门"的勤王打算，怎奈形势急转直下，已经无可挽回。随后，陈子龙以
原职效力于南京的小朝廷。

单就历史上的名气而言，陈子龙似乎远远不及自己的关系圈。他曾
经师从明末著名的科学巨匠徐光启，上海的徐家汇便是得名于这位大
咖。徐光启赖以成名的著作《农政全书》，便是得意门生陈子龙在恩师
去世之后主持修订才得以面世的。尽管恩师徐光启早在陈子龙进士及第
之前就溘然长逝了，但陈子龙还有一位同样鼎鼎大名的"座师"，也就
是他登科时的主考官、学贯古今的明末硕儒黄道周。早在崇祯时期，黄

道周便对昏庸无道的朝堂感到无比痛心与失望，于是决意辞官，回到故乡结庐著书去了。后来北京陷落，弘光政权新立，心中重燃希望之火的黄道周再度出山，官居吏部侍郎，后又迁任礼部尚书，并向南京的小朝廷举荐了为人刚直、行事干练的陈子龙。

除了科学巨匠徐光启、硕儒黄道周之外，陈子龙的关系圈里还有一位名望甚高的红颜知己——柳如是。柳如是初名杨云娟，浙江嘉兴人，幼年时因为家贫而被辗转贩卖，后为生活所迫坠入风尘，委身于青楼之中，并以其独特的个性与卓越的才华，被后世列为"秦淮八艳"之首。据说，她是因为读了辛弃疾的词句"我见青山多妩媚，料青山见我应如是"，才自取了"如是"的名号。

柳如是知书达理，文学素养极高，跟诸多文人走得比较近，尤其是跟陈子龙这样的青年才俊情投意合。早在崇祯八年（1635年），陈子龙与柳如是就在松江的南楼（又称"红楼"）度过了一段"情感密挚，达于极点"的同居岁月。二人吟诗作赋，相互唱和，留下了诸多美妙的名篇，也成就了陈子龙"明代第一词人"的美誉。只可惜好景不长，受到封建礼教和社会舆论的束缚，两人终究没能走到一起。几年之后，柳如是嫁给了愿意明媒正娶她的东林党大咖钱谦益。后来有说法认为，曹雪芹写《红楼梦》，多少借鉴了一些陈子龙与柳如是的爱情故事，譬如贾宝玉住的"绛芸轩"，便是从柳如是住过的"绛云楼"演化而来，还有《终身误》《枉凝眉》两首词，则是寄托了柳如是对陈子龙的深深思念之情，就连书名《红楼梦》，似乎也是从陈子龙的这首《春日早起》里摘出来的：

独起凭栏对晓风，满溪春水小桥东。

始知昨夜红楼梦，身在桃花万树中。

稍微扯远了一些，咱们还是把话头收回来，继续讲愤青陈子龙的表现。毫不夸张地说，陈子龙的愤青之名，已经响彻官场内外了。早在天启初年，不足二十岁的陈子龙便与数位志同道合的友人一起，为遭到"阉党"陷害的大臣奔走呼号，联名上书喊冤，丝毫不顾及个人安危。崇祯年间，初入仕途的陈子龙更是秉持"君子以识时务为贵"的理念，不时上疏奏议，针砭时弊，并积极投身于弹劾"阉党余孽"阮大铖的斗争当中。现如今，陈子龙身为兵科的言官，并不打算跟那些醉生梦死的臣僚同流合污，而是殚精竭虑地为国尽忠。

经过一段时间的观察与谋划，陈子龙上疏弘光皇帝朱由崧，提出了一整套极富远见卓识的国防策略。在这道奏疏中，陈子龙的态度非常鲜明，那就是"君父之仇不可不报，中原之地不可不复"。这话说起来容易，君父之仇该如何报，中原之地该如何复呢？陈子龙认为，首先是要确保江淮的稳固，以此作为"中兴之根本"，而要想守住江、淮这道防线，水师更是一支不可或缺的国防力量。他向朱由崧建议，应迅速任命专人、拨出专款募练水师，以备不时之需，并斗胆举荐了几位合适的人选，保证只需一个月便可就绪。

就当时的形势而言，陈子龙的此番提议并非异想天开。在此之前，时任松江知府陈亨就已经开始筹备船只、招募和编练士兵了。时任山阴知县钱世贵带着治下的乡贤出资，购下三十五艘沙船，招募士兵一千余人。如果朝廷能够出面招募，影响力更是毋庸置疑，必然能够得到各地的积极响应，迅速组成一支规模可观的水师。再者，大明王朝在兵器、造船、火炮方面的技术非常先进，能够为这支水师提供最具杀伤力的火器配备。

有这样得天独厚的优势，一旦弘光政权建成水师，对清军的威慑必然非同寻常。咱们都知道，清军的八旗兵长期在关外作战，以骑射和步战见长，根本不习水战，更谈不上有什么水师了。与之相反，南方尤其是东南一带，河汊纵横，水战是一大长处。新组建起来的水师，既可以协助"江北四镇"和京营防守江、淮，又能从海上突袭敌人的大后方，让清军始终顾忌被抄后路，没办法完全放开手脚而大举兴兵南下。

不得不承认，陈子龙虽然官阶不高，但洞察力是极其非凡的。后来，郑成功能够凭借自己组建的武装船队与大清政权抗衡多年，充分佐证了陈子龙的远见卓识。

对于陈子龙提出的扬长避短的战略方针，弘光皇帝朱由崧表示高度赞许，并表示会采纳这些意见，推行下去。至于下文，就没有了，原因很简单：没钱。想想也是，南京小朝廷手上那点可怜的府库存货和财赋收入，早就被朝内的君臣和朝外的"江北四镇"挥霍一空，哪里还有闲钱给你造船划水玩儿？

尽管组建水师的倡议未被实质性采纳，但陈子龙并未就此偃旗息鼓。没过多久，这位愤青的奏疏又陈上来了，痛斥朝廷坐视河南、山东陷入权力真空而无动于衷的愚蠢行为。陈子龙认为，如果朝廷这个时候不敢果断出兵北上，错失争取主动、光复中原的良机倒在其次，关键是新生弘光政权必将彻底丧失在前明官绅中的地位和威望。你说你是大明王朝的正统，结果只会龟缩在江浙妄图偏安，普天之下的子民会认你吗？陈子龙当年有招抚民变的经历，非常清楚"乱自上作"的道理，他直言不讳地警告说："天下豪杰知朝廷不足恃，不折而归贼，则群然有自王之心矣。"因此，无论是为江山社稷计，还是为黎民苍生计，弘光皇帝朱由崧都应该昭告光复故土的决心于天下，御驾亲征，挥师北上，势必"逆贼授首，可计日待矣"。

不出所料，陈子龙这道热血沸腾、慷慨激昂的奏疏，又是石沉大海，杳无回音了。

除了陈子龙之外，同为科道言官的吏科给事中章正宸也对时局感到忧心忡忡。他在一道奏疏中直言，眼下的形势比当年的东晋、南宋还要艰难百倍，"当事者泄泄偷息，处堂自娱"，文臣忙于捞财，武将忙于私斗，不是莺歌燕舞、粉饰太平，便是暮气沉沉、乌烟瘴气。章正宸认为，与其自恃江、淮天险而坐以待毙，不如主动出击，与山东、河南的抗清力量"齐心协力，互为声援"，挥师中原，光复故土。

然而，章正宸的此番正义之言没有得到采纳，他还因为痛斥朝臣的种种不端，遭到马士英之流忌恨，改任大理寺丞之职，事实上被褫夺了上书言事的权力。章正宸不愿委曲求全，愤然辞官而去。没过多久，陈子龙对这个"清歌漏舟之中，痛饮焚屋之内"的小朝廷也深感心灰意冷、无可奈何，遂以业已亡故的亲人"四丧未举"为由，请假归乡葬亲，事实上黯然去职了。

随着以陈子龙、章正宸为代表的愤青们选择离开，弘光政权的朝堂上顿时安静了许多，用后来另一位言官的话说，满朝臣僚"不闻一筹一策"，"但知张口向内添官索饷"。对于一个新生的政权而言，最大的危险不是愤青太多，而是愤青们深感多说无益，根本没有愤的激情了。

在陈子龙等人看来，自恃为大明王朝正统的弘光政权已经无可救药，失败不过是个时间问题。当然，这个时间是由北方的大清政权决定的。摸清了弘光政权的底牌，在南方使团试探性的接洽破产之后，北京城里的多尔衮迫不及待地"磨刀霍霍向猪羊"了。

# 第四章 ｜ 疑案

⑮
逆袭还是昏招

　　崇祯十七年（1644年）十月，清军已经占据了河北、山东、山西大部及河南东部，轻而易举地几乎将整个中原收入囊中，多尔衮开始迈出统一全国的步伐。在他看来，敌人似乎只有两种：或者坚不可摧，或者不堪一击。仓皇西撤的大顺军也好，苟延残喘的弘光政权也罢，显然都不属于坚不可摧那一类，那就只能是不堪一击了。于是乎，多尔衮决定一块收拾，毕其功于一役。

　　多尔衮制定的整套作战计划，大体上分为西线和南线。从涉及的地域来看，两支大军犹如两只有力的臂膀，大有将天下揽入怀中之势。先说西线，总指挥是靖远大将军、英亲王阿济格，他负责率领一部分八旗兵主力，并配属平西王吴三桂、智顺王尚可喜①等归降的前明军队，经过今天的山西北部、内蒙古河套地区进攻陕西，在夺取榆林、延安等地之后再挥师向南，直捣大顺军的总根据地西安。再说南线，总指挥是定国

---

① 尚可喜出身行伍，早年参加明军水师，曾被平辽总兵官毛文龙收为养孙，崇祯七年（1634年）初归附"后金"。两年之后，皇太极改国号为大清，加封尚可喜为智顺王。他与同时受封的恭顺王孔有德、怀顺王耿仲明并称"三顺王"。

大将军、豫亲王多铎（努尔哈赤第十五子），他负责率领一部分八旗兵主力，并配属恭顺王孔有德、怀顺王耿仲明等部，渡过黄河南下，夺取弘光政权的政治中心南京。

尤其是针对以大明王朝正统自居的弘光政权，多尔衮还以大清朝廷的名义发出檄文，将南京的小朝廷定义为"伪政权"，向普天之下昭告了这个小朝廷的三宗罪状（也就是先前刚林当着左懋第的面宣读的）：一是京师危急之时不救先帝；二是擅立天子，妄图篡夺天下；三是各镇拥兵自重，虐待百姓。这道檄文还昭示天下说，大清军队不日将大举南下，剿灭这股前明余孽。

清政权这边的舆论准备工作做得挺足，大有山雨欲来风满楼之势，然而俗话说得好，计划往往不如变化快，你永远无法预料是否有意外发生。这不，值此危急存亡、千钧一发之际，原本风雨飘摇、岌岌可危的弘光政权，出其不意地迎来了一次绝处逢生的契机。多铎率领的大军刚刚渡过黄河，便突然接到多尔衮的命令，于是挥师转向，奔着西面而去了。

真是奇怪，清政权的檄文业已昭告天下，多尔衮的命令业已下达，多铎率领的南征大军业已渡河，怎么突然朝令夕改了呢？莫非是后院起火了？看样子不像。如果真是紫禁城里有情况，多铎接到的命令应该是火速回京，怎么往西面去了呢？答案显然只有一个，一定是回撤陕西、实力尚存的大顺军在搞什么大动作！

当时，清军在情报系统中反复提到的一个地名就是怀庆府，府治位于今天河南省沁阳市，管辖地域包括河南西北部的焦作、济源一带。因此，这场战争也被称为"怀庆战役"。

怀庆战役爆发的时间是崇祯十七年（1644年）十月十二日，毫不夸张地说，这场战争足以改变整个天下的格局。当时，李自成集结了分散在豫西、陕西一带的残余兵力，对业已占领怀庆府的清军展开大规模攻势。由于实力悬殊，时任怀庆总兵的汉八旗将领金玉和的部下几乎全军覆没，这位万历时期便归降于努尔哈赤的前明千总也在一场遭遇战中阵亡。怀庆府的府治沁阳城被大顺军重重围困，危在旦夕。

接到怀庆方面的急报，异常警觉的多尔衮顿时发现情况不妙。多尔衮原本认为，李自成的大顺军经过山海关之战惨败之后，已成强弩之末、惊弓之鸟，只能龟缩在关中一带，坐等阿济格的西征大军前来收割。万万没想到，李自成凭借一群残兵败将、散兵游勇，竟然还敢在中原发动逆袭，这问题就比较大了。

小小的怀庆府为什么会牵动多尔衮的神经，引发进军天下策略的重大调整呢？咱们试想一下，如果清军继续执行原定的作战部署，业已完成兵力集结的大顺军完全可能趁着阿济格还在西征的路上、多铎已经与弘光政权的"江北四镇"交火的空当，横扫河南、山东，并进一步威逼京师，再给多灾多难的北京城来一次"城头变幻大王旗"。

清军虽然不是豆腐捏的，但这一推演绝非危言耸听！俗话说得好："巧妇难为无米之炊。"清军战斗力再强悍，此时也深受兵力有限的困扰。如果不是尚可喜、吴三桂等前明将领先后倒戈，多尔衮要想统一天下，实在是心有余而力不足。此时，阿济格、多铎带去征伐天下的军队，几乎就是清军的全部家当。既然绝大部分兵力都出远门了，那么河北、河南、山东等地的防守势必薄弱，如果大顺军卷土重来，借助先前的统治基础与良好口碑，再度凭借"均田免赋""三年免征，一民不杀""迎闯王，不纳粮"之类的口号，轻而易举便能让黄河流域在短期内易主。

大顺军重出江湖，占据着堪称天下之中枢的河南、山东等地，清军将陷入异常被动的局面。首先是西线，等阿济格的西征大军从黄沙大漠里钻出来，拿下同样防守空虚的西安城未必是什么难事儿，但南面的张献忠已经在四川站稳了脚跟，即便他打死不出剑门关，清军也不得不有所防范。如此一来，控制着关中地区的清军就好比被拖住了一条腿，没办法尽全力东出潼关，回师中原。其次是南线，弘光政权的"江北四镇"再怎么弱，战斗力还是有一些的，更何况武昌还坐着左良玉呢，多铎的南征大军想在短时间内取胜，无异于天方夜谭。如果北面是风头正劲的大顺军，南面又跟弘光政权的军队纠缠不清，多铎势必陷入腹背受敌的危险境地。

更令多尔衮坐立难安的是，一旦形势对清军不利，吴三桂、"三顺王"这些靠叛主起家的政治投机分子难保不会再卖主求荣一回，反过来咬清军一口，借机捞取光复大明江山的政治资本。如此一来，西线、南线这两只揽江山入怀的臂膀，将被打成自顾不暇的断臂残肢，紫禁城里的多尔衮恐怕只有一条路可走：从哪儿来，回哪儿去，卷起铺盖回关外老家。

上面的一系列推演，不能说完全是多尔衮的异想天开。只不过梦想往往很丰满，现实终究很骨感，无论是李自成绝境求生的逆袭，还是弘光政权无意中获得的翻盘契机，仿佛都在倏忽之间就化成了泡影。

执掌着摄政大权的多尔衮绝非浪得虚名，他对于局势的掌控能力远远超越了草莽出身的李自成，以及南京小朝廷的那些短视君臣。当大顺军向怀庆府发动大规模攻势的时候，多尔衮便迅速做出反应，及时调整原定作战部署，责令多铎大军停止南下，转而向西先解怀庆之围，随后西入潼关，与从北路而来的阿济格一道进取关中。

此次作战部署的调整看似因怀庆战役而起，实质上是多尔衮因时而动，改变了一统天下的策略，从先前的西、南两路同时出击，改为各个击破，眼下先集中力量对付不可小觑的李自成。那么问题来了，难道他不担心南方的弘光政权趁机北上，进占防守薄弱的中原地区，进而威逼京师吗？

对于这个理论上可能存在的局面，多尔衮根本不屑一顾。虽然这话说起来不太好听，但现实就是如此。经过几个月来的观察与试探，特别是通过与南方使团的接触，以多尔衮为代表的大清政权决策层已经看清了弘光政权腐朽无能、苟且偷安的真实面目。在他们看来，南京小朝廷的君臣但凡有一丝光复故土的意图，清军也不可能像秋风扫落叶似的将河南、山东收入囊中。

弘光政权的君臣没有敢打必胜的信心，敢于发动逆袭的李自成其实也聪明不到哪里去。昔日震惊天下、轰轰烈烈的起义，如何沦落到兵败山海关、撤守北京城的地步，历史早有公论，咱们在这里不多说。单看这次发动的怀庆战役，无疑是李自成在异常关键的时刻，错误地打出去的一记昏招，硬逼着自己从原本已经非常被动的局面步入无力回天的绝境。

从形势发展来看，这场逆袭战原本可以早打。在兵败山海关之后，大顺军虽然损失惨重，但实力尚存，完全可以借助地形优势节节阻击，有组织、有计划地向北京的西面和南面撤退，这样既能避敌锋芒，又可以通过不断袭扰来消磨清军的锐气，以图伺机反击。然而，李自成似乎是被吴三桂的叛变吓破了胆，竟然率领大顺军一溃千里，将整个黄河流域拱手让于对手，导致开局优势损耗殆尽。

从格局的变化来看，这场逆袭战其实也可以晚打。当时，阿济格的西征大军已经按计划赶往山西北部和内蒙古河套地区，多铎的南征大军则刚刚渡过黄河，但尚未与弘光政权的"江北四镇"交上火。如果李自成耐心等待一段时间，让南面的攻守双方撞个满怀、大打出手，再集结大顺军的兵力发动攻势，情况明显会有利得多。毕竟多铎即便想抽身回援，也会受到"江北四镇"牵制，更何况远水也难解近渴。

堪忧的是，大顺军偏偏选择在这个时候进攻毗邻黄河的怀庆府，这不是故意找收拾吗？正是李自成的这记昏招给大顺军惹出了大麻烦。表面上看，大顺军的确取得了怀庆战役的胜利，但这场局部战场的胜利引起了多尔衮的警觉，促使他改变了一统天下的策略。清军决定集中全力对付大顺军，这下李自成方面的压力倍增，实质上是替弘光政权化解了短期内正面迎敌的危机。

多铎大军挥师向西，迅速扭转了豫西的力量对比，使得李自成的大顺军又呈现出溃败的态势。是年底，清军发动潼关战役，先后击溃大顺军的刘宗敏、刘芳亮等部。尽管李自成意识到潼关不容有失，亲率大军迎敌，但大顺军依然只有招架之功，没有还手之力，局面十分被动。

次年正月十一，自忖已无胜算的李自成回撤西安。次日潼关失守，通向关中的大门洞开。又过了一天，就像当初仓皇撤出北京城一样，李自成率大顺军残部弃守西安，退往豫西南的伏牛山区。五天之后，也就是弘光元年（1645年）正月十八，多铎大军进抵西安。

接到多铎的捷报之后，多尔衮不禁喜出望外，责令多铎将关中一带的善后以及追剿大顺军残部等事宜交付阿济格，率部执行原定的作战部署，南下征讨弘光政权。二月下旬，多铎率军抵达洛阳，准备经过短暂的休整之后，于三、四月间挥师南下，一举夺取南京城。

从上年十月李自成发动怀庆战役，到这一年的四月多铎再度南征，大顺军以自己的惨败为代价，无意之中为弘光政权争取到了宝贵的喘息时机。在这近半年的光景里，南京小朝廷的君臣们原本可以趁机北上，与李自成搞出来的大动作遥相呼应，彻底搅乱中原态势，局面或许还能有所转机。事实上，弘光政权的契机比任何时候都更加有利。过去南京君臣不敢贸然北进，或许是担忧清军大举南下，而现时全然不必有此顾虑，李自成的大顺军已经将绝大部分清军主力牵制在豫西和关中地区了，黄河一线其实只有肃亲王豪格率领的军队防守，数量极少。

神佑大明，良机天成；天赐不取，必受其咎！在南京的小朝廷里，并非所有人都是目光短浅、苟且偷安之流。时任山东总督（名义上的）王永吉、江西总督袁继咸等官员纷纷上书，要求朝廷派兵北上。其中，袁继咸的建言可以说是直接切中了要害："虏未及谋我者，闯在耳。闯灭，非江南谁事？"这句话的意思是说，清政权方面尚未对南方采取攻势，那是因为受到李自成牵制，如果李自成被灭了，咱们也得跟着玩儿完！

尽管弘光政权有无数的理由，视李自成的大顺军为不共戴天的仇敌，但辅车相依、唇亡齿寒的格局，往往不是以某一方的好恶来定义的。令人备感唏嘘的是，一个政权最大的悲哀，莫过于真理掌握在说话不管用的人手里。

在以内阁首辅马士英为代表的实权派人物看来，北上进取中原的建议无异于瞎扯，既不符合"联虏平寇"的国策，也是一种自不量力的鲁莽之举。清军没有南下，已经是菩萨显灵、祖宗庇佑了，怎么能自找不痛快，主动贴上去挨收拾呢？再说何言唇亡齿寒？弘光政权系大明王朝之正统，怎么能跟逼杀先帝的"闯贼"有唇齿之论？尔等是何居心？

朱由崧、马士英之流作如此想，名为督师、实则近乎光杆司令的史可法有不足为外人道的苦衷，"江北四镇"也好，左良玉也罢，更是犯不着在这危急时刻先跳出来触霉头。于是乎，北上之议只能不了了之。

## ⑯ 弘光三疑案（上）

虽说眼下无仗可打，但南京小朝廷的君臣一刻也没有闲着，反倒更加忙得晕头转向，因为就在这短短几个月的时间里，发生了扑朔迷离的"弘光三疑案"。

根据不言自明的惯例，在"三疑案"的前面加上"弘光"的限定词，实际上是想说明此时的"三疑案"有山寨之嫌。明朝历史上著名的三大疑案，咱们在前面已经提及，通常指"梃击案""红丸案"和"移宫案"，发生时间是万历末年到天启初年。原创版的三大疑案，由于涉及错综复杂的政治纷争，即便是天启皇帝朱由校在位七年、崇祯皇帝朱由检在位十七年，也没有完全搞清楚，远道而来的大清政权更是稀里糊涂，结果越传越邪乎。即便到了今天，这三大疑案的诸多细节依然是众说纷纭，谜影重重。

从某种程度上说，弘光三疑案不过是原创版三大疑案在新的时空环境下再度上演而已。因此，为了弄清楚弘光三疑案的来龙去脉，咱们在这里先简要回顾一下原创版三大疑案的大致经过。

先说"梃击案"，发生在万历四十三年（1615年）五月。当时，万历皇帝朱翊钧和郑贵妃一方，为了册立三子朱常洵为储君，与东林党人展开了一场耗时十五年之久的拉锯战，东林党人后来称其为"国本之争"。最终，万历皇帝朱翊钧被迫妥协，遵循"立嫡立长"的原则，违心地册立长子朱常洛为太子，同时册封三子朱常洵为"福王"。就在此次册封之后不久，有一个名叫张差的人手持木棍，只身闯入太子寝宫，所幸只是打伤了守门的小太监。由于案发时间过于敏感，很容易让人联想到是郑贵妃心有不甘，暗中指使亡命之徒谋害太子。然而，心灰意冷的万历皇帝朱翊钧并不打算深究，只是将行凶者当作失心疯，匆匆处决了事。

再说"红丸案"，发生在泰昌元年（1620年）八月。是年七月，万历皇帝朱翊钧去世，太子朱常洛于八月初一正式登基，然而短短十天之后，身体孱弱的朱常洛便一病不起了。八月底，时任鸿胪寺丞李可灼斗胆向朱常洛进献了几粒红丸，声称这是所谓的"仙丹"，有包治百病、起死回生的功效。朱常洛先后服用了两粒，在九月初一直接上西天了，距离登基之日正好一个月。噩耗传来，举朝震惊，东林党人的反应尤为激烈，毕竟这位储君是他们前赴后继，耗费十五年的时间才保下来的，就这么不明不白地呜呼哀哉了，换谁都会有所怀疑，这件事情的背后恐怕大有玄机。

从表面上看，是李可灼胆大妄为，自己不是太医，却要抢着干太医的活。抢着干活也就罢了，结果把活给干砸了。干砸倒也罢了，毕竟术业有专攻，偏偏还砸得这么快，头一天进献"红丸"，第二天就药到人除了。更令人百思不得其解的是，时任内阁首辅方从哲声称圣上临终时留下遗旨，要犒赏李可灼，这是准备答谢他速杀之恩？种种越想越可怕、越描越黑的疑团，让东林党人怀疑又是郑贵妃在搞鬼，其险恶用心是妄图谋害朱常洛，为福王朱常洵腾出位子。然而，李可灼一口咬定自己是好心办了坏事，并无受他人指使、谋害圣上之意，东林党人也没有掌握确凿的证据，新即位的天启皇帝朱由校更不想把事情闹大，最终只是将李可灼罢官流放，勉强做一个了结。

最后说"移宫案"，这件事紧随"红丸案"发生。泰昌皇帝朱常洛暴毙之后，太子朱由校准备即位。然而，朱常洛的宠妃李氏暗中勾结"阉党"头目魏忠贤，意图霸占着乾清宫不走，为自己垂帘听政做好必要的铺垫。为了捱除后宫干政的隐患，时任都给事中杨涟与史可法的恩师——时任御史左光斗率领东林党人果断坚决地站了出来，强烈要求李氏移驾哕鸾宫，住在她应该住的地方。一方要求搬家，另一方赖着不走，双方争执不下，事态迅速转入白热化，甚至还发生过当众争抢朱由校（当时还是太子身份）的极端恶劣事件。最终，在东林党人的鼎力支持下，朱由校顺利登基，李氏被迫妥协，搬离了乾清宫。不久之后，哕鸾宫发生了一场有惊无险的火灾，险些要了李氏的性命，又有人怀疑是朱由校、东林党一方在搞鬼。经过朝廷多次辟谣，天启皇帝朱由校又公开承诺要尊养李氏，事态方才逐渐平息。

从总体上来讲，尽管三大疑案成了历史上著名的糊涂账，但有一点是非常清楚的：无论动机与过程如何，背后都是皇子、后宫、东林党、"阉党"等各种政治势力争夺最高权力的政治倾轧。如果将这些幕后势力看作一团团乌云的话，那么三大疑案就是激烈碰撞之后的霹雳电闪。大明王朝的崩塌，很大程度上就是拜永无休止的内讧与党争所赐！

当年的帝都正是被这些风起云涌、此起彼伏的党争搞得乌烟瘴气，如今龟缩在南京的小朝廷，也好不到哪里去。从最初的选嗣大对决开始，号称以延续大明国祚为己任的文臣武将便开始选边站队，丝毫不留情面地相互掐架，最终东林党人败下阵来，遭到马士英、"江北四镇"这些当权勋贵排挤。然而，视政治斗争为生命的东林党人并不打算偃旗息鼓，他们借着马士英举荐"阉党"余孽阮大铖的由头，不断向朝廷发难。眼瞅着双方你来我往、争论不休，弘光皇帝朱由崧如同一只提线木偶，根本没有什么像样的主意，整个小朝廷被搅得乱七八糟，正事干不了几桩，光顾着吵架了。

在这场涉及重大人事任免的纷争中，掌握实权的马士英无疑占据着先机。或许是报恩心切，也可能是在朝中急需可靠的帮手，马士英不惜绕开正规的"廷推"程序（类似于集体表决），直接动用内阁辅臣特有的"票拟权"①直接起用阮大铖，导致东林党人再度落败。

东林党走到今天，当然不是那么容易服输的，他们充分发扬死缠烂打的精神，频繁上疏弹劾马士英、阮大铖，管不管用暂且不论，先把朝廷的秩序搅乱了再说。

身处政治斗争的最前沿，往往最能锻炼掌控全局的能力。首当其冲的马士英逐渐摸索出了对付东林党的最佳办法，那就是置之不理、全当放屁。对于一般性的弹劾奏疏，马士英一律压下不发，不争论、不表态、不反馈，让他们一拳打到棉花上，多打上几拳连他们自己都厌烦了。对于那些骂得太不像话的，为了整肃朝廷秩序，轻则调离岗位，重则就地免职，让对方有话没地儿说，憋回自己肚子里去。对于这些层出不穷的纷争，弘光皇帝朱由崧索性置若罔闻，听之任之。

有意思的是，经过反反复复的较量，双方逐渐形成了极其微妙的平衡状态。东林党这边继续乐此不疲地干着弹劾的活，只要话说得不那么过分、牵扯的事情不那么敏感，马士英就睁只眼闭只眼，懒得搭理他们。马士英想干什么事儿，东林党嘴上不饶人，实质上也没有办法采取

---

① "票拟"制度为明朝首创，即由内阁大臣预先拟定重要文书的批答文字，供皇帝采纳裁决。在皇权较为微弱时（例如过去的天启朝、如今的弘光政权），皇帝通常是遵照"票拟"完成形式上的御批。

更多的阻挠行动。

然而，就在南京小朝廷一片"其乐融融、安宁祥和"的时候，却接连爆发了同样扑朔迷离的弘光三疑案，不仅将处于微妙平衡状态下的小朝廷搅得天翻地覆，更是将新生的弘光政权拖入了万劫不复的深渊。

⑰
弘光三疑案（下）

关于弘光三疑案的来龙去脉，各种史料记载的可信程度着实堪忧。有的史料不过是依据江湖传闻、道听途说，充斥着各种玄乎的臆测与猜想；也有的史料基于不同的政治立场，为了满足特定的政治需要，对基本史实进行刻意的遮掩乃至完全走样的粉饰。前者如《明季南略》，作者计六奇只是一介布衣，没有近距离窥探朝政内幕的机会；还有面世更晚的《小腆纪年》，作者徐鼒出生于清朝嘉庆年间，距离三疑案已经过去两百年了，他只能从各种故纸堆中去寻找蛛丝马迹。后者如《弘光实录钞》，作者黄宗羲虽然算得上一位亲历者，但他曾因东林党人的身份遭到阮大铖陷害而身陷囹圄，记述未必如实，更谈不上客观。

相比较而言，《南渡录》《三垣笔记》的记载或许更加接近历史的真相。这两部私修笔记的作者名叫李清，就是咱们在前面提到过的，为南京小朝廷的军费开支算账的那位都给事中。他既是弘光三疑案的近距离亲历者，政治立场又比较中立，他的记录应该更加客观一些。接下来，咱们就根据李清的记载，看看弘光三疑案到底是怎么回事。

先说"大悲和尚案"，发生在崇祯十七年（1644年）十二月。当时，有一个逃难到南京的和尚，法号"大悲"，竟然在大庭广众之下口出狂言，信誓旦旦地声称自己的真实身份是大明王朝的亲王。这事儿到底是真是假，除了大悲和尚自己，谁也搞不清楚。稳妥起见，官府当即对大悲和尚展开必要的审问。这个和尚刚开始回答说，崇祯皇帝曾经封他做齐王，但他没有接受，后来又做了吴王。看似说得有鼻子有眼，实则漏洞百出，很快就露出了马脚。原来，这个大悲和尚不过是徽州的一介草民，因为衣食无着、走投无路，才跑到苏州皈依了佛门。

从表面上看起来，案情就是这么简单，无非一个不知天高地厚的落魄和尚吃了熊心豹子胆，竟然动起浑水摸鱼的念头来。然而，大悲和尚在接受官府审问的时候，出乎意料地抛出了一个与他冒充亲王无关，却又异常敏感的话题："潞王恩施百姓，人人服之，该与他作正位。"大悲和尚口中的"潞王"，正是先前选嗣大对决时东林党鼎力拥戴的头号候选人朱常淓，最终落败于马士英、"江北四镇"支持的福王朱由崧。——好家伙！这是奔着翻案来的啊！

如果只是这么一句狂妄之言倒也罢了，大悲和尚竟然还供认出幕后主使是钱谦益和申绍芳。申绍芳不过是陪衬的小人物，东林党领袖钱谦益才是真正的大鱼。当初正是他四处撺掇，为潞王朱常淓继承大统制造舆论，后来发现风向不对，立即倒戈支持马士英，不仅保全了自身，还恢复了职衔，案发时已经迁任詹事府尚书了。

对于躺枪的钱谦益、申绍芳而言，这可真是"人在家中坐，祸从天上来"，二人赶紧上疏辩解。与东林党有不共戴天之仇的阮大铖伺机发难，一口咬定这个大悲和尚的背后除了钱谦益、申绍芳之外，还有一个庞大的政治集团（咱们姑且称之为"潞王翻案团"）。为了佐证自己的判断，阮大铖竟然开列出一长串黑名单，并套用佛家术语，定其名为"十八罗汉""五十三参"和"七十二菩萨"，共计一百四十三人！

看到阮大铖给"潞王翻案团"开出的黑名单，不仅弘光皇帝朱由崧深受震动，就连内阁首辅马士英也被这位政治盟友吓得不轻。名单上都有谁呢？限于篇幅，咱们只挑出一些有名气的来看一看。"十八罗汉"里有史可法、高弘图、姜曰广、张慎言、黄道周、吕大器等，"五十三参"里有姚思孝、黄澍等，"七十二菩萨"中有刘宗周、张国维等。有些人在前面已经出现过，也有的人可能大家不太熟悉，但是不要紧，你只需要知道，他们在阮大铖看来都有一个共同的标签——东林党人。

这份黑名单中有少数臣僚（如史可法、黄澍）只是在私人情感上接近或者同情东林党而已，阮大铖的险恶用心很明显，就是奔着彻底清除东林党势力去的。如果照着这份黑名单抓人，恐怕整个小朝廷都会空空如也。如果臣僚都蹲大狱去了，剩下的活谁来干？阮大铖如此公报私仇，不顾全大局，就连内阁首辅马士英都看不下去了，只是将始作俑者大悲和尚处斩了事，其余一概不论。

再说"假太子案"，发生于崇祯十七年（1644年）十二月至次年正月。事情的缘起，是时任鸿胪寺少卿高梦箕有一位家仆名叫穆虎，穆虎从北方逃亡南下，半道上偶遇了一位英俊少年与他同行。二人在客栈歇息时，穆虎无意中发现少年贴身的内衣上竟然绣有龙纹。经过反复追问，少年方才勉强承认，自己正是崇祯皇帝朱由检的太子。此言既出，穆虎知道非同小可，确切地说，麻烦大了！

来到南京之后，穆虎丝毫不敢耽搁，赶紧将这个烫手山芋扔给了主子高梦箕。高梦箕没见过太子，对宫中之事也不甚明了，一时也难辨真假。稳妥起见，高梦箕并没有立即向小朝廷报告，而是将这位少年秘密送到杭州，暂时安置在侄子的家中，静观事态的变化。

将信将疑的高梦箕采取"捂盖子"的办法，也情有可原。就在几个月之前，弘光皇帝朱由崧凭借各种道听途说，急不可耐地宣告崇祯皇帝朱由检的子嗣——包括太子朱慈烺、三子朱慈炯（定王）、四子朱慈炤（永王）——业已殉国，还煞有介事地给他们上了谥号。如果这个时候冒出一个活生生的太子来，谁也无法预料局势会发生怎样的剧变。

高梦箕原本打算耐心等待一个合适的时机，偏偏这位英俊少年非常不老实，到处招摇过市，两口酒下肚就扯起太子的身份来，一时间搞得满城风雨、群议纷纷。为了掩人耳目，高梦箕又将少年转移到了金华，但各种添油加醋的流言蜚语已经四处散播开来，估计很快就会风传到南京君臣的耳朵里了。为了争取主动，高梦箕只得向朝廷如实上奏了这桩奇闻。

即使没有亲身经历，相信大家也能意识到这颗政治炸弹的可怕威力。刚刚处斩了一个自称亲王的大悲和尚，眼下竟然又冒出一个太子来，无论是活久见还是活见鬼，朱由崧的心里想必已经万马奔腾了！

即便是真太子，也要想办法把他搞成假的！朱由崧的内心深处，未必没有这样的念头。不过，老天爷似乎还是挺眷顾朱由崧的，经过一些宫人、宦侍以及当年给太子授课的讲官反复辨认，眼前这个少年从头到脚都是一个冒牌货。首先相貌对不上，例如真太子"眉长于目"，该少年的横眉却很短；其次身体特征对不上，例如真太子虎牙很明显，脚下还有痣，该少年一概无有；再者对于当年讲官所讲授的内容，该少年全然不知、答非所问。种种迹象表明这又是一个胆大妄为之徒，他或许可以暂时蒙骗一下高梦箕这样的糊涂鬼，却轻易就在知情者面前露了馅。

经过官府严加审问，这位少年对自己冒充太子的罪行供认不讳。他本名叫王之明，只是一介草民而已，正是半道上偶遇的穆虎指使他搞了这么一出闹剧。有臣僚据此认为，穆虎不过是惶惶如丧家之犬的一个奴仆而已，他的背后肯定还有大鱼。然而，朱由崧、马士英汲取了前不久"大悲和尚案"的教训，不希望再牵扯出什么罗汉、菩萨之类的黑名单，搞得人心惶惶、鸡犬不宁。于是乎，只有王之明、穆虎被打入大牢，治家不严、隐匿不报的高梦箕也受到牵连，遭到革职罢官的严厉处分。

最后说"童妃案"，发生于弘光元年（1645年）初。有一位童姓女子从河南一路逃亡，辗转来到"江北四镇"之一——广昌伯刘良佐的地盘，自称是福王朱由崧的原配妻子。事关重大，刘良佐不敢掉以轻心，便安排自己的夫人先去探询一番。这名童姓女子向刘夫人透露说，自己十七岁入王府，现年三十六岁，曾被册封为曹内监，她还给朱由崧生下一子名叫金哥，"啮臂为记，今在宁家庄"。

听这名女子说得有鼻子有眼，刘良佐懒得去求证，直接差人将其送往南京，交给弘光皇帝朱由崧亲自勘验。接到奏报之后，朱由崧气不打一处来：要么冒充亲王，要么冒充太子，如今怎么还冒充起朕的女人来了？这哪里用得着勘验啊，当年福王府里有几名妻妾，难道朕自己不知道吗？

于是乎，朱由崧大笔一挥，指示将此女交给镇抚司羁押审讯。怒火难平的朱由崧还进一步澄清说，自己的原配妻子姓黄，早已亡故，继室姓李，后来也死于战乱。至于童姓女子爆料的所谓"东宫黄氏，西宫李氏"，则纯属胡扯，区区一个福王算什么东西，哪里有资格立什么东、西二宫！

果不其然，童姓女子跟先前的大悲和尚、草民王之明一样，也是胆大包天妄图冒名顶替的。据该女子交代，她其实是周王朱恭枵（皇室远亲）的妃子，误信坊间传闻说是周王做了皇帝，这才认错了人。

显而易见，童姓女子的这番说辞漏洞百出。首先，周王、福王无论名号的字音，还是年龄，都有着天壤之别。其次，周王朱恭枵已经在数月前病故，根本死无对证，其家眷也因战事而四处离散。再者，周王的政治地位还不如福王呢，更没有资格设立"东宫黄氏，西宫李氏"了。不过，镇抚司似乎没有什么兴趣去刨根究底，无意于把童姓女子的真实身份、动机乃至幕后主使搞个水落石出。没过多久，该女子死于狱中，轰动一时的"童妃案"便自然了结了。

⑱
疑案背后的大鱼

弘光三疑案的经过大抵如此，貌似有头有尾，最后也都了结了。然而，之所以被称为"三疑案"，就是因为这三桩案子都"破了一个寂寞"：到头来谁才是真正的幕后主使，大家依然是一头雾水。

为了破解这个谜团，咱们需要寻找到一个合适的突破口。大悲和尚冒充亲王、草民王之明冒充太子，多少都有一点混淆视听、浑水摸鱼的投机成分，只有"童妃案"最匪夷所思，居然冒充起一个大活人的妃子来，这不是挺着脖子往刀口上撞吗？对于童姓女子而言，这是一次毫无胜算的冒险行动。事出反常必有妖，"童妃案"正是破解弘光三疑案的关键所在！

那么问题就来了，她为什么要自寻死路？或者咱们应该这样问：到底是谁让她这么干的？更进一步来讲，破解弘光三疑案的谜团，实际上就是回答三个问题。这里可以先告诉大家答案，咱们再从这些答案出发，复原整个案发过程，当然，仅供大家参考。

问题一：弘光三疑案是孤立的，还是相互有关联？

答：不孤立，有关联！

问题二：暗中策划弘光三疑案的大鱼是谁？

答：不知道！但无论主使是一个人，还是一个群体，他或者他们应该都有一个共同的标签：东林党。

问题三：他或者他们为什么要这么干？

答：拱倒朱由崧！

再把三个问题的答案归纳成一句话，即：东林党人为了把朱由崧轰下台，精心策划了几桩疑案，却以失败告终。这就是弘光三疑案背后的惊天秘密！

单论几桩疑案的起因，只需要从东林党在选嗣大对决中落败说起。回想当年的"国本之争"和原创版三疑案，东林党是何等的风光，如今倒在南京小朝廷这条阴沟里翻了船，实在是咽不下这口气啊！因此，无论是攻击内阁首辅马士英，还是阻挠"阉党"阮大铖入朝供职，东林党的矛头其实都是对准弘光皇帝朱由崧的。然而，翻来覆去地缠斗了几个月，东林党并没有多少像样的斩获。深宫大内，朱由崧过着骄奢淫逸的滋润生活；朝堂之上，马士英、阮大铖享受着大权在握的惬意与红利；南京之外，花钱如流水的"江北四镇"几乎掏空了朝廷的家底。看着对手吃香喝辣，东林党别说喝汤了，连香味都闻不到，岂能不急眼？

考虑到对手过于强大，东林党意识到斗争手段必须升级，非下狠手不可了。于是乎，被重金收买的大悲和尚出现了，他假冒亲王不过是一个幌子，真实目的是制造"倒福"舆论，也就是那句看似莫名其妙、实则至关重要的胡言乱语："潞王恩施百姓，人人服之，该与他作正位。"

按照东林党的设想，通过大悲和尚这枚棋子来唤起群臣内心的良知，完全可以把当初选嗣大对决的案子再翻出来晒一晒，借机翻盘也不是没有可能。除此之外，东林党还谋划着搂草打兔子，构陷一下临阵倒戈的叛徒钱谦益。然而他们万万没想到，正是这个顺势而为之举差点儿让阮大铖找到机会把东林党连锅端掉。幸亏弘光皇帝朱由崧、内阁首辅马士英的脑子还算清醒，知道维系朝廷稳定的利益高于一切党派之争，这才大事化小、小事化无，算是给东林党一个台阶下，草草了结了"大悲和尚案"。

出师不利的东林党并未就此收手，而是将冒充的对象从亲王升级到了太子，策划了一桩"假太子案"。东林党的本意呢，倒未必真的是想让一介草民王之明一步登天、坐享飞来之福，而是想把这道伤害性不大、侮辱性极强的难题摆到朱由崧的面前，给他难堪的同时，摸一摸他的底牌。

东林党的算盘打得精，看似昏庸无能的朱由崧在关乎君位安危的问题上也绝不含糊。获悉有所谓的太子从北方逃亡而来，朱由崧表现得非常大度，公开向群臣承诺："若果系真东宫，朕尚无子，即爱养他。"话说得很动听，其实暗藏玄机，直白一点来讲，即使这个"太子"经过验视为真，他也只有入宫被抚养的资格，以后的事情留待以后再说，谁敢断定正值英年、精力充沛的朱由崧将来不会有皇子？一旦朱由崧有了自己的皇子，这个先帝的太子又算哪根葱呢？

坐实了"太子"的赝品身份之后，朱由崧又开始表演起来，深表遗憾地感慨道："若果真，即迎入大内，仍为皇太子，谁知又不是。"你看，先前只是泛泛地表态说"朕尚无子，即爱养他"，压根不提是否让其沿袭太子头衔的敏感话题，尘埃落定以后又讲出这些毫无意义的漂亮话来，是否真心，可见一斑。

朱由崧见招拆招，导致东林党的如意算盘落了空，不肯善罢甘休的东林党终于使出一记撒手锏——假冒的"童妃"出现了。为什么说"童妃案"是东林党的撒手锏呢？我们先来做一道推理题：现有甲、乙二人，乙声称是甲的妻室，但甲不承认，这是什么情况？如果你的回答是乙撒谎，那么你答错了。确切地说，你的回答不全对。

这道推理题其实有两个答案：

A.乙是冒充的，妄图以假乱真。

B.甲是冒充的，欲盖弥彰。

毋庸置疑，作为当事方的朱由崧，以及内阁首辅马士英当然会选A，但"童妃案"真正的玄机在于东林党认为答案可能是B。——简单来讲，"童妃案"只是表象和引子，东林党这一次将矛头直接对准了朱由崧的身份。在幕后的大鱼看来，假冒的"童妃"肯定是会被拆穿的，因为朱由崧压根没见过这个来路不明的女子，但东林党真正想要的结果，就是让朱由崧本人亲口说出不认识。假设"童妃"是真，那么龙椅上的朱由崧就是假福王，这就是东林党的逻辑。

平心而论，幕后主使的这番谋划不可谓不高明，怒火攻心的朱由崧也好，虑不及此的马士英也罢，无意中都落入了东林党预设好的圈套。然而，看似棋高一着的东林党最终还是算漏了一层：赌注太大，没人敢玩。

咱们看先前的"大悲和尚案""假太子案"，除了自导自演的东林党之外，跟着瞎起哄的人还真不少。然而到了"童妃案"的时候，想要众人一起指认小朝廷名义上的核心——弘光皇帝朱由崧是赝品，政治风险就太大了。众多玩家普遍持观望态度，孤掌难鸣的东林党根本翻不起什么风浪，最终结果必然是竹篮打水一场空。

⑲ 仇人相见，分外眼红

　　朱由崧、马士英被弘光三疑案搞得焦头烂额的时候，"自请督师淮扬"的史可法虽然远在扬州，却没有闲蹲在一旁，把双手插进袖管看好戏。朝堂上的那些纷争，史可法当然没有兴趣，他此时思虑再三的谋略，是想趁着多铎的南征大军调转马头向西而去的契机，设法搞一个大动作。

　　崇祯十七年（1644年）十二月，史可法以兵部尚书、督师的身份向兴平伯高杰下达了一道军令，要求他率部北进。你没看错，确实是让这个出名的刺儿头挥师向北。这是弘光政权建立以来破天荒的第一回，也是最后一回。

　　过往说到北上进取，马士英、史可法总是瞻前顾后，秉持继续观望的态度，现如今竟然主动下令北上，史可法的葫芦里到底卖的是什么药？再者说，"江北四镇"里最难伺候的高杰为什么会一反常态，愿意服从这位名义上的督师的调遣呢？

　　归根究底还是那句俗话：事出反常必有妖。原来，高杰特意差人给驻守在黄河一线的清政权肃亲王豪格送去一封密信，文辞繁复而闪烁，其实核心内容就一条："欲会师剿闯，始终成贵国恤邻之名。"这句话字面上的意思是说，南京方面希望能与清军通力合作，一举剿灭李自成残部，从而成就大清政权体恤邻人的美名。

总体上而言，这是弘光政权"联虏平寇"国策的自然延续。但值得注意的是，高杰的这封信无论是否得到了南京小朝廷的授权或者史可法的授意，正式称呼对方为"贵国"，说明"汉贼不两立"的观念已经开始出现颠覆性的动摇了。

如果高杰的这番说辞正是朱由崧、马士英之流想讲的话，至少说明南京小朝廷已经表现出了最大的诚意，并做出了最大限度的妥协。然而，豪格措辞强硬的回信足以令南方的君臣死心。回信是这样写的："果能弃暗投明，择主而事，决意躬来，过河面会，将军功名不在寻常中矣。"一边想握手结盟，一边说欢迎来降，双方根本不在一个频道上沟通，怎么可能通力合作？

鉴于清军不识抬举，奉命北进的高杰只得退而求其次，"沿河筑墙，专力备御"，先在黄河一带站稳脚跟，观望一下事态的发展再说。抵达归德府之后，高杰要求时任睢州总兵许定国前来商议防御部署事宜。然而许定国竟然抗命不从，躲在睢州城里打死也不挪窝。

许定国拒绝前往归德府跟高杰碰面，源自多年前的一桩血案。那时，高杰还在李自成的军中效力，有一次率兵经过河南太康地界，不顾李自成三令五申，纵容部下四处劫掠，导致当地百姓惨遭荼毒。其中有一户人家近乎灭门，只有一位少年侥幸得脱，后来投身行伍。当年逃过一劫的少年不是别人，正是与李自成的起义军交手多年、历经沙场杀伐与官场沉浮的许定国。

除了在中原镇压农民起义之外，许定国也在关外跟清军交过手，战局难料，胜败不期，使得许定国的仕途异常坎坷。咱们只说北京城陷落之后的事儿吧，许定国当时担着"援剿河南总兵官"这个空头衔，麾下不过数百散卒，当即陷入了茫然无措的尴尬境地。北上勤王吧，纯属自寻死路；南下投奔小朝廷吧，人家未必瞧得起。于是乎，许定国带着数百散兵游勇，打着守城的旗号赖上了睢州，滞留于此静观事态的变化。不出许定国所料，弘光政权确实看不上这百十来号人马，乐得做个顺水人情，授其睢州总兵的头衔，让他顶着唬人玩儿。

许定国万万没想到，这个世界真的太疯狂了，跟他有血海深仇的高杰不仅摇身一变成了大明弘光政权的兴平伯，还凭借雄厚的兵力跻身"江北四镇"之列。反观自己，为大明王朝征战多年，出过山海关，打过李自成，没功劳也有苦劳，到头来却啥都没捞着。许定国咽不下这口气，索性上书弹劾高杰，认为"高杰乃贼也，何故亦蒙列土之荣"。意思很明白，此人乃"闯贼"出身，岂能与黄得功、刘泽清、刘良佐这些身经百战的官军猛将相提并论？不出意外，许定国的这些激愤之语很快就传到了高杰的耳朵里，高杰当即暴跳如雷，公然叫嚣着"吾见定国，必手刃之"。

多年前与许家结下的血海深仇，劫掠成性、戕害无算的高杰未必搞得清楚，但先前的上书弹劾、眼下的抗命不从，已经让高杰有充足的理由向许定国兴师问罪了。弘光元年（1645年）的新年刚过，高杰便带着时任河南巡抚越其杰和时任河南巡按陈潜夫，一道前往睢州，亲自登门跟许定国掰扯掰扯。

事实上，高杰等人此行还有另外一个目的，他听说许定国正在与驻守在黄河一线的肃亲王豪格眉来眼去、暗通款曲，所以特来打探一番虚实。如果确有其事，哪怕只是一些捕风捉影之辞，高杰便有更加过硬的理由将许定国先斩后奏，除掉这个让他极度不爽的对手。

正所谓仇人见面、分外眼红，高杰暗藏歹毒的心机，许定国也不是什么善茬。高杰先前收到的情报没有错，自忖难谋出路的许定国早就跟豪格搭上了线，还把自己的两个儿子送到黄河北岸做人质去了。得知高杰奉命北上进取，并提出要跟他面商防御部署，惶恐不安的许定国赶紧差人去给豪格报信，请求清军过河增援。

令许定国颇感失望的是，豪格根本无动于衷，并没有派出一兵一卒。豪格事后给"叔父摄政王"多尔衮的奏报解释说，自己当时是"未奉旨不敢擅往"。事实上，豪格选择按兵不动也是万不得已，他的手上并没有多少人马，实在不敢轻兵冒进，去跟高杰的数万大军硬抗，否则这么大的利好从天而降，岂能置之不理？恐怕早就如饿虎扑食一般咬上去，事后再换成一套"将在外，君命有所不受"之类的说辞了。

搬不来援兵，许定国决定自己想办法，既然高杰主动送上门来，那他可就不客气了。正月十二，闯荡江湖多年的高杰毙命于许定国精心策划的一场鸿门宴，跟随高杰一同前往睢州的越其杰、陈潜夫仓皇逃走，这就是轰动弘光政权朝野的"睢州之变"。

次日，高家军得知主将遭到暗害，顿时炸开了锅，直接攻入睢州城大开杀戒。许定国早有叛逃之心，此时更没有负隅顽抗的必要，于是趁乱渡过黄河，直接投奔豪格去了。

相较而言，区区许定国降清实在是无关痛痒，兴平伯高杰突然遭到暗杀，才是令南京方面颇感棘手的大麻烦。高家军有数万人的规模，论战斗力也不弱，如今群龙无首，早就看高杰不顺眼的其他三镇便开始蠢蠢欲动，打算搞一场三家瓜分的饕餮盛宴。

好端端的北上进取，竟然搞成这样一个难以收拾的局面，督师史可法有苦难言，只得亲自赶往徐州进行善后。为了安抚人心浮动的高家军，弘光皇帝朱由崧迅速下达旨意，将高家军名义上交给高杰的遗孀邢氏来统辖。与此同时，史可法与高家军的将领们商定，立高杰的幼子高元爵为兴平伯世子，长大之后再继承父亲的爵位，并任命高杰的外甥李本深为提督，负责高家军的实际指挥。经过这一番人事安排，算是勉强打消了其他三镇趁火打劫的念头。

邢氏自忖孤儿寡母难以服众，即便加上李本深这个外甥，恐怕也驾驭不了关系网错综复杂的高家军。因此，邢氏向史可法建议说，让高元爵拜他为义父，从而借助督师的名头来镇住场子。然而，史可法嫌弃高家军的"闯贼"前科，婉拒了邢氏的建议，改由时任提督江北兵马粮饷太监高起潜收高元爵为义子。一个是督师，一个是宦侍，影响力可谓天壤之别，数万高家军事实上沦为弃子，江、淮一线的防御也被大幅度削弱。

毫不夸张地说，睢州之变对史可法的震动和打击是致命的。经历此番折腾之后，他在内心深处已经认定"中原不可复为"，遂下令高家军从睢州撤防至徐州。不久之后，邢氏的担忧不幸变成现实，高家军陷入一片混乱的内讧之中。史可法实在无计可施，又下令江、淮一线的驻军继续南撤，将防御重点放到扬州，导致弘光政权在淮河一线的防御不攻自破。当时，有一位名叫阎尔梅的文人充任史可法的幕僚，在屡次劝谏进取均得不到采纳之后，怆然赋诗感叹道：

左右有言使公惧，拔营退走扬州去。

两河义士雄心灰，号泣攀辕公不驻。

古人有云："天作孽，犹可违；自作孽，不可活。"大敌当前，内乱如此，弘光政权的死期不远了！

# 第五章 ｜ 湮灭

## ⑳ 计划不如变化快

短短几个月的光景，弘光三疑案、睢州之变这几桩突发事件让南京小朝廷的君臣们忙得不亦乐乎，殊不知形势已经急转直下，风雨飘摇的弘光政权越发岌岌可危了。

该来的终归要来，咱们还是把视线转移到掌握着绝对主动权的大清政权一边。前面讲过，多铎大军于弘光元年（1645年）正月十八攻占西安之后，迅速与阿济格完成了稳定关中地区和追剿"残贼"的交接工作，于次月东出潼关，准备重启南下征程。

此时，大顺军残存的力量经过怀庆、潼关两场恶仗的消耗之后已经所剩无几了，被迫向豫西南的伏牛山区转移，要想再像怀庆战役那样搞一次逆袭，无异于天方夜谭。至于盘踞在天府之地的张献忠，眼下倒还无事，暂且不必管他。放眼天下，清军在西北和中原都没有后顾之忧了，完全可以放开手脚大干一场，将自诩大明王朝正统的弘光政权置于死地。

"善攻者，动于九天之上"，多尔衮既有这样的大手笔想法，也有这样的实力，他也确实是这么干的。为了给弘光政权致命的一击，多尔衮制定了一套中、西、东三路齐下的大规模作战方案。

先说中路，实际上就是先前的南征大军，仍由多铎统领。这一路从洛阳出发，先向东攻占归德府、泗州等要地，再渡过淮河南下，夺取督师史可法镇守的扬州城。一旦将扬州收入囊中，接下来的事情应该就简单多了，完全可以放心大胆地渡过长江，直逼弘光政权的大本营南京城，同时分兵攻取太平府、芜湖等地，彻底瓦解南京外围的防御力量。弘光政权方面，应对这一路清军的主要是"江北四镇"中的三镇，包括刚刚失去主将的高家军，还有刘良佐部和黄得功部。

再说西路，实际上就是先前的西征大军，仍由阿济格统领。这一路隔得比较远，而且眼下的主要任务是追击逃往豫西南的大顺军残部，随后顺势夺取襄阳，进逼武昌、九江，并顺江而下，计划在皖西一带与多铎的中路军会合。弘光政权方面，应对这一路清军的主要是坐镇武昌的左良玉部。

最后说东部，兵力最为薄弱，主要是驻防在黄河一线的部队，先前由豪格指挥，不久前由固山额真①准塔接管。这一路的任务是从侧翼配合多铎的中路行动，先夺取战略要地徐州，再采取水陆并进的方式，沿大运河夺取宿迁、淮安、南通等地。弘光政权方面，应对这一路清军的主要是"江北四镇"之一的刘泽清部。

按照多尔衮最初的部署，中、西、东路应该在时间上尽可能同步，才能给弘光政权的防守力量以雷霆万钧的致命打击。然而，现实情况将使得多尔衮的大手笔不可避免地大打折扣。就说阿济格的西路军吧，此时正被大顺军残部牵着鼻子走，被迫在豫西南的伏牛山区里玩捉迷藏，

---

① "固山"是满语"旗"的音译；"额真"是满语"长官"的音译。"固山额真"指一旗的军政长官，负责管理全旗户口、生产、训练等事务，隶属于本旗旗主。

不追击不行，追上去见不着人影，一时难以脱身，行动比较迟缓。准塔的东路军也好不到哪儿去，这一路跟多铎、阿济格不同，兵力本来就有限，还分散驻防在河南、山东一带，需要时间集结，能集结到多少也不太好说，因为得留些人马在原地驻守，防范大大小小的"草头王"趁机滋扰，在后方点起火来。

既然西路、东路都存在客观困难，多铎的中路是不是应该稍微等一等呢？多尔衮认为大可不必，毕竟多铎这一路的实力最强，又是走直路，完全可以达到出其不意的效果。只要摧毁"江北四镇"的大部分有生力量，并以迅雷不及掩耳之势进占扬州，江南必然是传檄而定，"箪食壶浆以迎王师"。

虽说庙算多者胜，凡事都要预先有谋划，但计划往往不如变化快，尤其是战局，更是瞬息万变。就说眼下吧，形势根本没有按照多尔衮的预定部署往前发展。难道是多铎的中路军遭遇了弘光政权军队的顽强抵抗，以至于寸步难行？非也，非也！现实情况是这样的：多铎率领的中路军尚未离开河南地界，南京方面已经方寸大乱了！更令多尔衮意想不到的是，南京小朝廷的君臣如热锅上的蚂蚁，并不是因为咄咄逼人的多铎，而是因为远在伏牛山区、正陪着大顺军残部钻山沟的阿济格。

神奇不神奇，意外不意外？这到底是什么情况？且听我慢慢道来。事情其实是这样的：阿济格率领的西路军从关中出发，一路追击李自成率领的大顺军残部，双方确实在地处豫西南的伏牛山区纠缠了一段时间。疲于应付的李自成意识到，今时不同往日，利用山区地形优势蛰伏、等待逆袭时机的客观条件已经不存在了。因此，李自成决定放手一搏，主动撤出山区，率部直扑地处汉水之滨的襄阳城。

襄阳，地理位置至关重要，古往今来都是兵家必争之地。它的北面是伏牛山区，西面是武当山区，东、南两面则是广袤的江汉平原，堪称进可攻、退可守的黄金宝地。更为重要的是，襄阳与武昌的直线距离只有五百里，骑兵只需要五天即可抵达，辎重与大部队则可顺汉水而下，速度也不慢。总而言之，对于弘光政权来说，襄阳一旦有失，后果不堪设想，更何况前有李自成，后面跟着阿济格，哪一方都不是吃素的！

得知襄阳告急，镇守在武昌的宁南侯左良玉坐不住了。估摸着自己会吃亏，他决定化被动为主动，立即弃守武昌，率部顺长江东下，往南京方向靠拢。老资历的左良玉这么一动，南京小朝廷的君臣立马就炸开了锅。

对于弘光政权而言，武昌不战而弃，导致南京上游陷入被动，这倒还不算太大的事。一来李自成也好，阿济格也罢，要么擅长步战，要么擅长骑战，并没有什么像样的水师；二来从武昌顺江东下南京，势必要攻取九江，时任江西总督袁继咸率部镇守于此，眼下还能确保无虞。南京小朝廷君臣真正面临的大麻烦，其实是名义上的自己人——左良玉。他趁着襄阳告急的机会率部东下，并不是收缩兵力、拱卫南京，而是直接打出"奉太子密谕""清君侧"的旗号，兴师讨伐内阁首辅马士英。想当初，马士英、"江北四镇"凭借"策立之功"混得风生水起，遭到无视的左良玉始终憋着一口恶气，现如今总算是找到发泄出来的绝佳机会了！

阿济格追剿李自成，李自成威胁左良玉，左良玉收拾马士英，一环扣一环，于是乎，南京小朝廷急眼了：左良玉搞什么鬼名堂，这不是添乱吗？

㉑
清
君
侧

　　自从福王朱由崧登基以来，左良玉表面上服从弘光政权的领导，事实上一直躲在幕后使坏，而被他安排到斗争最前沿的，是时任湖广巡按黄澍。黄澍的资历并不深，他是徽州人，崇祯十年（1637年）进士及第，授开封府推官，累迁监察御史等职，在北京城陷落前夕才改任湖广巡按。

　　咱们在前面提到过，阮大铖借"大悲和尚案"向东林党发难，开列了一长串"潞王翻案团"的黑名单，黄澍赫然在列，是所谓的"五十三参"之一。黄澍并非东林党人，又远在武昌，怎么会被阮大铖盯上呢？原因很简单，正是在左良玉的暗中怂恿之下，黄澍攻击起马士英来，比正儿八经的东林党人攻击得还要狠。毫不夸张地说，这位在历史上并不算出名的人物，当年在南京城可谓家喻户晓，三天两头就要发作一回。就拿马士英绕开"廷推"程序、通过"票拟"强行起用阮大铖这件事来说吧，东林党人趁机弹劾抨击马、阮之流，最卖力的就是这位"圈外人士"黄澍。从《明季南略》的记载来看，黄澍这段时间的表现相当抢眼，只看标题便能略见一斑："黄澍以笏击马士英背""黄澍论马士英

107

十大罪""黄澍再抗疏""黄澍三抗疏""黄澍辩疏"……

单说"黄澍以笏击马士英背"这一回，发生在崇祯十七年（1644年）六月。当时，黄澍入朝求召对，在弘光皇帝朱由崧及群臣的见证之下，当面痛斥马士英权奸误国。马士英一时下不来台，只能跪求处分。黄澍越骂越来劲，拿起手中的笏板抽到马士英的背上，表示"愿与奸臣同死"。朱由崧见此情形，"摇首不言"，僵持了一段时间之后，才挥手让黄澍暂且出去，最终不了了之。

有左良玉在背后撑腰，黄澍无所忌惮，还直接给马士英定了罪罪可斩的"十宗罪"：

一是擅离坐镇庐州、凤阳等地的职守，跑到南京来投机取巧，使得圣上背负"轻弃祖宗之名"（凤阳是朱元璋的老家），是为"不忠"，一可斩！

二是在总督凤阳的任上"居肥拥厚"、毫无作为，是为"骄蹇"，二可斩！

三是剿"贼"不力，故意迁延时日，导致局面不可收拾，是为"误封疆"，三可斩！

四是接受张献忠部将周文江的贿赂，是为"通贼"，四可斩！

五是暗通款曲，帮助亲信冒功领赏，是为"欺君"，五可斩！

六是大权独揽，"以为非我莫能为""目中无朝廷久矣"，引发了极大的民怨，坊间还传出了"若要天下平，除非杀了马士英"之类的歌谣，是为"失众亡等"，六可斩！

七是贪污成性，小人得志，与"阉党"余孽阮大铖狼狈为奸，是为"造叛"，七可斩！

八是克扣军饷，中饱私囊，却在各镇面前装好人，是为"招摇骗诈"，八可斩！

九是对军事部署不上心，导致长江一线的防御形同虚设，是为"不道"，九可斩！

十是开罪于列祖列宗、黎民百姓，"举国欲杀，犬彘弃余"，不杀非但不足以平民愤，连犬彘之愤也平不了，十可斩！

别看黄澍说得这么义愤填膺，唾沫星子横飞，从本质上来讲，他就是左良玉扔给南京小朝廷的一根搅屎棍。马士英为人奸诈不假，黄澍其实也好不到哪儿去，至于他的幕后主使左良玉，更是一个坏得流脓的主。眼瞅着黄澍的"文斗"没有什么成效，左良玉决定利用襄阳告急、武昌震动的绝佳契机，凭借武力"清君侧"，干掉马士英，造成既成事实再说。

未经请示、未接圣旨就擅自率兵进京，只靠襄阳告急、武昌震动的理由未免过于牵强，但这点事难不倒蓄谋已久的左良玉。他把先前的"假太子案"又翻了出来，一口咬定涉案的太子是真的，并故弄玄虚地说自己已经接到了"太子"的"密谕"。

为了混淆视听，左良玉还把"假太子案"从头到尾重新捋了一遍，凭空杜撰出与朝廷先前的定论截然不同的狗血剧情。按照左良玉的说法，假太子的来历其实是这样的：吴三桂表面上投降清军，实则心系大明，深明大义，暗中派人将被俘的崇祯皇帝太子朱慈烺送往南方，交到史可法的手里。史可法将太子秘密安置于兴善寺，弘光皇帝朱由崧闻讯之后，派韩赞周、卢九德两位太监前去辨认，证实了太子的身份。然而，马士英担心自己权位不保，不惜从中作梗，一口咬定太子的身份是假的，这才造成了一桩指鹿为马的冤案。

弘光元年（1645年）三月二十五日，为了匡复所谓的正义，剪除朝中权奸，左良玉一把火烧了武昌城，挥师顺江东下，直逼南京！老资历的左良玉发了飙，实力当然不弱，但他还没走出多远，就必须着手解决一个摆在眼前的大麻烦：驻守在九江的江西总督袁继咸。

九江距离武昌并不远，左良玉又是顺流而下，五天时间就到了，但袁继咸偏偏是个油盐不进的强硬派。左良玉想拉他入伙，一起去南京搞事情，袁继咸坚决反对；左良玉又希望他能够保持中立，把路让开就行，袁继咸还是不情愿。话说回来，不跟着左良玉瞎胡闹，凭借的是一身正气，要想把左良玉拦截在半道上，则需要足够的资本。袁继咸有的是正气，但缺乏资本。人家左良玉倾巢出动，麾下好几万人马，袁继咸呢，顶着江西总督这么大一个头衔，能调动的人马其实只有一万有余。数量少得可怜，质量也比作战经验丰富的左家军差了一大截，这仗根本没法打。

打不赢，最好的办法就是坐下来好好谈一谈。当着袁继咸的面，演技爆表的左良玉声泪俱下，痛诉"太子"蒙冤、遭受权奸陷害的凄惨经历，又拿出所谓的密谕招摇撞骗。袁继咸洞悉其险恶用心，一针见血地向左良玉发出了灵魂拷问："密谕从何来？先帝旧德不可忘，今上新恩亦不可负！"

左良玉被问得哑口无言，袁继咸也没有半点商量的余地，但袁继咸麾下的部将们急眼了。他们并不关心密谕乃至太子本人的真假，这跟他们并没有太直接的关系，现如今天下纷乱，实力才是王道，因此，自忖寡不敌众的部将们只有一个诉求，那就是把左良玉这个瘟神赶紧打发走。众将普遍认为，人家老左就是路过而已，咱们站在边上举起两块牌子，先是热烈欢迎，再是热烈欢送，双方面子上都好看，何必招惹这个人高马大、拳头更硬的恶人？

自古家贼内鬼最难防，堡垒最容易从内部攻破，这是放之四海而皆准的真理。就说袁继咸吧，他有心替南京小朝廷分忧，拦下胡作非为的左良玉，怎奈众意难违，自己确实没有那个实力，只得退而求其次，在得到左良玉方面不破城、不扰民的承诺之后，放左家军进了九江城。

他哪里料到，左良玉麾下的士兵根本就是一群无恶不作的乌合之众。有史料记载，劫掠成性的左家军进驻九江之后，将好端端的一座城池搞成了人间地狱，他们有的"入民家索贿"，拿不到足够的钱财，就把人夹在板上用火烤，"肥者或脂流于地"，还有的强抢民女、大肆奸淫，谁敢有半点不从，"则身首立分"。一夜之间，惨遭劫掠的九江城火光冲天，哀号遍地。

见此情形，悔不当初的袁继咸扯下腰带就要悬梁自尽。"搅屎棍"黄澍赶紧跑过来装好人，声泪俱下地劝解袁继咸道："宁南无异图，公以死激成之，大事去矣。"意思是说，人家宁南侯左良玉原来并没有谋反的意思，如果您这位地方大员以死相逼，岂不是坏了大事？好一根搅屎棍！你们搞事情，还想把屎盆子扣到别人的头上！

经过黄澍和麾下部将一番劝慰，袁继咸决定不死了，出城去找左良玉算账，毕竟双方有言在先，不破城、不扰民，九江城被左家军搞成这个样子，左良玉得出来说句话。出乎袁继咸的意料，左良玉想说话也说不成了，就在当天夜里，重病在身的左良玉不治身亡。

根据史料记载，驻扎在城外的左良玉临终之时，看到了九江城里冒出的火光，忙问是怎么回事。部将们担心受到责罚，谎称是袁继咸狗急跳墙，"自破其城"。左良玉何等精明，岂会相信这样的鬼话，但事已至此，多说无益，他只能大呼一声"予负袁公"，吐了一地的血，随后便找阎王爷报到去了。如果这段记载是真实的，左良玉还算有点良知吧。

左良玉一死，问题回到了原点：南京城，咱们还去不去？

与主将一死就成为一盘散沙的高家军相比，左家军的凝聚力可强太多了。时任后营总兵惠登相率先挺身而出，召集众将歃血为盟，共同拥戴左良玉之子左梦庚为统帅。左梦庚则当众表示，要继承先父的遗志，去南京城讨个说法！

㉒
宁死北，无死逆

　　左良玉死后的第二天，也就是弘光元年（1645年）四月初五日，多铎率领的中路大军开始从归德府南下。两天之后，左梦庚也率军攻占东流，再顺江走八十里，便是长江防线上的重镇安庆。北面是来势汹汹的清军，西面是甚嚣尘上的叛军，弘光政权深感压力，立即宣布南京城戒严。但接下来又该怎么办？对此，朱由崧发出了一道圣谕："上游急则赴上游，北兵急则赴北兵，自是长策。"意思很简单，如果上游告急，就派兵去阻挡左家军，如果北面告急，就派兵去阻挡清军，以此为长久之计。毫不客气地说，这是一句废话！现如今上游、北面都告急，左家军、清军没一个好惹，小朝廷的防守兵力就这么多，到底先顾哪一头？

　　弘光皇帝朱由崧认为该讲的话也讲了，自己已然尽了一国之君的责任，具体怎么执行，交给大臣们去商量。然而，到底先对付哪一边，内阁首辅马士英和督师史可法却发生了严重的分歧。

　　史可法认为，左家军无端生事、为非作歹不假，但他们既然打着"清君侧"的旗号，就不会拿圣上怎么样，等左梦庚到了南京，咱们有的是办法对付他，暂且不足为虑。咱们真正的敌人，其实是一心要将弘光政权置于死地的清军，所以必须集中力量加强北面防守。虽然没有明说，但史可法未必没有舍车保帅的想法，真要被左家军逼急眼了，南京小朝廷完全可以把马士英、阮大铖扔出去保平安。

弃上游、保北面，史可法的这一建议得到了大多数臣僚支持，就连弘光皇帝朱由崧也深表赞同，唯独有两个人不同意，一个是内阁首辅马士英，一个是已经顶替史可法、升任兵部尚书的阮大铖。在马士英、阮大铖看来，朱由崧、史可法纯属站着说话不腰疼，合着左家军没冲着你们来，就想把我俩扔出去替你们解围？想得可真美！

最终，大权独揽的马士英力排众议，私自调遣黄得功、刘良佐率部防守在南京西面，会同时任池口总兵方国安围剿左家军。眼瞅着事态无可挽回，史可法只能登上南京郊外的燕子矶，"南面八拜，恸哭而返"，回到扬州苦熬时日。

不得不承认，马士英此番调兵遣将真是帮了清军大忙。按照原定的南下路线，多铎的中路军从归德府南下，需要穿过高家军、刘良佐、黄得功的防区，"江北四镇"占了仨，这可都是弘光政权最精锐的部队，想必会有一场恶战。如今倒好，马士英将布防在江、淮之间的三镇调走了俩，剩下一支群龙无首的高家军，跟散兵游勇差不多，还没怎么交战便四处溃逃了。于是乎，多铎大军一路顺利，在四月十三日进占了地处淮河北岸的重镇泗州，是夜便渡过淮河。短短四天之后，多铎派出的轻装先头部队在距离扬州城仅二十里的地方扎营，次日兵临扬州城下。要知道，泗州距离扬州大约有三百里路，四天就跑完了全程，这哪里是在打仗，简直就是如入无人之境的策马狂奔！

清军旗开得胜，进展异常顺利，左家军这边也没闲着，在四月十三日夺取安庆之后，同样只用了四天时间，便抵达池州城下，距离南京越来越近了。相较而言，马士英更担忧左家军，因为左梦庚指名道姓地扬

113

言就是奔着他和阮大铖来的，清军则是奔着南京小朝廷的所有人来的，马士英只是其中的一分子，君臣一起分摊，危机程度就被稀释了嘛！

眼瞅着南京城已经朝不保夕，马士英却一再强调要加强南京上游的防守力量，阻止左梦庚的叛军向南京进逼。种种倒行逆施引发群臣的一片斥责之声，大家纷纷上书建言，认为淮、扬形势危如累卵，再不采取措施，南京城势必不保。这一回，朱由崧真是急了眼，当即下达圣谕，责令刘良佐率部前往长江北面防守，阻挡清军的进攻步伐。遗憾的是，朱由崧这道难得正确一回的诏令根本不管用，"江北四镇"要是能听从马士英之外的人调遣，至于落到如今这步田地吗？

一时间，内阁首辅马士英成为众矢之的，被群臣批得体无完肤。马士英的狠劲也被逼了上来，积蓄多年的窝囊气在一瞬间喷涌而出，只见他甩起衣袖，面红耳赤地反驳群臣道："尔辈东林犹借口防江，欲纵左逆入犯耶？北兵至犹可议款，若左逆至则若辈高官，我君臣独死耳。臣已调良佐兵过江南矣，宁死北，无死逆。"事已至此，马士英也不藏着掖着了，他将东林党人的险恶用心公之于众，说他们以防御清军为由，先把左家军放入南京，再借左梦庚的手除掉自己和阮大铖。马士英认为，清军兵临城下，咱们尚且有谈判议和的余地，左家军一来，东林党人可以借势坐大，唯独朱由崧和他成为这场政治斗争的牺牲品。总而言之，"宁死北，无死逆"就是马士英最后的态度！什么叫恬不知耻？这就是！

话说回来，别看马士英表现得一副大义凛然的样子，其实他比谁都狡猾，早就做好了拔腿开溜的准备，并委任自己的儿子马銮为京营总兵，应对可能出现的突发事态。官居兵部尚书、显赫一时的阮大铖也预感到事态不妙，私自调遣一队兵马给自己看家护院，并在家中藏好盔甲，随时准备趁乱逃亡。

再来看史可法这边，他虽然跟马士英一样没有多少远见与谋略，但他并没有马士英、阮大铖之流那么无耻。尽管形势急转直下，但史可法还在做着最后的努力，他不断向各镇发出求援信号，怎奈没有接到任何积极的回应。史可法深感痛心疾首，不得不承认"人心已去，收拾不来"的残酷现实。即便如此，史可法还是决心与扬州城共存亡。骨气、正气，跟个人能力无关！

多铎率领大军主力进抵扬州城之后，并没有急着展开攻势，因为骑兵、步兵这一路跑得太快，将清军的大杀器——红衣大炮远远甩到了后面。如果没有炮兵的加持，面对又高又厚的城墙，士兵们只能望之兴叹，实在是啃不动啊！

红衣大炮毕竟是重型装备，穿过水网密布的江、淮地区尚需时日，所以双方一开局，只能这么干耗着。左都督刘肇基当时正跟着史可法驻守在扬州城，他提议趁着清军立足未稳，兵力也未完全集结，不如派兵出城打探一番，摸清楚敌情的同时，找机会搅乱对方的部署。不过，史可法自忖家底太薄，不能冒半点风险、出现半点闪失，坚持认为"锐气不可轻试，且养全锋，以待其毙"。

史可法虽然骨气、正气可嘉，但谋略、胆识乃至战术水平着实堪忧。他先前在选嗣大对决中一招不慎，被马士英玩得团团转，接着身为江、淮防线的督师，却对飞扬跋扈的"江北四镇"一味姑息纵容，再说到眼下，清军迟迟没有采取攻城行动，是在等待姗姗来迟的红衣大炮，龟缩在扬州城里的守军等什么呢？按照史可法的说法是"以待其毙"。待谁毙？坐以待毙还差不多！

刘肇基的建议虽说算不上绝地反击、起死回生，但也是没有办法的办法。对于处在绝对被动地位的扬州守军而言，趁对手不备出去袭扰一番，有枣没枣打上三竿子再说，一来能摸清对方部署，二来能鼓舞己方士气，三来能把水搅浑，水一浑，鱼儿就比较容易躲藏。死马当作活马医，总比躲在城里干耗，等着挨人家一顿暴揍强吧？

史可法抱定必死的决心，但他的麾下鱼龙混杂，其中不乏贪生怕死之徒。譬如一同驻守扬州城的甘肃总兵李栖凤、监军高岐凤合谋，打算劝说史可法投降清军，实在说不通就胁持他就范。眼瞅着史可法正义凛然，两人也不敢贸然触犯众怒，只得带着自己的心腹人马出城投降。出乎意料的是，危急关头有人叛变投敌，史可法竟然不加以阻止和严惩，反倒以摈除隐患、谨防生乱为由，大大方方地放他们出城。如此一来，扬州城的防守兵力更加薄弱，士气也更加低落。

四月二十四日，清军的红衣大炮到位了，立即展开强大的攻势。次日便攻陷扬州，史可法、刘肇基等将领兑现了与扬州城共存亡的诺言，壮烈殉国。

关于史可法的死，史料记载有几种不同的说法：一种说法是城破后自刎而死，一种说法是战死，还有一种说法是被俘后不屈而死。无论哪一种说法是真实的，史可法都是当之无愧的英雄。

经过一场激战，侥幸存活下来的部将四处找寻史可法的尸骸，但由于尸首太多，加之天气炎热，难以辨识，终究一无所获。万不得已之下，部将们只得按照史可法的遗愿，葬其衣冠于城北梅花岭，以明其寒梅傲雪之志，让其仍能守望着这座英雄之城。后来，攻陷南京的多铎颁布了几道命令，其中一条便是修建史公祠，并优恤其家眷子孙。有骨气、有正气的人，即便是穷凶极恶的敌手，也会对他由衷地敬佩！再后来，洪承畴被大清朝廷任命为招抚江南大学士，有人特意写了一副对联讥讽道："史册流芳，虽未灭奴犹可法。洪恩浩荡，未能报国反成仇。"公道自在人心，历史终究有自己的评判！

　　多铎对史可法敬重，很大程度上是出于安抚江南人心的考量，并不能掩盖他在扬州犯下的滔天罪行。尽管扬州城只坚守了一天，但这也是多铎大军南征过程中遭遇到的最为顽强的抵抗。出于泄愤式的报复，也为了震慑江南地区的抵抗力量，彻底瓦解弘光政权的斗志，多铎下令对扬州城展开了一场惨绝人寰的大屠杀。

　　从四月二十五日至五月初五日，这是扬州历史上最黑暗的十天。当时，史可法有一位亲信幕僚名叫王秀楚，他以自己的亲历见闻撰写了《扬州十日记》，对这次极其惨痛的灾难做了全景式的记录。

　　王秀楚记载了很多无辜百姓遭到戕害的细节，令人不忍直视。例如众多妇女被长绳拴住颈项，"累累如贯珠"，一步一踉跄地被押走，地上的婴孩则被踩踏得没了人形。一时间，城中遍布尸骸，臭气熏天，如同人间地狱一般。根据王秀楚"查焚尸簿载其数"，此次大屠杀罹难人数达八十余万，这里面还不包括"落井投河、闭户自焚，及深入自缢者"。清人编撰的史料对己方滥杀无辜、惨绝人寰的兽行往往讳莫如深，但也不乏"及豫王至，复尽屠之""凡杀数十万人，……扬城遂

117

空"①之类的零星记录，足见这场屠杀的规模与影响之大。

王秀楚在《扬州十日记》里还记载了这样一幅场景："遇一卒至，南人不论多寡，皆垂首匍伏，引颈受刃，无一敢逃者。"这句话的意思是说，扬州百姓但凡遇到一名清军士兵，无论这边有多少人，都会乖乖地趴下身子，伸出脖颈等着被砍，竟然没有一个人敢于反抗或者逃亡。

扬州城的百姓正经历着炼狱烈火般的炙烤，南京小朝廷也陷入了一片惊恐之中。弘光皇帝朱由崧意识到大事不妙，便向群臣抛出了迁都的动议。这倒是跟当年崇祯帝"南迁"的想法如出一辙，没想到遭遇的结局也是一样的：大臣们不同意。其中反对声音最为激烈的，是时任礼部尚书钱谦益。

难道钱谦益视死如归，决心与南京城共存亡？非也，非也！正如当年北京的明廷一样，清军真的打了进来，群臣大不了举手投降，换身制服继续做官，除了老板不同，一切照旧，因此，群臣的态度还是那样，能不冒险就不冒险，混得一天算一天。

相较而言，马士英倒是对迁都的动议表现得十分积极，毕竟朱由崧一倒，他这个大权独揽的内阁首辅就不值钱了。他顺势提议说，将南京城的警卫交给贵州籍军队负责，做好迁都到贵阳的准备。

马士英选择地处大山深处的贵阳作为新的都城，原因只有一个——那里是他的老家。正所谓"美不美，乡中水；亲不亲，故乡人"。甭管马士英是出于衣锦还乡的考量，还是觉得熟悉地皮、便于掌控全局，这个动议遭到臣僚强烈反对：你被清军吓破胆了，一竿子捅出这么远？各怀鬼胎的群臣各执一词，迁都的提议只能不了了之。

隔了几天，朱由崧再度主持朝会。此时的景象与当年的北京如出一

---

① 出自（清）计六奇《明季南略·卷三》。

辙，济济一堂的文武百官纷纷变成了闷嘴葫芦，"上下寂无一言"，你看着我，我看着你，谁也拿不出一个像样的主意。弘光政权名义上的最高领导朱由崧此时悔不当初，无话可说。

四月二十九日，南京兵部正式接到了扬州城陷落的消息，朝野一片哗然。没过几天，上游倒是传来了一条捷报，说黄得功部不负众望，一举击溃了来势汹汹的左家军。当然，这条捷报只合马士英、阮大铖之流的胃口，朱由崧的心里十分清楚，弘光政权已经是山穷水尽，熬到该结束的时候了！

眼瞅着多铎大军已经进抵瓜州，随后又从七里港渡江南下，距离南京城只有咫尺之遥，朱由崧再也坐不住了，暗中进行跑路的准备。从崇祯皇帝朱由检当初南逃未遂的深刻教训来看，千万不能过早地暴露逃跑的意图，而要预先进行一些必要的包装，以达到掩人耳目的效果。

在此之前，朱由崧已经表过态，说"太祖陵寝在此"，自己哪儿也不去，"惟死守耳"。随后，朝廷再度发布戒严令，要求"缙绅家眷不许出城"，并关闭了所有的城门。舆论准备完毕，偏偏有人当了真，例如司礼监秉笔太监韩赞周竟然提议朱由崧御驾亲征，好歹表明一点态度，以鼓舞军民士气，结果遭到朱由崧严词拒绝。紧接着，朱由崧又在宫中主持宴会，盛情邀请包括韩赞周在内的一些内臣共同饮酒赏戏。此情此景，与会者不约而同地想起了南唐后主李煜的一首《破阵子》：

四十年来家国，三千里地山河。凤阁龙楼连霄汉，玉树琼枝作烟萝，几曾识干戈？

一旦归为臣虏，沈腰潘鬓消磨。最是仓皇辞庙日，教坊犹奏别离歌，垂泪对宫娥。

不同的是，昏庸无能的李后主尚能感慨一下"四十年来家国"，而登基仅一年有余的朱由崧即便是把时间单位换成月，都比人家差了一大截。还有一点不同，李煜当初是真心实意地感慨别离之苦，而朱由崧不过是借机稳住内臣，方便自己开溜。

精心布置了这一套障眼法之后，朱由崧趁着月黑风高，带着极少数亲随从通济门出城，仓皇逃亡。次日清晨，蒙在鼓里的大臣们还跟平时一样赶去上朝，想听听圣上对当前的危局有什么新的指示。众人鱼贯进入宫中，发现内侍们纷纷抱头鼠窜，这才恍然大悟：还听个屁的指示，咱们的圣上早就拔腿开溜了！更令群臣感到惊异的是，内阁首辅马士英发现朱由崧不打招呼就玩消失之后，也一溜烟逃往杭州去了。还有一种说法认为，朱由崧、马士英当时是一起出逃的，但在半道上遭遇劫匪而失散了。

圣上跑了，内阁首辅也不见了踪影，群臣顿时乱作一团，史载"文武逃遁隐窜，各不相顾"，还有一些胆大妄为之徒，趁乱入宫劫掠，导致"御用物件遗落满街"。更有甚者，有人竟然打起了假太子王之明的主意，将他从大牢里放出来，装模作样地搞了一场登基仪式，滑稽之态，令人捧腹。纳兰容若的《望海潮》有云："漠陵风雨，寒烟衰草，江山满目兴亡。"用来形容此时的古都金陵，其实也挺贴切的。

南京城内的混乱并没有持续太久，主持大局的人就现身了，他就是大明王朝的第十代忻城伯——赵之龙。说起忻城伯的世袭爵位，最早可以追溯到明初一位名叫赵彝的将领。赵彝曾经在颍国公傅友德的麾下效力，"靖难之役"时归附朱棣，后被册封为忻城伯。挨着数下来，赵之龙正是第十代，于泰昌元年（1620年）袭爵，崇祯末年被派往南京协防守备。

显然，无论是论资排辈，还是职责所系，忻城伯赵之龙都应该站出来说句话了。赵之龙果然不负众望，毅然决然受命于危难之间，当即挺身而出，向全城军民宣告："此土已致大清国大帅。"好家伙！顶着这么大的头衔，没想到竟是一个贪生怕死的宵小之徒，真可谓板荡识诚臣啊！

正是在赵之龙的倡议下，钱谦益等一批大臣纷纷附议，于五月十五日出城迎降，南京宣告陷落。当然，由于朱由崧、马士英等核心人物仍在逃亡的路上，多铎彻底剿灭弘光政权的目标依然任重而道远。

㉔
逃
跑
是
门
技
术
活

我一直觉得，逃跑是一门相当有技术含量的活。朱由崧先前能成功地逃出南京，善于伪装的精明多少发挥了些许作用，但要想顺利地一路逃亡，往往需要足够的运气。纵观明末乃至南明时期，在著名的"逃跑帝"朱由榔惊现江湖之前，先前想逃跑的朱由检，以及正在逃跑的朱由崧，终究都是浮云。

朱由检勤俭有余，唯独不够精明，结果没能逃出生天，自缢于煤山的一棵海棠树下。朱由崧荒淫昏庸，倒是会耍些小聪明，赶在清军入城之前侥幸得脱，但他的运气实在是差劲。

逃离南京城之后，朱由崧丝毫不敢耽搁，一口气跑到了一百里开外的太平府，投奔驻防在此的诚意伯刘孔昭。大家还记得吗？当初选嗣大对决的时候，正是刘孔昭选择站到马士英、"江北四镇"一边，原本已经落选的福王朱由崧才得以成功翻盘。现如今，刘孔昭却玩起了翻脸不认人的把戏，根本不愿意接纳这块烫手山芋。他的心里很清楚，朱由崧前脚进城，清军后脚就能跟上来，这不是给自己找麻烦吗？

刘孔昭拒绝打开城门，朱由崧只能选择继续跑路，又赶到几十里外的芜湖去投奔黄得功。咱们在前面提到过，黄得功部原本驻防在江、淮地区，后来被马士英调到南京上游阻击左家军，刚打了一次大胜仗。左梦庚落败之后便原路返回，顺带着胁持江西总督袁继咸投降了清军。左家军里有一名悍将名叫金声桓，被清廷委任为江西总兵，用了不到五个月的时间，便率部席卷江西，除了最南端的赣州、南安两府之外，江西十一座府城全部成为清军的囊中之物。身为明将似病猫，投靠清军变猛虎，明末许多将领都是这副德行！

金声桓的戏份其实还不少，但以后的事情留待以后再说。回到眼下，黄得功并不清楚南京城里到底出了什么事，看到灰头土脸的朱由崧，他既感到惊诧，又十分茫然，劈头盖脸就把朱由崧训斥了一通。黄得功表示，如果朱由崧死守京城，"臣等犹可借势作事"，或许还能有所转机，如今可倒好，堂堂一朝天子"听奸人之言轻出"，跟个叫花子似的，这可如何是好？

面对黄得功的埋怨与不满，朱由崧倒是一副无所谓的样子，反正逃也逃了，想回也回不去了，你看着办吧。黄得功气得几乎要吐血，还能怎么办，要想不做清军的刀下之鬼，咱们就继续跑路呗！

黄得功原本打算护送朱由崧逃往杭州落脚，然而尚未成行，追击速度惊人的清军便跟到了芜湖，前后只有短短两天时间。话说回来，清军虽然获悉朱由崧往芜湖方向逃亡，但原本也不会追得这么快，因为清军初来乍到，并不熟悉路线民情，一路上必然会有所耽搁，等好不容易追到芜湖，朱由崧恐怕又跑没影了。就在多铎一筹莫展的时候，业已向清军缴械投降的广昌伯刘良佐自告奋勇做起了向导，引着清军一路杀向芜湖，给朱由崧、黄得功来了个措手不及。

事实证明，强大的对手往往不可怕，最可怕也最可恨的其实是叛徒！在刘良佐部的强大攻势之下，寡不敌众的黄得功身受重伤，深感无力回天之后拔剑自刎，他麾下的部将马得功则直接胁持朱由崧向清军投降。随后，沦为俘虏的朱由崧"首蒙包头，身衣蓝布衣，以油扇掩面"，在刘良佐部的押解下回到南京，正式向多铎乞降。是年五月底，准塔率领的东路军进占淮安，号称有二十余万兵力的刘泽清部被揍得四处乱窜，两个月后也向清军投降。至此，"江北四镇"彻底土崩瓦解，长江以北传檄而定。

相较于倒霉的朱由崧而言，同样逃出南京城的内阁首辅马士英本事和运气都要好得多。归根究底，朱由崧为了瞒天过海，出逃时只带着少量亲随，而马士英无所顾忌，直接带着邹太后（朱由崧的嫡母）和一支军队踏上了逃亡之路。尽管东林党人事后一口咬定说邹太后是马士英让自己的母亲假扮的，目的就是拉大旗、做虎皮，但无论这事儿真与假，都无碍于大局，毕竟最管用的不是太后的头衔，而是那支能干仗的人马。

马士英一路跑到广德州，也遭遇了朱由崧投奔太平府时的尴尬处境，时任广德知州的赵景和竟然下令关闭城门，拒绝邹太后、马士英入城。被太平府拒之门外的朱由崧只能继续跑路，马士英却没有这么好的脾气，直接命令随从的军队武装攻城，干掉了赵景和，又在城内大肆劫掠了一番，继续踏上逃亡之路。

有了在广德城滥施淫威的震慑力，马士英再没有遇到什么麻烦，经安吉一路狂奔，于五月二十二日抵达杭州。此时，驻守在杭州的重要人物有潞王朱常淓、浙江巡抚张秉贞等人，他们对邹太后、马士英的到来，表面上还是持欢迎态度的。几天之后，阮大铖等一小批臣僚从芜湖逃至杭州，并带来了朱由崧被俘、黄得功战死的惊天噩耗。

马士英的内心彻底凌乱了，他原本还指望朱由崧凭借黄得功部的力量东山再起，再不济也应该逃往杭州，没想到一个被俘，一个战死，本事可真大啊！事情到了这一步，再怎么咒骂朱由崧是白痴、黄得功是饭桶，也无济于事了，马士英必须认真考虑一下，接下来该怎么办。怎么办？老规矩呗！北京丢了，南京顶上；南京丢了，杭州顶上；皇帝没了，咱们再选一个出来顶上！

无论从哪个方面来说，与去年在南京搞得沸沸扬扬、乌烟瘴气的选嗣大对决相比，这一次遴选显然都要顺利得多。首先，无论是皇室血统还是地利优势，最可能的人选目前只有潞王朱常淓。其次，南京沦陷之后，东林党人已成鸟兽散，逃的逃，降的降，没有力量与大权在握的马士英相抗衡。再者，去年东林党为了"倒福"，提出的人选正是潞王朱常淓。

总而言之，潞王朱常淓可以说是众望所归，连竞争对手都没有，哪里还有对决呢？不过，考虑到弘光皇帝朱由崧依然健在，同时遵循先前的惯例，朱常淓应该先就"监国"之位，等接到朱由崧的死讯之后再正式继承大统。按照清军斩草除根的做法，这也是迟早的事儿。

然而，令马士英等人始料未及的是，看似毫无悬念的一场遴选，偏偏在最关键的一环掉了链子：潞王朱常淓本人不干！注意，不是装模作样的半推半就，而是坚决不干，宁死不从！

潞王朱常淓的态度，倒也容易理解。当初在南京选嗣大对决的时候，他原本已经在东林党人的支持下胜出，结果被马士英带着"江北四镇"翻盘，硬是被刷了下来。现如今局势颓丧，倒把他想起来了。花天酒地的好日子让朱由崧过，眼瞅着大厦将倾，却把他架到火上烤，这是什么世道！

这是什么世道？找个人做皇帝都这么难！最终，还是马士英忽悠邹太后下达了一道懿旨，好言劝慰之余，也算是动用皇室的威严逼朱常淓就范。朱常淓想跑跑不出去，想躲躲不了，只得勉为其难地任其摆布，于弘光元年（1645年）六月初八日，在杭州就监国之位。时任浙江巡抚张秉贞升任小朝廷的兵部尚书，名义上掌管着兵权，并计划在千秋岭、独松关、四安、平望等处组织防御，拱卫杭州城。

朱常淓一上台，残存的东林党人就来劲了。时任礼部尚书黄道周上书提议，认为江南有足够的地盘和人马，潞王应该直接登基继承大统，高举抗清复明的大旗，"使群臣百官有所瞻依"。黄道周的这道动议搞得朱常淓哭笑不得：本王暂就监国之位，已经是在"太后泣谕再三"之下的无奈之举了，你们怎么还得寸进尺，不依不饶呢？

且不说朱常淓打心眼里不乐意，黄道周的想法未免也过于天真了。别看朱常淓上台伊始就装模作样地要求组织兵力防守，以马士英为代表的实权派人物依然把希望寄托在和谈上面。既然如此，当务之急并不是搞什么防御，而是应该吸取"江北四镇"的惨痛教训，把主要精力放在议和上面。满朝文武，到底谁能担此重任呢？正好当年跟随左懋第北上议和的奸细陈洪范也辗转逃亡到了杭州，并四处招摇撞骗，大肆吹嘘自己深入敌营的光辉历史。得！就是你了！

陈洪范是个什么货色，马士英当然心知肚明，但在敌强我弱、己方几乎陷入绝境的情况下寻求和平解决的路径，靠左懋第那样的威武不屈断然不行，只能让没脸没皮的陈洪范出马。为了表现足够的诚意，马士英开出的价码是割让江南四郡——长沙、武陵、零陵、桂阳，差不多相当于今天湖南省的全境，以此来换取清军踩住南征的刹车，大家和平共处，相安无事。

对方会坦然接受这个条件，还是趁机漫天要价，马士英的心里并没有底。更令他措手不及的是，陈洪范那边还没有传回确切的消息，有一路清军已经在博洛（努尔哈赤之孙）的率领之下向杭州进逼，于六月十一日抵达塘栖镇，距离杭州城只有区区五十里之遥。

面对进展神速、来势汹汹的清军，马士英充分汲取了先前南京城陷落时的教训，没有跟监国朱常淓打招呼，自己先拍屁股跑了。阮大铖等人见势不妙，也紧随其后逃往婺州，观望事态的进一步发展。

　　马士英、阮大铖等实权派人物跑没了影儿，奉命前去议和的陈洪范回来了。他没有带回来什么和谈结果，而是肩负一项重要的使命：策反名义上掌握兵权的张秉贞，武力胁持朱常淓向清军投降。

　　听了陈洪范转达的价码，早已对局势深感绝望的张秉贞并无半点迟疑，欣然应允。出乎二人意料的是，朱常淓根本就用不着他们武力胁持，先前要不是马士英搬出邹太后软硬兼施，他早就谋划着向清军投降了。于是乎，就发生了颇具戏剧性的一幕：池口总兵方国安带着一万人马逃往杭州，原本打算死守，双方在涌金门激战的时候，堂堂监国朱常淓竟然"以酒食从城上犒满兵"。方国安气得几乎要吐血，索性带着人马逃之夭夭。

　　六月十四日，距离朱常淓暂就监国之位才过去了六天，杭州城便落入清军之手。随后，在萧山的周王朱绍烑（已故周王朱恭枵之子，尚未正式袭封）、在会稽的惠王朱常润、在钱塘的崇王朱慈爌前往杭州投降，浙江大部分州府也基本上是不战而降。一个多月后，弘光皇帝朱由崧、监国仅数日的朱常淓以及邹太后、周王、惠王、崇王等皇室俘虏从南京启程，被押往北京。除了邹太后在半道上跳河自尽之外，其余人等均被扣上图谋不轨的罪名而遭处决。

# 第六章 ｜ 抗争

㉕

一石激起千层浪

从四月初到六月中旬，清军只花了两个来月的时间，便从黄河杀到钱塘江，一路上可以说是摧枯拉朽，绝大多数守军要么主动撤防，要么不战而降，能像扬州城那样顽强坚守到最后时刻的，实在是极少数。面对如此顺畅的局面，多尔衮认为明朝的抵抗力量已经被歼灭殆尽，一统天下指日可待，在欢欣鼓舞之余，他难免有些飘飘然了。

坐镇北京的多尔衮做如此想，正在前方指挥南征大军的多铎更是志在必得，因为有降臣告诉他"吴下民风柔软，飞檄可定，无烦用兵"。既然不战便可屈人之兵，便可一统天下，多尔衮喜出望外之余，经不住一些臣僚忽悠，发布了一道异常严苛的命令，要求清军所到之处，男子必须遵照满族人的习俗强制剃发，这便是历史上臭名昭著的"剃发令"。

多尔衮不可能不知道，这道措辞严厉的"剃发令"意味着什么。早在攻陷北京城的时候，清军就曾颁布过类似的命令，要求在崇祯皇帝朱由检的丧期结束之后，前明遗民必须剃发易服，结果遭到了广大百姓强烈反抗。考虑到清军入关伊始，地皮还没有踩熟，为了防止民变，多尔衮不得不做出妥协，撤销了先前颁布的"剃发令"，并向全天下的百姓承诺说："自兹以后，天下臣民照旧束发，悉从其便。"

清军攻陷南京之后，为了安抚民心，多铎遵照朝廷的总方针，更是发布了一道禁止百姓擅自剃发的告示，其中有一段写道："剃头一事，本国相沿成俗。今大兵所到，剃武不剃文，剃兵不剃民，尔等毋得不遵法度，自行剃之。前有无耻官员先剃求见，本国已经唾骂。特示。"

你看，清军尽管在剃发的问题上有所调整，从先前的"照旧束发，悉从其便"变成"剃武不剃文，剃兵不剃民"，但对普通百姓不做强制性要求的政策还是一贯的。对于未经请示而擅自剃发、向清军讨好的行为，还会视为无耻之举而予以唾骂。平心而论，清军这一路能够摧枯拉朽、招降纳叛，很大程度上便是得益于对汉族文化传统采取包容、怀柔的态度。

言犹在耳，怎奈好景不长，被胜利冲昏头脑的多尔衮决定利用军事上的绝对优势，强推"剃发令"，并向多铎下达严令说："倘有不从，以军法从事。"此令既出，好比一石激起千层浪，已经被清军收入囊中的江南各地顿时风云突变。

或许有人会冒出一个疑问：不就是剃个发吗，能闹出多大的动静？毫不夸张地说，这个动静可是相当大！在某种程度上，咱们甚至可以这样讲，轰轰烈烈的抗清运动，正是从反抗"剃发令"开始的！

在汉民的眼里，满族人的发型实在是太难看了，前面剃成秃脑门，后面拖一根辫子，怎么看都觉得别扭。美观不美观的问题，倒还在其次，最关键的问题在于严重违背了儒家的传统理念。《孝经》有云："身体发肤，受之父母，不敢毁伤，孝之始也。"讲得直白一点，剃发就是不孝。因此，除了断绝尘缘的佛家弟子和卑贱的奴隶之外，普通百姓向来没有剃发的习惯。想当年，曹操违反了自己下达的军令，本应处斩，被随军的执法官给拦下了，最后是割发代首，以儆效尤。如今看来，曹操此举纯属作秀，但在古代那种特定环境中，这是要付出极大勇气的，毕竟当时有一种伤害性不大、侮辱性极强的髡刑，就是指的剃发。尽管髡刑在东汉之后便逐渐消亡，但放眼当下，多尔衮要求天下子民一起剃发，他也是要付出极大代价的！

我相信，多尔衮不是不知道这里面的利害关系，先前在北京城颁布的"剃发令"就险些引发骚乱，但反抗的呼声越高，多尔衮就越是迫不及待地要强推剃发，因为在不同的民族之间，武力的征服并不是真正的征服，文化的征服才是王道。文化这个东西呢，讲起来容易，落到实处却比较虚，必须有各种各样的载体，发型、服饰自然首当其冲。因此，只有剃发易服，才能体现出被征服者对征服者的彻底臣服。

多尔衮认为，现如今大军压境，席卷江南，各地传檄而定，与入关伊始、立足未稳的境况已不可同日而语，现在借助武力上的绝对优势，正是推行文化征服的最佳时机。理想很丰满，但残酷的现实证明了多尔衮的天真。剃发令一下，很多业已归附清军的官民纷纷揭竿而起，他们仿佛是想以舍生忘死的抗争向多尔衮宣示：文化，是一个民族的命脉！

一时间，"剃发令"引发的抗争可谓风起云涌。其中，斗争最为坚决、对抗最为激烈、耗时最为持久的，当非江阴莫属。

事情要从弘光元年（1645年）六月二十日说起。这一天，大清政权方面任命的知县正式走马上任，此人名叫方亨，前明进士出身，后来投降了清军。方亨此番履新，并没有在这座小县城引发什么波澜，毕竟江阴也是不战而降的众多城池之一，清军派官员接管，实在无可厚非。几天之后，刚刚出任常州知府的另一位前明进士宗灏派来几名士兵，让异常敏感的江阴士绅感觉到了一丝不祥的气息。又过了几天，惶恐不安的江阴百姓借着到文庙上香祭孔的机会向方亨打探虚实。方亨实言相告说，这几人正是被派下来督办"剃发令"的。

打听到这个消息之后，早有心理准备的众人还是感到惊诧不已，而令群情激奋的事情也接踵而至。常州府发来督促剃发的文书，其中更有"留头不留发，留发不留头"的严令。当时，负责誊抄公文、撰写告示的小吏见到这句话，直接扔掉笔墨，吵嚷着跑出去，将这句要老命的话公之于众。小小的江阴城顿时就炸开了锅，有一位名叫许用的生员出面组织集会，高喊"头可断，发不可剃"的口号，得到包括乡兵、百姓在内数万人的积极响应。他们自发组成一支抗清义军，正式宣布江阴倒戈。在时任典史陈明遇的支持下，义军将县衙库存的兵器悉数取出。方亨则躲在县衙里不敢出来，只能写书信向常州府报告，请求派兵驰援，镇压"乱民"。第二天，方亨的这封信被截获，怒不可遏的百姓们将方亨绑了起来，随即推举陈明遇为首领，准备长期固守江阴。

眼瞅着事情越闹越大，深感能力有限、力不从心的陈明遇请寓居在江阴的前明守备陈瑞之出来指挥。但陈瑞之贪生怕死，直接拔腿开溜，结果没能跑成，被义军从城外抓回来杀掉了。陈瑞之的儿子倒是比较识时务，凭借制造火器的技能为义军效劳，好歹留下了一条小命。紧接着，义军又推举徽商邵康公出面指挥，另一位名叫程璧的徽商闻讯也来到江阴，将家私悉数捐出，充作军饷之用。

江阴倒戈的消息很快就传到了常州，但知府宗灏认为只是一些"乱民"趁机闹事，没有重视，只派出三百人前去弹压。率领这三百人马前去江阴的指挥官名叫王良，此人原本就是流窜于江阴一带的土匪，后来投降了清军，麾下这三百来人，一多半是地痞流氓，除了会欺负老百姓，可以说是干啥啥不行。结果不出所料，业已武装起来的江阴义军让王良有来无回，三百人马全军覆没，也算是报了昔日饱受其滋扰、劫掠之仇。后来，常州方面陆续派出小股部队前来镇压，都被江阴义军揍了回去，义军还将方亨拖出来斩首祭旗，表明与清军抗争到底的决心。

尽管开局还不错，但清军绝不可能就此善罢甘休，出动大部队镇压是迟早的事。陈明遇的心里很清楚，仅凭他和邵康公的能力，根本没办法应对接下来的严峻局面。在这关乎江阴百姓生死存亡的危急关头，陈明遇想到了一个人——前任江阴典史、如今寓居在城外砂山的阎应元。

阎应元应邀来到江阴城，是闰六月十五日，考虑到事态异常紧急，他也没有过多地客套与耽搁，当即对防守的阵势进行了重新部署。首先，用大块木头将四个方向的城门塞死，分兵昼夜值守。其次，重新编组义军，十人为一小队，配发火铳一只，百人为一大队，配发红衣大炮一架，这在当时都是最先进的火器。对于一名前任典史而言，能把防御部署做得这么专业已经很不容易了。当然，这只是打防御战最基本的操作，距离将对手打哭的最高境界，还有相当长的一段距离。

江阴只是一座小县城，库存武器极其有限，根本无法应对清军的大规模进攻。因此，阎应元又组织义军夜以继日地赶制各种装备，包括木铳、火球、火砖、弓弩等，就地取材，五花八门。咱们先前提到前明守备陈瑞之，他的儿子在武器制作方面确实是一把好手。以木铳为例，里面填满了火药以及棱角尖锐的铁块，只要点燃引信，从城墙上扔下去，一炸开就能死伤一大片。城里还有一位名叫黄云江的乡民，此人的特长是制作弓弩，尤其是火镞，杀伤力也相当惊人。除此之外，瓦片、砖石、狼牙棒（其实是钉上铁钉的旗杆）、铁挝（用棉绳系上铁球甩出，攻击距离很远）也是守城军民的武器。更有甚者，江阴军民还在城墙上架起铁锅，把粪水烧得滚烫，众人还充分发挥聪明才智，往里面添加油脂，使其浮在表层，起到保温的作用。

一切准备就绪，江阴军民坐等清军前来大哭一场！闰六月二十一，前来镇压的大部队果然如约而至，指挥官是咱们的老熟人——昔日的"江北四镇"之一、后来充当"带路党"追捕弘光皇帝朱由崧的刘良佐。刘良佐麾下有数万人，凭借着数量优势，很快就扫清了江阴城外的抵抗势力，旋即开始攻城，结果就被揍哭了，史载"兵一攻城，无不流涕"。

看江阴守军这个架势，刘良佐的部队想忍住不哭，实在是太难了！他们刚接近城墙根，各种乱七八糟、稀奇古怪的东西便从头顶上倾泻而下。眨眼之间，攻城的清军便被干倒了一大片，有被弓箭射死的，有被火炮炸死的，有被铁球打死的，有被砖石砸死的，有被大火烧死的，还有被粪水烫死的……

城外的清军发起反击，举箭射向城内，守城军民遵照阎应元事先的指导，将铁锅倒扣在头上充当盾牌，并捡起满地的箭镞送到城墙上，上演了一出铁锅借箭的好戏。攻城的清军源源不断地送箭进来，城上的守军则越战越勇。

反反复复攻了好几回，江阴城岿然不动，刘良佐这边则损失了一大半兵力。照这样的打法，过不了几天恐怕就得拼光，刘良佐意识到亏本的买卖不能继续做下去了，便下令停止攻城，向南京求援。

眼瞅着刘良佐啃不动江阴这块硬骨头，多铎又派出了跟随八旗铁骑入关南下、作战经验丰富的恭顺王孔有德。面对防御严密、士气高昂的江阴，孔有德也没有更好的办法，在吃了同样的亏之后，只能选择围而不打，先耗一耗再说。

硬打捞不到便宜，清军便开始劝降，阎应元觉得这倒是一个发起反击的绝佳契机。七月十四日，阎应元佯装愿意就投降事宜进行协商，随即派出百余名勇士，随身携带火药，打着送礼的旗号进入城外的清军大营。当夜，这些勇士引爆火药，一举报销了对方两千多人。几天之后，守军趁清军不备，从南门杀将出来，突袭清军营地，又消灭了一千多人。

仗打成这个衰样，南京的多铎再也坐不住了。他万万没有想到，小小的江阴县城竟然这么能扛，清军从山海关一路打到钱塘江，什么时候吃过这么大的亏？多铎意识到，刘良佐、孔有德这些前明军队难堪大用，是时候让八旗兵出马了。七月二十日，博洛、尼堪（两人均是努尔哈赤之孙）奉命携带数百门红衣大炮和八旗劲旅抵达江阴，随即连续炮击十余天，导致城墙多处被损毁。

阎应元一边组织百姓修补城墙，一边指挥守军用火炮还击。清军的火炮威力十足，江阴守军的火炮也不是吃素的，双方对轰了十几天，损失都比较大。等到八月初六日，博洛、尼堪认为守军的战斗力已经消耗殆尽，随即下令搭云梯攻城。这些八旗兵确实不好对付，他们身披重甲，使得守军的弓箭、铁球、砖石等武器的杀伤力骤减。艰难地对抗了几个回合之后，守军总结出了新的战法：把攻城的敌军放近一些，再用长枪瞄准脸上刺。结果八旗兵刚爬上来就被刺翻下去，又带倒同一架梯子上的一大片。这一回，又轮到博洛和尼堪哭了。

八月十五日，适逢阖家团圆的中秋佳节，江阴城内家家张灯结彩，饮酒赏月，阎应元"揣酒登城啸歌"。他浮想联翩，慨然长叹。尽管击退了清军的多次进攻，但他的心里很清楚，江阴是一座没有任何外援的孤城，落入清军之手不过是时间问题。然而，十万军民凭借顽强的意志，硬是坚守了两个多月，尽管每一天都是那么难熬，空气中时时散发着血腥味，但孤立无援的江阴军民硬是让数万清军伏尸城下，望城兴叹。

同样是两个多月，多铎大军从黄河一直打到钱塘江，除了史可法率领扬州城军民坚守了一天之外，其余各地几乎都是闻风而逃，不战而降。为什么清军只花了两个月便能横扫江淮？为什么清军花了两个月也无法撼动江阴？答案其实很简单，东平伯刘泽清率麾下二十余万人马向清军乞降的时候，一切都不言自明。单就数量而言，刘泽清部可比多铎、阿济格、准塔三路大军的兵力总和还要多啊！

在这个世界上，有人贪生怕死，也有人义无反顾；有人卑躬屈膝，也有人刚直不阿；有人认贼作父，也有人忠贞不屈。义无反顾、刚直不阿、忠贞不屈的人受人景仰，流芳百世；贪生怕死、卑躬屈膝、认贼作父的人遭人唾弃，遗臭万年。沧海横流，方显英雄本色！

　　抗争是轰轰烈烈的，但阎应元毕竟不是神仙，江阴守军也没有天兵相助，这座小城创造了以弱胜强的辉煌战绩，但终究无力扭转眼前的绝境。八月二十日，清军在城外集中了两百门大炮，集中火力攻击江阴城东北角，导致城墙损毁严重，难以修复。次日大雨滂沱，遭受炮击的城墙又被暴雨冲刷，垮塌出了一个缺口。清军在炮火和烟雾的掩护之下，跨过护城河，穿越城墙缺口攻入城内。阎应元、陈明遇率领守军转入巷战，又歼灭了清军数千人。经过一日激战，阎应元、陈明遇壮烈殉国，江阴守军全军覆没，没有一人选择投降。恼羞成怒的博洛下令屠城三日，全城十万军民或战死沙场，或惨遭屠戮，仅五十三人幸免于难。有感于这段誓死不屈的抗争，时人为江阴军民的壮举写下了这样一副对联：

　　　　八十日戴发效忠，表太祖十七朝人物。
　　　　六万人同心死义，存大明三百里江山。

江阴军民顽强抗争的时候，二百里开外的嘉定城也没有闲着。弘光元年（1645年）六月十四日，嘉定城正式宣布归附清廷，新任知县张维熙于二十四日走马上任。不过，前明嘉定总兵吴志葵拒绝投降，亲率百人昼伏夜出，声称要捉拿张维熙。张维熙被吓破了胆，刚到任就逃之夭夭了。一直等到闰六月十二日，吴志葵麾下的散兵游勇遭到清军驱逐，重新上任的张维熙才开始按照清廷的律令，强制推行剃发易服。在施行"剃发令"之前，嘉定人其实已经狠狠地憋了一口气，这口气源自降将李成栋。

李成栋原本是高杰的部下，当初高杰与李自成的妻子邢氏私通，担心东窗事发受到责罚，索性率部投奔了官府，李成栋也在其中，后来被弘光政权任命为徐州总兵。准塔的东路大军进攻徐州时，李成栋带着高杰的遗孀邢氏弃城而逃，不久之后便向清军投降了。闰六月初七，李成栋率部开赴吴淞，路过嘉定境内的新泾镇，士兵竟然大肆奸淫掳掠，导致七名妇女当场死亡。李成栋非但不严加管束，反倒在第二天亲率两千士兵在嘉定城东抢掠了一番。又过去一天，李成栋率部按原定计划赶往

137

吴淞，由于时值大旱，水位太浅无法行船，李成栋便将船只留在嘉定，让部将梁得胜率三百士兵负责看守。

"剃发令"的强制推行终于点燃了嘉定百姓心中的熊熊怒火，众人自发组织起义军，并推举隐居在嘉定的两位前明进士——黄淳耀（崇祯末年进士，原任都察院观政）、侯峒曾（天启年间进士，原任浙江参政）为首领，正式举起了抗清的大旗。

嘉定义军一开始并没有前去捉拿清廷派出的知县张维熙，而是直奔城外找李成栋留下的小股部队报仇雪恨。梁得胜手下只有区区三百人，根本不是上万义军的对手，眨眼的工夫就被干掉了八十多个，船只、财物被付之一炬，梁得胜狼狈逃窜，前往吴淞向李成栋报告。接到消息的李成栋暴跳如雷，但考虑到自己的兵力有限，加之有军务在身，不敢贸然前去送死，又跑到太仓去求援。

李成栋万万没想到，在从吴淞赶往太仓的路上，自己又被嘉定义军劫了道，损失相当惨重。义军首领黄淳耀、侯峒曾明白，嘉定这么闹将起来，清军一定不会坐视不管，于是打出"嘉定恢剿义师"的旗号，并采取分兵镇守城门的策略，做好阻击来犯之敌的准备。不久之后，李成栋的弟弟李成林奉命前往太仓求援，半道上又遭到嘉定义军炮击，当场就被炸死了。

一直等到七月初三日，太仓派出的援军才姗姗来迟。恼羞成怒的李成栋下令对嘉定城进行炮击，昼夜不息，损毁了多处城墙。六、七月间正是江南雨季，所以嘉定的情况跟江阴差不多，连日暴雨导致受损的城墙大面积垮塌，清军趁机破城而入，义军转入巷战，终因寡不敌众而战败，黄淳耀、侯峒曾两位首领在激战中壮烈殉国。

入城之后，李成栋下令鸣炮屠城，要求士兵搜遍城内的每一处院落、每一条街巷，就连路边的灌木丛，也要用刀枪乱刺一阵，看看里面有没有藏着人。根据比较保守的估计，此次屠城有数千军民罹难，以至于大大小小的河汊内漂满浮尸，"舟行无下篙处"。有一位名叫朱子素的文士记录了自己的亲历见闻，撰成《嘉定屠城纪略》，其中有一段是这样描写当时的惨况："刀声割然遍于远近，乞命之声嘈杂如市。所杀不可数计，其悬梁者、投井者、断肢者、血面者、被砍未死手足犹动者骨肉狼藉，弥望皆是。投河死者，亦不下数千人。"

发泄完一通兽欲之后，李成栋率部撤离嘉定，因为吴淞才是他的驻防区，不能长期耽搁于此。出乎李成栋意料的是，嘉定军民并没有被其兽行吓倒而选择屈服。七月二十三日，一位名叫朱瑛的乡民再度高举义旗，揭竿而起。但这一次自发组织起来的义军在起事之初竟将报仇的矛头对准了被逼剃发的乡民，而且"沿路烧劫，烟焰四起"。

相煎何太急，搞不清楚斗争的对象，注定了这次起义不可能有什么作为。果不其然，两天之后李成栋派兵前去镇压，很快就扑灭了义军。随后，李成栋的部队又对嘉定城及周边乡镇进行了惨无人道的屠杀，一时间"积尸成丘"，"民间炊烟断绝"。

过了一个月，先前业已降清的原江南陆营把总吴之蕃决定反水，趁清军不备反攻嘉定，得到了嘉定乡民的积极响应。然而，在李成栋部的强力镇压之下，这次起义还是以失败告终。怒不可遏的李成栋下令对嘉定进行第三次屠城，造成两万多人不幸罹难。

惨绝人寰的"嘉定三屠"为江南的抗清斗争写下了浓墨重彩的一笔！

㉘

愤
怒
的
浙
江

　　对于多尔衮而言，江阴、嘉定闹出的动静虽然很大，但影响范围毕竟只有一城一地，不足为虑。清军遭遇到的真正麻烦出现在浙江地区，要想在这里彻底弹压住风起云涌的抗清运动，就不是围困一两座孤城那么简单了，因为浙江的形势远比苏南复杂得多。

　　浙江的抗争之所以让清军感到非常头疼，最根本的原因在于这里的民风太过剽悍。太过遥远的光辉历史不必追溯，单说崇祯年间，浙江地区便已经具有深厚的造反传统和丰富的斗争经验了。

　　咱们在前面介绍"愤青"陈子龙的时候，提到他曾经因为招抚浙江民变而得到升迁。事实上，陈子龙遭遇的民变远远不止一回。早在崇祯十三年（1640年），诸暨一带就发生了此起彼伏的民变，新任绍兴府推官、诸暨知县的陈子龙到任之后，采取剿抚并用的办法，在严厉实施连保连坐的同时，开官仓赈济灾民，以此缓和官民之间的矛盾，逐渐平息了事态。几乎在同一时期，浙江、江西、福建三地交界的地方也是民怨沸腾，起义不断。崇祯十五年，陈子龙又奉命参与镇压了邱凌霄父子领导的山民起义。

官军刚把这一拨起义镇压下去，紧接着又在东阳爆发了声势更为浩大的民变，因为首事者是一位名叫许都的乡民，所以历史上又称之为"许都起义"。当时，起义军连下兰溪、东阳、义乌、武义、浦江等地，进而围攻金华，把浙江搅得翻天覆地。

陈子龙跟许都算得上是老相识了，曾经多次向官府举荐这位隐匿在乡间的贤才，可惜没有得到任何积极的回应。利用这层关系，陈子龙对许都动之以情，晓之以理，很快就以和平方式解决了此次民变。陈子龙因功升迁，前往北京城出任兵科给事中去了，没想到时任巡按御史左光先（左光斗之弟）背信弃义，竟然对业已接受招抚的许都及其部属大开杀戒。左光先原本打算斩草除根，彻底瓦解起义军的斗志，没想到适得其反，导致东阳乃至浙江各地再度陷入一片混乱。此时，正值北京城危如累卵之际，大明王朝已是风雨飘摇、自身难保，再也无暇顾及愤怒的浙江了。

浙江地区如此频繁地爆发民变，原因倒也不复杂，跟当年失业的李自成一样，民不聊生，没有饭吃！事实上，纵观大明王朝的管辖范围，浙江已经算是比较富庶的地区了，可问题在于老百姓的收入不见涨，赋税却如腾云驾雾一般，嗖的一下就上去了，尤其是百姓饱受"三饷"之害，日子过得越发艰难。

臭名昭著的"三饷"具体包括辽饷、剿饷和练饷，头一项用于对付关外的清军，后两项则用于镇压农民起义。结果呢，仗越打越烂，赋税越收越多，再加上老天爷不给面子，旱、涝、虫灾频发，浙江的百姓终于忍无可忍：朝廷败家，百姓埋单，还有完没完？

既然苟活已经成为遥不可及的奢望，造反便是唯一的选择。于是乎，这里造反，遭到官府镇压，那里造反，又被镇压，别的地方继续造反。反着反着，崇祯皇帝朱由检上吊了，弘光皇帝朱由崧成为丧家之犬，潞王朱常淓更是在监国数日之后便缴械投降。现如今，清军入了关，多尔衮也下令彻底废除"三饷"，然而太平安生的日子依旧是镜中花、水中月，反倒又来了一道措辞异常严厉的"剃发令"，成为摆在众人眼前的鬼门关。

浙江百姓彻底爆发了，百姓的诉求很简单，就想过上太太平平的日子，现如今可倒好，怎么连头发都要剃？弘光元年（1645年）闰六月初九日，原九江道金事孙嘉绩率先在余姚率领乡民揭竿而起，杀掉了清廷派出的知县王玄知，由此拉开了浙江抗清运动的序幕。

第二天，绍兴府也在生员郑遵谦的号召下宣布倒戈，脱离了清政权。说起郑遵谦，别看他只是区区生员，并没有一官半职，但在当时可是名声在外的"官二代"。郑遵谦是余姚人，父亲郑之尹曾经做过山西按察司的金事官，家资丰厚，堪称当地望族。与久历官场、圆滑世故的父亲不同，郑遵谦生性豪爽，与东阳的许都交情甚笃，算得上生死之交。先前许都起事的时候，郑遵谦原本打算入伙，却被父亲强行扣在家里好几个月，等他被放出来的时候，接受官军招抚的许都已经被左光先杀了。

潞王朱常淓投降之后，绍兴府也向清军臣服，郑之尹屁颠屁颠地跑到杭州，主动剃发归降，想谋个一官半职。郑遵谦不禁大为光火：见过不要脸的，没见过这么不要脸的！于是乎，郑遵谦举起了抗清的大旗，并得到绍兴军民的积极响应，很快就召集了数千之众。义军先是将绍兴知府张愫、会稽知县彭万里斩首祭旗，随后威逼当地富绅捐出家产，用来筹办粮饷装备。

余姚、绍兴的斗争在浙江地区掀起了一场声势浩大的抗清高潮，这里犹如一座浓烟滚滚的火山，随时都有可能再一次大规模喷发。就在郑遵谦宣布倒戈后的第三天，以生员董志宁为首的"六狂生"也在宁波府治所鄞县举起了义旗，推举前明刑部员外郎钱肃乐为首领，驱逐了投降清军后升任宁波知府的朱之葵（前明宁波府同知）。当时，驻守在宁波一带的军队，包括城防部队和隶属于海防道的边防部队，均在未做任何抵抗的情况下宣布倒戈，加入了反清复明的阵营。没过几天，驻防在定海的浙江防倭总兵王之仁率部进抵宁波。王之仁是在杭州失陷后投降清军的，并以原职留任，此时匆忙赶来，并不是为了镇压，而是前来入伙。有了这支劲旅的加盟，宁波抗清志士更是如虎添翼。几乎与此同时，先前从杭州涌金门撤下来的方国安部也辗转活动于浙江东部地区。

绍兴、宁波两座府城倒戈，又有王之仁、方国安两支正规军撑腰，浙东的形势发生了翻天覆地的变化，各地纷纷举兵响应。很快，兰溪、慈溪、定海、奉化、鄞县、象山等地蜂拥而起，再加上清军还没怎么触及的金华、衢州、台州、温州、处州等地，抗清力量在浙江大部分地区连成了一片，事实上已经构成武装割据的局面。

眼瞅着形势一片大好，有一位名叫张国维的资深官员坐不住了。张国维是东阳人，天启初年进士，授番禺知县之职，崇祯年间升任巡抚都御史，后在南京小朝廷领兵部尚书衔。由于看不惯马士英的小人做派和无耻贪婪，张国维愤然辞官，赋闲在东阳老家。

浙江的抗争已成燎原之势，张国维敏锐地意识到，抗清的摊子越铺越大，必须有一个核心人物站出来领导，否则就是一盘散沙，很容易被清军各个击破。因此，他主张迎立一位皇室宗亲，暂就监国之位，从而协调各方力量对付强敌。

毕竟国不可无君，群龙不能无首，但摆在面前的问题还比较棘手：现如今兵荒马乱的，上哪儿找现成的皇室宗亲去？远的暂且不论，就说浙江吧，名义上监国的潞王朱常淓已经投降，周王朱绍㷶、惠王朱常润、崇王朱慈燨也紧随其后，主动跑到杭州归附了清军，宗亲几乎是被人家一锅端了。

或许是不幸之中的万幸吧，枝繁叶茂的皇室血脉终究未绝。单就血统而言，广西那边有万历皇帝朱翊钧的第七子——桂王朱常瀛，不过事态紧急，远水难解近渴，要想化解燃眉之急，恐怕只能在血统上做出一些妥协，就近寻找合适的人选。

您还别说，浙江一带真有两个现成的：一个是寓居在杭州的唐王朱聿键，他跟大明皇室的血缘关系要追溯到太祖朱元璋那里去，系朱元璋第二十三子朱桱的八世孙，与万历皇帝朱翊钧同辈；另一个是寓居在台州府的鲁王朱以海，系朱元璋第十子朱檀的九世孙，与泰昌皇帝朱常洛同辈。

早在杭州失陷之前，朱聿键便跑没了影，至今音讯全无。随后，清军将领博洛召集寓居在浙江的皇室宗亲归附，朱以海以路途遥远、身体不适为由拒绝前往，继续留在台州府观望。——这下妥了！请鲁王朱以海过来换衣服！

不得不承认，鲁王朱以海的血缘关系确实太远了，更何况还是崇祯皇帝朱由检、弘光皇帝朱由崧的叔叔辈，像这种出了五服的宗亲，要放在坊间，连远房亲戚都算不上，最多算是一个同宗的族人，其实早就形同陌路了。

退而求其次，这也是没有办法的办法。张国维的动议很快就得到了孙嘉绩、郑遵谦等起义首领的支持。随后，朱以海被众人迎到绍兴，暂就监国之位。张国维出任督师，名义上统一指挥浙江地区的各路抗清武装。尚未跑远的马士英原本打算前来觐见，凭借在弘光政权的资历混个一官半职，没想到张国维抢先参了他十条罪状。马士英没敢前往绍兴送死，只得屈身在方国安的麾下。

鲁王朱以海暂就监国之位，使得浙江地区的抗清武装有了统一的指挥中枢。以王之仁、方国安两支正规武装为支柱，各地义军如雨后春笋般纷纷兴起。张国维决定依托钱塘江天险进行防御部署，与清军展开长期对峙。

虽说断崖式崩塌的态势有所缓解，但咱们千万不能过于乐观，因为这个临时拼凑起来的鲁监国政权内部的问题一点儿也不比先前的弘光政权少。就说鲁王朱以海吧，品性跟朱由崧差不多，干啥啥不行，声色犬马第一名。后来，有文人化用春秋末期吴越相争的典故，赋诗讥讽道：

鲁国君臣燕雀娱，共言尝胆事全无。

越王自爱看歌舞，不信西施肯献吴。

朱以海的元妃张氏有一个哥哥名叫张国俊，原本狗屁不是，如今摇身一变成了国舅爷，便大肆卖官鬻爵，仗势欺人，搞得怨声载道。与此同时，武装力量内部的倾轧也比先前的"江北四镇"有过之而无不及。方国安、王之仁两位将领以正规武装自居，藐视各地义军的力量，千方百计地加以排挤，尤其是在军饷的分配方面，方国安、王之仁的部队将其瓜分殆尽，各地的义军连半两银子、半斤粮食都分不到，只能自己想办法筹集。

为了解决粮饷问题，义军只好找各地的乡绅化缘。遇到开明些的富绅，多少还能讨到一点儿，然而这毕竟不是长久之计。没饭吃、没钱花的义军要么就地解散，要么大肆劫掠，很多抗清武装就是这样被逼成了滋扰百姓的盗匪。

按照督师张国维的原定部署，当务之急是依托钱塘江天险展开防御。然而，急于求成的方国安、王之仁于八月间率部出击，打算一举收复杭州，结果遭遇惨败，损失多达五千余人。对于小本生意的鲁监国政权而言，真是伤筋又动骨啊！

出乎鲁监国朱以海、督师张国维意料的是，朝政混乱、军队倾轧、初战败北其实都不算什么，真正让他们进退维谷的大麻烦，是福州方面送来的一份诏书。原来，在杭州城陷落前夕，唐王朱聿键果断逃了出来，辗转来到福州落脚，并于弘光元年（1645年）闰六月宣布就任监国之位，不久之后又登基称帝。是年九月，官居兵科给事中的刘中藻从福州来到绍兴宣诏，要求朱以海承认福州政权的领导，放弃监国之位，恢复鲁王的头衔，相应地，福州方面承诺浙江地区诸官员的职务、级别、待遇不变。

刘中藻的到来在绍兴掀起了轩然大波，文臣武将们开始选边站队。方国安和鄞县起义的首领钱肃乐等人认为"大敌在前，未可先雠同姓"，不能做亲者痛、仇者快的事情，主张接受福州方面的条件，放弃监国之位，这样既能解除浙江南部的后顾之忧，又能壮大抗清的力量。再者说，与"八山一水一分田"、素有"兵家不争之地"之称的福建相比，浙江的地利优势更加明显，所以钱肃乐满怀信心地表示："若我师渡浙江，向金陵，大号非闽人所能夺也。"届时以收复南京之功重定君臣尊卑，岂不是更能服众？

另一方面，督师张国维、王之仁以及国舅爷张国俊则持反对意见。他们认为，福州政权来路不正，"无坐登大宝之理"，想凭借一纸诏书就让浙江臣服，天下哪有这么便宜的事情？大敌当前，双方与其逞口舌名号之争，不如效仿当年项羽、刘邦约定"先入关者王之"的故事，"有功者王，定论不磨"，通过抗清的成败与业绩论英雄。更有甚者，一些人还大放厥词，声称"凭江数十万众，何难回戈相向"，公然以武力相威胁，要跟福州政权真刀真枪地较量一番。

撇开完全不顾及大局的激愤之语不谈，两方的看法有一点殊途同归的意思，那就是跟福州政权搞一个抗清竞赛，将来功高者居之，只有采取这样相对公平的办法，大家才有可能心悦诚服。双方观点分歧也挺明显，前者同意让朱以海先放弃监国之位，以后凭借地利优势再拿回来，后者则主张维持现状，既然大家都是爷，本应该在同一条起跑线上竞争，凭什么让咱们先下去？归根结底一句话：是否牺牲朱以海的监国之位，同福州政权做成这笔交易。

主张维持现状的张国维、王之仁、张国俊等人属于定策元勋，如果让朱以海放弃监国之位，他们获取到的特权也将自动丧失；主张退一步海阔天空的方国安、钱肃乐等人则无须顾虑自己的职务、级别以及待遇，毕竟福州方面已经做出承诺，还能向对方邀功请赏，何乐而不为？

鉴于仅有的两大正规武装各站一边，基本上势均力敌，这一场架吵得可就热闹了。热火朝天地吵嚷了几天，朱以海直接撂挑子不干了。朱以海大为光火倒也情有可原：请本王来的是你们，想拿本王做交易的也是你们，觉得本王好欺负，是不是？俗话说"上山容易下山难"，本王的屁股还没把监国的位置坐热乎，就要被灰溜溜地赶下台去，屁股倒是有地方放，继续做鲁王就是了，可脸往哪儿搁？

与其被人轰走，不如自己先撤！九月十三日，朱以海决定放弃监国之位，拔腿跑回了台州府。方国安、钱肃乐一方求之不得，顺势宣布奉福州政权为正朔。不过，张国维、王之仁、张国俊一方并未善罢甘休，而是执意派人去台州府接回了朱以海，让他继续坐上监国的位置，以此向福州政权示威。双方事实上已经撕破了脸皮，只是谁也没有实力搞武装冲突。随后，方国安、王之仁再度起兵，打算一举收复杭州，结果再遭败绩，被迫乖乖地转入防御。

浙江的抗争暂且告一段落，鲁监国政权的故事还有很多，留待以后再讲。咱们先将目光转向福建，看一看把鲁监国政权搞得左右为难、进退维谷的福州政权到底是何方神圣。

隆武篇

朱聿键的魄力

今上（指朱聿键）不饮酒，精吏事，洞达古今，想亦高、光而下之所未见也。

——（明）黄道周《与杨柏祥书》，
载于（明）杨伯祥《杨忠节公遗集·卷六》

王少遭患难，慨然以复仇雪耻为务，布衣蔬食，不御酒食。
——（清）徐鼒《小腆纪年附考·卷十》

# 第七章 ｜ 困境

㉙
另类的藩王

在福州建立新政权的，正是在杭州陷落前夕逃之夭夭的唐王朱聿键。当时，监国朱常淓已经被吓破了胆，打算投降清军，辗转流亡到杭州的唐王朱聿键不肯委曲求全，决意继续逃亡，并得到了原镇江总兵郑鸿逵、礼部尚书黄道周等抵抗派人物的鼎力支持。

说到郑鸿逵，福建泉州人，原名郑芝彪，在崇祯年间考中武进士之后改了名。他有一个哥哥名叫郑芝龙，正是民族英雄郑成功的父亲。郑鸿逵在弘光时期出任镇江总兵，在长江防线崩溃后率部南撤，打算经杭州返回老家福建，与驻守在福州的哥哥郑芝龙会合，另图发展。路过杭州的时候，郑鸿逵见唐王朱聿键、黄道周等人的抗清意志比较坚决，同时他也有找机会抬高自己身价的考量，便带着他们一路南下。

弘光元年（1645年）六月十七日，唐王朱聿键在郑鸿逵的护送下抵达衢州，搞了一次提振士气的阅兵仪式，当众立誓要"恭行天讨，以光复帝室，驱逐清兵，以缵我太祖之业"。次月初，曾被弘光皇帝朱由崧册封为南安伯、授官福建总镇的郑芝龙将朱聿键迎入福州，随即与郑鸿逵、黄道周等文武官员一道，拥立他就任监国之位。闰六月二十七日，朱聿键正式登基称帝，下诏自七月初一日起改年号为隆武元年，所以这个政权在历史上也被称为"隆武政权"。

咱们在前面提到过，唐王朱聿键与大明皇室的血缘关系非常远，要追溯到太祖朱元璋那里去。论辈分呢，他是崇祯帝、弘光帝的爷爷辈，先后暂就监国之位的潞王朱常淓、鲁王朱以海也得管他叫一声叔。如果是正常情况下的皇嗣继统，根本不可能轮到一个出了五服的同族爷爷上场，只不过正值非常时期，血缘、辈分都不再是问题，更何况在枝繁叶茂的皇室宗亲之中，唐王朱聿键绝对是屈指可数甚至独一无二的另类。

后来的事实证明，朱聿键在衢州检阅军队时的誓言绝非政治作秀。总的来讲，与朱由崧、朱常淓、朱以海之流不同，朱聿键是一个有志气、不服输的人，他的这种独特性格与其超乎寻常的个人经历有非常大的关系。作为血缘关系极其疏远的皇亲国戚，朱聿键原本可以苟活于角落里，虽然不引人瞩目，倒也平静而安逸。然而，时年不过四十有余的朱聿键算得上是饱经风霜，早在少年时期就开始体验人生的各种艰辛与苦楚。

朱聿键或许并不希望经历这么多坎坷，但他实在是太倒霉了。更确切地说，是从他父亲——后来被追谥为唐裕王的朱器墭那时就开始倒霉了。当年朱器墭遭遇到的那桩倒霉事，本质上与万历皇帝朱翊钧想打破立嫡立长的常规，让福王朱常洵继承大统是一样的。朱器墭虽是庶出，但排行居长，早在万历年间就被封为世子，怎奈他的父亲唐端王朱硕熿跟万历皇帝一个毛病，因为宠幸一个女人，就想改变地位继承的游戏规则。有所不同的是，万历皇帝朱翊钧在所谓的"国本之争"中没能拗过东林党，而庶族旁支的朱硕熿根本没人愿意搭理，王位爱传给谁就传给谁。于是乎，朱硕熿不仅撸掉了朱器墭的世子之位，为了杜绝后患，还顺便找个理由将他投入大狱，反正儿子多，少一个也无所谓。就这样，十岁出头的朱聿键跟随父亲朱器墭锒铛入狱，从养尊处优的生活跌入谷底，成为性命堪忧的阶下囚。

崇祯二年（1629年）初，朱器墭遭毒杀于狱中。或许是出于同情和怜悯吧，崇祯皇帝朱由检于同年底下令将朱聿键放了出来，并在数年后下诏让朱聿键袭封唐王爵位。此时的朱聿键万万没有想到，短短五年之后，他竟然又入狱了。

朱聿键第一次蹲大狱，可以说是受到父亲牵连，第二次成为阶下囚，则是他自讨苦吃。那是崇祯十年（1637年），放眼天下，民变四起，朱聿键主动站出来为君分忧，自告奋勇要率兵去镇压农民起义。他手下没人，便找到朝廷借兵，要求也不高，三千人足矣。崇祯皇帝朱由检的答复十分爽快：不借！

虽说一张热脸贴上了冷屁股，但咱们也别急着痛骂朱由检抠门、多疑、不近人情，毕竟有藩王不得领兵的大明祖制摆在那里，规矩岂能随便破？当然，擅长各种算计的朱由检此时也留了一个心眼：散落在各地的皇室宗亲都忙着逃命，就你这么一个庶族旁支的唐王上蹿下跳，到底真的是想为国分忧，还是夹带着不可告人的险恶用心？

既然圣上反应冷淡，本应就此偃旗息鼓，但一根筋的朱聿键偏偏不是一盏省油的灯。朝廷不能借兵，他便在自己就藩的南阳一带招募了数千兵勇，不拿朝廷的钱，却干着官军的活。听上去挺感人，但现实相当残酷，一个毫无作战经验的藩王领着一群乌合之众，很快就被起义军收拾得七荤八素。

擅自招募兵勇在先，大败而归在后，看来是大狱没有蹲够啊！紫禁城的朱由检彻底怒了：好！朕满足你的要求！于是乎，朱聿键被贬为庶人，关进了皇亲专用监狱——凤阳高墙。这一蹲就是好几年，直到北京陷落、朱由检煤山自缢，朱聿键还在高墙里数星星度日。一直等到弘光时期，朱由崧才下令把他放出来，并恢复其唐王的爵位。

少年即遭遇不幸，先后蹲了两回大狱，造就了朱聿键坚韧不拔的性格。内心深处，他迫切地希望能有一番作为，与此同时，瞬息万变的局势也为这位颇显另类的藩王创造了三大相当有利的客观条件。

第一，隆武政权建立之后，迅速得到了广大南方地区的积极响应。除去鲁监国政权控制的浙江、张献忠控制的四川以及业已归降清军的江西大部之外，南方各省均表示拥护朱聿键的领导。继昙花一现的弘光政权之后，半壁江山在形式上重新实现了统一。

第二，在清军攻陷南京、杭州之后，多尔衮自认为江南战事基本宣告结束，同时考虑到常年生活在关外的士兵很难适应南方的炎热气候，遂向阿济格、多铎下达了适时北返休整的命令。早在朱聿键正式登基称帝之前，阿济格率领的西路军便从武昌先行北撤。数月之后，多铎率领的中路军和准塔率领的东路军也从南京启程北返，清军留在长江一线和钱塘江西岸的防守兵力十分薄弱。

第三，为了抵制"剃发令"，江南百姓自发组织起来的抗争可谓风起云涌，令长江一线的清军不得安宁。控制着钱塘江以东的鲁监国政权则与清军隔江对峙，极大地牵制了博洛麾下的守军，使其短时间内无力向南征伐。

坐享天赐良机，踌躇满志的隆武皇帝朱聿键制定了光复故土的两步走战略：

第一步，将隆武政权控制的军队分成东、西两路北上。东路从福建出发，沿东北方向进入浙江，在收复杭州之后进抵长江一线；西路从湖南出发北进，收复武昌后顺江而下。随后，东、西两路大军对南京构成夹击之势，一举收复大明王朝的故都，占据江南半壁江山，从而成就"半功"。

第二步，以南京为基地、武昌为依托，沿着当年太祖的足迹整军北上，收复中原，将清军赶出山海关，从而成就"全功"。

朱聿键的胆识与魄力着实令人眼前一亮。当然，绘就一幅激动人心的蓝图容易，但打铁毕竟还得自身硬，朱聿键深知这个道理。长年蹲大狱的经历，也造就了朱聿键善于思考和总结的性格。透过崇祯朝和弘光政权的历史悲剧，朱聿键总结了两大极其宝贵的经验教训：

其一，南明方面需要对付的最大敌人是清政权，李自成、张献忠这些昔日的"流贼"，眼下是可以通力合作的同盟军。

毫不夸张地说，朱聿键能够撇开国恨家仇的执念与身份上的局限意识到这一点，是需要极大的勇气与智慧的。清军是最大的威胁，这一点谁都不会否认，但到底该如何定位与李自成、张献忠等农民起义军的关系，弘光政权一直都拎不清。朱由崧、马士英乃至史可法从国恨家仇的角度出发，主张与这些大明王朝的掘墓人不共戴天，采取所谓"联虏平寇"的国策，以彰显其承继正统的合法性。结果呢，"虏"没能联得上，"寇"也平不了，倒是弘光政权自己先灰飞烟灭了。

弘光政权的失败充分证明"联虏平寇"的国策有问题，这是典型的不识时务、损己利人。为了对抗强大的敌人，理应团结一切可以团结的力量。朱聿键力挽狂澜，顺应时代的发展潮流，为新生的隆武政权确立了"联寇抗清"的新策略。

其二，党争是亡国祸首，不彻底摈除党争的干扰，就不可能取得光复大明王朝的最后胜利。后世史学家普遍认为，明朝之亡，亡于党争，其实朱聿键早就意识到了这一点。面对天下纷乱的局面，崇祯朝也好，弘光政权也罢，臣僚往往只顾一己私利，全然不顾大局，在朝堂上你争我夺，内耗极其严重。这些人要么贪污腐化，飞扬跋扈胡作非为（如"阉党"和马士英、阮大铖之流）；要么自视清高，眼高手低过嘴瘾

（如东林党人）。无论哪一边，本质上都是结党营私，置大明王朝的利益于不顾，内战内行，外战外行，把江山社稷拖入了万劫不复的绝境。

鉴于深刻而惨痛的历史教训，朱聿键即位伊始便着手整顿吏治，摒除党争。譬如在官员任用方面果断摒弃门户之见，采取"用舍公明"的方针，广泛接收散落在各地的人才。为了做到兼听则明，广泛吸纳各方面的意见，隆武政权在建立之初便有一支多达三十余人的内阁大学士队伍，这恐怕是有史以来最庞大的内阁班子了。

朱聿键爱才、惜才，对一切不愿屈服于清政权的人，不管过去做过什么、能力水平如何，隆武政权都会向他们敞开大门。其中有一个典型的例子，就是臭名昭著的权奸马士英。马士英从杭州逃亡之后一直留在浙江观望，但鲁监国政权是东林党的天下，没有马士英的立足之地。考虑到自己跟郑芝龙多少有些交情，马士英便想南下投奔隆武政权，结果遭到东林党人激烈反对。鉴于众怒难犯，朱聿键只能做出妥协，让马士英留在江浙一带"图功自赎"。您看，虽说朱聿键拒绝马士英前往福州任职，但还是给了这位昔日的权奸痛改前非、报效社稷的机会。

暂就监国之位以后，朱聿键便撰写了三篇《便览》，系统阐述自己的执政理念。其中有一句是这样写的："盖国家之治，必文武和于上，始民兵和于下。不然，立败之道也。"只有文武百官摒弃成见，通力合作，社稷才有光复的希望，这显然是针对祸国殃民的党争有感而发。

在吏治方面，朱聿键不仅向党争开战，还大力惩治各种贪腐行为，"小贪必杖，大贪必杀"，有效地缓和了官民之间的矛盾。

除了确立新的国策和整顿吏治以外，朱聿键最为突出的功绩在于比较稳妥地解决了一个相当棘手的问题。这个问题没有先例可循，崇祯朝和弘光政权基本上都没遇到过：如何对待和处理在清军的威逼之下已经剃发的百姓？

当时，很多百姓从沦陷区一路南逃，有没剃头的，也有被剃了头的。这件事情本身并不奇怪，清军是带着砍刀来的，要么剃头，要么砍头，百姓只能有一个选择。跑得快的幸运儿没有被剃头，没跑掉又苟活下来的，当然只能秃着脑门、拖着辫子了。这些改变了头型的百姓自投罗网，到底该不该杀？

有人认为该杀，毕竟剃了头就是屈服，成了可耻的叛徒，对这些贪生怕死者岂能宽容？要是按照崇祯皇帝朱由检的性格，恐怕不灭九族都算客气的了。事实上，隆武政权和鲁监国政权的军队最初抓到这些百姓的时候，都是一杀了之。

也有人认为不该杀，因为他们是被逼无奈。既然选择从沦陷区逃亡，说明这些百姓打心底里是反对清政权的。如果他们刚刚逃出清军的虎口，反而遭到明军屠戮，会造成极坏的政治影响，可能将有心南下归附的百姓推向清军。

显然，朱聿键的选择是不杀，但做出这个决定，是要承担极大风险的。简单来讲，对贪生怕死之徒网开一面，总得给个说法吧。朱聿键的高明恰恰就体现在这里，他有一个新的提法——"有发为顺民，无发为难民"，因此"兵行所至，不可妄杀"。什么是水平？这就是水平！把被逼剃头的百姓归于"难民"，所有的难题都得到了近乎完美的破解！

"无发为难民"，短短五个字，如同一道光芒，划过历史长空里的漫漫黑夜，给人以信心，给人以希望，这就是人性的光芒！我相信，朱聿键假如生在太平之年，必能成为一位治世明君。只可惜啊，历史从来没有假如！

## ㉚ 三王相争

　　尽管朱聿键有逆势崛起的雄心壮志，但或许是因为多年蹲在大狱里，他对于江湖之险恶明显缺乏足够的认识和准备。很快，残酷的现实就如同一盆冰水将他浇得寒彻心骨。一个血缘疏远还有入狱前科的藩王摇身一变成了君主，肯定会有人表示不服，譬如盘踞在浙江的鲁监国政权。

　　在督师张国维的鼎力坚持下，原本负气离开绍兴的鲁王朱以海重登监国之位，本质上就是拒绝承认隆武政权的正统地位，双方转入面和心不和的对峙状态。考虑到浙江没气力、福建没兵力，双方虽然相互不买账，所幸还没有发生直接的武装冲突。不过，没有武装冲突并不等于没有冲突，武的搞不起来，就从文的下手。俗话说得好："名花虽有主，我来松松土。"双方互相挖起了墙角。

　　先看鲁监国政权这边，还是有一部分人赞成接受隆武政权领导的，朱聿键便派人加紧笼络。时任都御史陆清源奉命携十万白银前往浙江，打着"犒师"的旗号大肆培植支持隆武政权的势力，没想到竟然被鲁监国政权里的强硬派杀了。

来而不往非礼也，鲁监国政权方面也在打福州这边的主意。隆武二年（1646年）四月，朱以海派遣左军都督裘兆锦、行人林必达前往福州，同样是打着联络感情的幌子来发展内线。与陆清源的广泛撒网不同，裘、林二人的目标非常明确，就是打算策反掌握着隆武政权绝大部分武装力量的郑芝龙，给朱聿键来一个釜底抽薪。

裘兆锦、林必达的险恶用心，很快就被朱聿键察觉，将他们打入了大牢。朱以海仍不死心，又派出郑芝龙的故交——前明广东总兵陈谦前往福州。陈谦是个机灵鬼，先派人去找郑芝龙打探一下虚实，看看此行是否有风险。郑芝龙的回答是不妨事，算是给陈谦吃了一颗定心丸，但他万万没有想到，故交模棱两可的口头保证根本不管用。陈谦大着胆子来到福州，将朱以海的亲笔书信呈递给朱聿键。朱聿键才看到头仨字儿"皇叔父"，便雷霆震怒，直接下令将陈谦打入大牢。

朱聿键为什么发大火呢？原因很简单，他已经登基称了帝，即使鲁监国政权不愿意承认，出于友好沟通的诚意，哪怕叫一声唐王也行。结果一上来就是"皇叔父"，说明朱以海是以正统自居，按照辈分给朱聿键硬塞了一个头衔。跑到自己的地盘上占便宜，简直就是来砸场子的！

郑芝龙先前信誓旦旦地向陈谦保证不妨事，没想到老朋友一到福州就直接进去了，颜面无光的郑芝龙多次上疏求情，但朱聿键丝毫不为所动。没过多久，有一位名叫钱邦芑的御史添上一把火，煞有介事地向朱聿键密奏说，这个陈谦的身份可不简单，既是鲁王朱以海的心腹，也是郑芝龙的故交。

可想而知，双重敏感的身份必然会成为陈谦的催命符。朱聿键特意瞒过郑芝龙，下令将陈谦处死。等郑芝龙得知噩耗的时候，陈谦已经身首异处，郑芝龙"伏尸而哭，极哀"，从此便与朱聿键产生了不小的嫌隙。

控制着浙江大部分地区的鲁监国政权不愿意承认朱聿键的正统地位，多少还有点情有可原，毕竟鲁王朱以海的监国之位是从朱由崧、朱常涝一路沿袭下来的，双方的实力也不相上下，让谁腾位子都比较困难，只能这样不尴不尬地对峙着。

朱聿键没有想到，浙江方面闹一闹独立也就算了，广西方面竟然也有藩王盘算着借助天下纷乱之机另立一个小朝廷，过一把皇帝的瘾。这位令人匪夷所思的皇室宗亲，便是寓居在桂林府的靖江王朱亨嘉。此人在历史上没有什么名气，但他的长子名叫朱若极，幼年时期出家为僧，后来改名石涛，并历练成为大名鼎鼎的一代画师，被后世誉为中国现代美术的起点。

隆武元年（1645年）七月，南京陷落的消息刚刚传到千里之外的桂林，朱亨嘉便开始蠢蠢欲动，并在时任广西总兵杨国威、桂林推官顾奕等人的怂恿和拥戴之下，于八月初三日自行宣布就监国之位。朱由崧上台，靠的是马士英这样的权奸；朱以海上台，靠的是遍地怒火的抗争；朱聿键上台，靠的是郑芝龙的枪杆子；朱亨嘉上台靠什么呢？纯粹靠做梦！毫不客气地说，朱亨嘉跻身监国之位，论血统完全没有道理，论实力更是端不上台面，简直就是在梦游。

先说血统，虽然是封建糟粕、陈规陋俗，但当时的规则就是如此。朱以海、朱聿键上台的时候，还因为血统问题搞得沸沸扬扬，更别提与皇室的血缘关系更加疏远的朱亨嘉了。这个靖江王到底出自哪一脉呢？说出来不怕大家笑话，头一位靖江王朱守谦竟然是太祖朱元璋的侄孙子。也就是说，朱亨嘉这一门跟皇室的关系要一直追溯到明朝之前！不过靖江王这一脉在王位继承的时间上，很少有能够望其项背者。从第一位靖江王朱守谦于洪武九年（1376年）就藩桂林算起，传到朱亨嘉已经是第十三位了，后面还有一个朱亨歀，一直沿袭到永历四年（1650年）

159

为止，前后共计二百七十四年，创造了史上藩王继承时间最长的纪录。或许是为了突出这项足以傲视群藩的特长，朱亨嘉自封监国之后，连年号都懒得想，直接采用太祖爷的洪武纪年，以当年为洪武二百七十八年，真是吓死人不偿命。

再说实力，朱亨嘉名号虽大，还得到广西总兵杨国威的支持，其实明末的总兵头衔多如牛毛，实力极其悬殊，驻防在边远地区的杨国威，麾下压根没有几号人，守一座桂林城都费劲。为了壮大自身的力量，朱亨嘉坐上监国的位置之后，赶紧派出使者前往邻近的湖南、贵州等地宣诏，招揽支持者，同时调遣柳州、庆远、左右江等地的"土狼标勇"到桂林集结。

湖南、贵州方面不是傻子，知道朱亨嘉的斤两，根本不搭理他。即便是归属于广西当地土司管辖的"土狼标勇"，朱亨嘉也调不动，因为这些地方武装既不听藩王的号令，也不受广西总兵辖制，他们只认广西巡抚的官印。然而，朱亨嘉跻身监国之位，遭遇到的最大障碍恰恰就是时任广西巡抚瞿式耜。

瞿式耜（1590—1650年），苏州府常熟县人，出身于官宦世家，早年师从东林党大咖钱谦益，万历年间进士及第之后步入仕途，但在天启、崇祯两朝均遭到权贵排挤。弘光政权时期，早已遭削职而返乡的瞿式耜得到起用，出任广西巡抚一职，结果尚未到任，便接到了南京陷落的消息。瞿式耜并不惊慌，仍按原定计划前往广西巡抚的驻节地梧州府，到任之后更是千方百计地劝慰百姓安心生产，同时招募士兵，加强守备。

得知靖江王朱亨嘉竟然在桂林府擅自就监国之位，瞿式耜在感到匪夷所思之余，坚决给予抵制。他预判到实力羸弱的朱亨嘉一定会打"土狼标勇"的主意，所以抢先一步给各地土司发去公文，责令他们不得听从桂林方面调遣。与此同时，瞿式耜还派人前往广东，向时任两广总督丁魁楚报告情况，并调时任安州参将陈邦傅率部赶往梧州，谨防桂林方面狗急跳墙。

面对如同铁板一块的瞿式耜，朱亨嘉不禁大为光火，亲自率领能够调遣的人马赶往梧州，打着藩王监国的旗号弹压驻军，将瞿式耜抓回桂林软禁了起来。虽说是软禁，但朱亨嘉手下的人办事太马虎，看管得并不牢，瞿式耜得以秘密派人赶往福州报告情况

有意思的是，前往福州告御状、搬救兵的人还在路上，朱亨嘉便按捺不住寂寞，亲自率部进逼广东，打算趁着羁押瞿式耜的威势，将两广总督丁魁楚纳入自己的麾下。朱亨嘉哪里想到，丁魁楚这个久历官场的老油条刚刚得到了朱聿键的丰厚赏赐，此时正在兴头上呢。再者说，一边是得到江南大部地区承认的隆武政权，一边是打肿脸充胖子的草头王，孰轻孰重，不言自明。

既然朱亨嘉自投罗网，丁魁楚可就不客气了，随即打着迎接圣驾的幌子阴了朱亨嘉一把。遭到偷袭的朱亨嘉猝不及防，仓皇逃回桂林。丁魁楚率部乘胜追击，很快就来到梧州，并准备向桂林开拔，彻底清除这股妄自尊大的逆流，也算是给福州的朱聿键递上一份投名状。

出乎丁魁楚意料的是，他这边尚未离开梧州，桂林那边便传来了好消息：朱亨嘉已经被捕入狱了。原来，朱亨嘉逃回桂林之后，或许是病急乱投医吧，竟然将遭到软禁的瞿式耜放了出来，让他帮助自己守城。瞿式耜假意应承下来，趁机策反了广西总兵杨国威麾下的部将焦琏，给朱亨嘉、杨国威来了个一锅端。隆武二年（1646年）初，朱亨嘉被押往福州幽禁。没过多久，朱聿键便下令将其暗杀，以绝后患。朱亨嘉问鼎天下的美梦，只有到幽冥界继续去做了。

㉛

政权里面有坏人

大敌当前，三王相争，志在"缵我太祖之业"的朱聿键难免会有一种生不逢时的感觉。广西的靖江王朱亨嘉业已丧命，浙江的鲁监国依然坚挺，但没有对福州方面构成实质上的威胁。朱聿键真正的麻烦恰恰是在自己的眼皮子底下，更直白地说，新生的隆武政权里面有坏人啊！

朱聿键曾经两度入狱，这一相当坎坷的经历真是一把双刃剑：一方面造就了他坚韧不拔、励精图治的性格，以及安贫若素、艰苦奋斗的品德，有后世的史学家非常中肯地评价说，朱聿键"少遭患难，慨然以复仇雪耻为务，布衣蔬食，不御酒食"；另一方面却让继承大统的朱聿键面临一个先天缺陷，那就是与众多的文臣武将缺乏足够的交集，无论是个人情感，还是相互合作，都显得比较生疏。俗话说"一朝天子一朝臣"，这在古往今来都是金科玉律，但作为隆武政权的最高统治者，朱聿键对官场的体制、人员、事务等两眼一抹黑，就相当被动了。

平心而论，并非朱聿键不懂得招揽人才，而是他常年被幽闭在高墙之中，几乎是与世隔绝，对于拉帮结派这种事情，他实在是心有余而力不足。别说混脸熟了，就连在大牢里结交狱友都成了痴心妄想。朱聿键第一次入狱，狱友只有他的父亲朱器墭，最终遭人毒杀。第二次入狱的时候，朱聿键被送往凤阳高墙，住的是单间，连狱友都没有，更何况一般人也进不了这座皇家监狱。

没有足以信赖的幕僚，朱聿键只能现招，广泛吸纳人才。毫不夸张地说，只要是个人，愿意跟随朱聿键抗清，隆武政权都照单全收，包吃包住发工钱。朱聿键任命内阁大学士，一下子就整出三十多人的规模，看上去人才济济，但由于缺失了至关重要的票拟权，事实上更像一个咨询机构。为什么会出现这样的局面？是因为大臣们不想主权吗？非也！完全是因为"凡有批答，皆上亲为之"，大权被朱聿键牢牢地抓在自己的手里。如此一来，朝堂可就热闹了，群臣只发言，不决策，更不需要对结果负责，于是但凡遇到点什么事儿，大家便七嘴八舌地吵成一锅粥。可以想象，一两次还能勉强应付过去，长此以往，朱聿键要么抑郁，要么抓狂。

相比朝堂上的混乱不堪，地方又是一幅怎样的景象呢？隆武政权在建立之初，高举抗清复明的大旗，迅速得到江南大部分地区的广泛响应。不过需要强调的是，响应不等于支持，口头上的支持更不等于行动上的支持。直白地讲，声称奉隆武政权为正朔的地方不少，但能够保证政令、军令畅通无阻的，实际上少得可怜。

朱聿键脚下的福建是郑芝龙、郑鸿逵两兄弟的势力范围，广东、广西一带有两广总督丁魁楚罩着，湖南则是湖广总督何腾蛟的地盘，江西剩余的赣州、南安两府，由江西总督万元吉驻守，至于天高皇帝远的贵州、云南，隆武政权一时还鞭长莫及。在这些大大小小的地头蛇当中，郑芝龙、郑鸿逵、何腾蛟打心底里都不把朱聿键当回事，只有实力最弱的江西总督万元吉比较听话，两广总督丁魁楚貌似也还算配合。

说到丁魁楚，前面收拾朱亨嘉的时候，已经出过一回镜了，这里不妨再多讲几句。丁魁楚是河南永城人，万历年间进士，历任户部右侍郎、河北巡抚等职。崇祯九年（1636年），阿济格率军越过长城，突袭延庆、昌平等地，侵掠北京，正在河北巡抚任上的丁魁楚因为防备不力，被按失职罪罢官流放。两年之后，丁魁楚上缴了不少赎罪银子，重获自由之身，回到老家闲居。后来，永城地面上爆发了民变，凤阳总督马士英奉命前来弹压，丁魁楚趁机挣足了表现，终于得到朝廷起用，出任河南湖广总督一职，并加兵部尚书衔。

北京失陷之后，丁魁楚借助马士英这条线投靠了弘光政权。不过，原本归属丁魁楚辖制的河南、湖北、湖南，情况越来越不容乐观。河南大部已经落入清军之手，湖北、湖南则有左良玉这尊大神，丁魁楚谁也惹不起，只得退而求其次，在马士英的举荐下出任两广总督。数十年的官宦生涯锤炼了丁魁楚大搞政治投机的眼力与本领，朱聿键在福州举起大旗之后，丁魁楚便带着两广官员率先响应，不仅以原职留任，还讨了一笔丰厚的赏赐，赚得盆满钵满。不过，丁魁楚这个老油条绝非浪得虚名，拥护小朝廷的口号叫得比谁都响，讨封赏的时候比谁都精，等到接任务的时候就开始装傻充愣。时间一长，朱聿键也发现这个人忒不地道，光拿钱不干活，但一时拿他也没有什么办法。

客观来讲，阳奉阴违的丁魁楚还算不上多大的麻烦，让他自生自灭好了。真正让朱聿键感到不省心的是湖南的何腾蛟，这个人的花花肠子更多，惹出的乱子也更大。

何腾蛟（1592—1649年），贵州黎平人，天启元年（1621年）贵州乡试举人，历任南阳知县、兵部员外郎等职，崇祯末年领右佥都御史衔，出任湖广巡抚一职，协助左良玉镇守武昌。左良玉在弘光时期起兵"清君侧"的时候，何腾蛟坚决反对这种同室操戈的做法，在半道上跳江逃亡，辗转来到长沙，通过招揽旧部，招抚地方势力，逐渐在湖南坐大。

当初左良玉决意起兵，有一条重要的导火索便是李自成兵败南撤、进逼襄阳，威胁到了武昌的安全。不过，李自成并没有顺势攻打武昌，而是向江西的鄱阳湖一带发展，结果在九宫山附近神秘失踪。据说是在这里削发为僧、遁入空门了，但从诸多史料记载的分析来看，李自成极有可能是被当地乡民所害，一代闯王就此谢幕。

李自成遇难之后，群龙无首的大顺军残部顿时乱成了一锅粥，诸将各率一支人马，互相不买账，一路走一路吵，终于来到了湖南境内的平江、浏阳一带。值得庆幸的是，大顺军诸将逐渐意识到只有团结起来才会有出路，并在泽侯田见秀的倡议之下，一致决定联合大明王朝的残存力量共同抗清。大顺军残部辗转进入湖南，就是希望能与何腾蛟取得联系。

从个人履历来看，何腾蛟与"愤青"陈子龙有一个共同之处，那就是在地方任职的时候，通过剿抚并用的方针，甚至单枪匹马前去招降，迅速平定了民变。按理说，何腾蛟有这样的经验，眼下招抚大顺军残部应该不是一件难事。然而，何腾蛟严重误判了形势，根本没有把大顺军残部向湖南开进的行动与他们打算联合明军抗清的意图联系起来，而是认定这股"流寇"有祸乱湖南之心。

一边想联手，另一边根本不知情，这误会可就闹大了。当时，何腾蛟以为在平江、浏阳一带活动的只是小股"流寇"，所以只派出两千兵马，交给时任长沙知府周二南前去弹压。大顺军这边有数万人的规模，为了避免冲突，表达联合的诚意，主动向后撤退。立功心切的周二南误以为对方不堪一击，便带着两千兵马一路穷追猛打。大顺军忍无可忍，在浏阳渡发起反击，将官军揍得满地找牙，周二南也在这场混战中毙命。

接到战报之后，惊魂未定的何腾蛟意识到自己遇到大麻烦了，赶紧部署长沙城的防御。好在大顺军的将领深明大义，主动派人前往长沙接洽，最终与何腾蛟达成和解，数万大顺军归入何腾蛟的麾下，联合抗击清军。

何腾蛟接纳了群龙无首的大顺军残存力量，原本是一件皆大欢喜的事情，既符合隆武政权"联寇抗清"的策略，也壮大了湖南的防守力量。然而，在何腾蛟看来，与田见秀等大顺军将领合作不过是权宜之计，湖南的地盘上绝不能容许其他武装力量存在。因此，自从收编了大顺军的残存力量，何腾蛟就开始玩弄各种花招，对其进行分化瓦解。

俗话说得好："堡垒最容易从内部攻破。"失去李自成的大顺军实质与一盘散沙无异，诸将关系混乱，各立山头，互不买账。就说名义上资历最老、头衔最高的泽侯田见秀吧，完全控制的人马其实只有七八千，还有同样封了"一字侯"的绵侯袁宗第，手里只有三千人，反倒是那些没有侯爵头衔的将领才是真正的实力派，例如郝摇旗麾下有四万余人，王进才更厉害，有七万多人，占了这股残存力量的一半多。这种政治地位与军事实力的强烈反差进一步加剧了大顺军内部的矛盾。

利用这些矛盾，何腾蛟大肆笼络郝摇旗、王进才两位实力派，除了给予丰厚的赏赐之外，还在未请示福州小朝廷的情况下，擅自加封郝摇旗为南安伯。相比之下，田见秀、袁宗第就只能坐冷板凳了。他们虽说恨得牙痒痒，但一时也没有更好的办法，只能咬碎牙往肚子里咽。

笼络实力派，可以视为何腾蛟的"溶贼"策略。何腾蛟还有更狠毒的一招，可以称之为"限贼"，也就是不给大顺军划定驻防地，更不发派粮饷。大顺军的士兵不是神仙，一天也得吃三顿饭，官府不给粮食，他们只能到处去"借"，说白了就是明抢。结果大顺军一动手，何腾蛟就给他们扣上劫掠百姓的罪名，抓一批，罚一批，不断削弱大顺军的力量。

田见秀等人不堪忍受何腾蛟的百般刁难，动起了北上降清的念头，并派人秘密前往武昌，与清政权任命的湖广总督佟养和接洽。佟养和是在阿济格大军北撤之后到任的，正苦于手中的兵力不足，难以应付湖南的何腾蛟，如今田见秀等人主动投奔，佟养和自然是求之不得，双方一拍即合。原本谈得挺顺利，官职、粮饷、驻防地都好说，偏偏在剃发的问题上卡了壳。大顺军坚持降清不剃发，但佟养和做不了主，毕竟"留头不留发，留发不留头"的严令根本没有任何商量的余地。

双方各执己见，最终没能把归降的事情谈成。但田见秀等人已经受尽了何腾蛟的白眼与挤对，不会再回去，只是一直犹豫该向何处去。没过多久，湖北方向便传来一个好消息：有一支大顺军武装在李锦、高一功等将领的率领下，从陕北一路辗转，运动到了荆州一带。田见秀等人当机立断，率领自己能够控制的队伍北渡长江，与李锦、高一功部会合。而郝摇旗、王进才这些得了好处的实力派不愿再过颠沛流离的生活，选择留在湖南为何腾蛟效力。

③②
君臣之争

　　除了丁魁楚、何腾蛟这两个各霸一方的地头蛇，盘踞在福建的郑氏家族势力也是令朱聿键寝食难安的心腹大患。此时的郑氏家族有四位主要人物，包括前面提到过的郑芝龙（平虏侯）、郑鸿逵（定虏侯）兄弟，还有他们的五弟郑芝豹（澄济伯），以及比他们矮一辈的族侄郑彩（永胜伯），此人生父不详，早年跟随郑芝龙经商，情同父子。四人当中，以排行居长的郑芝龙实力最强，关于此人的来历，这里给大家详细介绍一下。

　　郑芝龙（1604—1661年），字飞黄，祖籍河南光州，出生于福建泉州，身世极富传奇色彩。少年时期的郑芝龙"性情逸荡，不喜读书"，三天两头挨揍，十多年的时光过得并不怎么愉快。转眼到了天启元年（1621年），十八岁的郑芝龙离开老家，先在澳门跟舅父学习经商，频繁来往于东南亚各地，后来又前往日本学习剑术，并在那里投靠了一股海盗，深得其首领的信任。首领死后，郑芝龙顺理成章地接管了这股海盗，既走白道，做正常的海上贸易，也搞一些走私、劫掠之类的勾当。天启四年（1624年）秋，郑芝龙率部前往台湾发展，并投靠了一支倭寇武装，但很快就遭到荷兰东印度公司驱逐，辗转回到大陆落脚。短短一年光景，郑芝龙便联合其他倭寇首领，建立了一支实力相当庞大的武装商业船队，白道、黑道的生意越做越大。

郑芝龙希望垄断福建地区的海上贸易，却与盘踞在台湾的荷兰侵略者发生了直接冲突。为了寻求靠山，增加对抗荷兰人的筹码，郑芝龙于崇祯初年接受了大明王朝的招抚，一路升任总兵、总督等职。崇祯六年（1633年），得到朝廷鼎力支持的郑芝龙在金门击溃了荷兰东印度公司的舰队。从此以后，郑芝龙凭借麾下二十余万军队和三千余艘大小船只，完全垄断了福建地区与日本、东南亚、印度洋沿岸的海上贸易，成为雄霸一方的富豪。

弘光政权建立之后，朱由崧对于小朝廷难以控制的福建地区表现得非常慷慨，不仅正式委任郑芝龙为福建总镇，还册封他为南安伯。郑芝龙意识到，小朝廷一路走衰，正是自己攫取政治地位的绝佳契机。因此，当郑鸿逵护送唐王朱聿键南逃福建的时候，郑芝龙也表现得非常慷慨，亲自迎接朱聿键进入福州城，白银、美女没少送，以尽地主之谊。

郑芝龙如此慷慨，当然包藏着挟天子以令诸侯的险恶用心。如果换作是沉迷于声色犬马的朱由崧，倒是愿意做一个只知吃喝玩乐的傀儡，但朱聿键确实太另类了，他不愿意成为别人手上的一枚棋子，更不愿意成为别人攫取权力的一块招牌。于是乎，从建立隆武政权伊始，一场控制与反控制的斗争，便在朱聿键与郑芝龙为首的郑氏家族势力之间激情上演。

对于初来乍到的朱聿键而言，这场斗争看似纷繁复杂，其实他想解决的核心问题只有一个：到底谁才是爷？

郑芝龙的手上有兵有钱，朱聿键只有屁股底下的龙椅。为了摆脱郑氏家族势力的控制，朱聿键琢磨出来的第一招便是利用好以文制武的祖制。宋、明两大王朝的历史经验证明，这一招是非常管用的。如果是在和平时期，这一制度无可非议，放到战争年代，武将或许会有些不服气，但财政大权毕竟捏在人家文臣的手里，拥兵自重的武将也不敢太放肆，否则分分钟被断了粮饷。即便是在弘光政权时期，"江北四镇"如此飞扬跋扈，表面上还是要服从内阁首辅马士英、督师史可法节制。

转眼到了隆武政权，情况却发生了根本性的变化。政治方面，郑芝龙、郑鸿逵有定策之功，如果没有他们的鼎力支持，朱聿键还不知道会流落到哪儿去呢。军事方面更没得说，郑氏家族经营福建多年，具有压倒性的实力。最要命的是经济方面，郑氏家族本身就是庞大的商业集团，福州小朝廷还要靠人家养活呢，朱聿键想借助粮饷拿捏住军队，简直是痴人说梦。

事实上，朱聿键打着以文制武的主意，郑芝龙也在琢磨如何以武压文，并很快找到了一个突破口：百官上朝的时候，他与首席大学士黄道周，到底谁应该排在最前面？

遵照大明王朝的祖制，黄道周应该位列第一，郑芝龙纯属胡搅蛮缠。双方争执不休，最终还是朱聿键出面表态，认为祖制不可轻易改动，把郑芝龙强摁下去了。此时的郑芝龙尚不便与朱聿键直接撕破脸皮，便指使自己的党羽频繁上疏弹劾黄道周，说他为人迂腐，难堪内阁首辅之任。朱聿键当然不是傻子，知道背后是郑芝龙在搞鬼，便拿出一朝天子的威严给黄道周撑腰，下诏严惩这些诬告之人。

双方秉持互不相让的态度，君臣之间的矛盾日益公开化、激烈化。有一次，朱聿键举行郊祀典礼，郑芝龙、郑鸿逵竟然假托抱恙，拒绝参加。时任户部尚书何楷忍无可忍，上疏弹劾他们"无人臣礼，宜正其辜"。还有一回，郑鸿逵罔顾君臣之礼，公然在朝堂上挥扇消暑，也遭到何楷当面痛斥。朱聿键认为，仗义执言的何楷忠勇可嘉，于是擢升他担任左金都御史，执掌都察院。不难想象，何楷时时处处受到郑氏家族嫉恨、刁难和排挤。没过多久，不堪忍受的何楷愤然去职还乡，胆大妄为的郑芝龙竟然指使手下扮作劫道的山匪，残忍地割下何楷的一只耳朵，借此向朱聿键示威。这桩丑闻传开以后，坊间便有人作了一副对子讥讽说："都院无耳方得活，皇帝有口只是啼。"犯下此等耸人听闻的劣迹，足见郑氏家族是多么肆无忌惮。

除了权力争夺之外，朱聿键与郑芝龙之间的矛盾还表现在抗清行动上。朱聿键胸怀"缵我太祖之业"的鸿鹄之志，怎奈手上根本没有任何武装力量，只能仰仗于郑芝龙这样的实权派。郑芝龙倒是手握重兵，可他对于光复大明功业根本不感兴趣，只想挟天子以令诸侯，继续做自己的海上贸易。

隆武元年（1645年）七月，福州方面接到情报说，江西沦陷区新近出现了两支抗清武装：一支由原江西布政使夏万亨等一批前明官员发起，他们在距离赣、闽边界一百余里的建昌府反水，并拥戴益王朱由本为首领；另一支由前明官员曾亨应发起，在抚州府举起了抗清义旗。

朱聿键当即下诏，责令郑芝龙率兵前去接应，没想到郑芝龙根本不接这茬。郑芝龙给朱聿键算了一笔账：福建境内有二十万军队，首先要分散驻防在与浙、赣交界的各处险关，共有一百七十多处，需要十万兵力；剩下的十万人马则利用秋、冬两季进行操练，等到来年开春，便可分两路北上，一路经仙霞关入浙江，一路经杉关入江西。另一方面，小朝廷还得利用今年所剩无几的时间抓紧筹措军饷，毕竟以福建、两广的税赋收入，支付二十万的日常开支都显得捉襟见肘，更别提出去打仗了。郑芝龙掰着指头算了半天，归根结底就是一句话：没钱，打什么仗！

见郑芝龙如此冥顽不灵，朱聿键索性也耍起了无赖：枪杆子在你的手里，钱袋子也在你的手里，朝堂内外众目睽睽，你自己看着办吧！朱聿键的这一招果然见效，毕竟众怒难犯，郑芝龙只得装模作样地派出两路大军，一路由郑鸿逵率领，出仙霞关向衢州、严州一带运动，与张国维、方国安率领的鲁监国政权武装打配合，一路由郑彩率领，出杉关进入江西，策应新近起事的两支抗清武装。

不过，郑氏家族的这番表面文章很快就露出了庐山真面目。郑鸿逵率部滞留在仙霞关一带，不肯北进一步。为了防止走漏消息，遭到朝中大臣弹劾，郑鸿逵索性下令关闭了仙霞关，严禁文官出入。郑彩也好不到哪儿去，刚走出杉关就歇着了，任凭监军如何催促，就是按兵不动，还不断向福州小朝廷讨要粮饷。后来听说清军前去镇压，闻风丧胆的郑彩一路狂奔回到福建，坐视建昌府、抚州府的抗清武装被剿灭。朱聿键气得七窍生烟，当即削去郑彩的爵位。次年正月，郑鸿逵的部队也从浙江不战而退，同样受到降职的处分。

事实上，在福州小朝廷担任首席大学士的黄道周比朱聿键更早意识到郑氏家族是靠不住的。在郑芝龙被迫出兵之前，黄道周便决意离开福州，亲领临时拼凑起来的三千兵马出闽北上，前往衢州、徽州一带，联络当地的抗清武装。郑芝龙求之不得，破天荒地给这支队伍拨付了一个月的军粮，让他们抓紧时间启程。

作为一名文臣，黄道周可谓忠勇可嘉，但他的军事才能实在是太差劲了。作为东林党人，黄道周更有自命清高的毛病，时常以人废言，听不进不同的意见。当时，黄道周麾下有一名小吏，别看职衔很低，却非常具有运筹帷幄的天赋，在他看来，这三千兵马毕竟是临时拼凑出来的，跟乌合之众差不多，如果与强敌硬拼，估计三两个回合就全报销了。因此，他向黄道周提出了化整为零的方案，由黄道周率领一部前往赣州，与驻守在那里的兵部尚书杨廷麟会合，其余则分散到各地去联络抗清武装。黄道周抵达赣州之后，便可利用首席大学士的身份优势号令赣南、湖南、两广等地兵马，以图进取。

对于这个方案，黄道周嗤之以鼻。倒不是方案本身有什么瑕疵，而是瞧不起提出方案的人，认为他官卑职小，言不足用。这名小吏也是个暴脾气，懒得再跟黄道周废话，愤然返回福建。三十多年以后，这位昔日的小吏阴差阳错地成了大清政权的福建水师提督，为渡海消灭郑氏残存势力、统一台湾立下了汗马功劳，他的名字叫作施琅。

施琅拂袖而去，黄道周丝毫不以为意，依然带着三千人马风餐露宿，艰难前行，结果尚未遭遇强敌，疾病频发便造成大量非战斗减员，史载"渴而谷饮，病者八九""十队之士，呼半不起"。历尽千辛万苦来到徽州一带，又因为情报不明，成了四处乱撞的无头苍蝇，根本找不到当地抗清武装的影子。一直等到九月，抗清武装遭到清军残酷镇压，得知消息的黄道周方才恍然大悟，原来自己与他们近在咫尺，仅有一山之隔。

徽州的抗清武装灰飞烟灭，黄道周留在这里已毫无意义，便向江西境内的婺源转移，打算去策反业已被大清政权擢升为江西提督的左家军旧部金声桓。黄道周哪里料到，此时的金声桓根本没有反水的兴趣，反倒是他麾下的三千兵马引来了清军的围剿。经过一番实力悬殊的较量，黄道周兵败被俘，并于次年三月在南京慷慨就义。

黄道周出师未捷身先死，郑芝龙执迷不悟下黑手，把朱聿键搞得焦头烂额。不过，湖南方面传来的好消息倒是点燃了朱聿键心中几近熄灭的希望之火。从湖南传来好消息的是时任湖北巡抚堵胤锡，你没看错，他的官职就是湖北巡抚，但湖北大部已经被清军占领，堵胤锡只能暂时驻节在湖南境内的常德府。

当时，堵胤锡派心腹前往福州，向朱聿键面呈了一道密疏。湖南那边到底发生了什么情况，让堵巡抚这么神秘兮兮的呢？事情还得从大顺军的残存力量说起。咱们在前面讲到，李自成遇害之后，田见秀等人率领大顺军残部投奔了湖广总督何腾蛟，却被这条地头蛇的"溶贼""限贼"策略搞得七零八落。后来，田见秀率领一小部分队伍离开湖南，与运动到荆州一带的另一股大顺军武装会合。

这股大顺军的残存力量由李锦、高一功率领，从陕北榆林一路南下到了湖北。尽管与田见秀的队伍成功会合，但实力仍显薄弱，众将一番商议之后，决定投靠清政权的湖广总督佟养和，利用阿济格已经率大军北撤的间隙，落脚在荆州地区以图进取。不过，与先前田见秀主动接洽佟养和一样，双方什么条件都好商量，唯独在剃发的问题上各执己见，陷入了僵局。值此异常敏感的关键时刻，堵胤锡这位不速之客亲自来到了大顺军暂驻的大本营。

堂堂巡抚大人竟然冒着生命危险前来与大顺军接洽，深深打动了田见秀、李锦等人。经过一番商议，众将一致决定摈弃前嫌，率领麾下十余万人马与隆武政权合作。当然，这股大顺军能打仗的士兵可没这么多，其中有一多半是随军家眷，但听上去还是挺能唬人的。

按理说，堵胤锡的职务是湖北巡抚，湖广总督何腾蛟是他的顶头上司，招抚大顺军这么大的事情应当在事前或者事后及时向何腾蛟报告。不过，堵胤锡深知何腾蛟的为人，他当初玩弄"溶贼""限贼"的手腕，堵胤锡是亲身经历过的。因此，堵胤锡决定绕开何腾蛟，派心腹秘密前往福州，直接向朱聿键报告，并为深明大义的大顺军将领们请封。

堵胤锡没有想到，尽管躲过了何腾蛟的羁绊，却在福州小朝廷里掀起了轩然大波。有不少职衔颇高的大臣认为，大明王朝与李自成的队伍有不共戴天之仇，这些人"罪在不赦，其党安得封拜"。也有一些职衔略低的官员认为，江山社稷已经衰颓到了如此地步，是时候扔下沉重的历史包袱轻装上阵了，用一些虚头巴脑的爵位与官衔来换取实实在在的抗清力量，何乐而不为？

大敌当前，冤家宜解不宜结，朱聿键采纳了这些开明官员的建议，钦赐其名为"忠贞营"，归属湖北巡抚堵胤锡节制，接受福州政权的直接领导（再度绕开何腾蛟），并册封李锦为兴国侯，"诸将封侯伯有差"，以示褒奖与荣宠。

在困境中抑郁了好几个月的隆武皇帝朱聿键，心情一下子爽朗了许多。

# 第八章 | 残梦

㉝
御驾亲征

　　几个月的明争暗斗将原本雄心勃勃的朱聿键搞得筋疲力尽、抑郁不堪，他的心里很清楚，继续留在福州这么无休止地内耗下去，等待隆武政权的将是清军摧枯拉朽一般的全面扫荡。堵胤锡送来的意外惊喜，让苦苦寻觅出路的朱聿键看到了希望的曙光。朱聿键意识到，要想实现"缵我太祖之业"的宏伟远景，就必须摆脱郑氏家族势力的控制，而要摆脱无孔不入、无处不在的控制，就必须离开福建。

　　隆武元年（1645年）十一月，朱聿键在福州举行了一场声势浩大的誓师大会，公开表明了御驾亲征、光复大明的态度。随后，朱聿键下达诏令，任命郑鸿逵、郑彩为御营左、右先锋，跟先前的路线差不多，两人各率一队人马，分兵挺进浙江、江西。朱聿键当然知道郑氏家族是靠不住的，这道命令不过是官样文章而已，谁认真谁就输了。事实上，朱聿键早有谋划，此番大张旗鼓地尽情表演，是给郑氏家族玩了一出明修栈道、暗度陈仓的把戏，他心目中真正的目标，是前往地处江西南部的赣州。

　　咱们仔细分析一下隆武政权的势力范围，可以发现朱聿键的战略判断是非常精准的。当时，隆武政权名义上控制着福建、两广、湖南、贵州、云南和江西南部的赣州、南安两府，如果在地图上把这些地方圈在一起，形似一只巨龟：福建是头，两广是腹，云贵是尾，湖南是甲，江西南部的赣州则处在这只巨龟的颈项上。如果朱聿键在赣州坐镇，便能东接福建、南靠广东、西联湖南，沿赣江北上可直抵南昌、鄱阳湖和九江，与荆州一带的堵胤锡遥相呼应，对武昌构成东西夹击之势。拿下武昌，便能顺江东下，先在徽州一带折向南面，进逼杭州，与鲁监国政权的武装形成合力，消灭浙江西部的清军势力。占据杭州以后，朱聿键、朱以海便可合兵北上，一举夺取南京，实现他梦寐以求的"半功"。

这个远景计划看似痴人说梦，但如果手握重兵的郑芝龙、丁魁楚、何腾蛟等实力派能够顾全大局，服从朱聿键的统一调遣，形成强大的合力，并不是没有可能实现这个宏伟的目标。然而，这些地头蛇根本不思进取，只贪图一时的安逸，正是他们让朱聿键的伟大梦想变成了永远无法实现的残梦。

朱聿键不会就此作罢，既然近在咫尺的郑氏家族靠不住，他便拿定了主意，亲自去实现这个梦想。事实上，朱聿键并非完全没有支持者，他前往赣州落脚的想法，就得到了江西总督万元吉的鼎力支持。几个月之前，万元吉便向朝廷上疏，提议朱聿键移跸江西，统筹指挥北上进取的军事行动。尽管不能完全排除万总督也有挟天子以令诸侯的动机，但他目前的实力还难以支撑这个想法。相较于力量雄厚的实力派而言，恐怕只有万元吉、堵胤锡是真心诚意地希望光复故土，从而建功立业，青史留名。

对于朱聿键的想法，湖南地头蛇何腾蛟也表示支持，但他只支持一半：赞成离开福建，反对驻跸江西。何腾蛟希望朱聿键能够不辞辛劳多走上几步路，穿过江西，进入湖南地界。显然，何总督是打着做第二个郑芝龙的算盘！朱聿键可不是白痴，怎么可能逃出虎穴又自投狼窝，所以根本就不搭他的茬。

坚决反对朱聿键成行的，自然是盘踞在福建的郑芝龙了。可问题在于，两条腿毕竟长在人家朱聿键自己的身上，更何况御驾亲征的旗号足以堵住郑芝龙的嘴。尽管郑芝龙平日里飞扬跋扈习惯了，但真要动起软禁甚至暗杀的邪念，他是难以承受这种政治风险的。

杀不能杀，抓不能抓，怎么才能让朱聿键留在福建呢？事实上，郑芝龙早已胸有成竹。隆武元年（1645年）底，朱聿键正式从福州启程，准备一路向西，经汀州前往赣州。为了阻挠朱聿键的这次亲征行动，郑芝龙可以说是使尽了浑身解数。他先是以边关防守薄弱为由，劝阻朱聿键继续往前走，接着又广泛发动群众，"数万人遮道号呼，拥驾不得前"。在郑芝龙的百般阻挠之下，朱聿键花了十天时间，才走到距离闽、赣边界尚有近百里的建宁，随后又折返到武夷山区兜起了圈子。

受制于郑芝龙的横加干扰，朱聿键只能滞留在福建境内钻山沟，湖北那边的形势却发生了颠覆性的逆转。当时，堵胤锡、李锦率领新近整编的忠贞营大举北上，渡过长江发起了荆州战役，并计划在攻破荆州之后顺江而下，会同湖南的驻军夹击武昌。

堵胤锡向湖广总督何腾蛟呈报了合攻武昌的作战计划，并得到这位顶头上司的首肯。由于有田见秀部的加入，加之堵胤锡、李锦指挥得力，以及阿济格大军北撤以后，清军在湖北的防守比较薄弱，忠贞营这一路可以说是势如破竹，昂首阔步直逼荆州城下。荆州守军一面凭借城防工事负隅顽抗，一面派人火速赶往武昌搬救兵。

接到荆州方面的情报，清政权的湖广总督佟养和苦于无兵可用，也只能瞪着眼睛干着急，毕竟自己手上这点兵力，防守武昌都相当费劲，何腾蛟那边但凡有些风吹草动，佟养和就得胆战心惊好几天。然而，荆州已经是朝不保夕，不救也不行啊！一旦荆州有失，武昌城势必直接暴露在何腾蛟、堵胤锡两路大军的面前。一旦武昌有失，南京的形势也将不容乐观。荆州、武昌、南京，这一线互为唇齿，极有可能引发连锁反应。佟养和无计可施，只得向驻守在南京的清军将领勒克德浑求援。

勒克德浑是努尔哈赤的曾孙、代善的孙子，曾经因为诸王争立而受到牵连（代善、豪格败给多尔衮），被罢黜了宗室名分，直至清军入关以后才得以恢复，并被多尔衮任命为平南大将军，接替多铎驻守南京。客观来讲，勒克德浑这个人的军事才能相当了得，后来凭借征伐天下的赫赫战功晋封"顺承郡王"，跻身"八大铁帽子王"之列。眼下佟养和能想到的，身经百战的勒克德浑当然不可能忽略，他也意识到荆州存亡事关重大，绝不能有片刻耽搁。于是，勒克德浑亲率大军逆江而上，驰援荆州。

对于志在必得的堵胤锡而言，南京的援军根本不足为虑，一来荆州城指日可下，远水难解近渴，二来半道上还有何腾蛟的队伍可以抵挡一阵，为忠贞营争取到更多的时间。然而，堵胤锡万万没有想到，顶头上司何腾蛟偏偏是个成事不足、败事有余的家伙。

按照夹击武昌的作战部署，何腾蛟这边确实在往湖北方向运动，但一路磨磨蹭蹭，速度慢得惊人。南京的援军都出发半个月了，何腾蛟这边才走出一百里的路程，在隆武二年（1646年）正月初二日进抵湘阴，尚未走出湖南地界。更令人气愤的是，何腾蛟率部抵达湘阴之后，竟然就不往前走了，理由是派去购买战马的部将尚未返回，没有战马，仗没法打。

何腾蛟一门心思等战马，火速增援的清军可不等他。正月初十日，勒克德浑率部抵达武昌，随即兵分两路，勒克德浑亲率主力赶往荆州解围，另一部南下岳州阻击何腾蛟。奉命驻守在岳州观望的部队听闻清军南下，连对方的影子都没见着便弃城而逃了，还有将领直接举手投降。如此一来，这一小股阻击部队竟然成了追击部队，不费吹灰之力便将岳州收入囊中，并继续向南进发，进抵六十里开外的新墙。

从岳州溃逃的部队来到湘阴，担心受到何腾蛟责罚，便谎报军情说南下岳州的是清军主力，人多兵强马又壮，打起仗来剽悍得不得了。何腾蛟被吓得不轻，一溜烟逃回长沙部署城防去了，哪里意识到这股清军只是一支偏师，并不敢孤军深入，追到新墙便不再往南追击了。

何腾蛟掉了链子，荆州的形势就比较危险了。当时，忠贞营主力已经渡过长江，正在围攻荆州城，但负责运送辎重的后勤部队依然滞留在长江南岸。勒克德浑利用这一契机，先派出小股部队偷袭，焚毁了一千多艘大小船只，彻底切断了忠贞营的补给线和退路。与此同时，勒克德浑亲率主力急行军，马不停蹄地飞奔了二百里，与荆州守军里应外合，夹击忠贞营。由于辎重、船只悉数被毁，又是两面受敌，忠贞营几乎陷入绝境。一场恶仗下来，这支来之不易的抗清武装遭受了极其惨重的损失。堵胤锡侥幸得脱，仓皇逃回常德；田见秀率五千兵马投降，后被清军处死；李锦则率领所剩无几的残存力量向北撤退，一路辗转到了巫山一带，后来与其他抗清力量联合组成"夔东十三家"，一直坚持到了南明政权彻底覆亡之后。

荆州战役的失败，如同一盆寒冷彻骨的凉水彻底浇灭了朱聿键心中刚刚点燃的希望之火。此时，是否离开福建已经毫无意义，朱聿键只得向郑芝龙做出妥协，继续留在郑氏家族的地盘，驻跸于延平府，此番雄心勃勃的御驾亲征计划也宣告终结。

$$\textcircled{34}$$
败
局
已
定

忠贞营在荆州遭遇惨败，让朱聿键即位以来度过的第一个春天显得万分愁闷。转眼到了春夏之交，伴随着北撤的清军卷土重来，浙江、赣南先后拉响警报，同时也敲响了隆武政权的丧钟。

先看浙江方面，鲁监国政权建立以后，与防守有限的清军勉强对峙了几个月的光景，守着钱塘江天险苦苦度日。然而，伴随着博洛率领一万多人马重返杭州，这种略显平静的局面很快将被打破。时值五月，尚未进入夏季，钱塘江正处于枯水期，这为清军骑兵强渡天险提供了便利，但博洛麾下兵力不多，并没有贸然渡江东进，而是驻扎在西岸观望，通过炮击进行火力侦察。

清军的红衣大炮一响，驻防在东岸的方国安慌了神。有史料记载说，方国安家里的锅灶被清军的炮弹打得粉碎，他就有一种不祥的预感，认为"此天夺我食也"，于是卷起铺盖拔腿就跑，准备先返回绍兴观望一阵，实在不行就逃往福建，投靠出手大方的朱聿键去。这一段花边新闻或许是坊间及后世史家的牵强附会、夸大其词，但方国安未战而弃守钱塘江防线，则是不争的事实。咱们在前面说过，方国安是鲁监国政权仅有的两支正规武装之一，他扭头一跑，其余江防部队也争先恐后地撤离了阵地。隆武二年（1646年）五月底，清军顺利渡过了钱塘江，鲁监国朱以海见大事不妙，仓皇从绍兴逃离，随后在台州乘船入海，做"海漂"去了。

六月初一日，清军攻陷绍兴。眼瞅着大势已去，督师张国维自杀殉国，方国安、阮大铖则率领残余的一千余人马不战而降。至于千夫所指的权奸马士英，当时在浙江"图功自赎"，有史料记载说他投降了清军，并最终被处死。但是，时任浙闽总督的张存仁给清朝廷呈报了一封奏疏，说马士英潜逃到了新昌县的山沟里，并削发为僧逃避追捕，结果还是被清军逮个正着，并斩首示众了。如此看来，人性确实挺复杂，马士英是遭人唾弃的权奸不假，但他的气节远超钱谦益、阮大铖等诸多降臣之流。

朱以海逃亡、张国维殉国、方国安投降，寓意着鲁监国政权的大小官员们无外乎这三种结局。作为硕果仅存的另一支正规武装，王之仁选择继续逃亡，装满数百艘辎重前往舟山群岛，与驻守在那里的舟山总兵黄斌卿会合。需要提醒大家注意的是，舟山群岛虽然与宁波隔海相望，此时却处于不同政权的控制下。黄斌卿从崇祯年间开始便镇守舟山，为人跋扈，对近在咫尺的鲁监国政权嗤之以鼻，反而奉福州的隆武政权为正朔。不过明眼人都看得出来，黄斌卿并不是对朱聿键有什么偏爱，纯粹是图天高皇帝远、逍遥又自在。

现如今，鲁监国政权几乎被清军一锅端了，王之仁惶惶如丧家之犬赶来投奔，黄斌卿意识到自己发财的机会来了，表面上热烈欢迎王之仁大驾光临，背地里却阴了他一把，将数百艘辎重据为己有。王之仁暴跳如雷，但这里毕竟是人家的地盘，既没有地方讲理，更没有实力要横。万念俱灰之际，王之仁豁出去了，驾着一艘战船奔赴早已落入敌手的吴淞口，随即被清军捕获，押往南京。王之仁要求面见洪承畴，表明自己"不肯身泛洪涛，愿来投见，死于明处"的来意，并痛骂洪承畴道："昔先帝设三坛祭汝，殆祭狗乎！"

王之仁骂得痛快，死得也慷慨，而发生在浙江地面上的悲剧也即将落下帷幕。六月下旬，清军前锋进抵金华，奉命督师浙西的朱大典率领军民固守了二十多天，终因寡不敌众，壮烈殉国。随着衢州、严州等地相继陷落，浙江大部分地区已落入清军之手。尽管时值盛夏，但正所谓唇亡齿寒，隆武政权的君臣们想必已经感受到了阵阵凉意。

眼瞅着浙江的形势急转直下，朱聿键青睐的赣南地区也出了大麻烦。咱们在前面分析过，赣州这个地方好比隆武政权的颈项，如果朱聿键驻跸于此，便能在抗清斗争中占据很大的主动权。其实反过来也一样，如果清军取得赣州，无异于卡住了隆武政权的脖子，让它首尾不能相顾。因此，朱聿键有驻跸赣州、号令各方的想法，清政权方面的江西提督金声桓也盯上了赣州这个要害之处。

金声桓原本是左良玉麾下的悍将，后来归附了清军，并擢升为江西提督，驻镇于南昌。就当时的形势来看，金声桓想从南昌出发进取赣州，并不是一件容易的事情，且不说兵力有限、路途遥远，关键是中间还要经过吉安府，这里已经被高举抗清大旗的义军控制了。等金声桓的队伍把沿途几道防线闯下来，赶到赣州城下的时候，恐怕兵力已经所剩无几了。

既然是一步好棋，就不能坐失良机，金声桓立即向坐镇南京的招抚江南大学士洪承畴请示。洪承畴也意识到了赣州的重要性，随即调派部队前去增援，支持金声桓南下进取。从南昌到赣州，金声桓需要突破的头一道关口便是吉安府。此时，吉安府守军的情况比较复杂，大体上可以分成云南系和地方系。前者是崇祯时期朝廷从云南征调过来镇压农民起义的官军，后来天下纷乱，朝廷无暇顾及，他们只好驻留于此；后者则是万元吉在出任江西总督之后招抚的一些农民起义武装。自从有了这些数量可观的本土军队，万元吉对远道而来的云南官军越来越不待见，时不时地克扣粮饷，导致这支队伍濒临就地解散的边缘，基本上处于瘫痪状态。

隆武二年（1646年）三月下旬，金声桓率领清军攻打吉安。守军内部积累下来的各种矛盾被瞬间激发，结果是炮声一响、各自逃命，比谁跑得更快。万元吉亲率三百人前去阻击，后来又得到二百人的增援，但在来势汹汹的清军面前，这点可怜的兵力如同杯水车薪，很快就被人家干翻了。眼瞅着吉安不保，万元吉只得狼狈逃回赣州。此时的赣州城已是风声鹤唳、人心惶惶，史载城内军民"仓皇争窜，势不可止"，万元吉甚至不惜杀掉准备逃亡的小妾，以稳定人心。

转眼到了六月初，清军前锋已进抵赣州，驻跸延平府的朱聿键坐不住了。毕竟浙江的形势已经急转直下、危在旦夕，如果赣州有失，福建将被完全孤立。因此，朱聿键紧急下诏，要求各地派兵驰援，不惜一切代价，务必死守赣州！

咱们必须承认，朱聿键的诏令还是发挥了不小的作用，各路援军纷至沓来，到八月间已齐聚赣州。此时，赣州的防御由兵部尚书杨廷麟、江西总督万元吉和原江西巡抚李永茂（此时正在赣州丁忧）三位隆武政权的高级官员负责，防守力量比较杂乱，包括从吉安逃亡的云南系约三千人、两广总督丁魁楚派出的四千人、湖广总督何腾蛟派出的两千人、大学士苏观生招揽的三千人、从吉安溃散的地方系数千人，再加上原本驻守在赣州的军队，总兵力超过了四万人。

平心而论，眼下赣州兵力虽多，但来源和成分太复杂，时间一长难免生出嫌隙，完全有可能重演先前吉安的闹剧。如果杨廷麟、万元吉等人及时地意识到这一隐患，利用清军主力尚未抵达的短暂窗口期，率部突袭其前锋部队，趁势将各路武装力量分散布置在赣州的外围防线，既可以避免产生摩擦，又能够互成掎角之势，为朱聿键前往赣州坐镇争取到足够的时间。朱聿键亲自来到赣州，即使不能督促实力最强的郑芝龙出兵增援，也可以在战局失利的时候进退自如，向广东或湖南方向转移，避免被清军困死在福建。

遗憾的是，此时的朱聿键哪怕迈出一小步，也会受到郑芝龙掣肘。再者说，赣州独特的地利也冲昏了杨廷麟、万元吉等人的头脑。赣州地处章江、贡江汇合而成赣江之地，呈三面环水的半岛形状，只有南门没有河流的阻隔。同时，赣州的地势比较高，"城中望外，浩淼无际"，视野十分开阔，具有得天独厚的易守难攻之势。因此，杨廷麟、万元吉深信赣州城固若金汤，完全没有必要分散兵力、防守外围。

他们选择按兵不动还有一个很重要的原因，那就是等待新近接受招抚的"海寇"罗明受部赶往赣州。与其他援军不同，罗明受率领的是一支舟师。按照杨廷麟、万元吉的想法，如果能在这支舟师的加持之下实现水陆协同防守，必能稳操胜券，把胆敢来犯的清军彻底消灭在赣州城外。

不过，金声桓这边并不打算给杨廷麟、万元吉留下任何机会与幻想。获悉罗明受的舟师正从南安府赶来，清军主力迅速绕到赣州西南方向进行截击。由于河流的水位比较浅，舟师的行进速度很慢，基本上成了活靶子，结果八十余艘战船全部遭清军焚毁。可以想见，隆武政权君臣寄予厚望的这场赣州保卫战尚未真正交上火，便已注定了败局。

赣州城朝不保夕，福建这边同样是危如累卵。博洛率领的清军将朱以海撵成"海漂"、攻陷浙江各地之后，并没有急于挥师南下福建，而是希望通过策反郑芝龙，达到不战而屈人之兵的目的。其实，早在进取浙江之前，博洛、洪承畴便派人与郑芝龙秘密接洽，以打探其虚实。郑芝龙表示他非常愿意归附大清，让博洛、洪承畴喜出望外。看来这真是

"亲不亲，故乡人"啊（洪承畴、郑芝龙同为福建晋江人），当然，博洛开出的条件确实也极具诱惑力。

双方达成初步合作意向之后，博洛着手对付鲁监国政权，郑芝龙也在暗中进行着积极的准备。为了表示自己的诚意，郑芝龙向对方承诺"遇官兵撤官兵，遇水师撤水师"。在清军攻陷浙江大部之后，郑芝龙便擅自将仙霞关的守军撤了下来。要知道，仙霞关地处闽、浙边界，可以看作是福建的北大门，不战而弃守，无异于引狼入室。为了在清军南下的时候顺利归降，郑芝龙还跟朱聿键打起了马虎眼，谎称晋江一带有海盗出没，直接影响到海上贸易和朝廷税赋，"无海则无家，非往征不可"，执意率军前去镇压。其实呢，哪有什么像样的海盗，郑芝龙不过是找个借口跑到泉州，等待博洛的消息罢了。

朱聿键知道自己拦不住郑芝龙，便略带哀求地试探道："先生稍迟，朕与先生同行。"此时的郑芝龙已经打定了降清的主意，他可不想带上这么一个累赘和烫手山芋，所以婉拒了朱聿键的请求。郑芝龙的心里很清楚，尽管对于清军而言朱聿键无疑是最有诚意的投名状，但隆武政权的文臣武将并非全是投降派，有朱聿键这尊大神在身边，他的投降计划未必能够得逞。也有人认为，郑芝龙这是良心发现，不愿用朱聿键作为邀功请赏的筹码，给自己招来千古骂名。不管出于什么样的考虑，最终的结果是郑芝龙跑了，朱聿键没跑成。

除了仙霞关之外，各处险隘的守军也在郑芝龙的授意下纷纷弃守，转而在福建境内大肆劫掠，撤往泉州与郑芝龙会合。当时，坊间流传着一首民谣，讽刺郑芝龙极其无耻的叛徒行径：

> 峻峭仙霞路，逍遥车马过。
> 将军爱百姓，拱手奉山河。

在郑芝龙的帮助下，博洛率领的清军逍遥自在地过了仙霞关，挥师直逼延平府。此时的朱聿键已经无兵可用、无险可守，只得向江西方向逃亡。说是逃亡，其实与搬家无异，光是装载他的书籍，就得用上十驾马车，更别说后宫佳丽、金银细软了。这支浩浩荡荡的队伍三天走出一百里的路程，抵达了顺昌，没想到清军的战马跑得更快，眼瞅着就撵到屁股后面了。众人这才慌了神，乱作一团，纷纷溃散，有数人争一只舸的，还有三人骑上一匹马的，真是丑态百出。

朱聿键原本打算撤往湖南，并在数月前就派人去跟何腾蛟联络过了。按理说，挟天子以令诸侯正是何腾蛟梦寐以求的事情，但他这时候搞不清楚朱聿键是自己来的，还是带着郑芝龙一起来的。如果朱聿键是自己来的，那事情就比较好办了。如果郑芝龙跟着一起来，谁挟持谁还不一定呢！因此，何腾蛟表面上派出一支队伍前去接应，暗中却给部将下达密令，要求他们留在湘、赣边界观望警戒，万不可轻兵冒进。这支前去接驾的队伍果然没有让何腾蛟失望，不折不扣地执行"慢慢走"策略，五月中旬从长沙启程，九月初才抵达郴州，行程七百余里，平均每天只走了七里路！

隆武二年（1646年）八月二十八日，仓皇逃至汀州的朱聿键终究没能躲过清军的追捕，不幸遇害，带着"缵我太祖之业"的残梦，与无比眷念的江山社稷永别了。同日，金声桓率领的清军向赣州城发起总攻，集结于此的各路人马因为矛盾重重，难以形成合力，或者遭遇惨败，或者弃城而逃，从最初的四万人锐减到了不足六千。凭借易守难攻的地利优势，赣州勉强坚持到了十月初，终因寡不敌众而陷落，杨廷麟、万元吉壮烈殉国。

## 35
### 父子分道扬镳

朱聿键遇害标志着隆武政权覆亡，但清军还需要在福建开展一系列善后工作。首先是福州小朝廷的一干大臣，他们无外乎两种结局，要么归降，要么自杀殉国。这些文臣手无寸铁，更无缚鸡之力，博洛对他们倒不必耗费多少气力，他真正需要解决的一大隐忧是身在泉州作壁上观的郑芝龙。

等等！郑芝龙不是早就归降清军了吗？没错！郑芝龙已经决定归降，但不是无条件的，而是预先谈好了价码。他毕竟是手握重兵的实力派，不讲好条件，怎么会愿意投降呢？

现如今，郑芝龙已经表现出了足够的诚意，接下来就该轮到博洛兑现承诺了。先前为了顺利招降郑芝龙、彻底剿灭隆武政权的残存力量，博洛给出了两项相当优厚的条件：一是郑芝龙的爵位、官职至少晋升一级，二是福建交给郑芝龙继续掌管，至于是否向朝廷上税、上多少税，以后再慢慢商量。面对博洛抛出的橄榄枝，郑芝龙倒是心满意足了，但问题恰恰就出在博洛这里，他并不想兑现这些承诺，确切地说，他根本就兑现不了。

按照隆武政权的爵位与官职来看，郑芝龙被封为平虏侯，统领福建的兵马和水师，再晋升一级就该封王了，博洛可做不了这个主，需要向"皇叔父摄政王①"多尔衮请示。当然，郑芝龙并非没有封王的可能性，毕竟已经有了吴三桂和"三顺王"的先例，如果博洛趁着多尔衮高兴的时候吹嘘一下郑芝龙的杰出贡献，兴许也就被准允了。

真正让博洛感到棘手的其实是第二项条件，吴三桂、"三顺王"目前可都没有享受到划地为王的待遇，郑芝龙何德何能，敢吃"坐地起价升大官，生意照做钱照贪"的头一份？要知道，清军大举进军江南，是奔着一统江山去的，哪里会允许搞什么独立王国？如果博洛贸然兑现承诺的话，他恐怕立刻就会被多尔衮踢回东北老家守墓去了。

博洛万万不敢触这个霉头，可眼下承诺无法兑现，手握重兵的郑芝龙势必反水。郑芝龙闯荡江湖多年，貌似比较灵活，先前与清军暗通款曲，接着又在朱聿键的面前放烟幕弹，打着弹压海盗的幌子到泉州躲了起来。现如今，清军已经攻陷福州，郑芝龙依然按兵不动，他这是在等博洛先开口呢！

郑芝龙想当然地认为，博洛会派人前往泉州兑现先前的承诺，所以不慌不忙地干耗着。他哪里意识到，博洛正是利用这个空当软硬兼施，玩起了心理战。博洛先是派出一支队伍奔赴郑芝龙的老家安平，做出一举捣毁其老巢的样子，紧接着又让一位名叫郭必昌的乡绅出面，去跟郑芝龙接洽。

郭必昌与郑芝龙堪称至交，话说得也比较坦诚，大致意思就是郑芝龙龟缩在泉州不露面，清军那边不太高兴。郑芝龙假意辩解说："我非不欲忠清，恐以立王为罪耳。"这句话的意思是说，他毕竟拥戴过朱聿

---

① 顺治二年（1645年）五月，"叔父摄政王"多尔衮受封为"皇叔父摄政王"。

键称帝，担心自己会因此被秋后算账。两人尚未谈出所以然，郑芝龙便接到了老家安平附近有清军活动的消息，于是愤然质问郭必昌说："既招我，何相逼也！"博洛得知郑芝龙跳将起来，也跟着飙起了演技，怒斥率兵进取安平的部将擅自行动，责令其在三十里开外扎营，不得向前一步。

该施的压、该演的戏都就绪之后，博洛派人给郑芝龙送去一封书信，主要讲了三点：一是郑芝龙身为大明之臣，拥戴唐王朱聿键有功而无罪；二是委任郑芝龙为闽粤总督，协助清军南下，消灭两广地区的残存力量；三是邀请郑芝龙前往福州，商讨福建地区的人事安排。

郑芝龙接到书信之后，不由得喜出望外，准备带着少数心腹幕僚前往福州与博洛详谈。不过，还是有一个人果断地站出来表示反对。听说有人对降清之举秉持异议，郑芝龙气不打一处来，可他得知说不的人是谁之后，霎时又没了脾气。

这位胆大包天的异见者，正是郑芝龙的亲生儿子郑成功。

郑成功（1624—1662年），本名森，字明俨，天启四年（1624年）七月出生于日本，生母是郑芝龙当时在日本迎娶的女子田川氏。后来，郑芝龙受到大明朝廷招抚，田川氏、郑森母子被接回了郑芝龙的老家安平。崇祯十七年（1644年）初，郑森进入南京国子监深造，师从东林党魁、江南硕儒钱谦益。

唐王朱聿键在郑芝龙的拥戴下建立隆武政权之后，或许是出于报恩或笼络的需要，对年轻有为的郑森赏识有加，甚至想招他为驸马，怎奈自己的膝下没有女儿，只得悻悻作罢，还语重心长地对郑森说："恨朕无女妻卿，当尽忠吾家，无相忘也。"

郑森没能做成隆武政权的驸马爷，但爵位、官职一样都不见少，不仅受封"忠孝伯"、担任御营中军都督之职，还被赐国姓"朱"、赐名

"成功"，仪同驸马。尽管这些恩赏有笼络郑氏家族之嫌，但朱聿键当初的一句"当尽忠吾家，无相忘也"让郑成功没齿难忘。清军大举进取福建之时，郑成功就坚决反对投降，但父亲郑芝龙执意而为，他也没有办法阻拦。如今，郑芝龙被博洛连哄骗带吓阻，准备前往福州自投罗网，郑成功决定不再沉默，力阻父亲成行。

围绕着郑氏家族乃至大明王朝的未来，父子二人爆发了一场异常激烈的争吵。郑芝龙坚持认为，别看咱们麾下兵马、水师不少，但先前"江北四镇"的人更多，还有长江天堑可资利用，结果怎么样呢，还不是被人家揍得满地找牙。弘光政权倾覆的教训足以证明，与强悍的清军对抗，无异于以卵击石。因此，与其做无谓的牺牲，倒不如顺势而为，至少福建还在咱们的掌控之中。

郑成功耐心地跟父亲讲了很多道理和对敌策略，归根结底就是一句话："虎不可离山，鱼不可脱渊；离山则失其威，脱渊则登时困杀。"尽管郑成功没有证据证明此时的博洛藏着险恶用心，但他的脑子很清醒，知道郑氏家族一旦失去了枪杆子，将一文不值，势必成为任凭清军宰割的羔羊。

郑成功分析得头头是道，郑鸿逵也站出来帮腔，认为确实不应该羊入虎口、自寻死路。然而，郑芝龙去意已决，带着五百名护卫离开泉州北上。郑成功愤然决定分道扬镳，与叔父郑鸿逵一道，率领一支队伍前往金门、厦门（当时称为"中左所"），并在沿海一带招募兵勇，继续高举抗清大旗。

话说郑芝龙来到福州之后，先是受到博洛盛情款待，双方"握手甚欢，折箭为誓，命酒痛饮"。然而好景不长，确切地说，在短短三天之后，郑成功先前的担忧便应验了。博洛压根不提及爵位、官职晋升一等的承诺，就连书信中让郑芝龙率部协助清军进取广东的承诺也不愿意兑现，执意要求郑芝龙北上，并将他带来的五百护卫看管得严严实实。

郑芝龙如梦方醒，意识到自己中了博洛的诡计。如果换作他人，想必会直拿自己的脑袋往墙上撞，哀叹一番"早知今日，何必当初"之类的悔恨之语。郑芝龙可倒好，纯粹是一个投降的极品，竟然恬不知耻地竭力讨好博洛说，自己留在福建还有用处，可以出面招降坚持抵抗的郑鸿逵、郑成功等人。博洛一听就乐了：逗我耍呢？你此番前来福州，都没能把他们一起带来，还能指望你回去把他们忽悠来？郑芝龙原本还想再争取一下，结果被博洛的一句话堵了回来："此与尔无与，亦非吾所虑也。"这事儿既跟你无关，也不是我能考虑的，赶紧歇着吧！

博洛话虽如此说，其实暗地里还是利用了郑芝龙的声望，顺利招降其麾下十余万人马的旧部。就在设计诱捕郑芝龙之后，博洛先前做出的承诺便一概不作数了。清军顺势攻取泉州，并大肆杀戮当地军民，郑成功的生母田川氏来不及逃跑，遭清军凌辱后自杀身亡。噩耗传到金门，使得郑成功抗清到底的意志更为坚决。

至于郑芝龙本人，很快就被博洛派兵送往北京，并编入汉军正红旗，继续为清军效力。两年之后，郑芝龙凭借归顺之功，被朝廷封为"一等精奇尼哈番"，与他痴心妄想的王侯爵位简直是天壤之别。

在郑氏家族中，追随郑芝龙投降清军的只有郑芝豹及郑芝龙的几个儿子，像郑鸿逵、郑成功、郑彩等主要将领，此时都立足于金门、厦门这片狭小的地域，继续坚持抗清斗争。没过多久，厦门便迎来了一位重量级贵客——鲁监国朱以海。

朱以海先前从绍兴逃亡出来之后，在台州乘船入海，做起了"海漂"，但这毕竟不是长久之计，必须找一个地方安顿下来才行。按理说，距离浙江沿海最近的便是舟山岛，朱以海一行也是奔着那儿去的，但舟山总兵黄斌卿向来跟鲁监国政权不对付，他是不计前嫌地收留，还是像对付王之仁那样下狠手，朱以海的心里实在没有底，只能走一步看一步，到时候见机行事。

正巧，当朱以海一行晃荡在舟山岛附近的时候，业已投降清军的一支前明官军正在强攻舟山。或许是苦撑得太过艰难，黄斌卿抱着病急乱投医的侥幸心理派人向护送朱以海逃亡的将军张名振求援。张名振果断派出四艘战船前去助阵，替黄斌卿解了围。黄斌卿欠下一份人情，只得勉为其难地同意朱以海一行登岛，甚至还跟张名振结成了儿女亲家。不过，饭可以乱吃，甚至婚也可以乱结，但该讲的话可得讲清楚，该坚守的原则更是一步也不能退让：登岛可以，入城不行；暂住可以，长住免谈！

黄斌卿此言既出，朱以海意识到以舟山作为根据地的计划算是彻底泡汤了。朱以海一行就这么尴尬地在舟山暂住了两个多月，一直等到九月份，郑彩奉命前往浙江沿海探察敌情，倒是给寄人篱下、受尽白眼的鲁监国解了围。或许是认为奇货可居吧，郑彩决定把朱以海迎到福建去落脚。

出乎郑彩意料的是，郑成功对朱以海的到来表现得十分冷淡，他并没有兴趣挟持败光了地盘的鲁监国来号令虚无缥缈的各方诸侯。当然，他的态度倒是比黄斌卿稍微好一点：留在福建抗清可以，但互不干涉，各干各的！

郑彩没有想到，自己在舟山自作主张，换来的却是这么一个尴尬的局面，只好把朱以海安置在地处福州外海的长垣岛（今马祖）。从此以后，福建沿海便成为鲁监国、郑氏武装两股残存力量的抗清基地。尽管进取福建的博洛大军已经奉命北撤，但劫后余生的朱以海、郑成功目前还没有实力去收复失地。

很难预料接下来的局势将会发生什么样的变化。

永历篇

朱由榔的足迹

（永历帝）质地甚好，真是可以为尧、舜，而所苦自幼失学，全未读书。

——（明）瞿式耜《瞿式耜集·卷三》

王（指朱由榔）丰颐伟干，貌似神宗，而性恶繁华，亦颇类之。素不饮酒，无声色玩好。虽不甚学，而喜闻讲论忠义，事两宫俱克尽孝。

——（清）温睿临原著、
（清）李瑶补辑《南疆绎史勘本·卷五》

# 第九章 ｜ 逃亡

③⑥
艰难的开局

隆武皇帝朱聿键遇害之后没多久，这个惊天消息便传到了广州。两广官员登时炸开了锅，他们实在想不明白，朱聿键、郑芝龙不是挺牛的吗，怎么稀里糊涂地就玩儿完了呢？

消息足够惊爆，但毕竟是道听途说，真伪难辨，所以有人选择相信，也有人选择不信，但大部分人还是宁可信其真。这话听起来有些不近情理，但事实就是如此。两广官员没有时间和精力来总结隆武政权的经验教训，更没有兴趣和实力派兵前往福建勤王（如果朱聿键还活着的话），他们最先考虑的是：既然当初北京陷落，由南京顶上；如今福建没了，应该轮到两广顶上了！既然要顶，就得有人站出来担纲。选人担纲这种事情，被称为"定策之功"。

于是乎，两广官员不约而同地行动起来。他们自打步入官场，恐怕从来没有像今天这样积极过。这一次破天荒的激情与动力源自于一个共同的目标——选嗣，建立一个新的政权。

讲到这里，大家或许会感到有些担忧：先前农民起义风起云涌，接着清军又在南方搅和了两年有余，散落在各地的大明王朝亲王死的死、降的降，如今还有拿得出手的候选人吗？不着急回答这个问题，咱们先来看一看，大明王朝的残存力量还控制着哪些地盘。

清军入关，进取中原，表面上声势浩大，其实作为核心力量的满、蒙、汉八旗，兵力是有限的。这批精锐部队的战斗力很强，但由于长期生活在北方，不适应南方的酷暑气候，有夏季北撤的习惯，加之"剃发令"引起各地百姓激烈地自发抗争，清军争抢地盘的速度并没有想象中那么高效。随着弘光、隆武两大政权倾覆，清军相继占领了南直隶（今江苏、安徽、上海）、湖北、浙江、福建、江西大部（赣州府尚处于激战中）和湖南的岳州，大明王朝的残存力量则控制着两广、湖南大部（除去最北端的岳州）、贵州和云南。

根据大明亲王星罗棋布的就藩特点，如此广袤的地盘上肯定是有亲王存在的。事实上，往往穷山恶水才是深藏不露的卧虎藏龙之地，这里不仅有亲王，而且相当拿得出手，单从血缘亲疏来看，可比唐王朱聿键、鲁王朱以海近多了。

到底是何许人呢？大家是否还记得，早在南京选嗣大对决的时候，除了福王朱由崧、潞王朱常淓、惠王朱常润之外，还有一位候选人便是桂王朱常瀛——万历皇帝朱翊钧的第七子。桂王朱常瀛的就藩地是广西桂林府，其本人于弘光元年（1645年）十一月病死。史可法原本想拥立朱常瀛上位，来化解近乎白热化的福王、潞王之争，结果被马士英串通"江北四镇"钻了空子，功败垂成的同时，也让桂王这一脉与君位失之交臂。

弘光政权倾覆之后，时任广西巡抚瞿式耜曾经动过拥立安仁王朱由榎（朱常瀛第三子）的念头，没想到福建的郑芝龙近水楼台先得月，抢先一步扶持了唐王朱聿键，建立了隆武政权。瞿式耜选择顾全大局，没有在广西另立一个小朝廷，但依然心有不甘，并未在第一时间承认隆武政权的正统地位。一直等到自不量力的靖江王朱亨嘉也想过一把皇帝瘾，遭到软禁的瞿式耜才秘密派人与福州小朝廷接洽，决定效忠隆武政权，并恳请两广总督丁魁楚出兵平乱。

跟父亲朱常瀛一样，袭封桂王爵位的朱由椊也是与皇位失之交臂的可怜虫。他的身体很不好，于隆武元年（1645年）八月去世。现如今，桂王朱常瀛这一脉就只剩下第四子——永明王朱由榔了，如今袭封桂王爵位的他也是硕果仅存的万历皇帝朱翊钧之孙。更为巧合的是，随着南京、杭州、福州相继陷落，新的政治中心势必进一步南移到两广地区，而朱由榔此时就身处毗邻广州的肇庆府。冥冥之中自有定数，拥有无可非议的血脉渊源、得天独厚的地理优势，下一任皇帝非朱由榔莫属！

回首过往，毫不夸张地说，朱由榔能够熬到这一天，不能不承认是拜他的运气所赐。话说天启年间，桂王朱常瀛带着膝下的两个儿子——安仁王朱由椊和永明王朱由榔前往湖南衡州就藩，一家老小在这里生活了十余年光景，转眼到了崇祯十六年（1643年），张献忠率领的农民起义军进取湖南，直奔衡州而来。当时，率军攻打衡州的将领有孙可望、李定国和刘文秀，都是张献忠麾下的狠角色，他们一个比一个剽悍，非得拿下衡州、活捉朱常瀛不可。

不巧的是，朱常瀛、朱由椊父子俩此时都生着重病，里里外外全靠朱由榔一人苦苦维系。衡州守军拼死抵抗，暂时没有被攻破的迹象，但仓皇失措的朱由榔还是决定弃守逃亡，命人护送父兄及家眷先走，他带着一支卫队殿后，向广西方向撤退。朱常瀛、朱由椊顺利逃到了梧州，负责殿后的朱由榔却被刘文秀率领的追兵抓个正着，当即押往永州，准备就地正法。生死攸关之际，没想到起义军里竟然有官军的奸细，他们暗地里把朱由榔保护了起来。没过多久，张献忠决定改变进军路线，命令起义军主力向西进取四川。趁着这个空隙，时任广西征蛮将军杨国威与部将焦琏一道率领四千人攻取永州，方才救出朱由榔，并把他护送到梧州与家人会合。

俗话说得好："大难不死，必有后福。"朱由榔侥幸保住了小命，在各种机缘巧合之下，如今竟然与高高在上的皇位近在咫尺了。

话说回来，尽管有近乎唯一的皇帝候选人，这个即将诞生的政权开局也一点儿都不顺利。更确切地讲，比先前的弘光政权、隆武政权还要艰难得多。

拥立桂王朱由榔是广西巡抚瞿式耜最先提出的，考虑到血缘上的亲疏和地理上的远近，他基本上就是唯一的候选人，所以两广官员纷纷表示赞同，顺带着混个定策之功，何乐而不为？然而，本来可以是皆大欢喜的局面，偏偏出现了一位举足轻重的人物，对这件事情不置可否。谁这么不识时务呢？两广地区的最高地方官员——两广总督丁魁楚。

丁魁楚迟迟不表态，个中缘由倒也不难理解。首先，朱聿键先前为了控制两广，对丁魁楚大加笼络，不仅给予丰厚的赏赐，还在靖江王朱亨嘉被消灭之后，晋封弹压有功的丁魁楚为"靖粤伯"。其次，朱聿键遇害只是小道消息，如果他没挂，岂不是很尴尬？因此，无论是出于报效皇恩的心态，还是出于维护既得利益的考量，丁魁楚都要掂量掂量。

没过多久，朱聿键确认遇害的消息传到了广州，丁魁楚方才不再犹豫，加入了拥立朱由榔的行列。然而出乎所有人意料的是，又有人站出来表示反对，理由简单粗暴：朱由榔没这个能耐。

虽然此人并无一官半职，但还真的没人敢把她怎么样！说出这番话的人，正是朱由榔的生母王氏。得知瞿式耜等人打算拥立朱由榔，王氏便把朱由榔叫来，苦口婆心地劝他说："儿非治世才，何苦以一朝虚号，致涂炭生民，南中、闽中可鉴也。"意思很简单，不是那块料，就别打那份主意，弘光、隆武的前车之鉴还不够深刻吗？

数落完朱由榔，王氏又去做群臣的工作，直言"诸臣何患无君乎？吾儿柔仁，非拨乱才，愿更择可者"，让他们爱找谁找谁去，反正别拿自己的儿子穷开心。丁魁楚、瞿式耜可不希望被这一番妇人之言坏了大事，当即搬出后宫不得干政的理由，硬生生地把王氏堵了回去。

隆武二年（1646年）十月初十，桂王朱由榔正式在广东肇庆府就监国之位，并于次月登基，宣布次年改元，从他最初的王号"永明王"和祖父朱翊钧的年号"万历"中各取一字，定年号为"永历"，史称"永历政权"。

朱由榔就任监国之初，这个驻跸于肇庆的小朝廷便向云南、贵州等地颁诏，并得到了对方积极拥护的响应。随后，湖南的何腾蛟、堵胤锡也通过劝进朱由榔正式登基的方式，承认其沿袭大明王朝国祚的正统地位。

临危受命、扛起抗清复明大旗的永历皇帝朱由榔，是否真如他的生母所言并非治世之才，眼下还不太好下结论，但有一点可以肯定，在自己如何才能摆出一副皇帝样子的问题上，朱由榔蒙了。一朝天子到底应该是什么样子？可不是换一套衣服这么简单，还有一大堆繁文缛节、礼仪规范等着呢，譬如奏章应该怎么批、话应该怎么说，甚至路应该怎么走、椅子应该怎么坐，诸如此类，不一而足。然而，曾经的朱由榔从未想过自己会熬到做皇帝这一天，再说这些年只顾着逃命，根本没必要、没兴趣、没精力学习这一套虚头巴脑的东西，如今稀里糊涂地就被一群大臣推上了皇位，这可咋整？

说朱由榔运气好，还真不是夸大其词、故弄玄虚。先前他的小命几乎要葬送在永州的时候，偏偏有几个混入起义军的奸细对他暗中提供保护，如今他对皇帝的礼仪规范一片茫然，又钻出来一个名叫王坤的太监，此人历经崇祯、弘光、隆武三朝，对皇家礼仪制度了然于胸，眼下恰好流落在广东，可以向初为国君的朱由榔提供全方位指导。朱由榔逐渐上了道，开始陶醉于做皇帝的美妙滋味，当然也没有忘记投桃报李，擢升王坤做了司礼监秉笔太监。

王坤原名王弘祖，他从在崇祯朝用事开始，就非常符合世人对于太监的普遍负面认知。发生在过往的那些烂事儿不提也罢，就说眼下吧，倚仗朱由榔的恩宠与信赖，王坤不仅贪赃枉法，还直接干预朝廷的人事任免。要知道，纵观历朝历代，宦官干政已经非常可怕了，更可怕的是宦官与外臣相互勾结、狼狈为奸，昔日"阉党"肆虐以致朝政混乱，便是大明王朝极其深刻的教训。如今，王坤顶着司礼监秉笔太监的头衔，又能在朱由榔面前说上话，势必会有一些级别不高、不知廉耻的官员前来巴结，以图在官宦生涯上更进一步。在这些趋之若鹜的人中，偏偏还有一个举足轻重的人物——两广总督丁魁楚。

中下级官员巴结太监，为的是升官发财。位高权重的丁魁楚勾结王坤，主要原因则是他心虚。要知道，瞿式耜最初倡议拥立朱由榔的时候，首鼠两端的丁魁楚可是迟迟没有表态的，直到获悉朱聿键遇害的确切消息，他才给了一句准话。如果认真计较起来，他的这个定策之功至少得打个八折。按照丁魁楚的想法，永历政权是在两广地盘上建立的，作为两广地区最高级别的官员，内阁首辅的位置非他莫属，没有让他人（尤其是名义上的下级瞿式耜）捷足先登的道理。然而，自己的定策之功毕竟打了折扣，能否顺理成章地水涨船高，跻身小朝廷的文武百官之首，丁魁楚的心里并没有底。正是为了达到不可告人的险恶目的，丁魁楚主动跟王坤搭上了线，两人暗中达成默契，相互提携帮衬，共同把持朝政。最终，丁魁楚如愿以偿，领着"大学士"的头衔，出任小朝廷的内阁首辅，兼理戎政，史载"内外局惟魁楚主裁"。瞿式耜也得以入阁，出任吏部右侍郎兼阁学，担负铨选官员之责，位在丁魁楚之下。

丁魁楚倒是心满意足了，但外臣与宦官暗通款曲的做法，激怒了不少正直的广东籍官员。譬如崇祯时期代理过首辅职务的何吾驺、担任过弘光政权礼部尚书的陈子壮、担任过隆武政权兵部侍郎的张家玉都拒绝接受永历政权的任命，回乡隐居去了。在他们的感召和示范之下，广东籍官员普遍秉持不合作态度。小朝廷地处广东，却遭到广东籍官员抵制，艰难开局的朱由榔接下来的日子恐怕不会太好过。

　　回首过往的两个小朝廷，弘光帝朱由崧上台伊始便毫不避讳地流露出了声色犬马的本来面目，隆武帝朱聿键尚未登基，便在衢州发表政治宣言，信誓旦旦地要"缵我太祖之业"。虽说二人的表现大相径庭，但至少能让旁人搞明白他们到底想干什么。相比之下，如今继承大统的永历帝朱由榔可谓深藏不露。

　　于私方面，朱由榔日常起居还算正常，基本上中规中矩，并没有什么出格行为；于公方面，朱由榔似乎忘记了身为一国之君的职责所系，到底采取什么样的国策、沦陷的故土该怎么办，他一直没有表明态度，既不轻言放弃，也不轻言进取，对于孰敌孰友的问题，也是讳莫如深。总而言之，谁也搞不清楚朱由榔的葫芦里到底准备卖什么药，甚至还打不打算卖药。

　　急转直下的形势很快就逼着这位闷声不响的新君主现出了原形。纵观朱由榔的一生，他凭借与生俱来的两大"优点"，使得地盘越来越小的永历政权比弘光、隆武两个政权长寿许多。什么"优点"这么厉害呢？一是嗅觉特别灵，二是跑路特别快，人称"逃跑帝"。逃跑，成为永历政权自始至终奉行的基本国策和第一要务！

隆武二年（1646年）十月十六日，距离朱由榔暂就监国之位尚不足一周，赣州失守的消息便传到了肇庆府，朱由榔的第一个反应便是赶紧跑路。王坤、丁魁楚也跟着瞎起哄，但遭到瞿式耜坚决反对。他认为，"苟自懦，外弃门户，内衅萧墙，国何以立"，如果自己先乱了阵脚，局势恐怕会不可收拾，呼吁大家务必淡定。

退一万步说，贪生怕死是人之常情，大敌当前，更要保存自己的有生力量，但做出任何决策，都不能违背最基本的常识。清军攻陷赣州之后是否立即挥师南下，目前还不太好说。即使选择南下，清军要想打到朱由榔驻跸的肇庆府，那可是有上千里的路程，既要翻山越岭，还得攻克韶州、广州等重镇，八旗兵再怎么神速，也不能飞啊！

瞿式耜明确表示反对，朱由榔好歹还是给了他一点面子。不过，瞿式耜的面子只值四天的光景，到了十月二十日，朱由榔便决定逆西江而上，把这个小朝廷搬到三百里开外的广西梧州府。

朱由榔前脚刚走，广东就惹出了大麻烦。细论起来，这事儿倒跟攻陷赣州的清军没有直接关系，而是永历政权内部的问题。咱们在前面讲过，由于宦官王坤和首辅丁魁楚相互勾结、祸乱朝纲，导致以何吾驺、陈子壮、张家玉等为代表的一大批广东籍官员普遍采取不合作的态度，上台伊始的朱由榔对广东压根谈不上有什么控制力可言。不过，凡事都有例外，偏偏有一位名叫苏观生的广东籍重量级官员对新生的永历政权可谓情有独钟。

苏观生出生于广东东莞，在崇祯七年（1634年）国子监肄业，历任无极知县、黄州知府等职。隆武政权建立之初，苏观生凭借定策之功出任翰林院学士，不久后擢升东阁大学士、吏部尚书、兵部尚书等职，曾经奉朱聿键之命在广东招揽了一支三千人的队伍增援赣州。赣州保卫战失利以后，苏观生便选择了南归故里。听说瞿式耜等人打算拥立永明王朱由榔，正在老家赋闲的苏观生举双手赞成，并在第一时间安排原任兵部职方司主事的陈邦彦前往肇庆府劝进，希望借此得到小朝廷的起用，继续为大明王朝效力。

对于新生的永历政权而言，有人支持当然是一件好事，但苏观生这尊菩萨来头太大、资历太老，一时间不太好安排，打发他一个巡抚、知府之类的官职，恐怕不那么合适，据苏观生在隆武政权的职衔来看，最起码得让他入阁才行。然而，在是否同意苏大学士入阁的问题上，丁魁楚、吕大器两位大佬都投了否决票。丁魁楚的想法很简单，先前苏观生的资历和职衔压过自己一头，同在内阁供职，到底谁听谁的？且不说苏观生会不会感到尴尬，丁魁楚一定会觉得浑身不自在。吕大器是东林党里的大咖级人物，正儿八经的进士出身大学士，他认为国子监肄业出身的官员入阁就是一个笑话，且不说苏观生会不会自惭形秽，诸位大佬的颜面恐怕都没地方搁。

丁魁楚、吕大器的刻意阻拦使得苏观生一张热脸贴在了冷屁股上。朱由榔撤往广西之后，苏观生更是心灰意冷，但他并没有郁闷多久，因为距离朱由榔离开肇庆不足十天，朱聿键的弟弟、袭封唐王的朱聿𨮁就来到了广州。兄终弟及、定策首功，原本陷入一片阴霾的苏观生顿感豁然开朗。

一个想过皇帝的瘾，一个想过首辅的瘾，双方一拍即合。十一月初二，苏观生率领一干官员（譬如广东布政使顾元镜、广东总兵林察等）拥立朱聿𨮁在广州暂就监国之位，并抢在只顾逃跑的朱由榔前面，于三天之后举行了登基大典，正式即皇帝位，宣布次年改元为绍武元年，史称"绍武政权"。

有意思的是，以何吾驺、陈子壮、张家玉为代表的广东籍官员虽然普遍不喜欢朱由榔，但对于苏观生拥立朱聿鐭这出闹剧也没有表现出兴趣，反倒是明确表达了坚决抵制的态度。陈子壮还主动写信给瞿式耜，向业已搬到广西的永历政权告状。

相比于乏善可陈的永历政权，在苏观生一手遮天之下的绍武政权更是一片乌烟瘴气。苏观生这个人哪里有做内阁首辅的能耐，纯粹就是过一过瘾，满足一下自己的虚荣心，为此还闹出了一个大笑话。当时，有一个名叫杨明竞的潮州人向广州小朝廷吹嘘说，自己麾下有十万精兵，满满当当地部署在惠州、潮州地区。苏观生大喜过望，当即任命杨明竞担任巡抚之职。其实呢，杨明竞就是一个政治投机分子，别说十万精兵了，他恐怕连十个人都很难凑出来，反正吹牛也不用上税，骗得一时算一时。杨明竞拿着巡抚的空头衔在粤东地区勾结海盗大肆巧取豪夺，史载"白日杀人，剜肺肠悬诸贵官之门以示威，城内外大扰"，搞得民不聊生，官员也人心惶惶。

受这个投机分子蒙蔽，苏观生认为粤东的十万精兵足以抵挡福建的清军南下，于是决定放开手脚跟逃往梧州的朱由榔死磕。为了壮大声势，势单力薄的苏观生还招抚了几支海盗武装为己所用，准备跟永历政权搞一次大火并。

回头再说朱由榔这边。当苏观生拥立朱聿鐭登基称帝的消息传到梧州之后，瞿式耜屡次劝谏陈情，朱由榔方才勉为其难地接受了他的建议，动身返回肇庆，并于十一月十八日正式即皇帝位，希望能迅速稳定广东局面。

巴掌大的地方竟然冒出两个自称延续大明国祚的皇帝，孰是孰非，总得掰扯明白。考虑到大敌当前，实力又有所不济，永历政权的君臣并不打算同室操戈、兵戎相见。朱由榔更希望和平解决名分上的争端，毕竟多一事不如少一事。于是乎，永历政权派出两位使者前往广州游说，奉劝朱聿鐭以大局为重，解散广州的小朝廷，宣布承认朱由榔的领导。苏观生在首辅的位置上还没有坐热，自然不肯委曲求全，二话不说就把对方派来的使者杀掉了，并下令集结军队，准备攻打肇庆。

眼瞅着和平解决无望，朱由榔委任广东学道林佳鼎为兵部右侍郎总督军务，会同从韶州调来的一支队伍，共计一万余人进剿广州。十一月底，双方在三水遭遇，大战了一场。绍武政权的军队不堪一击，损失十分惨重，林佳鼎乘胜追击，没想到自己竟然中了对方的圈套。当时，苏观生招抚的海盗武装假装要投降，引诱林佳鼎孤军深入，林佳鼎不知有诈，结果中了对方的埋伏，派去受降的队伍几乎全军覆没。

战报传到肇庆，小朝廷内外异常震惊。朱由榔又想拔腿开溜，结果还是被瞿式耜摁住了。为了保卫肇庆，瞿式耜着手招募兵勇，准备迎敌。然而，出乎所有人的意料，瞿式耜这边尚未准备就绪，广州的绍武政权就灰飞烟灭了！

当时的两广地区只有两个政权，永历政权那边刚刚吃了一场败仗，还在积极准备打新一轮内战，能让绍武政权瞬间湮灭的，要么是内乱，要么是来自北面的外敌。两害相权取其轻，所有人都希望是前者，但现实却是后者。

事实上，清军在攻占福建之后，并没有立即南下广东的打算，因为郑鸿逵、郑成功率领的一支武装正依托厦门、金门坚持抵抗，一定程度上牵制了清军乘胜进取的步伐。然而，关键时刻又出了问题。得知清军攻占福建，有一个名叫辜朝荐的潮阳人特意赶往福州向清军献计，声称如果采用他的办法，三个月之内便可兵临桂林。这到底是一个怎样的计谋呢？确切地说，辜朝荐谈不上有过人的计谋，而是给初来乍到的清军充当带路党。当时，博洛在占领福州之后便带着郑芝龙这个最大的战利品返回南京去了，留在福建的两名将领，一个叫佟养甲，出生在辽东，汉军正蓝旗人，另一个是曾率部在嘉定屠城的李成栋。他们没有贸然进攻广东，除了福建还有一摊子事儿之外，对广东的情况不甚熟悉也是一个重要原因。

对于佟养甲、李成栋而言，辜朝荐的到来真是雪中送炭。辜朝荐的老家潮阳地处广东、福建交界地区，他对由闽入粤的路线非常熟悉。另外，辜朝荐还向清军提供了两条重要情报：其一，粤东地区基本上没有什么防守力量，因为永历政权被广州阻隔，一时鞭长莫及，而广州的绍武政权受到杨明竞蒙蔽，竟然没有任何部署。其二，永历、绍武两大政权正在死掐。照此看来，清军三个月打到桂林是比较保守的估计了。天赐不取，反受其咎，佟养甲、李成栋当即决定出兵，不打白不打！

十一月下旬，李成栋率部从福建出发，计划经潮州、惠州进抵广州。果然如辜朝荐所言，这一路基本上如入无人之境，杨明竞号称的十万精兵完全停留在口头上。为了麻痹广州的朱聿鐭和苏观生，李成栋的军队先是消灭了负责传送情报的塘兵，接着又缴获了杨明竞的巡抚大印，定期向广州报平安，自以为是的苏观生对此深信不疑。转眼到了十二月中旬，清军前锋神不知鬼不觉地抵达广州，伪装成明军顺利进入城内。由于绍武政权控制的武装力量绝大部分都去西面打内战了，东面的杨明竞又一直报告平安无事，所以广州城基本上处于不设防的状态。清军突如其来，造成的混乱局面可想而知。经过短暂交火，少得可怜的广州守军全线崩溃，走投无路的朱聿鐭、苏观生自杀殉国，建立只有一个多月的绍武政权就这样稀里糊涂地被消灭了。

十天之后，广州失守的消息传到了肇庆，朱由榔还是想跑，再一次被瞿式耜摁住。瞿式耜认为，凭借永历政权的实力，守住肇庆的东大门——三水，一点问题都不会有。安全第一，朱由榔可不敢冒这个险，还是决定即刻动身，前往梧州暂避清军锋芒。瞿式耜主动要求留在肇庆御敌，朱由榔也不同意，带着他一起跑路，只留下时任两广总督朱治涧在肇庆、三水一带象征性地守一守。抵达两广交界的梧州之后，朱由榔还是觉得不安全，又逆桂江北上，经平乐逃往桂林府。

清军大兵压境，小朝廷一路逃亡，身为首辅的丁魁楚顿时有一种茫然无措的莫名心酸：朱由榔即位才几天啊，自己苦心经营的广东就稀里糊涂地拱手让人了。跟着这么一个扫帚星，除了天天练长跑，锻炼出一副好身板，还能有什么前途？于是乎，朱由榔义无反顾地逃往桂林的时候，丁魁楚终于下定决心另谋出路了。他带着家眷和巨额家产，据说有二十万两黄金、二百四十多万两白银，与朱由榔分道扬镳，向南逃往岑溪。

抵达岑溪之后，丁魁楚派人跟李成栋取得了联系，表示自己愿意归附清军。李成栋跟着博洛打天下，倒是学会了一些套路，忽悠起丁魁楚来，许诺由他继续掌管两广。丁魁楚信以为真，兴高采烈地投向了清军的怀抱，可他不知道，郑芝龙当初就是这么被忽悠瘸的。

相比之下，先前博洛对待郑芝龙还算是客气，如今李成栋对待丁魁楚，那可真叫一个狠。丁魁楚是真心实意地想归降，但李成栋从来没真正想要接纳他。当初博洛都不敢兑现的承诺，李成栋更不可能兑现了。再者说，接纳丁魁楚一家老小，李成栋不能增一兵一卒，还得给他们安排工作，更何况是相当重要的领导岗位，到底为谁辛苦为谁忙，这不是吃饱了撑的吗？没有实质性的好处，谁愿意受降啊？不过，听说丁魁楚家资丰厚，李成栋恶向胆边生，有了一个毒辣至极的主意：钱留下，人不要！

后来的结果可想而知，丁魁楚中了李成栋的圈套，在被押往广州的半道上被杀害，儿子也一道被斩杀，据说只有一名幼孙被李成栋的部将罗成曜收养，三百多名女眷被分给各营士兵，家产全部归入李成栋的名下。

李成栋不费吹灰之力占领广州、消灭绍武政权之后，又挥师向西进攻肇庆。奉命留守的两广总督朱治涧不战而逃，使得清军很快就拿下了肇庆，继续向梧州进发。有其君必有其臣，永历帝朱由榔嗅觉特别灵、跑路特别快，他的这些手下也是一个接一个地上行下效。继朱治涧在肇庆不战而逃之后，负责防守梧州的陈邦傅也选择了弃城逃亡，时任广西巡抚曹烨直接出城迎降，让李成栋轻松愉快地率军入城。进入情势不明的广西境内之后，李成栋小心翼翼起来，并没有大规模进攻，而是派出小股部队往平乐、桂林方向追击侦察。

回首望来，永历政权成立不足四个月，就让清军从福建穿越广东，一直打到了广西梧州，声势相当浩大，更让朱由榔成了惊弓之鸟。得知平乐一带有清军活动，朱由榔又琢磨着跑路了，这一次的目标是位于广西北面的湖南。

朱由榔想去湖南，倒不是为了到父亲当年的就藩地故地重游，而是湖南方面有人前来报告说，湖南地域广阔，小朝廷理应果断进取，作为中兴之本。然而后来的事实证明，朱由榔被忽悠了。

单从地理上来说，湖南的地盘确实不算小，但孔有德率领的清军已经抵达岳州，正准备大举南下进取湖南，何腾蛟能不能顶住，咱们得打上一个大大的问号。朱由榔这个时候跑到湖南去，不是往清军的枪口上撞吗？

朱由榔想去湖南，还有一个至关重要的原因：在靠近广西的湖南武冈、靖州地区，是总兵刘承胤的地盘。刘承胤拥兵数万，实力雄厚，能够给朱由榔提供比较稳妥的安全保障，至少比成天嚷嚷着要抗清，却没有多少兵力可调动的瞿式耜靠谱。

先不说逃往湖南是否妥当，得知朱由榔又想逃跑，瞿式耜顿时怒从心头起：整天就知道跑、跑、跑！为了阻止朱由榔继续跑路，瞿式耜异常激愤地摆出了三条理由：第一，短短半年之内，折腾搬家三四回，搞得"民心兵心，狐疑局促"，说明越跑人心越散，队伍越不好带。第二，"驾不幸楚，楚师得以展布，自有出楚之期"，小朝廷不去湖南，何腾蛟或许还能放开手脚迎敌，只要湖南还在咱们的手里，你什么时候想去都行，但眼下如果即刻离开桂林的话，广西将指日可亡。第三，"今日若轻弃，则更入也难"，将大好河山拱手让人，离开容易，想回来可就太难了。

瞿式耜几乎是声泪俱下，但朱由榔丝毫不为所动，态度异常坚决：朕没说要回来啊！闯荡江湖，安全第一，说走咱就走，你走我走全都走！见朱由榔如此冥顽不化，瞿式耜索性也耍起了横：谁想走谁走，反正我不走！

于是乎，朱由榔在王坤等人的怂恿之下动身前往北面的全州，随时准备进入湖南，瞿式耜则主动请缨留守桂林，并安排从梧州撤回来的陈邦傅驻守平乐。瞿式耜一再上疏，力劝朱由榔从大局出发，留驻在全州静观其变，毕竟还在广西境内，事态或许还能有所转圜。

平心而论，朱由榔既怀疑瞿式耜的能力，又对清军的动向两眼一抹黑。事实上，此时的李成栋并没有乘胜扩大战果。不是他不想，而是他不能。在清军进入广西之后，广东地区的抗清斗争便呈现"平地起惊雷"的态势，很快就闹得天翻地覆了。留驻在广州的佟养甲实在难以应付，李成栋不得不率主力回援，因此留在广西的清军并不多。

转眼到了三月初，留驻在广西的小股清军进逼平乐，不明敌情的陈邦傅竟然再次弃守，一溜烟逃往柳州。随后，小股清军又袭扰了桂林。瞿式耜率领的守城军队并不多，幸亏焦琏率三百援军驰援，才将来犯清军击退。经过这番惊扰，情报不明又茫然失措的朱由榔全然不顾瞿式耜劝阻，执意逃往湖南武冈州，并改武冈州为奉天府，在此建立行宫。他由衷地希望这里能有一片宁静的天空，为自己的逃亡之路画上一个句号。

朱由榔逃往武冈，短期之内暂保无虞，咱们先把视线转移到清军这方来。在消灭绍武政权并占领广州、肇庆等地之后，清军的后续计划是这样的：由李成栋率领主力乘胜西进，一举消灭永历政权；佟养甲则坐镇广东，负责收拾残局。

佟养甲需要解决的残局，具体分为两个方面：其一，广东地区总共有十府，除了已经占领的广州、潮州、惠州和肇庆之外，还有韶州、南雄、廉州（今广西南部沿海地区）、雷州、高州、琼州（今海南岛）六府掌握在明朝残存势力的手中。其二，清军从福建一路直逼广州，攻占府县几乎没费什么气力，进展神速，但还没来得及消灭隐藏在乡野的抗清力量。

为了彻底将广东全境收入囊中，佟养甲先是派麾下清军攻取韶州、南雄等地，向西直逼梧州的李成栋也腾出一部分兵力折向西南，伺机夺取廉州、雷州、高州等地。这些地方的守军数量少、战斗力差，根本不是清军的对手，只得乘船渡海，退守琼州。随后，清军利用新近收编的水师渡过琼州海峡，攻陷琼州。至此，广东境内的十座府城全部沦陷。

不过，就在佟养甲、李成栋一路凯歌，忙得不亦乐乎的时候，风起云涌的义师纷纷举起抗清大旗，在广袤的乡野搞得如火如荼。在这拨抗清小高潮中，先后宣布起事的有陈邦彦、张家玉和陈子壮，史称"岭南三忠"。

三人之中，率先扛起大旗的是僻居高明山区的陈邦彦。此人是广东顺德人，天启初年便考中了秀才，可惜屡次乡试都名落孙山，一直到了隆武政权时期，陈邦彦才通过一场乡试成为举人。屡试不第的坎坷遭遇丝毫没有影响陈邦彦的拳拳报国之心，早在弘光政权建立之初，正在故乡设馆讲学的陈邦彦就精心撰写了数万言的《中兴政要策论》，只身前往南京进呈给朱由崧，没想到竟被对方讥讽为"褐衣徒步一迂儒"。直到隆武政权建立之后，朱聿键偶然读到了这篇被朱由崧当作废纸的雄文，随即力邀陈邦彦入闽供职，并擢升他担任兵部职方司主事。

福建沦陷之后，陈邦彦返回广东，曾经受苏观生委派前往肇庆向刚刚暂就监国之位的朱由榔劝进，并留在肇庆小朝廷供职。后来，权欲熏心的苏观生拥立朱聿鐭建立绍武政权，性格刚直的陈邦彦又受朱由榔委派，返回广州游说苏观生悬崖勒马。陈邦彦刚到广州，正赶上绍武政权的军队在三水将永历政权的军队揍得抱头鼠窜，结果他刚开口游说，就遭到朱聿鐭、苏观生一顿抢白。陈邦彦不愿意看到这番同室操戈的闹剧，索性离开广州隐姓埋名，僻居于高明山区。

李成栋挥师进取广西之后，陈邦彦意识到清军在广东防守空虚，立即抓住时机下山，前往甘竹滩联络一支民间武装。这支民间武装的首领名叫余龙，原本是江西总督万元吉招募的援赣部队，结果尚未动身，赣州已经落入清军之手，余龙只好带着麾下两万余人落草为寇，主要活动在甘竹滩一带。

经过陈邦彦耐心劝说，余龙同意把队伍拉出来对抗清军。当然，余龙做出这个决定，现实意义远远大于所谓的深明大义：与其守着穷山恶水勉强维持温饱，倒不如打到广州谋求一夜暴富。说干就干！陈邦彦、余龙率领这支义师先拿清军力量相对薄弱的水师下手，将对方的一百多只战船全部焚毁，随即乘胜进逼广州。

警报传来，佟养甲急眼了。此时，李成栋率领的主力业已拿下梧州，正在趾高气扬地向桂林进发，原本留守广东的军队也分散到各个府县去了，跟数月前的绍武政权一样，广州几乎就是一座空城。面对两万人马的大军压境，佟养甲赶紧派人前往广西，急令李成栋火速回援。为了麻痹攻城义师，争取喘息时间，佟养甲一面紧闭城门，固守待援，一面四处散播消息，声称李成栋大军已经在回援途中，不日将直捣义师老巢甘竹滩。

听说李成栋马上要打甘竹滩，余龙顿时慌了神，自己的老婆、孩子还有财产可都还在那里呢！于是乎，惊慌失措的余龙来不及通知陈邦彦，自己先带着队伍撤了。眼瞅着余龙在关键时刻掉了链子，陈邦彦气得干跳脚，怎奈事已至此，只得放弃攻城计划，接着又派人去跟余龙联络，打算攻打顺德。当然，陈邦彦意识到余龙不太靠得住，要想十拿九稳，还得再寻找新的抗清力量，他把目光转向了新近在东莞起事的张家玉。

张家玉比陈邦彦小十余岁，籍贯东莞，是当时广东籍官员代表性人物。与屡试不第的陈邦彦不同，张家玉在崇祯末年进士及第，授翰林院庶吉士，时年还不到三十岁。李自成率领大顺军攻入北京时，张家玉曾经主动向李自成投诚，表示愿意为其效力，没想到李自成败得太快了，张家玉转而逃往南京，结果被小朝廷视为变节投降分子，蹲了一段时间大狱。

弘光政权覆灭之后，张家玉逃往福州，历任兵科给事中、监军等职，后来被派往潮州、惠州筹饷募兵，其间招抚并整编了共计一万多人的农民起义军，组成所谓的"新营"。不久之后，张家玉得知隆武政权灰飞烟灭，朱聿键在汀州遇难，顿时万念俱灰，宣布新营就地遣散，回到东莞老家闲居。

清军攻占东莞之后大肆烧杀抢掠，激起了民变，有一位名叫叶如日的乡民组织义师奋起抗争，并力邀在当地颇有名望的张家玉担任首领。张家玉义不容辞，欣然应允，决定再度出山，指挥抗清斗争。

正是在陈邦彦、张家玉的带动之下，粤中地区掀起了一场抗清小高潮，除了高明山区和东莞之外，南海、顺德、新会、阳江、东安等地也有大大小小的义师活动，逐渐形成星火燎原之势。眼瞅着广东后院的火越烧越大，佟养甲被烤得大汗淋漓，李成栋只得放弃进取桂林的计划，火速率部回援，让逃往武冈落脚的朱由榔暂时躲过了一劫。

李成栋率领清军主力返回广东的时候，恰逢张家玉接到了陈邦彦的书信，决定共举大业，带着麾下义师攻破东莞县城，积极筹备与陈邦彦一道进攻广州城。结果陈邦彦、张家玉尚未对广州采取实质性行动，李成栋的大军就到了，随即攻陷东莞，寡不敌众的张家玉向南撤退到西乡镇一带休整。此后，张家玉率领义师四处转战，与清军周旋，有效地牵制住了李成栋的注意力。利用这一契机，陈邦彦再度联合高明的义师，一举攻占了江门。

张家玉、陈邦彦、李成栋忙得不亦乐乎，佟养甲当然也不能袖手旁观。虽说他的手上没有多少兵马可用，但玩弄一点阴招还是绰绰有余的。趁着陈邦彦攻打江门的空当，佟养甲派兵偷袭了顺德，抓走陈邦彦的两个儿子和一个小妾作为人质，威逼陈邦彦投降。陈邦彦不为所动，奋然提笔在招降书上写道："身为忠臣，义不顾妻子也。"见陈邦彦的态度如此坚决，佟养甲一怒之下便撕了票，而陈邦彦这边也在积极谋划对广州城的进攻。

广州毕竟是岭南重镇，防御力量不可小觑。第一次谋划进攻，陈邦彦联络的是余龙这一支孤军，没想到此人太不靠谱了，甘竹滩那边稍有一点风吹草动，便掉了链子。第二次谋划进攻，陈邦彦联络的是张家玉，张家玉倒是有共举大业的雄心壮志，然而李成栋大军突然回援，先发制人攻陷了东莞，导致合攻广州的计划胎死腹中。此时，陈邦彦的目光又投向了新近在南海起兵的陈子壮。

在"岭南三忠"当中，陈子壮的年岁最长，比张家玉大了整整二十岁。他是广东南海人，万历末年以探花及第，授翰林院编修，资历算是相当老了，在崇祯朝更是官至礼部右侍郎，并在弘光政权担任过礼部尚书。南京陷落之后，陈子壮乔装打扮逃回广东，后来被朱聿键委任为东阁大学士，但陈子壮辞而不就，据说是因为先前议论宗室之事，跟朱聿键结下了一些怨恨。永历政权建立之初，陈子壮被委任为中极殿大学士兼兵部尚书，总督五省军务，但他看不惯丁魁楚、王坤之流狼狈为奸，拒绝入阁用事。广州失陷后，陈子壮便在南海九江举起了抗清义旗。

如今，陈子壮接到陈邦彦盛情邀约，不禁喜出望外，当即决定联合行动。鉴于先前的两次失败教训，陈邦彦为了一举拿下广州，在各方面都做了十分充足的准备：一是通过秘密渠道策反了归附清军的几位前明将领，安排他们在城内做内应；二是安排拥有三千人之众的民间武装"花山盗"诈降，趁机混入广州城内；三是约定各自的进攻路线，陈子壮的义师从九江出发，负责攻打广州西南，陈邦彦则率领舟师顺江攻打广州西北，总攻时间定在七月初七日。城外大军整装待发，城内的内应和诈降队伍业已准备就绪，张家玉那边又牵制着李成栋的主力，真可谓天时地利人和，这一次广州战役想不胜利都难，这个"七夕节"，算是在广州过定了！

先别忙着高兴，在南明这个时代，令人大跌眼镜的事情多了！这一回出了什么状况呢？不知道陈子壮是太过自信，还是心情激动而记错了日期，竟然比约定时间早到了两天，于七月初五日进抵广州城外的五羊驿。由于陈邦彦的舟师尚未就位，陈子壮倒没有擅自发起进攻，而是决定驻扎在原地等一等。两天的光景，说长也不算长，但对于清军获取情报而言，足够了。就在这最关键的两天里，清军获取了整个作战计划的绝密情报。至于具体过程，有一种说法是陈子壮的家僮被清军俘获而招供，还有一种说法是陈子壮军内部出了一个叛徒，主动向清军告密。也就是说，在约定攻城的时间到来之前，清军已经掌握了全盘计划。

探知到这份重量级情报，佟养甲不禁惊出一身冷汗：如果晚知道两天，自己的小命恐怕就难保了！心有余悸的佟养甲一面在广州城内大开杀戒，秘密将陈邦彦策反的三名内应和三千"花山盗"全部处死，一面密令李成栋火速回援广州。

转眼到了七月初七日，陈邦彦率领的舟师按计划发起攻击，结果与李成栋回援的水师在禺珠洲撞个正着。这场遭遇战彻底打乱了陈邦彦、陈子壮的既定作战部署。由于事发突然又势均力敌，双方的遭遇战很快转入白热化。陈邦彦的舟师毕竟是顺江而下，又借助风向发起火攻，李成栋眼看支撑不住，索性调头就跑，陈邦彦跟在后面紧追不舍。

按照先前的作战计划，陈子壮的部队预先埋伏在白鹅潭。黄昏时分，伏兵只看到前方来了黑压压一片舟师，根本没有意识到他们是被自己的友军一路撵到这里的，竟然被吓得阵脚大乱。陈子壮的伏兵一乱，彻底解除了清军的后顾之忧，李成栋下令调转船头，给陈邦彦反戈一击，结果大获全胜。

进攻广州的计划再一次化为泡影，陈子壮一路逃往高明，陈邦彦则率残部与清军周旋，随后撤到清远一带落脚。到了九月，李成栋率军攻破清远，将陈邦彦俘获，随后押往广州处死。十月初，驻扎在增城的张家玉也遭到李成栋清剿，寡不敌众的义师不幸溃败，张家玉投水自尽。十月底，李成栋率军攻打高明，又将陈子壮俘获，也押往广州处死。至此，"岭南三忠"在广东点燃的燎原之火，终因力量悬殊，基本上被清军扑灭殆尽。

39

「三顺王」入湘

广东义师的抗争虽然以失败告终，却在永历政权最危急的时刻将李成栋的部队牵制在广州附近，极大地缓解了广西地区面临的军事压力。按照常理来推论，既然"岭南三忠"困住了李成栋，永历政权就应该派出军队到广东境内活动，响应义师的抗清斗争，收复一城算一城。事实上，瞿式耜确实在部署伺机而动，相继收复了阳朔、平乐、梧州等地，但始终没有向广东派去一兵一卒。这可就奇怪了，就算朱由榔没有收复广东失地的兴趣，瞿式耜总不会想不到吧？莫非他们真的把广西当作能够独善其身的世外桃源了吗？

话说回来，朱由榔只顾着跑路，是他的性格使然，毕竟江山易改，本性难移。瞿式耜也采取作壁上观的态度，看似匪夷所思，实则是迫不得已。当时，永历政权龟缩在广西、湖南交界地区，无论是东面的广东，还是北面的湖南，两头都得睁大眼睛盯仔细了，因为就在"岭南三忠"将广州一带搅得天翻地覆的时候，湖南的何腾蛟也成了热锅上的蚂蚁，与坐镇广州城内苦熬的佟养甲相比，可谓有过之而无不及。

关于湖南的事情，咱们还得从隆武时期堵胤锡、何腾蛟合围武昌的计划失利说起。当时，因为何腾蛟迟疑不决、一路磨蹭，把堵胤锡和忠贞营坑得很惨，不仅武昌没能打成，还让清军顺势南下占领了岳州。转眼到了隆武二年（1646年）夏天，何腾蛟发现清军并没有继续南下进取的意图，顿时来了精神，胆识愈壮，开始谋划收复武昌的军事行动。从长沙到武昌，岳州是迈不过去的一道坎，所以何腾蛟的部队得先攻占岳州，再北上进取武昌。与此同时，退守常德的堵胤锡也接到了新的作战任务：先率部北上进抵长江，再顺江东下从侧翼接应，与从岳州北上的部队合攻武昌。

清军留在岳州驻守的军队并不多，守将马蛟麟赶紧向坐镇武昌的湖广总督罗绣锦（去年十一月接替佟养和）求援，结果也不济事，毕竟清军主力业已北撤，罗绣锦能够调动的人马并不多。马蛟麟这个人也挺有意思，他原本是何腾蛟的部属，曾任岳州副将，在清军攻陷岳州时选择了投降。身为曾经的部将与局中人，马蛟麟非常了解何腾蛟部的作战风格，知道这支部队最显著的特点就是经不起哪怕一丁点儿失利，只要有一处受些损失，各处立马乱套，陷入全线溃败的局面。

如今何腾蛟部大兵压境，马蛟麟决定赌一把，果断率领麾下仅有的数百骑兵出城发起攻击。对方不知守军的虚实，竟然被这突如其来的袭击吓破了胆，仓皇南撤到了湘阴。马蛟麟狂追五十里，又把何腾蛟派出的舟师暴揍了一顿。

何腾蛟的部队如此不禁打，配合行动的堵胤锡恐怕又得被坑。幸运的是，堵胤锡这一次留了个心眼，一边按计划北上，一边派人打探岳州方面的消息。结果他刚刚进抵嘉鱼，便接到友军溃败的消息，于是赶紧撤了回来，方才避免了孤军深入、羊入虎口的悲剧。

何腾蛟哪里知道，就在他谋划着进取岳州、武昌的时候，北京城里的多尔衮也在做着同样的事情，打算加快统一天下的步伐，华南门户湖南自然是首当其冲。鉴于豪格、吴三桂正率大军在陕西地区作战，并准备入川清剿张献忠，多尔衮遂于八月委任恭顺王孔有德为平南大将军，调度怀顺王耿仲明、智顺王尚可喜麾下的部队，并配属佟养和率领的舟师，准备大举入湘。"三顺王"接到诏令之后，火急火燎地赶回关内，因为他们的部队此时还驻扎在辽东呢。这么一来一去地折腾，耗费了差不多半年光景，直到永历元年（1647年）二月，"三顺王"率领的大军方才进抵岳州，准备发起湖南战役。

别看"三顺王"的队伍姗姗来迟，但其进攻速度着实惊人，不出两三天光景，便已兵临长沙城下。何腾蛟猝不及防，顿时乱了阵脚，其实即便有时间组织防御，恐怕也难以济事，因为湖南境内的大部分驻军是就地收编的民间武装，甚至还有不少祸乱乡里的草寇，且不论战斗力如何，山大王们首先考虑的问题便是如何保存自己的实力，而不是陪着何腾蛟以卵击石。

何腾蛟自忖不是清军的对手，赶紧收拾家当向南逃窜，一路跑到衡州去了，将长沙乃至整个湖南北部拱手让人。何腾蛟这么一撤，驻守在常德的堵胤锡就比较尴尬了。奉主将孔有德之命，怀顺王耿仲明率部从长沙西进常德。堵胤锡为了避敌锋芒，保存有生力量，一路向西撤退，勉强在地处武陵山区的永定卫落脚。长沙以南的方向，则由智顺王尚可喜率部攻打攸县。驻守在此的将领名叫黄朝宣，原本打算有条件地归附清军，没承想竟遭到对方断然拒绝。想想也挺可笑，清军干掉黄朝宣就跟玩儿似的，哪里还用得着耗费口舌谈什么投降条件。黄朝宣自讨无趣，又不敢硬刚，只能悻悻逃往衡州，与何腾蛟会合。长沙东面，则由孔有德亲自出马，收编了驻守在浏阳一带的前明军队。

扫清长沙外围的防守力量之后，"三顺王"继续向南进发，于四月中旬攻占衡州。何腾蛟继续南逃至永州一带，先前还幻想着跟清军谈条件的黄朝宣，此时万念俱灰，无条件投降了。按照黄朝宣的设想，自己虽说是在衡州城破之后被迫投降的，但终归算是主动归附，应该能谋个一官半职，可以继续留在湖南恣意妄为，为虎作伥。不过，黄朝宣恶贯满盈，双手沾满了湖南人民的鲜血，在湖南各地的名声实在太臭了。孔有德不想给自己惹一身骚，也着实不相信黄朝宣对自己死心塌地，既然不杀不足以平民愤，杀掉他还能除隐患、得民心，何乐而不为呢？据史料记载，黄朝宣被清军处死的这一天，衡州城内民心大悦。

站在清军的视角来看，此番"三顺王"入湘势同卷席，如果从衡州再向西面进军，经永州攻取武冈，应该也不会遇到多大麻烦，毕竟这一带只剩下刘承胤一支武装了。虽说他号称拥兵数万之众，但是连何腾蛟这样的地方大员都只能一路抱头鼠窜，刘承胤又有几个胆子，敢跟来势汹汹的"三顺王"硬刚？拿下永州、武冈之后乘胜南下，即使嗅觉特别灵、跑路特别快的朱由榔早已逃之夭夭，清军依然可以顺势攻取桂林、梧州，将永历政权逼入西南死角，则统一天下的大局定矣！

不过值此关键时刻，身为征南大将军的孔有德却给进展神速的清军踩了一脚刹车。倒不是他惧怕刘承胤、瞿式耜，更不可能是他对命悬一线的明朝余脉动了恻隐之心，而是这群来自关外的士兵即将遭遇更为强劲的对手：南方的酷暑！对于习惯了呵气成霜、滴泪成冰的北方人而言，南方夹杂着湿气的酷暑比任何敌人都更可怕。

这种湿热的空气，中医称之为"瘴气"。瘴气极多的两广地区，被人们称为"瘴乡"，一直都是纯天然的流放之地。《后汉书》记载说："南州水土温暑，加有瘴气，致死者十必四五。"这句话的意思很简单，凡是流放到这里的人，只要过上一个夏天，一旦中暑就会死掉一半。对于当时的北方人而言，谈瘴色变绝不是夸大其词、危言耸听。孔有德可不敢冒这么大的风险，只能隔空向朱由榔发出邀约：秋高气爽之日，便是我们相见之时！

伴随着炎炎夏日到来，清军攻取湘南的步伐戛然而止，我们得以有机会聊一聊朱由榔，不知道他在武冈的日子过得怎么样了。

朱由榔在武冈驻跸之初，刘承胤还是尽了地主之谊，让这位惶惶如丧家之犬的君主得以安身，不仅有吃有喝，还不用干什么活。由于瞿式耜没有跟着来，朱由榔生性又比较懒散，所以"政事皆决于承胤"。刘承胤迎了朱由榔的大驾，政治地位一路飙升，先是从定蛮伯晋封为武冈侯，不久之后加升安国公。这位南京"市棍"出身的"刘铁棍"，摇身一变成了小朝廷的大红人。

从昔日的街头浪子，到如今挟天子以令诸侯，刘承胤一副得志便猖狂的小人嘴脸，俨然武冈版的郑芝龙。不过，人家郑芝龙虽说豪横，好歹拥兵十余万，自然有豪横的资本，刘承胤麾下区区两万余人，还大部分是一些地痞无赖出身的乌合之众，竟"侈然自以功盖古今"，真是不知天高地厚。因此，自从朱由榔驻跸武冈，群臣弹劾刘承胤的奏疏几乎就没有间断过。怎奈朱由榔带来的小朝廷就是一个空名头，要钱没钱，要兵没兵，又能把这条地头蛇怎么样呢？

与叽叽喳喳的文臣相比，手握实权的武将才是刘承胤小心提防的对象。伴随着清军强大的南下攻势，前明军队或投降，或逃亡，其中就有一支数万人规模的队伍，在主将张先璧的率领下一路往武冈方向撤退，声称要来护驾，并上疏弹劾刘承胤跋扈专权。

刘承胤意识到对方来者不善，硬逼着朱由榔下达诏令，拒绝张先璧的队伍进入武冈。张先璧大为光火，屯兵于武冈城下，与刘承胤的守军展开武装对峙。刘承胤屡次派兵出城袭扰，结果都被张先璧的队伍揍得呜呼哀哉。眼瞅着内战一触即发，朱由榔赶紧派人出城宣谕，好言好语先把张先璧安抚了一通。张先璧还算是顾全大局，毕竟火炮、弓箭都不长眼，万一伤到朱由榔，自己也没法交代。考虑到朱由榔实质上已经沦为刘承胤赖以自保的人质，投鼠忌器的张先璧只有妥协，率部改驻湘西沅州去了。

刘承胤万万没有想到，刚把张先璧这尊大神送走，自己的老上司何腾蛟竟然也不请自来了。何腾蛟跟刘承胤打了很多年的交道，深知这个"刘铁棍"的无赖品性。太远的故事咱们不必追述，就说最近吧，刘承胤为了讨要封爵和军饷，竟然派兵前往何腾蛟的老家，捉了人家的儿子充当人质。何腾蛟救子心切，亲自出面替这个无赖讨封，刘承胤最初的爵位"定蛮伯"就是这么来的。后来，何腾蛟安排刘承胤驻扎在偏远的武冈，很大程度上就是故意让这个地痞有多远滚多远。结果呢，人算不如天算，永历帝朱由榔偏偏是一个有多远跑多远的货色，让刘承胤白捡了一个大便宜。

何腾蛟被清军一路狂撵，辗转来到永州一带，随即前往邻近的武冈觐见朱由榔。对于刘承胤的飞扬跋扈，何腾蛟早有耳闻，也有些心理准备，但他还是没有预料到此时的刘承胤已尾大不掉。见到朱由榔之后，何腾蛟便开始长篇累牍、声泪俱下地弹劾刘承胤拥兵自重、祸国殃民，请求朱由榔向南移驾，返回广西桂林驻跸。刘承胤毫不示弱，针锋相对地要求朱由榔追究何腾蛟失守长沙之罪，建议褫夺其兵权，改任户部尚书，专心致志地为小朝廷搞钱，省得他总多嘴。

刘承胤有实力，何腾蛟有声望，朱由榔知道哪边都开罪不起，于是摆出一副置身事外的态度，任由二人死掐。眼瞅着朱由榔不愿意搭理这些烂账，刘承胤决定自行解决问题，竟然跑到何腾蛟的面前，要收缴他的督师之印，结果何腾蛟对他一通抢白，让他先掂量一下自己的斤两，想想抢过督师之印以后，到底能调动几支兵马。刘承胤这些年一直在湖南混，知道何腾蛟此言不虚。就说先前跑到武冈跟他叫板的张先璧吧，论战斗力还只能算三流，要不是刘承胤的手里捏着朱由榔，恐怕早就被人家干掉了。

意识到明着来不行，刘承胤便准备玩阴招。何腾蛟不是还要返回永州吗，刘承胤打算在半道上设伏截杀，到时候报他被山匪所害，反正死无对证，神不知鬼不觉地除掉这个心腹大患。

刘承胤想得挺美，但何腾蛟也不是傻子，他太了解刘承胤的为人了。为防不测，何腾蛟利用自己的声望与人脉，暗中安排五百精兵充当护卫，将刘承胤预设的伏兵杀得片甲不留。堵胤锡也借机做起了文章，以督师半道遇袭为由，要求追究刘承胤的责任，甚至表示要亲自率军南下武冈靖难勤王、清君侧。看到堵胤锡的奏疏，刘承胤"始知惶惧"，一面向朱由榔进言，加授堵胤锡为东阁大学士，一面借朱由榔之口给堵大学士安排新的任务，让他"总督江、楚军务，驻长沙，专办恢剿"。这可真是天大的笑话！长沙那么多远道而来的清军，让堵胤锡住哪儿？这不是明摆着玩人吗？

其实呢，堵胤锡如何驻守长沙、光复故土，刘承胤管不着，他只是想拦住堵胤锡南下的步伐而已。不得不承认"近水楼台先得月"，挟持天子确实有号令诸侯之便，刘承胤总算是躲过了一劫。不过，伴随着天气逐渐转凉，清军势必有所行动，朱由榔在武冈的安稳日子恐怕很快就要过不下去了。

## 40 从武冈到南宁

对于朱由榔而言，这个夏天实在是太短暂了，孔有德秋日相见的隔空约定在不经意间悄然而至。是年八月，适逢初秋时节，"三顺王"率领的清军重返湖南，在攻克宝庆之后，一路南下直扑永州、武冈而来。由于事发突然，瞿式耜赶紧派人给朱由榔送信，建议他带着残缺不全的小朝廷移跸桂林。事实上，这哪里还用得着瞿式耜提醒，朱由榔早就想拔腿开溜了，只是刘承胤从中作梗、百般阻拦，一时难以成行。

刘承胤沉迷于挟天子以令诸侯的惬意无法自拔，自然不肯放走朱由榔这块金字招牌，但话又不能说得直白，于是壮着胆子跟瑟瑟发抖的朱由榔和一干大臣吹牛皮说："我兵多，他绝不敢来。"刘承胤的这番大话连他自己都不信，永历小朝廷的君臣怎么可能当真，但身处寄人篱下的尴尬境地，只能先静观其变。

面对来势汹汹的清军，刘承胤原本打算先发制人，派出一支队伍前去迎敌。这群乌合之众连张先璧这样的三流军队都干不过，怎么可能是清军的对手？结果可想而知。打完一场实力悬殊的遭遇仗之后，孔有德率领清军在距离武冈三十里的地方安营扎寨，底气不足的刘承胤决定主

227

动投降，派人前去联络，并承诺交出朱由榔，作为自己的投名状。

刘承胤毕竟是直肠子的赳赳武夫，一上谈判桌便扔出王炸，让孔有德难免心存疑虑，怀疑对方是在使诈，并没有贸然受降。刘承胤一面暗骂孔有德脑袋不开窍，一面安排亲信严加看管朱由榔，谨防他在关键时刻开溜。为了表达归附的诚意，刘承胤主动剃发，亲自前去拜见孔有德。

对于刘承胤搞的这些小动作，嗅觉特别灵敏的朱由榔自然了然于胸。尽管已经遭到软禁，但朱由榔还是利用刘承胤离开武冈去找清军接洽的空隙，策反了刘承胤的母亲和弟弟刘承永。刘老太太直接干预，负责看管朱由榔以及驻守城门的官兵搞不清楚状况，只能一路绿灯，让朱由榔一行顺利逃出了武冈城。朱由榔原本打算逃往靖州，但跑出二十里之后转念一想，意识到这个目的地太不靠谱了，靖州终究还是刘承胤的地盘啊！万般无奈之下，朱由榔决定改变路线，走小道辗转逃回广西。

在时任广西总兵侯性的接应之下，朱由榔一路狂奔到了柳州府。但这里距离湖南并不算远，朱由榔缺乏足够的安全感，于是全然不顾瞿式耜恳请其移跸桂林的动议，准备逃往地处广西腹地的南宁府。瞿式耜不禁大为光火，果断派兵将朱由榔截在半道，实质上是采取兵谏的方式，逼着朱由榔靠前指挥，稳住小朝廷的人心。眼瞅着南宁没法再去，朱由榔只得转身返回桂林，命人将三宫先行送往南宁安置。

刘承胤选择投降，使得清军几乎不费吹灰之力便占领了武冈、永州、沅州等地，前明军队或降或逃，损失惨重。何腾蛟在湖南已经难以立足，被迫撤往广西兴安，湖南全境很快就被清军收入囊中。事实上，何腾蛟麾下还有一支劲旅，那就是昔日收编的大顺军残部之一——郝摇旗部，大约有四万人的规模。"三顺王"再度入湘之后，原本被派往郴州迎接朱由榔的郝摇旗一路撤出湖南，率部向桂林府靠拢。

广西毕竟是别人的地盘，先打一声招呼还是很有必要的。于是乎，郝摇旗派人前去接洽，结果遭到瞿式耜和时任两广总督于元烨严词拒绝：不同意！哪儿凉快上哪儿待着去！尽管瞿式耜、于元烨控制的兵力比较薄弱，但他们拒绝郝摇旗的军队进入桂林，倒不是担心他拥兵自重，挟持起风雨飘摇的小朝廷来，而是从内心深处瞧不起郝摇旗的出身。在他们看来，昔日的"流贼"受了朝廷招抚，换了一身马甲，但本性难移，照样是"贼"啊！

瞿式耜、于元烨如此不通情理，郝摇旗感到很不甘心：什么叫哪儿凉快上哪儿？我觉得桂林就挺凉快的！尽管初次接洽没有成功，但郝摇旗又派出了一支阵容庞大的队伍前去桂林游说，这里面既有皇室宗亲，譬如通山王朱蕴鈝、东安王朱盛蒗，也有永历小朝廷先前的大红人——司礼监太监王坤，这些丧家之犬都是郝摇旗在撤退途中顺道"收容"的，没想到还能派上一点用场。

这么多有名头的人出面替郝摇旗说情，让瞿式耜有些拉不下脸来，打算退一步，大家见面都好说话，但于元烨始终坚持顽固立场，天王老子来说情也不顶用。两番遭到回绝，郝摇旗终于忍无可忍，亲自率部进抵桂林城下，摆出一副武装攻城的态势。为了息事宁人，瞿式耜只得亲自前去安抚，勉强同意郝摇旗的军队驻扎在桂林外围。

驻军地点的问题解决之后，瞿式耜便玩起了阴招，企图分化、瓦解这支农民起义军出身的队伍，具体办法与何腾蛟当初的手段如出一辙：通过扣发军饷逼迫其四处抢粮，接着便按律严惩，几个回合下来，郝摇旗的士兵要么会被饿死，要么会被整疯！

处心积虑的"一条龙服务"果然奏效，郝摇旗的军队没饭吃，只能到处去疯抢，瞿式耜暗中组织乡民武装自卫，与执行军纪相结合，不断消耗郝摇旗的实力。就在双方闹得火热的时候，"三顺王"率领的清军扑向广西，发起彻底消灭永历政权的收官之役了。

怀顺王耿仲明是此次清军南下的前锋，他率部进攻的第一个目标是地处湘、桂交界的全州。全州是从湖南进入广西的门户，一旦失守，兴安、桂林一线必然会相继溃败。值此千钧一发之际，何腾蛟迅速赶往兴安坐镇指挥，并急调郝摇旗和焦琏两部兵马，会同全州守军阻击清军。不得不承认，郝摇旗部的战斗力确实比较强悍，竟然迎头痛击耿仲明，取得了自"三顺王"入湘以来永历政权方面的第一次重大胜利。捷报传到桂林，朱由榔不由得感慨说："全阳奇捷，真中兴战功第一。"

尽管何腾蛟、郝摇旗在危急时刻保下全州，暂且止住了清军南下的步伐，但咱们不要忘了，此时的广西可是两线作战，北面要应付"三顺王"的清军，东面还有业已占领广东的李成栋呢！在基本剿灭了"岭南三忠"的抗清力量之后，李成栋便迅速挥师西向，重新占领了梧州。

获悉这一惊天消息，郝摇旗不由得心慌意乱，毕竟自己的老婆、孩子、家财都安置在桂林呢，如果李成栋乘胜北上，进逼桂林，岂不是凶多吉少？于是乎，郝摇旗也顾不得北面有什么耿仲明还是耿仲暗了，带着队伍一路撤回桂林。郝摇旗这么一撤，接下来的防御战根本就没法打，何腾蛟、焦琏也相继南撤，只留下一名副将和一名总兵驻守全州。这两位倒霉的将领，一个叫唐文曜，一个叫王有臣，眼瞅着大领导都跑路了，他们也不愿充当挡箭牌和炮灰，索性投降了清军。永历元年（1647年）十二月中旬，耿仲明兵不血刃接管了全州。

全州失守，广西门户洞开，何腾蛟预感到麻烦大了，赶紧返回兴安坐镇，并四处调兵遣将堵截清军。匪夷所思的是，郝摇旗一心防着已经攻陷梧州的李成栋，反倒是对近在咫尺的清军采取一种近乎无视的态度，只派出一千骑兵前往兴安，算是卖了何腾蛟面子。

郝摇旗或许认为，自己不去阻击清军，必然有其他队伍顶上，可他哪里意识到，别的实力派将领也是这么想的。如此一来，结果就相当不妙了，面对来势汹汹的清军，深感实力悬殊的何腾蛟决定弃守，于永历二年（1648年）二月临阵脱逃，直接导致郝摇旗派出的一千骑兵陷入重围，全军覆没。

转眼到了二月下旬，清军攻破了桂林北大门严关，桂林城危在旦夕。瞿式耜原本打算死守桂林，但他能够调动的部队实在少得可怜，尤其是眼下实力最强的郝摇旗根本不愿意再跟他合作。这事儿容易理解，郝摇旗先前饱受瞿式耜刁难与排挤，一千骑兵又刚刚因为何腾蛟临阵脱逃而全部战死，他早就窝着一肚子的火了，怎么可能再替这些宵小之徒卖命？

朱由榔一心想着跑路，瞿式耜依然上疏劝阻，反复强调死守桂林的必要性和可行性，认为"背城借一，胜败未知"。朱由榔彻底怒了，对着瞿式耜大呼小叫起来，直言："卿不过欲朕死社稷耳！"

话已经说到这个份上，足见形势之危急，朱由榔顾不得许多，执意从桂林逃往南宁。与先前逃往武冈一样，瞿式耜拒绝随驾，带着何腾蛟、焦琏等人留在桂林，继续与清军周旋。三月初十，朱由榔一行终于抵达南宁府。经历了一路惊魂，这位专注于逃跑的帝王终于可以睡一个好觉了！

㊶
福
建
三
派
系

从武冈州侥幸逃回桂林府，再从桂林府仓皇移跸南宁府，朱由榔的逃亡生涯暂且告一段落。趁着这个间隙，咱们回头看一看，在清军主力一部分北返、一部分离开福建南下广东之后，东南沿海的抗清斗争开展得如何了。

作为东南沿海地区抗清主战场，福建的力量对比发生了根本性变化。大清政权要想继续推进统一天下的大业，自然不能让精锐力量深陷于这片"八山一水一分田"的兵家不争之地。由于清军防守薄弱而空虚，各支抗清武装得到了宝贵的喘息时机，元气有所恢复。不过，福建的形势远比广东复杂得多，别看地盘不算大，这里的抗清力量却至少存在三大派系：

第一大派系是鲁监国政权的残余力量，咱们可以称之为"浙系"。这支武装奉鲁监国朱以海为正朔，在郑彩的支持下落脚长垣岛，势力范围包括福州外海及隶属于浙江的舟山群岛。

第二大派系是郑氏家族武装的残余力量，咱们可以称之为"闽系"。在隆武政权覆灭之时，他们不愿意跟随郑芝龙投降清军，索性依托水师继续抵抗，这支武装自视为隆武政权的延续，名义上归于郑鸿逵的麾下，事实上由二十出头的郑成功指挥，主要活动在厦门、金门一带。

第三大派系比较杂乱，咱们可以统称为"民系"。主要包括各地官绅自发组织起来的义师，用时任浙闽总督张存仁向北京呈报的奏疏来说，"遍海满山，在在皆贼"，可见义师在福建已成燎原之势。不过，这些义师并没有一个统一的指挥调度机构，事实上处于各自为战的状态，他们虽然高举反清复明的大旗，但政治立场总是摇摆不定，鲁监国政权、郑氏家族支持的隆武政权乃至远在两广的永历政权，都是他们尊奉的对象，关键看谁开出的条件更为优厚，所以他们朝秦暮楚是常有的事儿。

就福建当时的处境而言，各自为战的抗清武装势必造成极大的混乱，这种混乱是一把双刃剑，既乱了自己，也乱了敌人。从某种程度上来说，令清军眼花缭乱所带来的成效，远远超过抗清武装互不统属给自身带来的弊端。

各大派系到底如何与防守力量空虚的清军抗衡呢？

咱们先来看"浙系"。永历元年（1647年）正月底，鲁监国朱以海在长垣誓师，准备收复失地。没过多久，驻守在海坛岛的周鹤芝便率先采取了行动。

说到周鹤芝，这可是一位传奇式人物，他是福建福清人，很早就拉起了一支对抗官府、劫富济贫的海盗队伍，闻名于乡里。在此期间，周鹤芝还跟日本的倭寇打过一些交道，并拜对方的首领为义父，双方交往甚密，相互配合着发财。崇祯时期，周鹤芝接受了朝廷的招抚，担任把总之职，负责稽查来往于海上的船只。至隆武政权时，周鹤芝官至水师都督，协助黄斌卿防守舟山群岛。听说曾经与自己交情匪浅的倭寇首领

233

成了日本的大将军，周鹤芝便想利用这层关系漂洋过海去搬救兵，结果黄斌卿坚决不同意，认为他这么做无异于引狼入室。周鹤芝觉得自己与黄斌卿根本谈不到一起，索性率部离开舟山，返回了福建。后来，郑芝龙决意投降清军，周鹤芝以死相谏未果，又率部撤到海坛岛继续抗清。

长垣誓师之后不久，周鹤芝便攻占了福清的海口镇，一度占领将近五个月。一直守到六月间，海口镇才被清军攻陷，损失惨重的周鹤芝被迫退守海坛火烧屿。几乎与周鹤芝采取攻势同时，鲁监国朱以海这边也秉持"擒贼先擒王"的理念，兴师动众去攻打福州。然而，清军留守的兵力再薄弱，也不至于沦落到连福州府城都保不住的地步。朱以海能够调动的兵力其实并不多，根本打不下来，只得退而求其次，转攻兴化、福清。朱以海天真地认为，驻守这两地的都是新近投降的前明将领，策反起来比较容易。他哪里想到，这些降将为了向新主子表明自己的忠心，比清军还要狠，三下五除二就把来犯的鲁监国军队暴揍了一顿。

转眼到了七月，周鹤芝已从海口镇败退回来了，但鲁监国朱以海依然不死心，再度号集力量攻打福州，结果再遭败绩。两番败北，让原本就微薄的家底更加寒碜，朱以海这才认真汲取失败的教训，转而向防守力量薄弱的小县城和农村发展。事实证明，朱以海终于正确决策了一回，相继收复罗源、连江、长乐、闽清、宁德等地，不知不觉之中竟然对福州构成了包围之势。

"浙系"在福建忙得不亦乐乎，大有喧宾夺主的气势，"东道主闽系"此时也没有闲着。永历元年（1647年）二月初，郑成功率部收复海澄，准备向漳州地区发展，结果遭到清军强势反击，非但没能攻克漳州，连海澄也很快得而复失。事实上，郑鸿逵、郑成功当初脱离郑芝龙的控制撤往金门，带走的人马并不多，加之郑彩又跟着"浙系"混去了，"闽系"的兵力更是少得可怜。几个月以来，"闽系"主要忙于制造战船兵器、募练兵勇、筹集粮草，因此守不住海澄、拿不下漳州实属正常。

尽管有这样那样的客观原因，但看到"浙系"在福建越战越勇，自知实力不济的郑成功还是坐不住了，他将下一个收复目标定为东南沿海乃至全国海上贸易重镇——泉州。当时，驻守泉州的清军将领是提督赵国祚，城外还有参将解应龙带着一支队伍驻扎在溜石寨。郑成功这边一攻城，解应龙便率部从溜石寨潜出，袭击侧翼，切断后路，令郑氏这方苦不堪言。吃过几次亏之后，郑鸿逵、郑成功认为必须先拿下溜石寨，才能放开手脚打泉州城。于是乎，郑成功佯装攻城，成功诱出了溜石寨的解应龙，随即半道设伏将其消灭，乘胜捣毁了溜石寨。

失去溜石寨的策应，泉州近乎一座孤城，赵国祚一面部署城防工事，一面探查潜入城中的内应，还真的抓出不少被对方策反的眼线。为保泉州无虞，赵国祚又派人前往漳州，命令驻守在那里的王进火速增援。王进不敢抗命，但他的麾下只有一千五百人，无异于杯水车薪，根本解决不了泉州面临的困局。王进灵机一动，派人四处放出消息，谎称潮州方面有数万兵马来援，准备直捣郑氏老家安平。为了把这场戏演得更加逼真，王进不惜以身涉险，率部向安平方向一路狂奔。

郑成功不知是计，他预先安置在泉州城内的眼线也被赵国祚缉捕殆尽，根本搞不清楚真实状况到底如何。不怕一万，就怕万一，郑成功决定亲率主力赶往安平，只留下少量兵力由郑鸿逵指挥，继续攻打泉州。郑氏武装一动，王进便突然转向驰援泉州，与赵国祚里应外合夹击郑鸿逵。郑鸿逵猝不及防，全线溃败，被迫撤回金门。郑成功在安平扑了个空，才意识到被王进戏要了一回，虽然深感痛悔，但为时晚矣。

相比表现不尽如人意的"浙系""闽系"，"民系"的抗清斗争倒是可圈可点，其中最具代表性的是郧西王朱常湖领导的一支义军。朱常湖是明宪宗朱见深的五世孙，名义上是亲王，其实血缘关系比较疏远，明亡后几经辗转，避难于闽北地区。永历元年（1647年）七月，当地乡民自发举起抗清义旗，拥戴朱常湖为首领，迅速占领了建宁府，接着相继收复建阳、崇安、松溪、政和、寿宁等地，声势越发壮大。

闽北形势突变，令时任浙闽总督张存仁如坐针毡，因为义军活动的这些地域正好对浦城构成了半月形的包围。浦城一旦有失，从浙江经仙霞关入福建的陆路通道将被切断，如果浙江的清军进不来，镇压福建的抗清势力就无从谈起。如果让福建自生自灭，相当于断了广东清军的后路（"三顺王"率领的清军当时尚未占领湖南全境），佟养甲、李成栋就会成为腹背受敌的孤军。

一座小小的县城牵动着福建乃至整个华南的局势，驻守在杭州城里的张存仁不敢有丝毫懈怠与侥幸，他一面向朝廷奏报说福建"在在皆贼"，一面砸锅卖铁，挖地三尺似的调兵遣将，好不容易才抽出一千兵马去驰援浦城。别看这一千人不算多，但对付临时起事的义军还是绰绰有余。

眼瞅着打不下浦城，朱常湖决定调整进攻方向，转而往沿海地区发展，向"浙系""闽系"武装力量靠拢。转眼到了十月中旬，义军开始围攻地处闽东北的滨海小城福宁州。清军负隅顽抗，义军一时打不下来，只能采取围困战术。这一围就是四个来月，直至"士民饿殍过半"，弹尽粮绝的清军终于坚持不住了，被迫出城讲和，妄图拖延时间等待增援，结果勉强拖了两个月，迟迟不见援军的踪影，因为浙闽总督张存仁已经没有多余的兵力可用了。永历二年（1648年）四月，义军终于收复了福宁州。

与朱常湖起事几乎同时，地处福州南面的兴化府也爆发了乡民起义。在清军的强力弹压之下，义军被迫撤往山区继续周旋，等到鲁监国政权的军队进逼福州，兴化府的守军前去增援，这支义军又从山里钻出来围攻兴化，搞得清军疲于奔命。转眼到了永历二年（1648年）初，曾经遭到郑芝龙胁持而投降清军的大学士朱继祚获得朝廷恩准返回原籍兴化，他名义上是告老归乡，其实一回来就跟义军搭上了火，还秘密策反了一些降清将领作为内应。最终，在"浙系"一部武装的配合之下，义军成功收复兴化府。至此，福州已完全处于"浙系""民系"的包围之中，差不多成了一座孤城。

㊷

苏浙、鄂西的激荡风云

　　几大错综复杂的派系在福建搞得风生水起，陷落已久的苏南此时也不怎么消停，同样上演着激情燃烧的岁月。永历元年（1647年）四月，前明将领、时任苏松提督吴胜兆突然宣布反正，率先在长江下游掀起了抗清斗争的新高潮。

　　吴胜兆是辽东人，行伍出身，曾在明军中担任指挥之职，很早就投降了清军，后来跟随多铎大军南下，凭借消灭弘光政权的战功，以及生在关外和归附更早的老资历被委任为苏松提督，负责苏州、松江两府防御，至今已有两年左右。

　　细论起来，吴胜兆在这个时候选择反正，既谈不上是因为伸张民族大义，也不是因为官卑职小而心怀怨恨，这事儿还得从一年多前说起。当时，吴胜兆奉命开赴吴江，围剿在太湖一带起事的义师。吴江是苏州府的属县，防务自然归吴胜兆负责，这让他更加肆无忌惮，恣意妄为。借着弹压义师的由头，吴胜兆纵兵劫掠，中饱私囊，把吴江乃至与之毗邻的浙北地区搞得鸡犬不宁、民怨沸腾。

　　见吴胜兆如此胡作非为，还让浙北跟着受连累，浙闽总督张存仁岂能坐视不理，一道弹劾奏疏递到了北京，结果清廷对吴胜兆罚俸六个月，以示惩戒。如果只是罚一点俸禄，吴胜兆倒还容易接受，毕竟这一次抢到的远比被罚的多，权当向朝廷上缴一点意外收入所得税了。真正让他感到郁闷的是时任江宁巡抚土国宝竟然趁机向坐镇南京的洪承畴告刁状，说吴胜兆意欲谋反。

土国宝和吴胜兆，一个是文官，一个是武将，一起在苏州办公，低头不见抬头见，有点磕磕碰碰实属正常，怎么就闹到一方密告另一方谋反的地步了呢？原来，吴胜兆仗着自己手握兵权，到处巧取豪夺，偏偏就没有土国宝的份。在土国宝看来，吴胜兆大口吃肉，大碗喝酒，自己竟然连一口汤都喝不上，简直就是无法无天，这不是藐视上司，公然拥兵自重吗？如果这都不算造反，到底怎样才算？

土国宝说得有鼻子有眼，但洪承畴并不是傻子，这种同地为官、文武不和、相互掐架的事情，都是前明官员玩剩下的把戏。吴胜兆这种有奶便是娘的货色，想起兵造反？给他八个胆，他也不敢！

话虽这么说，洪承畴也不能坐视这两人的矛盾日益激化，毕竟闹大了对谁都不好。为了息事宁人，洪承畴索性和起了稀泥，一方面不搭理土国宝告的刁状，一方面责令吴胜兆移镇松江府。接到一纸调令，吴胜兆顿时火冒三丈，痛骂洪承畴这是在拉偏架。事实上，洪承畴这么做，也是迫不得已。土国宝毕竟是文官，驻节苏州府系朝廷指定，即便是洪承畴这个招抚江南大学士，也没有权力轻易挪动他，而吴胜兆不一样，他是武将，负责苏州、松江两府的治安，根据实际需要移防，倒也说得过去。

吴胜兆可不管这么多，就是觉得自己在这件事情上面吃了大亏，一直愤愤不平。利用这一契机，先前被吴胜兆招抚的太湖义师首领戴之俊、吴著决定策反他，一来二去地真把吴胜兆的心说动了。不过，此时的吴胜兆虽然有心反正，但考虑到自己麾下只有四千人马，对抗清军纯属以卵击石，倒也不敢轻举妄动。

为了坚定吴胜兆反正的决心，戴之俊、吴著一合计，决定演一出"逼上梁山"的好戏。他们先是谎称东林党大咖钱谦益在苏州获罪遭到羁押，并煞有介事地预测说，吴胜兆必然受到牵连，届时人头势必难保。就在吴胜兆将信将疑之际，戴之俊又给他献上一粒定心丸，表示自己可以利用陈子龙的关系，向驻守舟山的黄斌卿寻求支援。

陈子龙在弘光政权覆灭之后曾经前往太湖地区组织乡民抗清，与戴之俊多少有些交情。这场起事因遭到清军弹压而失败，陈子龙悻悻然返回原籍松江府闲居。此时戴之俊亲自登门求助，依旧胸怀报国之志的陈子龙欣然应允，一面写信联络舟山的黄斌卿，一面委托一位好友去面见吴胜兆，坚定他反正的决心。

在陈子龙、戴之俊、吴著等人的不懈努力之下，吴胜兆终于下定了最后的决心，计划率领麾下四千兵马进攻苏州、松江，并让黄斌卿的援军布置到江阴、镇江一线，牵制南京方面派出的援军。待收复苏州、松江之后，两军再合击南京。这个作战计划看上去挺大胆，其实还是有一定可行性的，毕竟清军正忙着对付福建、广东、湖南的抗清力量，长江下游的防守比较薄弱。

然而，尽管戴之俊信誓旦旦，陈子龙成竹在胸，问题恰恰就出在抗清力量内部：黄斌卿接到陈子龙的来信之后，一味只图自保，坚持不肯派出一兵一卒。后来，史家评价黄斌卿，说他"怯于大敌，而勇于害其类"，真是一针见血！

幸运的是，舟山虽然是黄斌卿的地盘，但张名振、张煌言等"浙系"将领此时也驻扎在此，不是黄斌卿一个人说了算。黄斌卿不愿意惹祸上身，张名振、张煌言则认为机不可失、时不我待，如果拿下苏州、松江，再联络活动于太湖一带的各支义师，便可一举扭转苏南地区的力量对比，对南京构成直接威胁。黄斌卿意识到众怒难犯，勉强同意派出一部水师，在张名振、张煌言等人的率领下前去策应；吴胜兆则派出一部人马，赶往长江口迎接。

出乎所有人的意料，舟山方面派出的水师在崇明岛附近遭遇飓风，船只损毁严重，将领、士兵纷纷落水，或沉溺于海，或漂流上岸。张名振运气比较好，上岸后得到一位僧人的帮助，剃发换衣，方才躲过清军的追捕，辗转逃回舟山。张煌言则被清军俘获，据他自己后来回忆，当时"陷虏中七日，得间行归海上"，也侥幸回到了舟山。

回头来看吴胜兆这边，派到长江边接应水师的部队迟迟不见船只的踪影，预感到大事不妙，便在主将的率领下倒戈，趁机拘捕了吴胜兆，当场杀害了戴之俊、吴著。随后，洪承畴派出兵马进抵苏州，一面扫荡太湖一带的义师，一面大肆搜捕反清义士，其中就包括辗转潜逃的陈子龙。血气方刚的陈子龙被捕后不肯受辱，在被押赴南京的途中跳江自尽。这场声势浩大的抗清起事经过多次出人意料的逆转以后，就这样被扼杀于摇篮之中了。

转眼到了永历元年（1647年）冬天，因为遭到清军攻陷而沉寂已久的浙东地区波澜再起，爆发了一场号称"五君子"的抗清斗争。

"五君子"是一个大概的数字，其实并不止五个人，为首者包括华夏、董志宁、王家勤、屠献宸、杨文琦等宁波籍士子。前三人曾经在两年前发起过鄞县起义，跻身"六狂生"之列，抗清复明的斗志相当坚决。别看这些人只是一介书生，他们敢于在敌后高举义旗，凭借的绝不仅仅是一腔热血，而是掌握着一定斗争资源的。首先，华夏与驻守在宁波府的降清将领陈天宠、仲谟等人交情匪浅，可以有针对性地展开策反行动。其次，附近的四明山区里活动着一支抗清武装，他们表示愿意跟

"五君子"联合抗清。再者，可以尝试着去联络一下舟山的黄斌卿，寻求其派兵支援。

根据华夏制定的作战计划，利用清军大举南下闽粤、浙东防守薄弱的契机，由四明山的义师率先突袭绍兴府城，得手之后再会合舟山派出的援军，与降清将领里应外合收复宁波府城。届时以两座府城为中心，依托四明山和舟山，便可在浙东地区建立比较稳固的抗清根据地了。

与先前拒绝支援苏南地区不同，舟山的黄斌卿这次敏锐地意识到，凭借华夏等人的号召力和四明山义师的实力，拿下绍兴、宁波两座府城，问题应该不大，届时不仅可以为舟山增添一道阻隔清军的屏障，还能扩大自己的势力范围，更何况宁波与舟山隔海相望，出兵增援的危险系数明显要小得多。

得到黄斌卿的积极响应之后，各方约定了具体的起事日期。眼瞅着万事俱备、只欠东风，"五君子"这边偏偏又出了不小的纰漏。原来，这些士子实在不知江湖险恶，保密意识太差劲，在四处寻觅同道中人的过程中，竟然口无遮拦地将整个作战计划和盘托出，一传十，十传百，结果传到了一个名叫谢三宾的人耳中。谢三宾虽然很早就归附清军了，但一无功绩，二无背景，并没有得到录用，此时正待在宁波府城里无所事事。听说有人密谋抗清，谢三宾意识到立功的机会来了，顿时精神焕发，赶紧跑去向驻守的清军告密。清军接到密报之后，决定先发制人，调遣兵马突袭四明山的义师。由于事发突然，猝不及防的义师几乎全线溃败，清军不仅大获全胜，还缴获了一批他们与"五君子"、舟山黄斌卿相互联络的密信。如此一来，所有举事者和作战计划都暴露了，清军照着名单抓人，几乎将"五君子"一网打尽，只有董志宁一人侥幸逃脱。

局势发生了逆转，但远在舟山的黄斌卿并不知情。当他按照约定日期派水师赶来时，遭到清军强力阻击，双方交战整整一日，舟山水师损失了数十艘战船，被迫回撤。这场声势浩大的抗清行动终究没有摆脱胎死腹中的凄惨命运。

尽管吴胜兆、"五君子"的起事相继以失败告终，但敌后的抗清斗争并非局限于江浙一隅，清军在长江以北的日子过得也并不安稳。其中，规模比较大的一场起义发生在鄂西的襄阳、郧阳一带，因为领导者名叫王光泰，史称"王光泰起义"。

王光泰是贫苦农民出身，在家中排行老二，曾经与大哥王光恩、三弟王昌一道加入张献忠的农民起义军。崇祯末年，王氏三兄弟接受了朝廷的招抚，奉命驻守郧阳，屡次击退过李自成的部队。后来，清军追随大顺军残部的步伐进抵郧阳，王氏三兄弟又归附了清军，王光恩被委任为襄阳总兵，与时任郧阳巡抚潘士良一道驻节于襄阳府。

潘士良也是一名降臣，但他的资历很老，万历年间的同进士出身，官至南京刑部右侍郎，他打心眼里瞧不起做过"贼寇"的泥腿子王光恩。王光恩这边呢，对道貌岸然的潘士良同样不屑。于是乎，同城为官、文武不和、相互掐架的剧情再次上演。王光恩手握兵权，潘士良不敢直接招惹，就向朝廷密奏，诬陷其意欲谋反，与先前土国宝构陷吴胜兆的套路如出一辙。

当初土国宝只是告到南京，被洪承畴强压下来，怎奈吴胜兆的气性太大，最终没能压得住。如今潘士良一竿子捅到北京，多尔衮宁可信其真，毕竟襄阳的地理位置太关键了，容不得半点闪失，于是下令将王光恩逮捕，押赴北京严加审讯，同时委任了新的襄阳总兵，趁机整编王光恩麾下的部队。

王光恩无端获罪，发生在永历元年（1647年）四月。面对这番飞来横祸，王光泰忍无可忍，与弟弟王昌、好友李世英等人商议之后，在是月底率领麾下八千兵马起义，次月初又转战到郧阳，一路斩杀了包括新任襄阳总兵在内的一大批清政权官员，襄阳、郧阳两府及所属各县的主要官员差不多被杀光了。

王光泰起兵之后，自忖实力难以抵挡清军的弹压，因此一面向湖南的何腾蛟求援，一面发布招兵买马的告示，加强起义军的力量。此时，"三顺王"率领的清军正在大举进攻湖南，何腾蛟即使有心，恐怕也深感无力。永历政权接到消息之后，倒是十分慷慨地给起义军扔过来三顶帽子，分别委任王光泰、王昌、李世英为提督或总兵之职。

听说襄阳、郧阳的事情闹大了，多尔衮原本打算和平解决，毕竟"三顺王"正在进攻湖南，维系湖北的稳定非常重要。为了安抚王光泰，多尔衮一度将王光恩释放出狱，但对方根本不吃这一套，决心一反到底。

多尔衮见软的不奏效，索性下令处死了王光恩，并从武昌调遣清军前去弹压。同年六月，武昌方面派来的兵马被起义军一顿暴揍，时任湖广提督孙定辽①当场阵亡，损失十分惨重。多尔衮方才意识到，当地驻军的兵力太薄弱了，根本打不过这支战斗力剽悍的起义军，于是又从北京调遣八旗精锐，交给时任吏部侍郎喀喀木指挥，南下镇压王光泰的起义军。

转眼到了九月，喀喀木率领的八旗兵还在路上，王光泰已率部运动到河南淅川一带了。喀喀木进抵河南，会同当地驻军进逼郧阳，王光泰、王昌被迫回撤，李世英则率一部撤往陕西，结果遭遇清军阻击，寡不敌众而全军覆没。为了保存所剩无几的有生力量，王光泰、王昌率领残部经房县进入四川境内，并在夔东山区与一支大顺军的残存力量会合，继续坚持抗清斗争。

---

① 孙定辽，辽阳人，前明大凌河副将，松锦大战失败后跟随祖大寿降清，隶属于汉军镶红旗。

# 第十章 | 危局

## ㊸ 狠角色金声桓

光阴飞逝，历史的表针指向了永历二年（1648年），登基伊始便颠沛流离的朱由榔仍在广西腹地的南宁府过着亡命天涯的生活。虽然郝摇旗在全州击溃了耿仲明的南犯大军，但这场局部战役的胜利并不足以扭转广西面临的颓势。对于来势汹汹的清军而言，全州一战受些挫折根本不算什么，也无碍于大局，荡平两广、一统天下已经是唾手可得、指日可待了。

无论是压力山大的朱由榔，还是志在必得的多尔衮，都没有预料到即将到来一场"黑天鹅事件"，会给眼下的时局带来近乎颠覆性的影响。永历二年（1648年）正月二十七日，降清之后担任江西提督的前明将领金声桓，在没有任何策反、任何征兆的情况下突然宣布反正，举起了反清复明的大旗。

要搞清楚这场惊变的来龙去脉，还得从金声桓这个人的传奇经历说起。金声桓是陕西榆林人，崇祯时期参加过农民起义军，号称"一斗粟"，拥众万余人，后被左良玉招抚，成为其麾下的一员悍将[1]。弘光政权时期，左良玉打着"清君侧"的旗号从武昌起兵直逼南京，结果在半道上病亡，其子左梦庚又败于黄得功部，索性带着金声桓等一干将领投降了清军。左梦庚投降之后，被阿济格带回了北京，金声桓伺机请求留在江西，获任总兵之职。

金声桓名义上是想为清政权开疆辟土，后来在行动上确实也相当卖力，连续攻克南昌、抚州、吉安、赣州等地，尤其是组织发动了声势浩大的赣州战役，直接粉碎了隆武政权凭借赣州赢得喘息的梦想，但从内心深处来讲，他最大的诉求还是保存自身的实力。阿济格当然也不是傻子，为了防范金声桓借机坐大，特意给他安排了一个名叫王体中的副手。王体中曾经是大顺军的将领，在李自成遇害之后，他杀掉自己的上司投奔了清军。

俗话说"一山难容二虎"，这两个狠角色凑在一起，很难不发生矛盾。这不，刚刚拿下南昌府，两人便已经闹得不可开交了。在金声桓看来，南昌府乃至整个江西原本就是他的势力范围，王体中一个空降官员凭什么跟着沾光？王体中这边呢，仗着自己拥兵数千，对麾下只有几百人的金声桓嗤之以鼻。

金声桓心里很清楚，实力如此悬殊，硬拼肯定会吃亏，最稳妥的办法还是等待时机智取。说来也巧，多尔衮颁布的"剃发令"适时而至，王体中竟然第一个站出来反对，坚决不肯改变发型。金声桓伺机晓以利害，暗中策反了王体中麾下的部将王得仁，将率兵攻打抚州之后返回南昌的王体中暗杀于途中，全盘收编了王体中的数千兵马。

---

[1] 此据《永历实录》（明·王夫之撰）。另据《南疆绎史勘本》（清·温睿临原著、清·李瑶补辑）记载，金声桓是辽东的世袭军户，为清军所败之后只身入关，辗转投奔到左良玉的麾下。

凭借这数千规模的队伍，金声桓硬是在没有额外增援的情况下，只用了四个多月的时间，便连续攻克抚州、吉安、广昌、袁州等府，将江西大部分地区收入囊中。有了赫赫战功，金声桓有足够的底气傲视群雄，更有足够的资本向清廷讨封求赏。他鼓起勇气向朝廷上疏，请求准许自己在江西节制文武，行便宜之权。金声桓认为，自己仅靠一己之力便拿下了几乎整个江西，多尔衮肯定会大喜过望，有功者赏是顺理成章的事，更何况这个要价并不离谱。然而，朝廷方面给出的回复令金声桓失望至极，非但没有给予他梦寐以求的便宜之权，反倒委派了江西巡抚、江西巡按两名重量级官员主政地方。金声桓因功勉强官升一级，擢为江西提督，原江西总兵之职则由先前被他策反的王得仁接任。

在多尔衮看来，这样的安排再正常不过了。首先，以文制武是朝廷的制度，金声桓身为武将，还是前明的降将，怎么可能让他在江西一手遮天？其次，金声桓的所谓战功看似赫赫，其实不过尔尔，说到底就是老虎前面的那只狐狸而已，从总兵擢升提督，负责一省之军务，已经够给他面子了。

俗话说得好：人在屋檐下，不得不低头。再者说，自己好歹还是擢升了一级的，金声桓只能勉为其难地表现出一丝坦然，甚至面对黄道周、万元吉等人策反的时候，金声桓始终不为所动，一概置之不理。出乎所有人意料的是，伴随着江西巡抚章于天、江西巡按董学成到任，局面出现了变化。

这倒也不算什么新鲜事儿，苏州有土国宝逼反吴胜兆，襄阳也有潘士良逼反王氏兄弟，说明文官与武将的矛盾往往很难调和。具体到江西这里呢，情况也差不多，金声桓、王得仁每一次出征，都会顺带着劫掠一番，捞些外快，发点横财，章于天、董学成看得眼热，也想跟着分赃，却遭到了军队方面严词拒绝。章于天大为光火，索性打起巡抚的旗号，找总兵王得仁追缴三十万的粮饷，结果被对方当场揍了三十军棍。章于天被揍肿了屁股，但双手还是好的，回去就跟董学成联名上疏朝廷，弹劾金声桓、王得仁。

设想一下，朝廷的那些大佬们接到这份奏疏，一定会感到无比震惊。堂堂一省巡抚，竟然被总兵揍了三十军棍，紧接着巡抚、巡按声泪俱下地状告提督、总兵，这到底是要闹哪样？金声桓预感到大事不妙，毕竟自己有把柄捏在对方的手里，不仅纵兵剽掠，还公然冒犯上司，再加上"降将"的身份标签，恐怕是凶多吉少。

与其受制于人，不如先发制人！在朝廷做出最终裁决之前，金声桓、王得仁决定豁出去了，于永历二年（1648年）正月底正式起兵，斩杀章于天、董学成等一干官员，举起了反清复明的大旗。为了增强号召力，金声桓力邀赋闲在故里南昌的东林党元老姜曰广出山主持大局，并派人乔装改扮前往广西，向永历政权通报情况。

在姜曰广、金声桓、王得仁的号召之下，吉安、饶州、袁州、九江等府纷纷响应，江西大部分地区奇迹般地回到了南明的怀抱。眼瞅着形势一片大好，金声桓却陷入了一番纠结之中，因为举起义旗只是第一步，关键在于接下来应该怎么办。此时，摆在金声桓面前的有五个方案，从地理位置来分，可以简单归结为东、西、南、北、中。东方案是进取福建、浙江，与打着隆武政权旗号独立发展的郑成功部，以及鲁监国政权的残余力量会合；西方案是进取湖南，向永历政权的何腾蛟部靠拢；南方面是收复赣南地区，再伺机入粤收拾李成栋；北方案是从九江府出发，顺长江而下进取南京；中方案最简单，稳坐南昌府，静观天下之变。

结合当时各方面的形势，咱们采用排除法替金声桓分析一下。最先被排除的选项应该是西方案，因为"三顺王"正率大军进取湖南，金声桓麾下的这点力量无异于杯水车薪，根本没必要以卵击石，更何况何腾蛟心眼太多，不是一个可以合作的盟友。其次可以排除掉东方案，因为福建、浙江太乱了，"闽系""浙系""民系"各自为战、互不买账，如果再闯进去一个"赣系"，简直就是火上浇油。躺平坐等的中方案也可以排除掉，毕竟金声桓没有援军可盼，空耗时日只能等来清军扫荡。南方案是接下来要排除的，因为赣南地区的南安、赣州等地易守难攻，金声桓虽然有一定的实力，未必能打得下来，即便勉强硬攻得手，又将直接面对广东的李成栋，最终鹿死谁手就不太好说了。

一番斟酌比较下来，目前只剩下顺江进取的北方案了。或许大家会觉得这是异想天开，但咱们仔细琢磨一下，并非没有创造奇迹的可能。首先，清军目前的主要用兵方向是湖南、福建和广东，根本没有意识到江西会出现状况，长江沿线的防守也相当薄弱。此时，江西大部分府县已经宣布反正，官军加上散落在各地的义师，即便留下一些防守力量，金声桓也能派出二十万规模的部队北上。其次，金声桓兴师动众攻打南京，势必引发安徽、江苏各地积极响应，毕竟这些地方也有零星的抗清武装活动。再者，南京对大明王朝具有非凡的政治意义，一旦收复，南明方面的感召力将显著提升，江南的形势极有可能发生逆转。

总而言之，北方案的风险低于西方案和南方案，高于东方案和中方案，但它的预期收益与另外几个方案相比，根本就不在一个数量级，应当是首选方案。为了尽可能地降低风险，有幕僚还向王得仁提议"以清兵旗号服色顺流而下，扬言章抚院（章于天）求救者"，从而达到瞒天过海的效果。

率部驻守九江的王得仁认为北方案无疑是最可行的，于是一面派人前往南昌向金声桓报告，一面派兵攻打地处九江上游的蕲州，为后续的作战行动解除后顾之忧。尽管蕲州没能打下来，但王得仁部还是收复了九江上游的黄梅、广济等地，令驻守湖北的清军自顾不暇，不敢轻举妄动。在九江下游，安徽境内的太湖、宿松、潜山、英山等地都有抗清武装活动，可以在沿途提供作战支援、地形向导和后勤补充。

值此天赐良机，王得仁蓄势待发，没承想金声桓迎头泼来一盆冷水，把他浇了一个透心凉。事实上金声桓原本是倾向于实施北方案的，但计划总是赶不上变化，一个人的失踪和另一个人的游说最终改变了他的决定。

失踪的人名叫柳同春，时任江西掌印都司，金声桓的部队在南昌起事之后，挖地三尺也没能找到他。金声桓怀疑，此人恐怕已经逃往南京报告洪承畴去了。既然南京方面已经清楚南昌发生的情况，想假扮成清军搞突然袭击就不可能了。游说的人名叫黄人龙，是金声桓麾下将领，他给金声桓讲了一段历史故事。话说明武宗正德时期，宁王朱宸濠在南昌起兵造反，结果落败于汀赣巡抚王阳明，前后历时仅四十三天。当时，王阳明率领的官军与宁王朱宸濠率领的叛军力量悬殊，之所以能够快速平叛，天造地设的因素很多，尤其是身处劣势的王阳明采用了许多攻心奇谋，所以后世也把这场仗视为将"心学"运用于实践的光辉典范。然而，黄人龙这个人的脑回路比较清奇，在他看来，当年王阳明出奇制胜的根本原因在于他占有赣州！

金声桓是行伍出身，搞不懂那些历史上的弯弯绕，倒也情有可原，但他不应该忘记，先前隆武政权方面的万元吉坐拥赣州，不也没能把南昌怎么样吗？照此看来，黄人龙的说法根本站不住脚。事实上，以赣州清军目前的实力，不可能对南昌构成实质性的威胁，更何况赣州与南昌之间还隔着吉安府。

令人唏嘘的是，黄人龙这一番一本正经的胡说八道真把金声桓忽悠住了，他当即决定放弃北方案，改为南下收复赣州。三月下旬，金声桓亲率大军进抵赣州外围，在一番招降无果之后，决定利用兵力优势强力攻城。然而，金声桓麾下的人马再多，在这片狭小的地域上也无法施展，加之赣州城三面临水，视野开阔，防守异常严密，攻城收效甚微。金声桓岂肯善罢甘休，又赶紧派人前往九江传令，让王得仁率部南下，合力进取赣州。

王得仁率部从江西最北端跑到最南端，姑且不论累不累人、赶不赶趟，赣州城是否真能打得下来，最关键的问题在于：他这么一撤，江西北面门户洞开，为前来弹压的清军提前让开了道路。

果不其然，先前失踪的江西掌印都司柳同春确实将消息送到了南京。多尔衮接到南京的报告之后，丝毫不敢耽搁，立即调兵遣将从北京、南京分两路进发，正在进取湖南的"三顺王"也率部返回湖北驻守，谨防江汉地区发生连锁反应。清军进入江西境内之后，几乎没有遇到什么像样的抵抗，便迅速占领了饶州、九江，至五月初便兵临南昌城下了。

金声桓、王得仁接到南昌告急的消息之后，赶紧从赣州前线北撤，终于抢在清军主力攻城之前返回南昌城内组织防御，一场恶仗箭在弦上、一触即发了。

㊹
李
成
栋
的
抉
择

金声桓、王得仁率部回防南昌，与前来弹压的清军展开对峙，标志着江西事变暂且告一段落。趁着这个间隙，我们先将目光转向广东，那里也发生了一桩出人意料的"黑天鹅事件"：永历二年（1648年）四月中旬，时任两广提督李成栋在没有任何策反、任何征兆的情况下，也突然宣布反正，举起反清复明的大旗。你没看错，就是那个制造"嘉定三屠"惨案、清剿隆武及绍武政权、镇压"岭南三忠"、横扫两广欲置永历政权于死地的李成栋！

李成栋在这个时候突然宣布反正，肯定是受到了金声桓影响。然而，任何事情发生变化，内因是根本，外因是条件，外因要通过内因才能起作用。从吴胜兆、王氏兄弟到金声桓，再到如今的李成栋，尽管各自起事的具体情况千差万别，但总有一些相似的地方。这些事变的背后似乎有一只看不见的黑手，而这只所谓的黑手，其实就是清军入关之初对待投降汉人的一些潜规则。

清军问鼎中原，一路上摧枯拉朽，大明王朝的文官武将纷纷归附。清政权在壮大自身力量的同时也遇到一个相当棘手的问题：到底应该如何区别对待纷至沓来的归附者呢?

或许有人会说,一视同仁就好,彰显广纳天下之心。毫不客气地说,这样的想法太幼稚了,如果早降晚降无差别、干多干少一个样,谁还会争先恐后来归附、拼尽全力挣表现呢?可能会有人说,既然不能吃大锅饭,那就论功行赏好了。毫不客气地说,这样的办法其实更幼稚,因为当前毕竟是谋求一统天下的战争时期,在这种情况下,打胜仗靠的是实力,如果打胜一仗,实力、职衔就随之增长,那么谁要是打遍天下无敌手,枪口一转就会打进紫禁城。

一视同仁不科学,论功行赏也存在隐患,到底应该怎么办呢?清政权结合少数民族统治天下的自身实际,筹划出了依据归附时间和功勋排序的一套潜规则。具体来讲,归附清军的汉人大体上分为四个等级:第一等是在清军入关之前归附的,如范文程、洪承畴、祖大寿等,他们当中的武将归入汉军八旗,文臣则基本上可以享受满族官员的待遇,譬如出任执掌兵权的总督,但仍不允许与满族通婚。第二等是清军入关之后、攻陷北京之前归附的,如吴三桂,功高者可以封王。第三等是清军攻陷北京之后、打过长江之前归附的,如刘泽清、刘良佐、李成栋等,这些人毕竟属于前朝"遗孽",功劳再大也没有封王的可能。第四等是清军打过长江之后归附的,如郑芝龙、丁魁楚等,他们当中只有极少数得以苟延残喘,大部分被视为死硬分子而遭到幽禁甚至处决。

基于这样的规则来看,有实力坚持抵抗的往往归附时间晚,论功行赏的层次就会比较低;获得更多赏赐的呢,往往又实力不济,反倒会对新的政权死心塌地。显而易见,这太符合当权者驾驭天下的期望了!

吴胜兆、金声桓愤然举起反清复明的大旗,并不是对大明王朝心存眷念,而是对清政权采取的这个潜规则极不适应。他们天真地认为,自己立下的功劳大,理应得到的封赏多,哪里想到清政权还打着这样的小算盘。吴胜兆、金声桓这些降将的心里原本就够憋屈了，再遭到文官刻意压制，一怒之下便决定反正，尽管有些出人意料，也是顺理成章的事情。

李成栋的境遇其实跟吴胜兆、金声桓差不多。从当初归附清军算起，他率领的这支队伍从江苏打到浙江，从浙江打到福建，又从福建打到两广，弘光、隆武两大政权倾覆，鲁监国、绍武两个小政权一个退居海上，一个灰飞烟灭，永历政权自成立之日起便惶惶如丧家之犬，这里面都有李成栋立下的汗马功劳。李成栋认为，凭借赫赫战功，两广总督的位置非己莫属。然而事与愿违，佟养甲凭借汉军正蓝旗出身，不仅坐上了总督的位置，还连着巡抚之职一起兼任，留给他李成栋的只有区区一顶两广提督的帽子。干活少不了，封赏靠边站，既是金声桓、李成栋这些降将的宿命，也成为他们奋起抗争的内驱动力。

李成栋的心里虽然憋屈，但环顾一下四周，很难引起他拍案而起的兴趣。西面的"逃跑帝"朱由榔一直在流浪，东面的福建被"闽系""浙系""民系"三大派系搅成了一锅粥，北面的湖南在"三顺王"的威逼之下自身难保，南面只有浩渺无垠的大海。

平心而论，李成栋早就想举起反清复明的大旗，但他缺少的不是理由，而是勇气！如今李成栋决定反正，也是因为他找到了勇气。这份勇气，来自于"岭南三忠"前赴后继的抗争，来自于金声桓掷地有声的起事，来自于何吾驺等广东籍官员矢志不渝的策反，来自于身边爱妾赵氏的以死相逼……勇气，终于在李成栋的内心深处化成了一股坚不可摧的力量！

李成栋起兵反正，并奉永历政权为正朔，很大程度上解除了对朱由榔的威胁，他甚至盛情邀请驻跸南宁府的朱由榔把家搬到广州来，但遭到瞿式耜强烈反对。瞿式耜担心，一旦朱由榔进入广东，势必成为李成栋手中的筹码与傀儡，再度上演挟天子以令诸侯的戏码。但君王、首辅、军方实权派各处一地，终究不利于小朝廷的日常运转，经过反复磋商之后，各方达成了一定程度的妥协，朱由榔从南宁府回到建立永历政权的起始点——广东肇庆府。对于这样的结果，瞿式耜的心中愤愤不平，选择继续留在桂林。

为了表彰李成栋弃暗投明的功绩，永历小朝廷册封其为"广昌侯"，不久之后又晋升他为"惠国公"，距离封王只有一步之遥了。然而，李成栋还没有来得及高兴，突然发现这事儿有点不太对劲。曾经在梧州、平乐两次弃城而逃的陈邦傅，竟然也搭上此番论功行赏的顺风车，获封为"庆国公"，理由是他护驾有功。一个打起仗来只知道逃跑的将领居然因为护驾有功而得到封赏，真是莫大的讽刺！

更令李成栋难以忍受的是，跟随他反正的广东官员理应得到封赏，但他李成栋直接递交不算事，得通过一个名叫马吉翔的人提名，朱由榔才会照单办理。马吉翔这个人别的本事没有，自吹自擂、溜须拍马的能耐倒是一流。早在隆武政权时期，他就自称世袭锦衣，混进了锦衣卫的队伍里，后因拥立朱由榔有功，得以擢升锦衣卫指挥使，又获封"文安侯"，史载其"掌丝纶房事，专可票拟"，堪称朱由榔跟前的大红人，时人甚至有"马皇帝"的说法。面对这些恃宠弄权的无能鼠辈，李成栋忧心忡忡地感慨道："我弃老母、幼子为此举，惟望中兴有成，庶不虚负，今见权奸如此，宁有济哉！"话说回来，尽管李成栋对永历小朝廷的种种乱象感到灰心丧气，但开弓没有回头箭，他也只能硬着头皮继续往前走了。

李成栋这边暂且告一段落，咱们再回过头去看坚守南昌的金声桓，这里的形势依然不容乐观。金声桓、王得仁率部从赣州撤回南昌之后，凭借坚固的城防工事与清军展开对峙。清军没有强行攻城，而是采取围困的战术，通过开挖沟槽来切断南昌与外界的联系。南昌守军屡次主动出城迎战，虽然多少有些斩获，但并没有从根本上改变十分被动的局面。

值此紧要关头，李成栋决定率部北上江西，貌似去增援南昌。但令人不解的是，他在进抵粤、赣交界的南雄府之后，竟然不再往北走了，而是先行派人去招降赣州守将。赣州守将早就一门心思地归附了清政权，并没有跟随李成栋、金声桓反正的打算，但为了不吃眼前亏，又跟李成栋耍起了马虎眼，装出一副半推半就、犹豫未决的姿态。李成栋误以为有戏，磨磨蹭蹭地翻过梅岭，兵分两路进抵赣州城下，结果被早有谋划的守军打了一个措手不及，灰溜溜地逃回了广州。

原来，李成栋此番气势汹汹地北上江西，并不是奔着解南昌之围去的，而是想兵不血刃地拿下赣州，解除对广东的威胁，结果挨了人家一闷棍，就此偃旗息鼓。孤立无援的南昌被围困长达半年之久，已经到了"杀人而食，拆屋而炊"的悲惨境地。转眼到了永历三年（1649年）正月，清军对气若游丝的南昌城发起攻击。深感无力回天的金声桓选择了自尽殉国，姜曰广、王得仁战死于阵前，坚持了一年之久的江西起义被清军彻底镇压。

不甘心失败的李成栋率部卷土重来，翻过梅岭进入了江西地界。不过，他吸取了上一次被戏耍的教训，不相信对方会选择反正，在分兵扫清赣州外围的防守力量之后，合力围剿赣州城内守军。战术上不是问题，但李成栋似乎忽略了非常关键的一点：与上一次进取赣州不同，一大拨清军已经攻陷南昌，正日夜兼程地赶来。结果呢，赣州外围的防守力量尚未完全扫清，清军的增援部队就到了，又是当头给了李成栋一闷棍。李成栋仓皇逃窜，在渡过桃江的时候不慎坠马溺亡。

李成栋出师未捷身先死，在广东引起了不小的震动。永历小朝廷原本打算利用这一契机空降一名官员前去接任，从而达到控制广东的目的，但遭到李成栋旧部明里暗里地抵制。其中有一位名叫杜永和的将领，通过贿赂诸将同僚推举自己为"留后"，代行两广总督之权，直接将小朝廷派来的官员晾在了一边。

㊺
何
腾
蛟
的
战
术

　　江西、广东先后反正，被永历政权津津乐道地称为"中兴"。其实呢，这所谓的"中兴"不过是朱由榔回到肇庆府这个登基称帝的起点而已，小朝廷面临的局面比成立之初还要恶劣许多。不过，羸弱不堪、一味偏安的永历政权，也是有可能利用金声桓、李成栋反正的契机实现翻盘的。

　　咱们不妨"事后诸葛亮"，看看永历政权当时能做的事情。首先，金声桓反正并决定北上进取之后，如果永历小朝廷能够从全局出发，令驻守在湘西的堵胤锡联络夔东地区的抗清武装，运动到襄阳、荆州一带积极作战，在武昌上游制造压力，牵制住回援湖北的"三顺王"清军，便能在很大程度上解除金声桓顺江进取的后顾之忧。其次，金声桓改变作战部署，决定南下进取赣州的时候，朱由榔完全可以直接向刚刚宣布反正的李成栋传达诏令，让他率部北上，配合金声桓夹击赣州。这样一来，驻守在九江的王得仁就没有必要南下，可以有效地阻止前来弹压的清军。再者，在金声桓、王得仁困守南昌的危急关头，小朝廷也可以急令李成栋绕开赣州、火速增援，解南昌的燃眉之急。最后，南昌不幸陷落，朱由榔理应出面劝慰李成栋不可轻举妄动，保存有生力量要紧，并依托梅岭布置防线，阻止清军南下广东。

令人遗憾的是，永历政权除了搬回肇庆府，并给金声桓、李成栋等人加官晋爵之外，正事儿没干过几件，坐视这两支反正的武装被清军消灭殆尽。随着金声桓自尽、李成栋溺亡，江西全境重新落入清军之手，广东虽然暂保无虞，却陷入了争权夺利的内耗之中。在这样的形势下，湖南成为永历政权赖以喘息的一道重要屏障，如果趁着"三顺王"北撤之机收复湖南，小朝廷尚存有几分苟延残喘的本钱，一旦湖南全境落入清军之手，小朝廷将会被逼入西南边陲的死角，要想逆袭翻盘就更加艰难了。

尽管朱由榔、瞿式耜的表现令人失望，但归附永历政权的抗清武装并非全是孬种。趁着"三顺王"北撤，清军留守湖南的兵力薄弱，先后有三支武装发起了收复失地的战役。最先采取行动的是退往湘西山区的堵胤锡部，于永历二年（1648年）四月收复常德，随即如秋风扫落叶一般席卷泸溪、辰溪、祁阳、耒阳、城步、安化、沅州等地。差不多与此同时，先前跟随刘承胤降清的将领陈友龙在湘、黔交界地区宣布反正，迅速收复了靖州和地处贵州境内的黎平府，随后折返湖南，又收复二十余座城池，与堵胤锡的部队一道，对长沙构成了两面夹击之势。

接下来出场的第三支武装，正是先前被"三顺王"撵到桂林附近的何腾蛟。与堵胤锡、陈友龙旨在收复失地的用意不同，这位曾经的湖南地头蛇如今卷土重来，目的并不那么单纯。这么说吧，何腾蛟眼瞅着堵胤锡、陈友龙在湖南搞得风生水起，心里跟猫抓似的，急得如热锅上的蚂蚁，生怕这块原本姓何的地盘落入同僚之手。

何腾蛟焦急万分，主要还是因为眼下没有足够的实力。他的心里很清楚，靠这些残兵游勇和临时拼凑起来的武装力量，要想突破清军设在湘、桂边界的防线，难度不亚于登天。何腾蛟率部从桂林北上，几乎是使尽了洪荒之力才得以收复全州，却在永州遭到清军顽强阻击，不能前进一步。何腾蛟见攻打永州太过吃力，又不希望看到堵胤锡、陈友龙收复失地的速度过快，便琢磨出了一招拆台战术。

事实上，何腾蛟的手中还捏着一张王牌，只是一直没有机会派上用场。当时，在永历政权控制的武装力量之中，公认战斗力最强的有三大劲旅，一是由大顺军残存力量组成的"忠贞营"，二是归属堵胤锡节制的左家军旧部，三是另一支大顺军武装——郝摇旗部。何腾蛟手中的王牌，正是饱受瞿式耜刁难和排挤的郝摇旗。

咱们在前面说过，郝摇旗跟随大顺军残部归附之后，何腾蛟对他大加笼络，郝摇旗知恩图报，对何腾蛟更是死心塌地，言听计从。俗话说"好钢用在刀刃上"，何腾蛟决定调遣郝摇旗这支劲旅出马，不过不是来帮他攻打永州，而是火速赶往靖州偷袭刚刚反正的陈友龙。

何腾蛟一门心思要对付陈友龙，除了拆堵胤锡的台，避免他收复湖南的速度过快之外，其实也有一点公报私仇的味道。原来，刘承胤当初派兵前往何腾蛟的老家黎平，捉拿他的儿子充当人质，以此来向他讨要封爵和军饷，具体负责执行这项歹毒计划的正是陈友龙。

郝摇旗遵照何腾蛟的指令，从背后捅了陈友龙一刀，导致正在跟清军较劲的陈友龙败下阵来，被迫从宝庆撤退。陈友龙既蒙圈又愤慨，直接跑到广西告状。结果小朝廷里没人愿意管这些烂账，一直采取置之不理的态度。

失去陈友龙的策应之后，堵胤锡深感自己势单力薄，合击长沙的作战计划也宣告流产。不过堵胤锡这个人比较有战略眼光，早在从湘西山区出兵之前就派人前往夔东地区联络忠贞营，请他们挥师湖南，助自己一臂之力。尽管这支抗清武装曾经被何腾蛟坑得很惨，但李锦、高一功两位将领还是非常感念堵胤锡当初厚待他们的恩情，当即率军参战，陆续收复了湘潭、湘阴、湘乡等地。

派遣郝摇旗偷袭了陈友龙之后，何腾蛟并没有闲着，也在抓紧时间北上收复失地，跟堵胤锡抢时间。

转眼到了永历二年（1648年）十一月初，何腾蛟部终于攻克永州，又从清军手中重新夺回了曾被陈友龙收复的宝庆，随即马不停蹄地赶赴长沙。何腾蛟觉得自己的速度已经够快了，没想到堵胤锡在忠贞营的加持之下收复失地的速度更快，此时已经完成了对长沙城的合围，并从多个方向发起攻击。兵力悬殊，城内的清军在勉强支撑了五天之后损耗殆尽，长沙城指日可下了。

值此千钧一发之际，何腾蛟似乎比朝不保夕的清军还要着急，赶紧以督师的名义给堵胤锡下命令，急调忠贞营从长沙城外撤下来，立即开赴江西，去增援正在固守南昌的金声桓。明眼人都看得出来，何腾蛟并非真的心疼金声桓，而是不希望堵胤锡和忠贞营坐享收复长沙的功劳。在何腾蛟看来，经过堵胤锡、忠贞营这一番强大的攻势，长沙城已经是一只煮熟的鸭子，他略微动一动手指，便可大功告成了。

然而，何腾蛟未免太自信了。事实证明，太过自信往往还不如自卑。接到何腾蛟的命令之后，堵胤锡不敢违抗，只能带着忠贞营撤下来，将围攻长沙的作战任务交给了何腾蛟带来的队伍。结果呢，看似水到渠成的一仗，轮到何腾蛟登场的时候，却怎么也打不下来。时间一天天过去，清政权方面派出的援军逐渐逼近，何腾蛟面临的处境也将越发艰难。

其实，早在忠贞营出兵湖南的时候，多尔衮已经调派济尔哈朗率军南下增援，但他认为抗清武装实力有限，湖南的形势应该不会发展得太快，所以让济尔哈朗先到山东曹州去弹压前明将领刘泽清联络民间武装发起的抗清运动。刘泽清是弘光时期的"江北四镇"之一，降清后被解除兵权，闲居于北京。后来，反复无常的刘泽清认为清政权国运渐衰，运数应该差不多了，便暗中派出一位名叫李化鲸的亲信前往自己的老家曹州，联络一支被称为"榆园军"的民间武装，在山东、河北、河南一带攻城略地，声势十分浩大。

济尔哈朗率军抵达之后，联合当地守军围剿榆园军，很快就攻陷曹州，处决了李化鲸及幕后主使刘泽清。经过这么一耽搁，济尔哈朗的援军直到永历三年（1649年）正月才进抵湖南，随即与长沙守军里应外合，彻底击溃了何腾蛟的攻城部队。何腾蛟率残部退守湘潭，随后被破城的清军俘获，因不愿投降而被处死。毫不客气地说，正是一己私欲葬送了刚烈汉子何腾蛟的身家性命和一世英名！

再说从长沙城外撤下来的堵胤锡和忠贞营，他们并不打算真的去增援金声桓，而是直接南下郴州，观望一下事态的发展。消灭何腾蛟之后，济尔哈朗的大军乘胜南进，一路攻破宝庆、衡州，直逼郴州。堵胤锡和忠贞营自忖不敌，主动放弃郴州，往广西方向撤退。

令人感到无比愤慨的是，李锦率领的忠贞营撤往广西之后，竟然遭到永历政权各级官员百般刁难与排挤，被诬陷是"犯境之贼"，甚至遭到半道截击。在蔑视乃至敌视的目光下，忠贞营经梧州前往浔州、横州一带集结休整。

当时，名义上同属永历政权的两支武装正在打内战，目的是争夺对南宁府的控制权，一方是臭名昭著的"庆国公"陈邦傅，另一方则是当地土豪，首领名叫徐彪。陈邦傅玩弄权势是一把好手，唯独打起仗来拙劣不堪，根本不是徐彪的对手。忠贞营的到来倒是让陈邦傅看到了逆袭的希望。此时的李锦、高一功几乎是走投无路，也搞不清楚当地的状况，终于经不住陈邦傅的蛊惑，率领忠贞营开赴南宁收拾徐彪。没过多久，李锦因为不适应南方的恶劣气候而病亡，义子李来亨与高一功率部消灭了徐彪，忠贞营也得以在南宁府暂且安顿下来。

与忠贞营南撤不同，堵胤锡带着一千余残兵准备经镇峡关进入广西，却遭到镇峡关守将无端猜疑和偷袭。在这场莫名其妙的混战之中，堵胤锡父子侥幸逃脱，辗转来到朱由榔驻跸的肇庆府，但他万万没有想到，原本胸怀舍身报国之志，却因为先前与忠贞营打得火热，遭到不少白眼乃至刁难。

"信而见疑，忠而被谤"的悲剧再度上演，但在小朝廷的官员们看来，这自有一番道理。风雨飘摇的永历政权在收复湖南时一直秉持不出工也不出力、坐等江山归自己的战略方针，看到湖南的仗打成这个样子，终归得有个说法，更直白地说，必须得有人对此负责。

撇开永历小朝廷的战略失误不谈，成事不足、败事有余的何腾蛟确实应当负最主要的责任，如果不是他为了一己私欲而处心积虑地拆台，堵胤锡、忠贞营乃至陈友龙也不会败得这么惨，但斯人已逝，此时再去追究也没有什么意义了。

何腾蛟一了百了，但也得找个大活人出来背上这口黑锅，小朝廷的官员们最先盯上的便是堵胤锡，吵嚷着要追究他的"丧师失地之罪"。平心而论，朱由榔其实挺赏识堵胤锡的，知道此人既能干实事，又不会拥兵自重，比瞿式耜、何腾蛟这些人强太多了，只可惜他身为一朝天子却没有多少话语权。生性刚直的堵胤锡不屑与瞿式耜等人为伍，也不想看到朱由榔左右为难，只能悻悻然离开肇庆，临行前还上疏向朱由榔表明自己的赤胆忠心说："臣决不敢逍遥河上，贻外人指摘，惟有廓清四海，以申此意。万不得已，当捐此身，以报皇上耳。"

言辞铿锵的堵胤锡并未食言，前往广西联络忠贞营北上抗清，然而适逢李锦病亡，李来亨、高一功又受到陈邦傅蛊惑，在南宁打起了内战。没过多久，积劳成疾、心力交瘁的堵胤锡便在浔州郁郁而终了。

陈友龙、堵胤锡、忠贞营及何腾蛟相继落败之后，在湖南境内的主要抗清武装就只剩下郝摇旗了。不过，郝摇旗是典型的一根筋，任凭时局如何变化，他始终遵照何腾蛟先前下达给他的作战命令，辗转于湘、黔交界地区，追缴陈友龙部的残存力量。陈友龙逃到广西告状未果，索性返回湖南跟郝摇旗拼命，终因不敌这支劲旅，不幸战死于沙场。然而，郝摇旗干掉了陈友龙，还来不及庆幸自己不负何腾蛟的重托，便遭到了清军突袭。猝不及防的郝摇旗一路败退，撤入广西境内，致使清军如入无人之境，一直打到地处湘、黔交界的贵州黎平府，湖南全境已经没有成规模的抗清武装了。

眼瞅着战事不利，瞿式耜等小朝廷的官员们又将矛头对准了大顺军出身的郝摇旗，唯欲除之而后快，加上郝摇旗盲目执行何腾蛟的命令，确实给人留下了口实和把柄。后来，郝摇旗在小朝廷也难以立足，辗转北上到夔东地区，继续坚持抗清斗争。

金声桓、李成栋相继反正，江西、广东、湖南失而复得，让苟延残喘的永历政权有了一次所谓"中兴"的意外之喜，没想到各方、各派、各人太不争气，结果是其兴也勃、其亡也忽，伴随着江西、湖南得而复失，这场"中兴"不可避免地成为昙花一现。

对于北京城里的多尔衮而言，永历政权"中兴"终结并不等于清政权面临的危局得以完全化解。恰如《红楼梦》里的王熙凤所说："大有大的艰难去处。"家大、业大、地盘广，有时候未必是什么好事儿。就拿入关之后的清军来说吧，道路越走越宽阔，江山越打越广袤，然而"吹尽狂沙始到金"，意志不坚定者相继投降倒使得抗清力量越来越坚挺。偏安一隅的永历小朝廷姑且不论，多尔衮也没怎么把它放在眼里，让清军颇感棘手的恰恰是活跃于东南沿海、互不买账的几支抗清武装。

咱们先前一直在讲永历政权方面经历的各种纠葛与沉浮，其实在以福建为核心的东南沿海地区，形势的发展变化同样令人目不暇接。早在永历元年（1647年）十一月，距离江西的金声桓宣布反正还有两个月，时任礼部侍郎陈泰①、新任浙闽总督陈锦②便接到了多尔衮的命令，率大军向福建发起进攻，企图一举消灭"闽系""浙系""民系"三大抗清武装。

当时，福建地区的基本态势是这样的：在福州一带与清军对峙的抗清武装，包括鲁监国的"浙系"和以郧西王朱常湖为代表的"民系"，合力将福州围成了一座孤城。郑成功统率的"闽系"在泉州战役失利之后被迫转入守势，继续依托金门、厦门这块狭小的根据地苦苦求生。

陈泰、陈锦率领的大军进入福建之前，攻守双方实力相当，处于表面上风平浪静的相持阶段，谁也奈何不得谁。然而俗话说得好："家家有本难念的经。"无论是鲁监国的"浙系"，还是郑成功的"闽系"，此时都有各自的烦心事。

先说"浙系"吧，昔日颠沛流离的鲁监国朱以海完全是仰仗郑彩的襄助，才得以落脚于福建。郑彩救鲁监国于危难，动机并不纯，他时常以元勋自居，妄图做鲁监国政权里的马士英、郑芝龙。然而，鲁王朱以海暂就监国之位，与弘光政权的朱由崧、隆武政权的朱聿键有本质上的区别，后两人是被权臣强推上去做摆设的，朱以海则是浙东地区的抗清武装需要一位核心领导，才将他请出来的。简单来讲，鲁监国朱以海掌握着一定的实权，根本不吃郑彩这一套。

监国就得有个监国的样儿，大权岂能落于旁人，这是朱以海的想法。但郑彩根本不予理会，在他看来，鲁监国过去在浙江想怎么样都行，他也管不着，但如今到了福建，说得难听一点，他就是一只寄人篱

---

① 陈泰全名是钮祜禄·陈泰，镶黄旗人，在辽东及入关后屡建战功，曾跟随孔有德征讨湖广，是清政权建立之初的一员悍将。

② 陈锦原为前明将领，崇祯时期投降清军，编入汉军正蓝旗，曾任登莱巡抚，因镇压抗清运动有功擢升为操江总督，后改任浙闽总督。

下的丧家之犬，还装什么大尾巴狼？于是乎，仗着自己手里有兵，郑彩简直是为所欲为，不仅擅自斩杀了相当于首辅的东阁大学士、兵部尚书熊汝霖，还设计诱捕了率先发起绍兴起义的郑遵谦，逼其跳海自尽。郑彩如此胆大妄为，鲁监国不禁大为光火，但他拿手握兵权的郑彩没有什么办法，只能愤愤不平地抱怨说："杀忠臣以断股肱，生何益耶？"接着"辍朝五日"，就此不了了之。

再说"闽系"，此时的日子也越发艰难。朱以海苦于无权，而郑成功正苦于无粮，无权大不了做个摆设，无粮则是会饿死人的。尽管"闽系"凭借水师继续垄断着福建地区的海上贸易，但金银财宝毕竟不能当饭吃，金门、厦门地域狭小，根本养不活这支抗清武装，郑成功只能派人到福建其他地区及邻近的广东购粮，勉强维持生计。

转眼到了永历二年（1648年）三月，陈泰、陈锦率领的大军进入福建境内，随后攻陷建宁府，"民系"的标志性人物郧西王朱常湖寡不敌众，壮烈殉国。与此同时，深受粮食问题困扰的郑成功发起了同安战役，一举击溃了出城迎敌的清军，顺利收复同安。虽说小有斩获，但面对一大拨清军来袭，此时的郑成功既受到"浙系"掣肘，又因为隆武政权覆灭而深感出师无名，更有粮食匮乏的现实之忧，迫切需要寻找到名义上的靠山。这时，曾经拥立绍武政权的广东总兵林察逃到福建来了，郑成功这才知道广东已经建立了永历政权，还跟短命的绍武政权打过一场内战，随即派人前往广东觐见朱由榔，遥奉永历政权为正朔。

郑成功万万没想到，自己拜上的这个码头原来是一尊自身难保的泥菩萨，根本解不了他的眼前之忧。奉命征讨福建的陈泰和陈锦，一个是隶属于镶黄旗的钮祜禄氏，一个是隶属于汉军正蓝旗的资深降清汉人，均为清政权建立之初的骠勇悍将，打仗可是一把好手。短短四个月的时间，这一拨清军便将"浙系""民系"打得四处溃散，挥师直抵被"闽系"收复不久的同安城。守军明知寡不敌众，但依然选择固守待援。郑成功也赶紧从东山启程前去增援，结果半道上遭遇风浪，花了五天时间才抵达金门，此时同安已经被清军攻陷了。粮食匮乏的"闽系"面对清军大举来攻，只能舍近求远，打着同为永历政权臣子的旗号，派出船队前往广东买粮。大部分战船都被郑鸿逵带出去运粮了，郑成功只能躲在海岛上苦等。

困居在岛上的"闽系"不能对清军构成有效的牵制，"浙系"的处境可就被动了。经过一番较量，鲁监国朱以海被迫迁往浙、闽交界的沙埕，后又北移到了浙江三门附近的健跳所，避开清军锐不可当的锋芒。郑彩舍不得抛下自己在福建经营多年的根基，决定前往厦门，重新回到郑氏家族的怀抱。

郑彩的离开，让鲁监国政权的君臣们松了一口气。考虑到健跳所只是一片弹丸之地，暂居于此绝非长久之计，鲁监国朱以海与张名振一合计，决定还是回到舟山图谋发展。这话说起来倒是容易，先前跑到福建受郑彩的窝囊气，不就是被舟山总兵黄斌卿逼出来的？想在舟山落脚，黄斌卿会答应吗？

朱以海、张名振心里很明白，无论世事如何变迁，黄斌卿的态度都不会有什么改变，但此时他们完全有底气、有能力上演一出舟山版的"林冲水寨大并火，晁盖梁山小夺泊"。这出好戏里心胸狭窄的白衣秀士王伦，自然说的就是黄斌卿了，朱以海好比托塔天王晁盖，张名振也可以充当智多星吴用的角色，黄斌卿麾下郁郁不得志的将领王朝先，正是怒杀王伦的关键性人物——豹子头林冲。

毫不夸张地说，黄斌卿这个人真是现实版的白衣秀士王伦，甚至有过之而无不及，史载其"驭下少恩，众多不附"，对舟山岛上的居民更是横征暴敛，肆意压榨。因此，王朝先被张名振等人策反，暗中捕杀了黄斌卿及其铁杆心腹，实在是正常不过的事情。至此，舟山终于成为"浙系"坚持抗清斗争的根据地。

"浙系"先后迁往沙埕、健跳所，后来又通过策反王朝先成功火并了黄斌卿，忙得不亦乐乎。与此同时，"闽系"这边也没有闲着，除了应对陈泰、陈锦的征讨大军之外，竟然还跟广东方面名义上的盟友打了耗时长达半年的内战。事情的起因并不复杂，郑鸿逵率水师前往广东潮州一带买粮，而此时驻守在潮州的将领偏偏又是与"闽系"成见极深的李成栋部将郝尚久。确切地说，不只是郝尚久一个人跟"闽系"存在纠葛，整个李成栋的队伍与"闽系"都有一点互视为仇雠的味道。这事儿还得从郑芝龙降清说起，郑芝龙本人被撸掉兵权，送到北京城安置，跟随他投降的诸将领则直接归入李成栋的麾下。昨天还在战场上厮杀，今天就成了人家的属下，且不说心里有多别扭，关键是饱受对方的刁难甚至暗算。尽管李成栋宣布反正，拥戴永历政权，但其内部排挤、陷害"闽系"将领的事情依然层出不穷，很多人不愿再受这样的窝囊气，索性跑回福建投奔郑成功去了，其中就包括后来的海战奇才施琅。

由于金门、厦门地域狭小，"闽系"打起了前往广东购买粮食的主意，这可真是冤家路窄，仇人见面分外眼红。一开始，郝尚久只是玩一些坐地起价、短斤少两的勾当，郑鸿逵虽然愤愤不平，但勉强还能够忍受。没想到郝尚久越做越绝，不管郑鸿逵这边怎么开价，他咬死了就是两个字：不卖！

郑鸿逵拿钱买不到粮食，回去就得饿肚子，索性真刀真枪跟郝尚久干了起来。这场内战打了四个来月，由于势均力敌，谁也没占到多少便宜。郑成功坐不住了，亲率"闽系"主力开赴潮州，打着征粮的旗号大肆劫掠，先后攻克海阳、揭阳、潮阳等地，将郝尚久围困在潮州城内，逼其服软认怂，才算是了结了这桩恩怨。

正是由于"浙系""闽系"内讧不断，陈泰、陈锦率领的清军才得以顺利征讨福建。短短一年光景，除了厦门、金门之外，原本由各派抗清武装控制的地方相继沦陷，"民系"损失殆尽，"浙系"则返回浙江图谋发展，唯独郑成功小有斩获，他趁着陈泰大军奉命北撤的机会，赚到了两名"闽系"迫切需要的骑兵将领，一个是主动前来投诚的漳浦副将王起俸，一个是战败被俘的云霄守军将领姚国泰。在随后的几年里，王起俸、姚国泰帮助郑成功训练出一支战斗力十分强悍的骑兵部队，很大程度上补齐了"闽系"武装在陆战方面的短板，再配合原本占优的水师力量，让清军感到越来越难以对付了。

（47）
后院起火

此时的多尔衮还考虑不到那么远，他也没有精力去预测几年之后到底会发生什么。对他而言，永历二年（1648年）真是极其艰难的一年，金声桓、李成栋突然宣布反正，使得江西、广东、湖南三地迅速易主，也在很大程度上改变了双方的力量对比，带来一系列麻烦。没想到各派抗清武装不够给力，除了暂时失去广东之外，清政权并没有太大的损失。时间进入永历三年（1649年），多尔衮发现真正的危局与考验才刚刚到来，他坐在紫禁城里心急火燎，急得脚下生疮、嘴上起泡，食不甘味、夜不能寐。他到底在急什么？

这个问题的答案，其实还涉及先前的两个待解之谜：其一，济尔哈朗率军征讨湖南，从长沙一直打到郴州，直逼广西境内，怎么突然就没有下文了？其二，陈泰、陈锦率军征讨福建，同样是势如破竹，将"民系""浙系""闽系"逼得败的败、逃的逃，怎么突然就奉命北撤了？

按理说，济尔哈朗已经攻陷了湖南全境，可以乘胜南下广西，一举荡平两广。陈泰、陈锦基本上控制了福建全境，也可以暂且放下依托海岛抵抗的"闽系"武装，挥师广东境内，与济尔哈朗一道对永历小朝廷

271

构成两面夹击之势，江山一统岂不是指日可待？

面对如此大好的形势，多尔衮却选择了放弃，命令陈泰、陈锦北撤，这才让"闽系"有了可乘之机，赚到两名骑兵将领。与此同时，济尔哈朗那边也接到了北撤的命令，使得湖南重新陷入各方力量犬牙交错的混乱态势。事出反常必有妖，直觉告诉我们，多尔衮遇到大麻烦了！

纵观整个南明时期，能把清政权打急眼的对手只有两人，后一人出现的时间稍微晚一些，那时多尔衮已经不在人世了，咱们留到后面再讲，此时多尔衮遇到的是前一人，此人名叫姜瓖，正是他在多尔衮的后院（或者说是卧榻之侧）山西点燃了一把火，而且越烧越旺，让初来乍到的清政权产生了置身于火炉上的炙热乃至灼烧之感。

姜瓖，陕西延川人，出自行伍世家，世代为大明王朝的将领。远的不必追溯，就说他这一辈人吧，长兄姜让任榆林总兵，弟弟姜瑄任阳和副总兵，姜瓖则任大同总兵，可谓一门武将。崇祯末年，李自成率领大顺军攻克大同的时候，姜瓖选择了归附。后来李自成兵败如山倒，姜瓖又轻信清军声称的替大明王朝报君父之仇，不仅归附了清军，还擅自拥立一位大明皇室的后裔，结果遭到多尔衮严厉痛斥，被迫上疏请罪，引咎辞职。当时正值清军出入中原、笼络人心之际，多尔衮对他采取了宽宥、怀柔的政策。

背负这样的前科，姜瓖在奉命跟随阿济格西征的时候表现得非常卖力，希望能够挽回些许影响。然而事与愿违，他被召回北京之后，便有一些满族官员对他百般责难，要求朝廷以"拥立前明宗室"的罪名处治他，俨然一副卸磨杀驴、秋后算账的态势。尽管多尔衮对此并未深究，依然安排姜瓖驻守大同，但姜瓖还是被折腾得心惊胆战，他一方面对清政权言听计从，一方面又保持着高度警惕，长期处于这种恐惧的生活状态，内心的矛盾纠葛一直非常激烈。

转眼到了永历二年（1648年）十一月，由于喀尔喀蒙古不时骚扰边境地区，直接危及北京安全，多尔衮急调阿济格、博洛等一批皇亲郡王率军前往大同，加强北边防务。从当时的情况来看，多尔衮做出这样的安排，很大程度上属于正常的军事部署，其主要目的是防范喀尔喀蒙古得寸进尺、威胁北京城，进而干扰清军统一天下的进程。不知是无心还是有意，多尔衮似乎没有留意到，此时驻守在大同的姜瓖已经成了惊弓之鸟，朝廷方面稍有一些风吹草动，他都会在潜意识里认为是冲自己来的。

或许是多尔衮太自信了吧！早在一年多前，朝廷就向新近归附的前明将领发了一道谕令，让他们"送亲子一人入朝侍卫，以习满洲礼仪，察试才能，授以任使"，表面上是恩赐子孙，其实明眼人都看得出来，这是把人家的儿子扣作人质，来驾驭这些立场未必坚定的降将呢。多尔衮认为，这既是一块试金石，又是关键时刻的撒手锏，可谓一箭双雕，让降将不敢轻举妄动。不过，多尔衮并没有想到，如果拿定主意造反，哪里还会顾得上儿子的死活啊！这样的把戏或许对死心塌地的投降分子管用，但对另外一些人未必适合，例如此时的姜瓖。

得知阿济格、博洛即将率领一大拨清军进驻大同，长期徘徊在死亡线边缘的姜瓖做出一个重要判断：自己的大限到了！于是乎，姜瓖下定了最后的决心，既然横竖是个死，与其坐以待毙，倒不如大干一场，或许还能绝处逢生！

趁着阿济格、博洛的大军尚未抵达，时任宣大总督耿焞又出城巡视，姜瓖于永历二年（1648年）十二月初三正式宣布反正，处死了耿焞的家眷及亲信，下令紧闭城门，严阵以待，与清军拼个鱼死网破。出乎所有人意料的是，姜瓖在大同宣布起义，如同推倒了一副多米诺骨牌，点燃了山西境内抗清的熊熊烈火，各地义军纷纷响应，一时呈现出风

273

起云涌的态势。就连当初用几句大话就把朱由检忽悠得兴高采烈的李建泰，此时也在曲沃拉起了一支抗清武装，并策动翼城等地起兵响应。短短十几天时间，山西境内已是遍地开花，甚至波及陕西、甘肃等地。

出现这样一呼百应的局面，大概只有一种解释，那就是山西这些最早沦陷的地区已经憋得太久了！数年来的怒气在一瞬间喷发，便形成了一股坚不可摧的力量。不出一个月，声势浩大的义师四处攻城略地，相继收复了山西大部分地区。清军固守于太原府，周边只控制着榆次、平定等少数几座城池，太原府几乎成为一座孤城，危在旦夕。

山西闹腾得再怎么厉害，对于偏安岭南的永历政权而言，转机并不明显，但对于近在咫尺的清政权来说，麻烦可就大了。眼瞅着事情越闹越大，多尔衮才想起来派人前去安抚姜瓖，跟他解释先前调遣阿济格、博洛率军前往大同的用意是对付喀尔喀蒙古，并没有别的意思，如果他能够悬崖勒马，朝廷既往不咎。姜瓖当然不是哄几下就能乐的三岁孩子，深知开弓没有回头箭的道理。哪有什么既往不咎、缴枪不杀的好事，恐怕是上午缴枪、中午被杀吧？既然已经被逼到了这个份上，只有跟清军死磕到底了！

清军招抚不成，只有诉诸武力了，但是山西的抗清声势太浩大了，仅凭阿济格、博洛那点人马，根本应付不过来。更为严重的是，如果山西的局势不能迅速平定，势必引发河北、河南乃至山东的连锁反应，如果再跟夔东山区、安徽乃至岭南的抗清武装连成一片，不是又回到入关之初了吗？因此，多尔衮急忙调遣尼堪（努尔哈赤之孙）率领另一部八旗兵进入山西，配合阿济格、博洛进剿各地义师。然而一个月过去了，清军还是没有明显进展，山西各地义军一个比一个难对付，尤其是固守大同的姜瓖，更是一块难啃的骨头。

多尔衮真是急了眼，全然不顾自己身体抱恙，且肩负着"皇父摄政王"①之责坐朝理政的现时需要，决定率领八旗劲旅亲征。咱们要知道，自入主紫禁城以来，无论是消灭弘光政权，还是对付隆武政权，再到进取湖南、两广，多尔衮既没有精力亲征，更没有必要亲征，派几员大将就把事情解决了。但现如今，姜瓖据城固守，与清军耗起了时日，抗清的一方耗得起，清政权这边可耗不起，毕竟不扑灭山西的燎原之火，早晚有一天会烧到北京城。

亲率八旗精锐直扑大同而来的多尔衮果然出手不凡，很快就攻陷了浑源、应州、山阴等地，切断了大同与山西中部的联系。就在多尔衮准备一鼓作气拿下大同的时候，北京城里传来一道急报，说豫亲王多铎感染了天花，恐怕命不久矣。多尔衮与多铎是同母所生、一奶同胞，兄弟二人手足情深，况且多铎先前率军南下，立下了汗马功劳。获悉他危在旦夕，多尔衮决定先行撤回北京，送多铎最后一程，山西的事情交给阿济格、博洛等人处理。

受到这一突发事件影响，多尔衮此次亲征山西的时间并不长，但有效地切断了大同与其他抗清武装的联系，为清军围困大同创造了有利的外部条件。遵照多尔衮撤离之前制定的作战部署，阿济格统领清军对大同实施围而不攻的铁桶战术，企图将姜瓖困死。不过山西的形势并没有因为大同被围而对清军有所改观，反倒是各地抗清武装利用清军集中力量围攻大同的契机，四处收复失地，扩大战果。原本活跃于陕西的一支义军，也在首领王永强、王永镇的调遣之下派出一队人马东渡黄河，发展到了山西境内。至永历三年（1649年）五月初，各支抗清武装相继收复了汾州、祁县、榆社、清源等地，清军只控制着太原、平阳等少数几座孤城，渐显难以招架的颓势。

———————————

① 顺治五年（1648年）十一月，"皇叔父摄政王"多尔衮受封为"皇父摄政王"。

转眼到了六月，一些抗清武装又活动到河北、河南境内，收复武安、林县、涉县等地。此时的多尔衮业已料理完多铎的后事，决定再一次披甲跨马，亲征山西。为了迅速扑灭山西的抗清运动，多尔衮可以说是倾巢出动、下了血本，单说满八旗中能征善战的将领，除了已经亡故的豪格①、多铎和还在北撤途中的济尔哈朗之外，几乎全部被多尔衮调遣到山西战场来了。除了前面提到的阿济格、博洛之外，还有尼堪（努尔哈赤嫡长子褚英第三子）、硕塞（皇太极第五子）、瓦克达（代善第四子）、满达海（代善第七子）等，此时都在山西对付风起云涌的抗清武装。陕西方面，驻守在汉中的吴三桂、李国翰②奉命北上，与时任陕西总督孟乔芳③会合，在剿灭了王永强、王永镇率领的义军之后，又配合山西的清军继续扫荡其他抗清武装。还有陈泰、陈锦的南征大军，也被多尔衮调回北方，以备不时之需。

多尔衮第二次亲征，历时只有短短两个月，战果也不明显。毕竟天下未定，主少国疑，朝中少不得拍板定主意的人，他身不由己。事实上，真正对山西战局起到扭转作用的，是接替耿焞出任宣大总督的佟养量。

佟养量与前面提到过的湖广总督佟养和、两广总督佟养甲一样，祖上都可以追溯到相当显赫的满洲佟佳氏。佟养量早先的经历不详，总之

---

① 豪格是皇太极长子，因争夺皇位而与多尔衮交恶。清军入关后，豪格奉命挥师南下中原，后会同吴三桂征讨四川，于永历二年（1648年）初班师回京，随即遭到多尔衮构陷削爵，四月死于狱中。永历五年（1651年），顺治皇帝为豪格平反昭雪，追封其为和硕肃亲王。

② 李国翰生于辽东铁岭卫，天启初年随父降清，后编入汉军镶蓝旗，因战功授定西将军。

③ 孟乔芳原为明军副将，因犯事遭罢官，闲居于山海关附近的永平府，崇祯初年降清，后编入汉军镶红旗，弘光元年（1645年）出任陕西总督，并兼领兵部右侍郎、右副都御史衔。

跟随清军打天下，积累战功而屡获升迁，原本驻守在山东，眼下又被多尔衮调到山西救火来了。佟养量到任之后，首选的进攻目标并非此次抗清斗争高潮的策源地大同，而是活跃在代州附近的一支义军，首领名叫刘迁。

佟养量的这一招确实相当狠。从地图上看，代州地处大同南面，两地之间还隔着应州和山阴。多尔衮第一次亲征的时候，通过攻陷应州、山阴切断了大同与代州的联系，但对于集中力量围困大同的阿济格来说，代州的刘迁终究是一个潜在的威胁，他不需要去收复应州、山阴，也能绕道增援大同。阿济格正是担心腹背受敌，才一直难以放开手脚进攻困守在大同城内的姜瓖。

佟养量集中力量对付代州的义军，大同的姜瓖出不来，帮不上忙，刘迁率领的这支义军寡不敌众，被迫撤往五台山地区继续周旋，又遭到清军穷追猛打，死的死、散的散、降的降，几乎全军覆没。阿济格解除了后顾之忧，随即加强对大同的攻势。与此同时，被围困达数月之久的大同也到了山穷水尽的地步，史载"兵民饥饿，死亡殆尽，余兵无几"，形势对孤军奋战的姜瓖越来越不利了。

每逢生死存亡的严峻时刻，既少不了慷慨激昂的英雄壮志，也不乏苟且偷生的软蛋懦夫。眼瞅着大同朝不保夕，姜瓖麾下有一个名叫杨振威的贪生怕死之徒决定叛变，暗中与城外的清军取得了联系。永历三年（1649年）八月底，杨振威暗杀了姜瓖，打开城门迎降。据说在大同城不战而降之后，多尔衮咬牙切齿地下了一道谕令，要将大同城墙削去五尺，以解其心头之恨。他也不想想，大同易主之后，就是自己守城等别人来攻了，这不是帮敌人忙吗？或许生死事小、面子事大，愤怒往往使人丧失基本的理智吧。

削了墙，也泄了愤，山西的仗还得接着打。不过，随着大同沦陷、

277

姜瓖殉国，山西的形势的确发生了颠覆性的逆转。各地义军缺乏统一的指挥调度，处于各自为战的混乱状态，很容易被清军分割包围，各个击破。就在大同失守前后，各路清军先后攻陷了朔州、平遥、辽州、榆社、蒲州、河津、解州等地。转眼到了十一月，博洛率部攻陷晋南重镇泽州，活跃在这一带的李建泰见大势已去，只好选择了投降，后被清军处死。大约一个月之后，业已平定陕北的吴三桂分兵渡河进入山西，消灭了最后一支成建制的义军，此番轰轰烈烈的抗清斗争高潮至此终结。

# 第十一章 │ 后方

48

愿作须臾刀下鬼

尽管后院燃起了大火，但考虑到夜长梦多、日久生变，多尔衮并不希望统一天下的大业就此停滞。考虑到大部分满八旗队伍都在山西镇压抗清运动，多尔衮只好安排"三顺王"再辛苦一趟。

上一次提到"三顺王"，还是他们率领清军第一次入湘的时候。尽管已经攻陷了湖南大部，但由于金声桓突然在江西南昌宣布反正，对江汉重镇武昌构成了直接威胁，"三顺王"的大军又被调回湖北组织防御。后来，多尔衮调遣兵马进入江西弹压，并将金声桓困死在了南昌城，"三顺王"则率部返回辽东休整。大家是不是感到有些奇怪：既然江西的事情已经摆平了，他们理应继续进取湖南才对啊，怎么一溜烟跑回辽东去了呢？原因其实很简单，先前率军入湘，虽然斩获不小，但自身的消耗实在太大了！当他们经过休整，奉命从辽东返回关内的时候，兵力是这样的：孔有德麾下只有三千余人，耿仲明和尚可喜麾下各只有两千余人。

"三顺王"的队伍如此寒碜，连朝廷都看不下去了，即使是在兵源极不富裕的情况下，多尔衮还是责令兵部想想办法，七拼八凑地给他们补充足够的人马，否则仅凭这么一点兵力，重返南方战场纯属找死。既然多尔衮发了话，兵部还是挺慷慨的，给孔有德凑足了两万大军，给耿仲明、尚可喜也各配属一万人马。如此规模庞大的队伍，当然不光是奔着先前撤离的湖南去的，杀鸡焉用牛刀啊！按照多尔衮的作战部署，"三顺王"这次南下采取分路进取的方式，孔有德负责福建，耿仲明负责广东，尚可喜负责广西。

朝廷还在酝酿作战计划的细节，探听到风声的尚可喜却率先撂了挑子，坦陈这趟活儿自己实在干不了。尚可喜未战先认怂，倒也情有可原，毕竟福建、广东、广西三个方向的进取难度根本不在一个数量级。孔有德收拾福建，从浙江经仙霞关就过去了；耿仲明收拾广东，从江西翻梅岭也能过去。可轮到他尚可喜收拾广西，湖南就成了必经之路，济尔哈朗被调回北方以后，湖南到底是什么状况，大家心里会没数？再者说，广西是永历政权赖以维系的根据地，好几支劲旅都部署在桂林一带，这仗打起来能轻松吗？反观孔有德这边，手握两万大军，对手却是早已被打残的"闽系""浙系"和"民系"，简直是闭着眼睛都能打赢。朝廷如此厚此薄彼，到底是什么意思？

经尚可喜这么一闹腾，朝廷似乎也意识到先前的计划确实考虑不周，于是将南下作战的任务做了调整，将湖南、广西交给实力最强的孔有德，耿仲明、尚可喜则合兵从江西进攻广东。

永历三年（1649年）六月，孔有德率军抵达衡州，在挥师进取广西之前，他需要先收拾一下湖南这个烂摊子。在济尔哈朗奉命北撤之后，永历政权的军队成功收复全州，堵住了广西北大门，湖南各地的抗清武装也纷纷活跃起来，与留守于此的清军展开激烈争夺，特别是毗邻广西的永州地区，基本上成了抗清武装的天下。因此，孔有德不得不在湖南四处用兵，根本没有进军广西的迹象，实在是抽不开身啊！等到了十一月，各地抗清武装被弹压得差不多了，孔有德才得以集中兵力攻打永州。这场攻防战竟然打了一个来月，足见永州兵力之强悍。

孔有德率领的清军四处攻城略地，看似斩获不小，但更严重的问题在于：城池到手了，对手却不见了。很明显，各地抗清武装自忖不敌，索性放弃城池，钻进山沟沟里打起了游击战。在这样的态势之下，孔有德根本没办法全力进取广西，只能驻扎在湖南空耗时日。

然而，孔有德耗得起，多尔衮可耗不起，勉强熬到永历四年（1650年）春天，朝廷终于下定决心，从山东调来一支队伍进驻湖南，接替孔有德收拾烂摊子。解除了后顾之忧，孔有德方才挥师南下，直逼地处湘、桂交界的镇峡关。永历政权部署在镇峡关的守军不算太强，但依然凭借地形优势顽强坚守了一个多月，结果损失一万余人，被迫后撤。

有意思的是，孔有德率军攻陷镇峡关之后，并没有乘胜杀入广西，而是折返回湖南境内，相继攻陷抗清武装控制的武冈、靖州等地。一直折腾到是年秋天，在朝廷的不断催促之下，孔有德才兵分两路，直扑广西而去。面对来势汹汹的清军，永历政权方面基本上没有招架之力，恭城、全州相继失守，桂北重镇桂林府面临着遭受两路合击的危险。

此时，坐镇桂林的瞿式耜正在积极准备迎战，但名义上归属他指挥的一大批将领正在积极准备跑路。就拿驻守严关的赵印选来说吧，他是弘光元年（1645年）从云南应募前去守卫南京的，后来几经辗转归入何腾蛟的麾下，曾经在武冈扈卫朱由榔，也跟随瞿式耜参加了桂林保卫战。这些年来，赵印选跟清军打了不少仗，虽然也有打胜仗的时候，但形势的发展让他越发心灰意冷。如今孔有德大兵压境，赵印选决定放弃，撺掇起其他一些将领，带着各自的军队、家眷、财产浩浩荡荡向西逃窜了。

主要将领纷纷弃城而逃，桂林城顿时陷入一片混乱。瞿式耜痛心疾首，却又无可奈何。永历政权建立四年有余，曾经意气风发的瞿式耜如今已是心如止水。"二祖江山人尽掷，四年精血我偏伤"，瞿式耜不想再跑了，他决定留下来，为自己跌宕的一生画上一个悲壮的句号。

作为拥立朱由榔的最初动议者，瞿式耜算是一个另类。在浊气熏天的永历小朝廷里，瞿式耜只希望能够独善其身，他既看不惯陈邦傅、马吉翔等人的颐指气使，也对堵胤锡与农民起义军打得火热颇有微词。

几年下来，瞿式耜最大的感受是孤掌难鸣，他对腐败不堪的永历小朝廷和只知道跑路的朱由榔已经彻底死心。让瞿式耜感到些许欣慰的是，在其他人纷纷选择逃亡的时候，有一个人却主动走进了桂林城。谁呢？瞿式耜的门生，名叫张同敞。

张同敞，湖北江陵人，曾祖父是明朝历史上赫赫有名的一代帝师张居正。正是靠着显赫的家庭出身，张同敞在崇祯时期通过恩荫补授为中书舍人。隆武时期，张同敞获授锦衣卫指挥使之职，奉命前往湖南抚慰堵胤锡及忠贞营，没想到还在返回的途中，便接到了福建业已失守的消息，他只得辗转前往两广投奔永历小朝廷，获授翰林院侍讲之职。朱由榔在武冈遇险的时候，作为随从的张同敞逃亡到了贵州，后来重新与小朝廷取得联系，在瞿式耜的举荐下出任广西总督。

清军大举南下，桂林告急，张同敞赶紧从灵川返回桂林，问瞿式耜怎么办。瞿式耜的回答很坚决："封疆之臣，知有封疆。封疆既失，身将安往！"张同敞见恩师如此大义凛然，也决定留下来共赴死难。当夜，两人在淅淅沥沥的雨声陪伴下"呼酒对饮"，"遥望城外火光烛天，城内寂无声响"。

次日清晨，清军大摇大摆进了桂林城。注意，不是攻进来的，因为守城的官兵早就跑光了。酩酊大醉的瞿式耜、张同敞等候已久，成了清军的俘虏。孔有德有心招降，但师生二人态度异常坚决，不肯就范，随即被软禁在靖江王府中。

对于瞿式耜、张同敞而言，软禁生活还是比较惬意的，管吃管住，还能吟诗作赋，但这样的生活并不是两人想要的，他们只有壮烈殉国这一个目标。然而，令他们感到意外的是，一个月的时间稀里糊涂地过去了，孔有德竟然没有丝毫要痛下杀手的迹象。瞿式耜担心，长期这么与世隔绝地活着，势必谣言四起，对自己的清白之身十分不利，"愿作须臾阶下鬼，何妨慷慨殿中狂"，他迫切地想做个了断。等到十二月，瞿式耜便给昔日部属焦琏写去一封密信，让对方率部向桂林靠拢，与自己里应外合干掉孔有德。

看到这里，大家或许会产生一些疑惑：既然瞿式耜已经被软禁在靖江王府里，怎么可能逃过清军的眼睛，把这封密信安全送到焦琏的手里？事实上，还有比怎么把信送出去更为明显的漏洞：谁也不知道焦琏此时身在何处，包括瞿式耜自己。

瞿式耜派出的使者不辱使命，第二天便顺利地把这封密信送到了孔有德的手中。你没有看错，瞿式耜给这名使者交代的收信人并非信中提及的焦琏，而是近在咫尺的孔有德。使者接到这项匪夷所思的送信任务，深知瞿式耜只求速死的真实用意，便怀揣着密信招摇过市，结果被清军查获，上报给了孔有德。随后，瞿式耜、张同敞终于心满意足地在桂林慷慨就义了！

49
兵临广东

从永历三年（1649年）六月进抵衡州算起，孔有德竟然花了一年多时间才勉强控制了湖南、夺取桂林府，可以说是历尽了各种艰辛。不过，对比耿仲明、尚可喜的遭遇，孔有德应该会感到些许平衡，这哥儿俩比他还要惨！

耿仲明、尚可喜合兵进抵江西，比孔有德进抵衡州晚了小半年光景，一个驻扎在吉安府，一个驻扎在临江府，双方约定经短暂休整之后，于永历三年（1649年）十二月初正式起兵南下。结果呢，约定的时间还没到，麻烦就找上了门，随军的八旗贵族向朝廷告发说耿仲明、尚可喜这一路上擅自收留了一千多"逃人"，这可是重罪啊！

这里先给大家解释一下什么是"逃人"。清军入关之前，八旗王公贵族的名下有不少半自由的农奴及完全没有人身自由的奴仆，这些农奴、奴仆的来源比较庞杂，既有战俘、罪犯家眷，也有失去土地以后主动来投充的破产农户。清军入关以后，有很多农奴、奴仆利用各种机会摆脱了主子的控制，逃散到四处讨生活，这些人就被称为"逃人"，相当于被官府通缉的黑户。

耿仲明、尚可喜身为汉人，竟然擅自收留原本归属于八旗贵族的"逃人"，数量还特别庞大，有一千余人之多，这个罪责确实不轻。朝廷接到报告之后，责令相关部门着手调查此事，结果尚未查出所以然，心虚的耿仲明就畏罪自杀了。平心而论，耿仲明死得有点儿冤枉。倒不是罪名冤枉，他确实收留了不少"逃人"，作为利益相关方的八旗贵族只是告发了事实，并没有诬告陷害。耿仲明的冤枉在于，多尔衮对这件事情并没有严惩不贷的打算。清政权正值用人之际，眼下更需要耿仲明、尚可喜率军进取广东，孰轻孰重，一目了然。为了区区几个"逃人"就去治一军之将的罪，这不是逼着拥兵在外的耿仲明、尚可喜做第二个金声桓、李成栋吗？因此，多尔衮决定从宽处理，既不砍头，也不削爵革职，每人罚俸四千两银子就行了，算是给他们一个教训，也能堵住那些八旗贵族的嘴。

多尔衮万万没想到，耿仲明这么不禁吓，竟然选择了自行了断。为了安抚军心，防止再生事端，多尔衮将耿仲明麾下的队伍交给尚可喜统一指挥，耿仲明之子耿继茂则作为尚可喜的助手统率旧部。经过一番折腾，两万大军在尚可喜、耿继茂的率领下按原定时间出征，于是年十二月底进抵毗邻广东的南安府，与广东北大门南雄府之间只隔着一道梅岭。

尽管广东已经近在咫尺，但一向谨慎小心的尚可喜并没有贸然采取行动，他需要做一些大战之前的准备工作，具体来讲有三件事：一是派出探子到前线去，侦察一下对方的兵力部署，做到知己知彼、心中有数；二是安排奸细潜入南雄府城，伺机而动；三是做出准备在南安府过年的样子，以此迷惑广东方面的守军。

此时，南雄府守将是谁，防御部署到底如何呢？这事儿讲起来就比较有意思了。由于金声桓、李成栋攻打赣州相继落败，地处江西最南端的赣州、南安两府依然被清军牢牢控制。金声桓在南昌殉难之后，粤、赣边界面临的军事压力剧增，永历小朝廷特意调遣李成栋手下的一名将领前去镇守南雄府，这位被永历政权寄予厚望的将领名叫阎可义。此人生年不详，籍贯不详，早年经历也不详，但他跟瞿式耜差不多，属于个性非常鲜明的另类。

南明几大政权里的将领大致可以分成三种类型：第一种称为"逃跑型"，是弘光、隆武、永历三大政权中的主流门派，特点是保存实力怕挨揍，稍有风吹草动，拔腿就开溜，像"江北四镇"之一的刘泽清，成事不足、败事有余的何腾蛟，还有臭名昭著的"弃城小能手"陈邦傅，都属于这一类型。第二种称为"死守型"，特点是担心背上败逃的骂名，宁可守着一座城池死扛，拼上老命也要与城共存亡，譬如史可法、瞿式耜等。还有凤毛麟角的第三类——"找茬型"，这种类型的特点是最怕无仗可打，迎头撞树也要踢上三脚，代表人物便是被调往南雄府防守的阎可义。

具体到南雄府来看，这里是广东面向江西的北大门，翻过梅岭便是清军控制的南安府，两地相距不足百里。如果是"逃跑型"将领驻防，恐怕早就望风而逃了；换作"死守型"呢，情况稍微好一点，收缩兵力于府城，抵抗到底就是了。如今交给"找茬型"的阎可义防守，形势就完全不同了。自从临危受命、赴任南雄，阎可义三天两头便派人前往梅岭一带打探消息，心里还不停地埋怨：清军怎么还不来？

自从永历三年（1649年）三月上任，阎可义盼了好几个月，一转眼就到了夏天。此时，孔有德刚刚抵达衡州，耿仲明尚未东窗事发，他跟尚可喜的队伍还在赶赴江西的路上呢。阎可义实在等不及了，索性带着麾下的人马翻过梅岭，进逼南安府。清军守将担心自己顶不住，赶紧向邻近的赣州求援。结果呢，勇气可嘉的阎可义实力不行，竟然被南安、赣州两府的清军打得落荒而逃，还把赖以阻敌南下的梅岭也丢了。

　　或许是一败涂地导致急火攻心吧，阎可义没过多久便病故于南雄，永历小朝廷又决定让李成栋军中的另一名部将罗成曜前去驻守。没想到罗成曜拒绝执行命令，反问"尔等俱安享受用，独苦我邪"，意思是大家都在后方吃香喝辣，凭什么让他去前方吃苦受罪。小朝廷拿罗成曜没辙，还得两广"留后"杜永和亲自出面去做工作，毕竟李成栋不幸溺亡之后，其旧部实际上就掌控在杜永和的手中。经过杜永和一番耐心细致的开导，尤其是承诺会给予重赏，罗成曜这才勉为其难地接受了安排。不过，罗成曜还是留了一个心眼，将防守南雄府的任务又"转包"给了麾下部将江起龙、杨杰，他自己则率兵驻守在韶州，以观其变。咱们简单总结一下吧，先前的守将阎可义爱找茬、不禁打，如今的守将罗成曜既不找茬，更不禁打。这样一来，对于尚可喜来说，翻过梅岭直取南雄，简直就跟玩儿似的！

　　果不其然，万事俱备的清军于十二月二十八日出动，悄无声息地逼近南雄。两天之后的除夕之夜，预先潜入南雄府城的奸细纵火焚烧了鼓楼，并趁着守军忙于救火的混乱之际，打开城门放清军主力入城。江起龙、杨杰原本以为清军会留在南安府过新年，他们则在南雄府过新年，打仗的事情等过完新年再说，没想到清军是想跟他们一起在南雄府过新年。南雄府城里的守军猝不及防，不是忙着准备宴席，就是忙着扑救鼓楼的大火，哪里还顾得上如同神兵天降的清军，没干上几个回合就一败涂地了。几天之后，尚可喜率军进抵韶州，罗成曜弃城逃遁，将这座粤北重镇拱手让给了清军。

　　南雄、韶州相继失守的消息传到肇庆府，永历小朝廷上下陷入一片恐慌之中。围绕着何去何从的问题，大臣们形成了两种截然不同的意见。马吉翔主张向广西撤退，打不赢就应该跑，这又不是第一次。驻守在广州的杜永和则认为，韶州距离肇庆还有一段距离，广州也控制在咱们的手里，有什么好担心的？如果君臣贪生怕死、望风而逃，势必导致人心离散、斗志瓦解，等于将广东拱手送给清军。

表面上看，杜永和似乎做起了第二个瞿式耜，要跟清军死磕到底，其实他还是打着自己的小算盘。对于杜永和而言，朱由榔这块招牌一旦离开广东，且不说广东能不能保得住，像他们这些李成栋的旧部、广东系的官员，政治地位势必一落千丈。

得知杜永和明确反对小朝廷搬家，朱由榔只好派人前往广州，当面给杜永和做思想工作，解释撤离广东的必要性、紧迫性和可行性，其实翻来覆去就是一句话：如果现在不跑路的话，万一朱由榔落入清军之手，谁能负责？

朱由榔让人把话都说到这个份上了，杜永和也不便强行阻拦，只能半痛惜半愤恨地再次表达自己的保留意见。他向朱由榔坦陈，小朝廷撤往广西，等于是将广东拱手送给清军，而他们这些跟随李成栋反正的义士，也会成为清军刀下待宰的羔羊，任其肆意杀戮，如此看来，"为皇上画此谋者，亦何其惨也"！

听完杜永和此番肺腑之言，或许是动了一丝恻隐之心，朱由榔一反常态，打算暂且留在肇庆，先观望一段时间再说。然而，有一个名叫夏国祥的太监见朱由榔犹豫不决，竟然自作主张，先把太后请出行宫，再打着太后懿旨的旗号催促朱由榔抓紧时间上船。朱由榔借坡下驴，全然不顾先前对杜永和做出的表态，乘船逆西江而上，前往广西境内的梧州府暂避。话说回来，朱由榔离开肇庆已经不是第一次了，他或许还心存一丝侥幸，希望有朝一日还能重返肇庆府，这里毕竟是自己登临皇位的地方。不过，历史并不打算再给他这个机会。

永历四年（1650年）正月下旬，距离朱由榔登船逃遁只过去了大约二十天，尚可喜、耿继茂率领的两万大军便从韶州南下，一举攻陷英德，随后兵分两路，分别攻打清远和从化。至三月初，两路兵马进抵广州外围。此时驻守广州城的，正是先前力劝朱由榔留在肇庆府的杜永和。

杜永和是在李成栋意外溺亡之后，通过贿赂诸将同僚才攫取到两广"留后"的位置，自行代理两广总督之权，成为李成栋旧部的带头大哥、控制广东的地头蛇。咱们在前面分析过，南明几大政权的将领可以分成三种类型："逃跑型""死守型"和"找茬型"。"死守型"的代表人物，先前有史可法和瞿式耜，但他们相当不禁打，史可法在扬州浴血奋战了一整天，瞿式耜则在桂林挥泪痛饮了一晚上。如今又有一个杜永和，若论顽强抵抗的战斗力和持久性，他可比史可法、瞿式耜强太多了。

尚可喜、耿继茂率军抵达广州城下，志在必得、兴致盎然地开始攻城，结果被广州守军狠狠地敲了当头一棒，霎时报销了千把人。尚可喜挨了一闷棍，方才意识到广州城不比南雄、韶州，这里的守将并非罗成曜那样的软蛋，而是一个能征善战的狠角色。再者说，广州城防坚固，确实不应该掉以轻心，贸然采取行动。

冷静下来之后，尚可喜决定改变战术，先对广州构成合围之势。这话说起来挺容易，但要真正达到围困的目的，并不是把麾下两万大军分散开，顺着广州城墙站上一圈就完事儿了，需要完成的具体任务其实非常多。咱们简单罗列一下吧：一是分兵扫荡广州外围府县，防止其前来救援，并采取剿抚兼备的方针，将清军的势力范围扩大到广东其他府县，譬如惠州守军在是年六月宣布投降，就连远在潮州的郝尚久，也在清军和"闽系"抢粮大军的两面夹击之下服软，选择归附了清军。二是就地征发民夫，在广州城的北、东、西三面挖掘壕沟，彻底断绝城内外的联系。三是调遣水师封锁广州南面的珠江，堵上最后一道缺口。

头两项任务还好说，最后一项任务貌似有点麻烦：尚可喜、耿继茂率领的两万大军是从江西翻过梅岭南下广东的，他们哪里来的水师？不必担心，有人就行！尚可喜一边安排人赶造战船，募练舟师，至九月已完工一百余艘，一边派兵前去沿海地区弹压和招抚抗清武装，结果赚到了一支号称"红旗水师"的船队。这支队伍为了表达投降的诚意，先是纵火焚劫了杜永和的水师，接着又遵照尚可喜的命令封锁珠江，配合清军完成了对广州城的铁桶合围。

对广州城采取围困战术的同时，尚可喜还在抓紧赶制攻城重武器——红衣大炮。转眼到了十月份，清军已经制备了七十余门，每门配发炮弹四百枚，这足够了！大家或许已经注意到了，尚可喜、耿继茂率军进抵广州城下是三月初发生的事情，到如今，清军在城外张罗了半年多，忙得不亦乐乎，杜永和率领的广州守军怎么一点反应都没有呢？这事儿说起来真是阴差阳错，如果换作"找茬型"的阎可义驻守广州，一天能出去骚扰七八回，且不说能不能打赢，至少清军的活不会干得这么有条不紊。谁曾料想，杜永和偏偏是个不喜欢找事儿的人，几个月来一直趴在城墙上看西洋景。平心而论，尚可喜敢于大张旗鼓、放开手脚地干，既算准了永历小朝廷只会跑路，根本顾不上派兵增援广州，也算准了杜永和这个人魄力不足、瞻前顾后，不敢轻易出城冒险。

于是乎，清军分兵扫荡外围府县的时候，大营兵力空虚，杜永和不动；清军开始挖沟设卡，将广州围成了一座孤城，杜永和不动；清军赶制船只大炮、招抚水师封锁江面，杜永和还是不动。什么叫死守？这就是"死守"！瞪着死鱼眼，死愣着防守！

杜永和的脑子不开窍，但广东地面上总有一些人的脑子还是正常的，他们不想就这么干耗着坐以待毙。譬如驻防肇庆的守军就主动出击攻打清远，广东籍官员中的元老何吾驺也利用自己的影响力，组织起一些队伍迎战清军于三水。然而，战斗力强的杜永和脑子不开窍，脑子开窍的人战斗力又比较弱，结果主动出击清远不成功，防守三水也以失败告终，形势急转直下，广州城已经是危在旦夕了。

出乎尚可喜意料的是，杜永和选择坚持抵抗，但广州城里竟然有人暗中联络清军，准备开门迎降。要知道，杜永和率领的都是李成栋的旧部，曾经跟着李成栋降清，又跟着李成栋反正，如今再反过来投降一回，节操碎一地，估计横竖是个死。既然活不成，何苦再背上反复无常的骂名？

历史终究会有一些偶然因素，譬如此时负责防守西外城的主将范承恩。根据史料记载，范承恩原来是淮安府的皂役，后来追随李成栋四处征伐，因为目不识丁，被人家起了一个"草包"的绰号。同为李成栋的部将，杜永和对范承恩的来历当然是知根知底。十月初十这一天是永历皇帝朱由榔就任监国的纪念日，众将领也顾不得广州城是否危急了，趁此机会大摆宴席。杜永和也是有点坏，竟然在大庭广众之下，一口一个"草包"地把范承恩呼来唤去。范承恩当面不便发作，只是涨红了脸，恨不得找个地缝钻进去，事后越琢磨越来气，索性暗中勾结起了清军，要给口无遮拦的杜永和报以颜色。

在范承恩的策应下，一切准备就绪的清军于十月二十八日开始攻城，仅用了短短数日便攻克广州。杜永和在城破之前登船，走海路逃往琼州府。占领广州之后，为了摧毁广东军民的抗清意志，尚可喜下令屠城，广州迎来了最黑暗的十天。根据史料记载，这是一场堪比"扬州十日"的大屠杀，广州城里"屠戮甚惨，居民几无噍类"。

对于屠杀之后的惨景，时人王鸣雷有这样一段充斥着血腥味的描述："血溅天街，蝼蚁聚食。饥鸟啄肠，飞上城北。北风牛溲，堆积髑髅。或如宝塔，或如山邱。便房已朽，项门未枯。欲夺其妻，先杀其夫；男多于女，野火模糊。赢老就戮，少者为奴；老多于少，野火辘轳。"有一位紫衣僧人不忍目睹尸横遍野的惨状，大发慈悲之心，将遇害者的尸体收拢在一起焚烧。冲天烈火过后，"累骸烬成阜，行人于二三里外望如积雪"。

从仓皇逃离肇庆算起，朱由榔在梧州待了不足一年的光景，便陆续接到广州、桂林陷落的消息。清军在湖南、广东两头堵，这可是永历小朝廷从未遇到过的重大危机。可想而知，永历政权君臣的乱象比任何时候都要剧烈。乱归乱，但如何化解当前的危机，君臣还是比较容易达成一致的：除了继续跑路，朱由榔和他身边的幕僚们确实想不到更好的办法了。

永历四年（1650年）十一月中旬，朱由榔从梧州启程，走水路逃往南宁府。不过除了大学士严起恒、锦衣卫指挥使马吉翔等少数随从之外，大部分僚属对永历小朝廷失去了信心，决定分道扬镳、自寻退路，以至于"兵各溃走，永历呼之不应"。例如大学士王化澄等人打算逃往容县避难，结果在半道上遭到劫掠，"弃妻失妾，亡子遗仆"，只得流落于群山峻岭之间。《明季南略》里有一句话是这样说的："向为鸳班贵客，今为鹄形丧狗，哀苦万状，生不如死矣。"意思是这些曾经养尊处优、颐指气使的官员僚属们，如今惶惶如丧家之犬，体验了一把颠沛流离、生不如死的逃亡生活，真可以说是"金满箱，银满箱，展眼乞丐人皆谤"啊！

从梧州走水路前往南宁，浔州是必经之地。此时驻守在浔州的正是臭名昭著的"弃城小能手"陈邦傅，他似乎也意识到永历政权已经无可救药了，便打算做第二个刘承胤，图谋逮住朱由榔作为投名状，向清军邀功请赏。值此千钧一发之际，朱由榔再一次发挥了嗅觉特别灵、跑路特别快的优势，下令船队不做片刻停留、冒着大雨冲过去。

陈邦傅此时正准备迎驾呢，没想到对方给他来了一个措手不及，眼睁睁着煮熟的鸭子即将飞走，陈邦傅岂肯善罢甘休，带着舟师一路狂撵。结果朱由榔跑得太快，陈邦傅只追上了担任后卫任务的焦琏等人，让他们做了朱由榔的替死鬼。

桂林、广州相继陷落，敲响了永历政权覆亡的丧钟。很多两广地区的官员对这个烂泥扶不上墙的小朝廷深感绝望，没骨气的选择了投降，有点骨气的选择了隐居或者削发为僧，不再过问红尘之事，只有极少数骨头比较硬的选择继续抗清。此时，广东境内由永历政权官员率领的抗清武装主要有三支：一是从广州逃出来的杜永和，占据着琼州府；二是广东籍元老何吾驺先前招抚的一支舟师，经三水一战失败之后，辗转活动于钦州沿海一带，首领名叫陈奇策；三是李成栋的养子李元胤带着一支队伍，在高州、雷州一带与清军周旋。

陈奇策有舟师，陆地上打不赢还可以奔向汪洋大海，不擅长海战的清军暂时拿他没什么办法，所以这一支后来坚持了差不多十年光景。另外两支可就没这么幸运了，由于自身实力不济，又缺乏后援和周旋的空间，时间一长就撑不下去了。李元胤最先战败，被清军俘获后处死；走投无路的杜永和则于永历六年（1652年）选择投降清军，后官至福建右路水师总兵。

回头来看逃往南宁府的朱由榔。考虑到桂林、柳州、梧州相继失守，南宁也绝非久留之地，清军咄咄逼人，敢问他再逃向何方？事实上，朱由榔已经没有别的选择，只能将目光投向西南一隅，那里目前是前大西军将领孙可望的地盘。由于地处偏远，交通不便，包括云南、贵州、四川在内的西南地区一直是抗清斗争的大后方。当然这里也是一个死角，基本上没有进入过我们的视线。历史发展到现在，聚光灯终于照到这片永历政权最后的名义王土之上了。

这里曾经发生过什么，又将发生什么呢？

## 51

当沐天波遇到孙可望

地处西南边陲的云南、贵州、四川长期游离在历史的核心舞台之外，所以这个大后方发生的事情，咱们还得从头说起。在大明王朝延续时期，西南这片地方就比较特殊，主要在于行政建制问题。

大家知道，先秦时期普遍采取分封制，也就是"封建"这个词最原始的意义，天子给大大小小的贵族各自画上一个圈，让他们成为爵位有差、拥有封邑的世袭诸侯。秦始皇统一天下之后，彻底废除诸侯，将分封制改为郡县制，建立起了中央集权制王朝，与之相适应的则是流官制度，地方官员统一由朝廷任命，并有一定的任期。为了防止官员坐地为王，极少让他们在一个地方干上多个任期，同时还有一个不成文的规定，那就是官员一般不在自己的籍贯地任职，防止他们利用亲情搞裙带关系。秦朝以降，经过历朝历代，流官制度不断完善，并推广到了全国各个地方。不过，朱元璋在夺取天下的过程中，考虑到当时当地的实际情况，对西南的一些地方采取了土、流结合的特殊统治政策。"流"是流官，即由朝廷统一任命的官员，与全国其他地方无异；"土"指土司，即由朝廷册命当地族群首领就地担任，允许家族世袭（除非犯了谋逆等重罪），并可以拥有自卫武装，称为"土兵"。这种特殊的制度一直延续到清朝雍正时期，经过一番血雨腥风的"改土归流"，土司才彻底退出了历史舞台。

客观来讲，土司制度在大明王朝之所以能够达到巅峰，本身具有不少积极意义。首先，西南地区崇山峻岭、交通不便、信息闭塞，农业生产普遍以刀耕火种为主，社会治理则停留在族群部落阶段，而就地任命族群首领为土司，由朝廷认可其领导地位，恰好能够适应其管理模式。其次，西南地区少数民族众多，其文化传统、生活习惯与中原汉人差异很大，由土司统领，并赋予其一定的自治权限，有利于维护地方稳定。

在实行土、流结合的西南地区中，地处边陲的云南又是特殊中的特殊，因为这里除了族群式的小土司之外，还有省一级的大土司，即大名鼎鼎的沐氏家族。早在朱元璋统一天下的征程中，养子沐英因征讨吐蕃之功，获封"西平侯"，被赐丹书铁券，去世以后又被追封为"黔宁王"（后世以"黔国公"袭爵）。沐英与傅友德、蓝玉一道平定云南之后，朱元璋命他镇守云南，且让他的后世子孙代代沿袭。至大明王朝土崩瓦解的时候，承袭黔国公爵位的人名叫沐天波，是沐英的第十一世孙。也就是说，云南除了全国通行的省、府、县各级流官之外，既有大大小小的土司，还有世袭勋臣黔国公沐氏的领导。

张献忠率领农民起义军攻入四川并建立大西政权之后，云南各派势力的神经高度紧张，也空前团结起来。世袭罔替的黔国公沐天波也好，朝廷任命的流官——云南巡抚吴兆元、云南巡按吴文瀛也罢，各自都忙着调遣武装力量，布防在云南、四川交界的金沙江沿岸。眼瞅着张献忠集中精力巩固对四川地区的统治，并没有南下进取的意图，云南方面才算是松了一口气。出乎沐天波、吴兆元等人意料的是，尽管张献忠对云南没有什么兴趣，云南内部却平地起惊雷，阵脚自乱起来。

事情是这样的：隆武元年（1645年）九月，武定土司吾必奎利用官军忙于防范张献忠南下的契机发动叛乱，先后攻占了大姚、定远、姚安等地，气焰十分嚣张。沐天波急调石屏、嶍峨、蒙自、宁州、景东等土司管辖的土兵前去围剿平叛。由于实力悬殊，吾必奎部很快就被弹压下去了，但一波未平，一波又起，就在其他土司的土兵纷纷返回原驻地的时候，蒙自土司沙定洲竟然赖在昆明不走了。沙定洲的父亲名叫沙源，生前做土司的时候一贯表现良好，深受沐天波信任，因此眼下沙定洲超乎寻常的举动并没有引起沐天波的高度警觉。他天真地认为，沙定洲只是垂涎昆明城里丰富多彩的生活，想多享受几天再回去。

然而，沐天波只猜对了一半，沙定洲想待在昆明享受不假，但他不是暂住，而是打算落户在此，取沐府而代之。是年十二月初，沙定洲突然在昆明发动兵变，猝不及防的沐天波被迫放弃昆明，侥幸逃出城外，一路向西前往楚雄落脚，可他的母亲和妻子就没这么幸运了，她们逃不出沙定洲的魔掌，索性在一座尼姑庵里自缢身亡。攻占昆明之后，沙定洲派兵追击沐天波，非置其于死地不可，结果在半道上遭遇官军截击，实力不济的土兵败下阵来，悻悻然返回昆明，沐天波才得以在楚雄安顿下来。

随后，沙定洲一面派兵攻取云南境内各府县，一面对朝廷任命的流官威逼利诱，迫其归附自己。他还胁迫时任云南巡抚吴兆元向远在福建的隆武小朝廷上疏，诬告沐天波谋反，并提议让他代替沐氏接管云南。沙定洲做贼心虚，担心这封奏疏被精明过人的朱聿键看出破绽，便伪造了遭其软禁的大学士王锡衮的印信，向隆武小朝廷提供伪证。天高皇帝远，再加上当时隆武政权渐显风雨飘摇之态，自顾不暇的朱聿键没有能力，更没有兴趣管云南的烂账，竟然轻信了沙定洲的一番虚妄之辞，并从其请，责成其代管云南、扫荡沐天波。后来，事情的真相辗转传到福建，朱聿键知道自己被忽悠了，怎奈鞭长莫及，实在是无能为力，只能由他去了。至此，除了沐天波控制的楚雄及其以西地区之外，云南大部都成了沙定洲的地盘。

双方对峙了一年多，沐天波终于看到了一丝希望的曙光。这道希望之光来自张献忠的一名部将，名叫孙可望。此人出生在陕西米脂，原本是四处游荡的流浪汉，后来加入了张献忠的农民起义军，因为"狡黠善伺人意"，深得张献忠宠爱，被张献忠收为义子。孙可望这些年跟随张献忠四处征伐，立下了赫赫战功，获封平东将军。隆武二年（1646年），豪格、吴三桂率大军从陕西南下进入四川，对张献忠部发起了大规模清剿。由于实力悬殊，张献忠一路溃败，是年十一月阵亡于西充凤凰山。

张献忠阵亡之后，大西军便陷入了群龙无首的危险境地。不过，与各自奔散的大顺军不同，张献忠的四位义子（平东将军孙可望、安西将军李定国、定北将军艾能奇、抚南将军刘文秀）的凝聚力还是比较强的。他们很快达成了一道共识，认为要渡过眼下的难关，必须加强核心领导。大家一致推举年岁居长的孙可望为盟主，"凡事听其号令"。孙可望与其他三人组成领导集体，率领大西军的残存力量杀出重围，寻求出路。

考虑到豪格、吴三桂率领的清军攻势太过迅猛，继续留在四川硬顶无异于等死，孙可望决定挥师向南，撤向兵力薄弱的贵州。永历元年（1647年）正月，获得一些喘息时机的孙可望在綦江一带集结部队，开始对麾下的大西军进行整顿。

孙可望率领大西军的残存力量杀出了重围不假，但依然面临着一个严重而迫切的问题：去哪里发展？怎么发展？第一个问题好解决，而且他们已经做出了决定，那就是挥师直取贵州。第二个问题比较复杂，具体来讲可以分成三个方面：举什么样的旗？走什么样的路？达成什么样的目标？

先说举什么旗的问题。眼下需要做出决断，大西政权的旗号到底还要不要。当初张献忠主动弃守成都、率部北上迎敌的时候，曾经交代孙可望说："我死，尔急归明，毋为不义。"这是张献忠从大西军的前途命运着眼做出来的英明抉择，李定国、艾能奇和刘文秀对此都表示认可。然而，大顺军残存力量投靠何腾蛟之后的遭遇众人有目共睹，永历政权是否也视大西军为仇雠，大家的心里并没有底。因此，孙可望等人认为，大西政权的旗号还是应该继续举下去的，但可以伺机灵活处理。

再说走什么路的问题，主要指治民政策。关于张献忠统治四川的争议比较多，尤其是清朝编撰的史料多有夸张乃至污蔑之词，可信度严重存疑。不过，受历史局限性的影响，大西政权治民过于严苛甚至残暴，倒是不争的事实，四川百姓饱受其苦。大西军要想继续生存下去，就必须采取亲民政策，特别注意笼络民心。

最后是目标的问题。张献忠生前讲得很清楚，那就是"毋为不义"。什么是不义？投降清军就是不义，哪怕打得只剩下最后一个人，也坚决不能投降。

经过一番整顿，孙可望等人率部进抵遵义府（当时属于四川管辖），一路上秋毫无犯，深受百姓欢迎，可见先前的整顿初见成效了。随后，大西军南渡乌江，进入贵州境内，一举攻克贵阳，并分兵占领各处府县，基本上消灭了名义上奉永历政权为正朔的在贵州的官方势力。反观豪格、吴三桂一方，由于四川这些年饱受战乱之苦，清军难以获得足够的后勤补给，被迫放弃南下追击的计划，让孙可望获得了宝贵的喘息时机。

正当孙可望准备扎根贵州、图谋发展的时候，云南石屏土司龙在田派来一名使者，让他改变了初衷。说起远在西南边陲的龙在田，跟原本活跃在中原地区的大西军倒是有一段渊源。话说崇祯时期，龙在田曾经接受朝廷调遣，率部前往襄阳、郧阳一带弹压张献忠的队伍。没过多久，张献忠便接受了朝廷的招抚，并与龙在田有了不浅的交情。如今云南被沙定洲搞得乌烟瘴气，龙在田得知大西军南下贵州，自然派人来搬救兵了。从使者口中得知云南这些年发生的各种混乱，孙可望敏锐地意识到大西军完全可以在云南建立更加稳固的根据地，那里地域广阔、位置偏远，比空间狭小、地瘠民贫的贵州好多了。

考虑到大西军的旗号太过惹眼，毕竟是官府眼中的"流寇"，为了避免不必要的麻烦，孙可望索性打起了沐天波妻子焦氏家族武装的名头，并四处散布消息，声称要挥师云南，为自缢身亡的焦氏讨还公道。孙可望的这个障眼法果然奏效，让感念沐府之恩的云南军民信以为真，纷纷"延颈望之"。永历元年（1647年）三月下旬，孙可望率部进抵滇、黔交界的平彝，随即攻克滇东重镇曲靖府，打开了昆明的东大门。

在龙在田的建议和引导下，孙可望在攻占曲靖之后并没有乘胜向沙定洲占据的昆明发起进攻，而是转向滇南，直捣沙定洲的老巢阿迷州。归功于先前的虚假宣传，云南军民乃至沙定洲都认为这支队伍是来替焦氏报仇的，再看到他们放着昆明不打，反而轻车熟路地去打阿迷州，对其自称焦氏家族武装的身份更是深信不疑。沙定洲意识到危险正在步步逼近自己，索性杀掉了打算逃跑的大学士王锡衮，主动弃守昆明，仓皇逃回蒙自。

时任云南巡抚吴兆元因为向沙定洲服了软，勉强保住一条性命，留在昆明收拾烂摊子。经过一段时间的观察，嗅觉异常灵敏的吴兆元很快就发现不太对劲，这支队伍根本不是所谓的焦氏家族武装，而是前些年自己跟沐天波日夜防范的大西军。吴兆元恍然大悟，怎奈手下根本无兵可用，只能接受既成事实，打开城门，迎接孙可望的大军进入昆明。

兵不血刃占领昆明之后，孙可望、李定国、艾能奇和刘文秀合计了一番，决定采取两手策略，一面部署兵力南下前往蒙自，彻底剿灭沙定洲的残余势力，一面挥师西进直逼楚雄，对付盘踞在此的沐天波。原因很简单，只有把原来的主人通通干掉，反客为主的文章才能做下去。

对于能征善战的大西军而言，云南的仗实在太好打了。沙定洲的土兵实力孱弱，被彻底剿灭不过是时间问题。沐天波这边呢，战斗力其实也不怎么样，勉强拿得出手的只有时任金沧道副使杨畏知率领的一支官军，没想到杨畏知跟大西军在禄丰才打第一仗，就成了人家的俘虏。

杨畏知是陕西宝鸡人，跟孙可望算是老乡了。俗话说"老乡见老乡，两眼泪汪汪"，孙可望想跟杨畏知好好谈一谈，争取将他纳入自己的麾下。刚开始，孙可望还忽悠杨畏知说他率部进入云南是冲着沙定洲来的，没有别的意思，希望能够跟杨畏知合作，共举匡扶明室的大业。可以想象，这话要是对着何腾蛟、瞿式耜说，恐怕当场就被顶回来了。幸运的是，杨畏知恰恰是一位堵胤锡似的人物，他对官府眼中的所谓"流寇"并没有偏见，对双方合作抗清更是持开放态度。尽管自己战败成了俘虏，但对方主动示好，他也愿意借坡下驴，并顺势跟孙可望约法三章，要求他放弃大西政权的旗号，不得滥杀无辜、焚烧民宅、奸淫妇女。

举什么样的旗、走什么样的路、达成什么样的目标，这些问题早在綦江整顿的时候已经找到了答案，杨畏知提的这些条件完全符合孙可望等人先前的谋划，所以双方很快就达成了盟约。随后，沐天波也宣布接受孙可望的领导，在"共扶明后，恢复江山"的原则基础上，与挥师直抵滇西的刘文秀在永昌达成了和解协议。

毫不夸张地说，孙可望、沐天波两方握手言和的意义确实非凡，尽管眼下只是为混乱中的云南翻开了新的篇章，但咱们往后看的话，无疑为走投无路的朱由榔提供了赖以安身之所，让濒临覆灭的永历政权得以继续苟延残喘，一举扭转了全国的抗清形势。当然，此时的孙可望、沐天波等人还想不到那么远。

## 52

## 治滇有功，漫天要价

孙可望出身卑微，这些年来一直追随张献忠南征北战出生入死。张献忠在四川建立大西政权之后，深受器重的孙可望直接参与了政权的日常管理与建设，积累了一定的执政经验。事实证明，孙可望虽然是一个行伍出身的大老粗，但他不仅是名能征善战的悍将，也是一名治世能臣。出于建设抗清根据地的需要，孙可望开始施展拳脚，大刀阔斧地治理云南。

先说政权建设方面。

虽然尚未得到永历小朝廷的正式承认，但孙可望忠实履行了放弃大西政权旗号的承诺，采取"建国不建统，纪年不纪号"的过渡性政策，为将来与永历政权合作奠定了基础。有了这个符合实际情况的灵活原则，沐天波及其他云南官员的安置问题就比较简单了，只要愿意合作，都能留任原职或转任他职。

搭好了各级衙门的架子，孙可望基于綦江整顿时制定的亲民政策，着手整顿吏治。他意识到，要想把云南建设成稳固的抗清根据地，就必须尽可能地争取到民心，而要想争取民心，就必须确保各级官吏勤政为民。在这个过程中，被任命为"巡按"的王应龙发挥了重要的作用，他带着巡按衙门中的僚属长年累月地巡察各地，严厉惩治贪腐，为百姓伸张正义，获得了极高的民望。尤其值得一提的是，孙可望还施行了一项"许地方头人赴诉"的政策，鼓励普通百姓有组织地告状，"妄诞之言亦不深究"，这对那些为非作歹、鱼肉乡里的贪官污吏起到了极大的震慑作用。

其次说军事部署方面。

在与沐天波达成和解协议之后，孙可望已经控制了云南的大部分地区，但地处滇南的阿迷州、蒙自还盘踞着沙定洲，另外还有东川土司也是顽固派，拒绝接受孙可望的领导。永历二年（1648年）五月，孙可望派遣定北将军艾能奇率部征讨东川土司，没想到能征善战的艾能奇竟然在阴沟里翻了船，遭遇土兵伏击，中了毒箭，意外身亡。孙可望痛失一员悍将，只得另外派出精兵前去讨伐，方才拿下了东川。转眼到了七月，安西将军李定国、抚南将军刘文秀合兵进剿沙定洲，只用了短短十几天，便逼着沙定洲举手投降了。数月之后，沙定洲在昆明被处死。

平定了云南的土司势力，孙可望又在边界设防，"凡可以入滇之路，悉扼守之"，同时抓紧招募新兵，开展军事训练，史载"拥兵三十余万，家口倍之"，成为全国最强大的一支抗清武装。

再说经济发展方面。

孙可望心里很清楚，建设抗清根据地，光有军队是不行的，因为士兵也是人，是人就得吃饭。云南地处高原山区，可供耕种的土地不多，生产关系和耕作方式又比较原始，粮食产量很低，再加上经历了数年战乱，农业生产基本上处于瘫痪状态，很难支撑几十万大军的粮食补给。考虑到云南的底子太薄，孙可望结合实际情况多管齐下，大力发展经济，恢复生产。简单归纳一下，主要采取了三类政策：

一是重新划分土地，同时照顾到地主、农民的利益，地主减租减息，农民交租交息。这条政策看似不起眼，但作为农民起义军出身的管理者能够如此顾全大局，实在是难能可贵。

二是保护民间贸易，铸造铜钱，取代原始的贝币。云南的铜矿资源很丰富，但过去全都被朝廷搜刮走了，再加上地处偏远，百姓普遍使用极其原始的贝币。铜钱的广泛使用，为工商业繁荣和云南与外界的经济往来奠定了基础。

三是按照十分之一的比例收取赋税，这在全国是最低的。如此低的税率，怎么养得起几十万的军队呢？孙可望的办法是实施井盐官营，通过建立专门的盐税司进行管理，每年的收入可达十万两以上，再加上赋税和铜矿的收入，足够了。

最后说社会管理方面。

云南少数民族众多，而且信息闭塞，生活习惯、宗教信仰等方面比较封闭，短时间内很难改变。能否争取到云南的民心，很大程度上取决于能否争取到少数民族的民心。

因此，孙可望采取因地制宜的方针，只要愿意服从他的领导，世袭土司可以继续保留下去。孙可望本人对少数民族并没有偏见，主张尊重他们的民族习惯和宗教信仰，甚至带头刻印佛经。另外，孙可望还扬长避短，充分发挥土兵的优势，组建了诸如山地兵、象阵之类的特殊兵种。

孙可望虽然是一介武夫，但拿枪杆子的并非全都藐视拿笔杆子的。在他看来，抗清事业光靠军队是不行的，必须争取广大士人的参与。因此，在云南局势基本稳定之后，孙可望便决定开科取试，发掘人才，并尊崇孔子，以此争取到地主士绅阶层的支持。

正是在孙可望全方位的治理之下，偏远贫弱的云南堪称世外桃源，呈现出一片安宁祥和的局面。《明末滇南纪略》记载说，在永历三年（1649年）的元宵佳节，昆明城内"大放花灯，四门唱戏，大酺三日，金吾不禁，百姓男妇入城观玩者如赴市然"。这一派堪比太平盛世的景象，与永历小朝廷治下的兵荒马乱形成了异常鲜明的对比，这应当归功于大西军，归功于孙可望等人！

孙可望治滇有功，让云南的面貌焕然一新的同时，也助长了他的私欲与野心。他逐渐忘乎所以起来，从而跟这些年来同生共死的李定国、刘文秀等人产生了激烈的矛盾。平心而论，几位将领彼此产生嫌隙其实是早晚的事，毕竟原来在张献忠的麾下他们是平起平坐的，后来推举年岁居长的孙可望为首领，不过是危急时刻采取的权宜之计而已，他凭什么多吃几年饭就可以号令全军？再者说，孙可望名义上只是盟主，并非张献忠那样独一无二的首领，但凡遇到大事，应该跟几位兄弟商量着办。先前忙着跑路，战机稍纵即逝，即便孙可望擅自做主，大家伙儿也能够理解。如今在云南安定了下来，孙可望将非常之举变成日常规矩，昔日的盟主摇身一变，成为一言九鼎的土皇帝了。面对这样的变化，李定国、刘文秀既不适应，更不服气，大家昔日情同手足，如今却是各怀心思，这让孙可望颇感烦恼。

除此之外，孙可望还面临着另外一个尴尬的处境：当初与他订立和解盟约的是沐天波、杨畏知，他们只是云南地方官员，并不代表永历政权的意见。说得难听一点，把云南交给孙可望管理，完全是沐天波、杨畏知私相授受，擅作主张，事前没有得到永历小朝廷的授权，事后也没有得到永历小朝廷的追认。

跟着朱由榔四处逃亡的朝廷虽小，总得对云南发生的事情表明态度。孙可望意识到，只要能够得到永历政权的认可，眼前的一切难题便可迎刃而解，或许还能有意外收获：首先是他治理云南名正言顺了，即便李定国、刘文秀心里还是不服气，但缺乏道义和舆论的支持，也只能硬憋下去；其次还可以利用新一层身份，向邻近的四川、贵州扩张势力。

想通了这个重要的关节之后，孙可望迫不及待地付诸行动了。永历三年（1649年）二月，杨畏知等一批官员受孙可望差遣，前往朱由榔当时驻跸的肇庆府，替孙可望请封"秦王"，同时也替李定国、刘文秀请封侯爵。一王二侯，等次高低便不言自明了。

对于风雨飘摇的永历政权而言，仅凭一纸册封王侯的空文，便能赚得云南一省以及数十万抗清武装的归附，实在是无本万利的千载难逢之机，何乐而不为？然而，事态的发展出乎大家的意料，这笔完全可以实现双赢的交易如一石激起千层浪，在永历小朝廷里引发了轩然大波。与平日里选边站队、各执己见、争执不下的情形不同，群臣对这次请封的意见竟然高度一致，认为以孙可望的出身和资历，根本不配封秦王！

客观来讲，群臣的意见可以理解，孙可望的要价确实高得离谱。首先，从朱元璋创建大明王朝算起，异姓生前不封王是一条不成文的规矩，像郭子兴、徐达、常遇春这些赫赫有名的勋旧，也是死后才得以追封。其次，孙可望请封的"秦王"属于"一字王"，与诸如"靖江王"之类的"二字王"之间有一条难以逾越的鸿沟。根据以往封王的惯例，"一字王"只有直系皇亲才有资格获封，譬如始封"福王"的朱常洵、始封"桂王"的朱常瀛都是万历皇帝朱翊钧之子。旁系皇亲及异姓勋臣通常仅册封为"二字王"，譬如始封"靖江王"的朱守谦是朱元璋的侄孙子，以及大明王朝的开国元勋——"中山王"徐达、"开平王"常遇春等。最后，孙可望请封的"秦王"，在"一字王"中的地位是数一数二的。历史上最著名的"秦王"，莫过于凭借"玄武门之变"成为唐太宗的李世民。单说大明王朝吧，始封"秦王"的是朱元璋次子朱樉，在太祖时期二十四亲王中居长，就藩于西安；最后一位"秦王"是朱樉的后裔朱存枢，在崇祯末年被李自成的大顺军俘获，后来落入清军之手，惨遭杀害。简单来讲，"秦王"不仅位居明朝亲王之首，传袭时间也仅次于"靖江王"，达到276年之久。

如此看来，说孙可望仗着治滇有功而漫天要价，一点儿也没有冤枉他。难怪小朝廷的群臣无比震惊，这哪里是请封求认可，几乎是让朱由榔给他孙可望腾位置了，真是岂有此理！

## ㊾
### 请封之争

大家注意这个时间点，孙可望请封是发生在永历三年（1649年）初的事儿。此时，朱由榔仍驻跸于肇庆府，尚未仓皇西窜，瞿式耜、堵胤锡也还在人世。针对孙可望请封"秦王"，群臣反对的态度高度一致，但反对的动机却是千差万别，说他们是魑魅魍魉、各样心肠，并不过分。

相比较而言，以瞿式耜为代表的一批朝廷官员反对给孙可望封王的动机要单纯一些。他们秉承"唯器与名，不可以假人"的儒家意识形态，认为规矩关乎政权的合法性，既不能乱来，更不能明目张胆地胡来。当然，孙可望的"流寇"出身，也是瞿式耜等人强烈反对封其为王的一个重要考量因素。

强烈反对孙可望封王的，还有一批代表广东势力的官员。在他们看来，给孙可望册封什么样的爵位并非事情的核心关节，大家真正需要防范的是一旦招揽了这个实力雄厚的云南土霸王，广东势力对永历小朝廷的影响力势必遭到削弱。因此，他们不仅反对封王，还反对给他册封任何爵位，甚至以孙可望原系"流寇"出身为由，反对小朝廷跟他发生任何联系。

与代表广东势力的官员一样，毗邻云南的地方实力派也提出了强烈抗议。譬如控制贵阳府的偏桥总兵皮熊、控制遵义府的遵义总兵王祥，反对孙可望封王的声浪尤其高涨。他们的心里很清楚，一旦孙可望得到永历政权的承认，势必有恃无恐地将势力向东扩张，自己天高皇帝远的逍遥日子也就到头了。因此，皮熊、王祥一口咬定孙可望是"名虽向正，事非革心"的两面人，朝廷千万不能上他的当。

永历小朝廷内外，对册封孙可望有所妥协的官员屈指可数，其中有一位便是时任翰林院编修钱秉镫。至于他愿意妥协的动机，当然也不那么纯粹，是想利用册封的等次高低进一步激化孙可望与李定国、刘文秀之间的矛盾，让他们自乱阵脚、不攻自破，从而达到彻底瓦解大西军势力的险恶目的。

作为孙可望派来打探虚实的使者，杨畏知虽然心向永历小朝廷，但还是讲了几句大实话。他认为，孙可望凭借实力，完全可以甩开永历政权单干，毕竟过去没少干"屠毒海内，庙社凌夷"的事情，而如今他不管出于什么样的动机，终归是有归顺向义之心，朝廷怎么能墨守成规，不知变通，拒其于千里之外呢？

眼瞅着永历政权日渐式微，搞关门主义肯定要不得，杨畏知的肺腑之言不无道理。考虑到封王的阻力确实比较大，杨畏知索性自作主张，提议给孙可望册封公爵，给李定国、刘文秀册封侯爵，这样双方都能有台阶下，不至于撕破脸皮。朱由榔最终采纳了杨畏知的折中意见，册封孙可望为"景国公"，并赐其名为"朝宗"，同时册封李定国、刘文秀为列侯。

请封的问题看似得到了还算圆满的解决，但刚刚从湖南战场败退下来的堵胤锡对此又表示强烈反对。堵胤锡与农民起义军打过不少交道，多年的经验让他预感到事情恐怕没这么简单。事实上，孙可望入滇之后已经自封"平东王"，如今主动提出向永历政权请封，晋级"一字王"

是奋斗目标，承认"二字王"则是保底目标。小朝廷给不给、认不认，人家那顶"平东王"的帽子就在那里，不高不低。结果倒好，朱由榔经不住杨畏知忽悠，竟然扔给孙可望一顶"景国公"的帽子，这何止是打发叫花子，简直就是打脸啊！孙可望摘下"平东王"的帽子倒是容易，脸该往哪儿搁呢？这不是逼着孙可望掀桌子吗？

听了堵胤锡的一番分析，朱由榔也感觉到了阵阵寒意，幸亏朝廷诏书尚未送到孙可望的手里，一切还有转圜的余地。在堵胤锡的建议下，朱由榔重新下诏，册封孙可望为"平辽王"，既满足其最低期望，也不至于在朝堂内外引发激烈的争执。对于朱由榔做出的这个决定，代表广东势力的官员最先跳将出来，跟堵胤锡新账、旧账一起拉通了算。他们认为，孙可望、忠贞营与大明王朝有不共戴天之仇，堵胤锡身为明臣，却跟这些仇敌交结，到底是何居心？群议汹汹，尽管朱由榔不以为意，饱受攻讦的堵胤锡还是选择了离开，后来在浔州郁郁而终。

经过堵胤锡据理力争，事情原本有一个差强人意的解决方案，偏偏又冒出一个人来搅局。此人不是别人，正是臭名昭著的"弃城小能手"陈邦傅。当时，陈邦傅借助忠贞营的力量收拾了盘踞在南宁府的地头蛇徐彪，如愿以偿地实现了鸠占鹊巢。然而，陈邦傅很快就陷入了"请神容易送神难"的尴尬境地，因为忠贞营答应出手相助，原本就是给自己找一个安身之所，如今受人之托、成人之事，当然更要赖在南宁不走了。

忠贞营毕竟是永历政权武装中的一支劲旅，陈邦傅硬拼肯定拼不过，于是便打起了借孙可望之力摈除身边之患的想法。他认为，孙可望占着云南这么大一块地盘，对南宁府应该不会有太大的兴趣。然而问题在于，怎么才能让孙可望出手帮忙呢？但凡有欲望，一切皆有可能！

尽管孙可望派杨畏知等人前往肇庆府请封是永历三年（1649年）初的事儿，但他想做"秦王"的想法早就传得沸沸扬扬了，这让陈邦傅发现了千载难逢的契机。结果呢，杨畏知等人还在赶往肇庆的路上，陈邦傅竟然伪造了"秦王"的敕书和大印，派人送到了昆明。也就是说，永历小朝廷围绕请封的激烈争执尚未开始，孙可望便已经拿到了"秦王"的敕书和大印。陈邦傅的胆子太肥，篓子捅得也太大了！

按理说，陈邦傅以假乱真的做法根本瞒不过孙可望的眼睛。首先，按照行程来算，杨畏知等人尚未抵达肇庆，哪里会来敕书和大印，莫非朱由榔未卜先知？其次，既然是朝廷颁发的敕书和大印，怎么是远在南宁的陈邦傅派人送来？而且也不见杨畏知陪同回来宣诏。总而言之，陈邦傅这个假造得一点技术含量都没有。

孙可望不是傻瓜，知道是陈邦傅搞的鬼名堂，但他思前想后，还是决定看破不说破，将错就错。究其根由，除了"秦王"爵位的诱惑力足够惊人，乃是孙可望觉得永历小朝廷应该不会拒绝做这笔双赢生意。然而，就在孙可望郑重其事地接受册封、遍告全滇休假三天之后，杨畏知等人带回了永历小朝廷正式颁发的"平辽王"敕书和大印。

早有准备的孙可望索性玩起了装傻充愣的把戏。杨畏知搞不懂事情背后的玄机，直言"秦王"的敕书和大印全系伪造。陈邦傅派来的使者毫不示弱，虽然承认"秦王"的封号是假，但指出杨畏知带回来的"平辽王"封号也是胡扯，真正由朝廷册封的只有"景国公"。原来，陈邦傅先前已经传来消息，言及小朝廷内部发生的一系列纷争，但不知是有心还是无意，并没有提及后来堵胤锡力挽狂澜的环节。双方你来我往，互不相让，孙可望越听越迷糊：先是"秦王"，现在又是"平辽王"，背后居然还有一个"景国公"，这到底是什么情况？

颜面尽失、盛怒不已的孙可望真打算掀桌子了！他先是将杨畏知和陈邦傅派来的使者一并羁押入狱，随即写了一封措辞严厉的书信，派人连同"秦王""平辽王"的敕印一并送往肇庆，让永历小朝廷的君臣给个说法。

接到这块烫手山芋之后，小朝廷又炸开了锅。先是瞿式耜揪住孙可望信中的一些激愤之辞大做文章，痛斥其江山易改、"流寇"的本性难移。代表广东势力的官员也很来劲，摆出一副"我早就说过如何如何"的姿态，既有幸灾乐祸之心，更有一如既往反对册封之意。相比之下，倒是锦衣卫指挥使马吉翔比较识时务，提议另行册封孙可望为"澂江王"。朱由榔对此表示认可，但没人敢承担这份送诏的差事，都担心被没有满足的孙可望当场剁了。另有大臣提出，既然孙可望执迷于"秦王"，朝廷又不肯给，不如双方各退一步，在"秦"字的前面添上一字，封他一个擦点"秦王"边的"二字王"。然而，即便是这样的和稀泥方案，在大臣之间也难以达成共识。

转眼大半年过去了，小朝廷内外吵嚷不断，请封的事情依然没有一个结果。俗话说得好："解铃还须系铃人。"这场争执毕竟是因孙可望而起，孙可望冷静下来之后，也意识到这样僵持下去对自己没有什么好处，于是又抛出了一个有所妥协的方案："即用原宝，但求上加敕书一道。"这句话的意思是说，他只希望小朝廷能办一道册封"秦王"的敕书，大印则继续用"平辽王"的大印。拿着"秦王"敕书，孙可望对云南上下能有一个交代，颜面上不至于太难堪；使用"平辽王"的大印，证明孙可望也认可小朝廷的册封，小朝廷的面子也保住了。

然而，永历小朝廷里总有那么一些顽固派，坚决反对任何形式的妥协。或许是为了进一步激怒孙可望，也或许是指望邻省的实力派能与之抗衡，小朝廷最终反倒册封控制贵阳府的偏桥总兵皮熊为"匡国公"、控制遵义府的遵义总兵王祥为"忠国公"，并责令二人"严防滇寇"。如此一来，等于是掀翻了桌子，永历小朝廷，尤其是名义上的领导朱由榔，与孙可望之间的梁子算是结下了。

313

# 第十二章 扩张

## (54) 混乱的四川

与永历小朝廷闹翻之后，孙可望索性自封“国主”，甩开膀子单干起来。尽管借助一拨心腹的支持，“孙国主”勉强压过李定国、刘文秀一头，但如何才能出滇抗清，倒成为眼下最为现实的难题了。云南地处西南一隅，出去跟清军干仗无外乎两条路，一是东出贵州，进入湖南地界，二是北渡金沙江，经四川进入湖北。然而，贵州、四川的地方实力派都奉永历政权为正朔，孙可望又跟永历政权闹掰了，对方愿不愿意借道，这可不大好说。即便对方愿意让开一条路，等孙可望率军通过之后，对方是否会乘虚而入，挥师直捣云南老巢，孙可望的心里也没有底。因此，不把这些盘踞在邻省的实力派解决掉，抗清就是一句空谈。

先来看一看东面的贵州。在当时的行政版图上，贵州的管辖范围比较小，其中很大一部分还是土司建制，实力羸弱，稍微拿得出手的只有新晋“匡国公”皮熊，但跟孙可望的兵力比起来根本不在一个数量级，不足为虑。

真正的麻烦其实是北面的四川，这里不仅地域广阔，而且各种势力犬牙交错、盘根错节，比三大派系同台竞技的福建还要混乱得多。咱们在前面提到过，豪格、吴三桂率军入川清剿大西军，一路追着孙可望、李定国等人率领的残存力量往南撵，追到最南端的遵义府，因为后勤补给不济，没办法再追下去了。豪格、吴三桂决定班师，一个回了北京城，一个驻守陕南汉中地区，只留下一支数量有限的队伍驻守四川，这是永历元年（1647年）发生的事情。

四川的地盘实在太大，但清军留守的部队不多，只能重点驻防在地处川北的保宁府一带。四川其余各府县可就热闹非凡了，光是数得上号的势力就有七支。

实力最强的一支占据着川西的嘉定、峨眉，首领名叫杨展。杨展就是四川嘉定人，崇祯年间武进士出身，做过前明军队的参将，后来被入川的大西军俘获。杨展侥幸得脱，辗转到叙州拉起了一支队伍，随后进抵嘉定、峨眉建立了一片根据地，致力于恢复生产，发展经济，这里也是当时四川境内唯一实现了自给有余的地方。

活跃在川南的主要有三支势力：第一支是前面提到的"忠国公"王祥，他主要盘踞在遵义府，还控制着毗邻的江津、合州、彭水、黔江等地，与贵阳府的"匡国公"皮熊遥相呼应。第二支是前明永宁总兵侯天锡率领的残部，兵力比较有限，主要在永宁一带活动。第三支是前明泸州卫指挥佥事马应试四处招募拼凑起来的，盘踞在泸州、富顺一带。

活跃在川东的主要也有三支势力：第一支原系重庆府守军，被路过的大西军暴揍一顿之后，残存力量在于大海、李占春的率领下，活跃于涪州、长寿、垫江一带。第二支被称为"三谭"，说的是前明忠州卫世袭卫官谭文、谭诣、谭弘三兄弟，主要在忠州、万县、夔州一带活动。第三支被称为"摇黄十三家"，严格来讲这不是一支，而是由多个派系组成的松散同盟，其前身是活动在川北地区的农民起义军——"摇黄军"。遭到官军弹压之后，起义军残部辗转到三峡一带落脚，尽管名义上称为十三家，其实远远不止十三支队伍，他们占山为王，各自建寨，有事可以坐下来商量，但往往也互不买账。

四川为什么会乱成这个样子？归根结底还是永历政权自己造的孽。先前豪格、吴三桂大兵压境，张献忠不幸阵亡，大西军的残存力量被迫放弃四川南撤，紧接着清军主力北返，四川大部陷入权力真空状态，永历小朝廷便玩起了通过任命官员来实现开疆的把戏。

说到四川地区的官员，弘光小朝廷的任命还是比较讲究章法的。首先是万历时期进士出身的资深官员王应熊被委以重任，领着文渊阁大学士、兵部尚书的头衔，总督川、湖、云、贵军务，后来被孙可望撵到大山里避难去了，于永历元年（1647年）病逝。其次是总督川陕军务的樊一蘅，此人也是万历时期进士出身，级别上接受王应熊的节制。最后是四川巡抚马乾，后来在抵抗清军入川的战斗中壮烈殉国。

为了重新构建四川地区的领导集体，永历小朝廷接连发出了一系列任命，大致安排如下：樊一蘅留任川陕总督；李乾德任川东北巡抚，不久后升任川东北总督；朱容藩总督川东军务；杨乔然、江而文任巡抚，不久后杨乔然也升任总督；詹天颜任川北巡抚；范文光任川南巡抚……

看到这份四川官员的任命名单，不知道大家是什么感觉，反正我是晕了。总督、巡抚一抓一大把，麻烦很快就显现出来了。从名义上来讲，川陕总督樊一蘅头衔最高，资历也最老，四川境内的官员理应归其节制，但李乾德、朱容藩、杨乔然都顶着总督的头衔，根本不买樊一蘅的账，搞得可怜兮兮的樊一蘅"无所施节制，但保叙州一郡而已"，比清政权任命的四川巡抚李国英还要惨。人家李国英虽然只能控制保宁府，但在其节制的范围之内，完全能够做到令行禁止；樊一蘅的头衔倒是挺唬人，其实对谁也奈何不得。

李乾德、朱容藩、杨乔然等人不买樊一蘅的账，也不把彼此放在眼里。几位顶着总督头衔的大佬如此，下面的一堆巡抚就更不用提了，史载其"各自署置，官多于民"。在如此混乱的局面下，各种矛盾纠葛乃至武装冲突恐怕就在所难免了。从永历二年（1648年）至永历三年（1649年），四川境内内战频发，规模比较大的就有四场。

第一场大规模内战发生在川南，主要参战方包括杨展、马应试和王祥。内战的导火索其实比较简单，无非王祥在其控制的地盘上肆意盘剥，搞得民不聊生，大家看不下去了。永历二年（1648年）初，有人给时任四川巡按御史钱邦芑出主意，请他出面去找实力比较雄厚的杨展帮忙，除掉这个祸害。疾恶如仇的钱邦芑经不住忽悠，真的给杨展写了一封书信，希望他挥师川南，灭掉恶贯满盈的王祥。

或许真的是出于路见不平一声吼的道义，也或许是想借机扩大一下自己的影响力，杨展决定出手管一管。不过，杨展从川西嘉定前往川南遵义，泸州是必经之地，盘踞在此的马应试偏偏不肯借道。杨展大为光火，直接跟马应试动起手来，王祥开始还在看热闹呢，获悉杨展原本是冲着自己来的，也赶紧出兵去助马应试一臂之力。尽管杨展实力比较强，但此次带出来的兵力并不多，又是在别人的地盘上客场作战，在马应试、王祥的合力攻击之下，只得铩羽而归。

第二场大规模内战也跟王祥有关，而且已经打出了四川地界。咱们在前面说过，"忠国公"王祥、"匡国公"皮熊是永历小朝廷赖以制衡孙可望的重要棋子，眼瞅着盘踞云南的孙可望没有东出贵州的计划，两人都大松了一口气。联合马应试赶跑多管闲事的杨展之后，王祥胆识愈壮，打起了吞并皮熊的主意。永历二年（1648年）七月，王祥突然率部南下，渡过乌江之后包围了贵阳。皮熊虽然实力不济，但凭借主场作战的地利优势，还是把王祥硬顶了回去。咽不下这口气的皮熊也率部北上找王祥算账，双方就在乌江两岸你来我往，但实力差距不大，谁也奈何不了谁，勉强打到年底，实在是耗不下去了，这才握手言和。

第三场大规模内战发生在川东，也可以称之为"朱容藩之乱"。朱容藩是楚王朱桢（朱元璋第六子）的旁支后裔，属于皇亲中的边缘人物，几乎与平民无异。当初张献忠攻陷武昌，居住在此的朱容藩侥幸逃脱，趁着兵荒马乱的契机，索性打起了郡王的旗号到处招摇撞骗。这些年来，朱容藩骗过驻扎在武昌的左良玉，也骗过弘光小朝廷的大红人马士英，甚至还骗过闯荡到湖北的大顺军，可惜都没能如愿，后来碰到丁魁楚这个糊涂蛋，丁魁楚竟然向永历小朝廷举荐了来路不明的朱容藩，朱由榔考虑到一笔写不出两个朱字，便安排他负责宗人府。

宗人府顾名思义，是掌管皇室宗亲事务的，算得上一份美差，怎奈身逢乱世，皇室宗亲死的死，逃的逃，这个差事实在没有什么油水，更谈不上有什么前途。朱容藩一心想着出人头地，主动请缨去四川闯荡一番，随即被小朝廷委任总督川东军务，经湘西前往施州卫，偶遇了辗转流落在此的原郧阳守将王光兴。正是在王光兴的支持下，朱容藩开始重操旧业，公然打出"楚王世子、天下兵马副元帅"的旗号招揽各方势力。你别说，这个假冒的招牌还真的忽悠了一些人，譬如于大海、李占春率领的原重庆守军残部就深信不疑，心甘情愿地听从朱容藩的号令，说不定还做着策立之功的美梦呢！

永历元年（1647年）夏天，有一支清军从重庆府顺江而下，妄图打通四川、湖北之间的航道。朱容藩命令于大海、李占春率部拦截，将这支一路劫掠财物及女子的清军揍了回去。初战告捷，有效地扩大了这位"楚王世子"的影响力，朱容藩胆识愈壮，野心极度膨胀。转眼到了永历三年（1649年）初，羽翼渐丰的朱容藩自封"楚监国"，改忠州为"木定府"，公然与永历政权唱起了对台戏。

平心而论，先前支持朱容藩的基本上都是被忽悠的糊涂虫，坚决抵制他的大有人在。譬如盘踞川东北的李乾德，压根儿不给朱容藩面子，谁敢闯进自己的地盘就揍谁；还有四川巡按御史钱邦芑，他虽然没有枪杆子，但笔杆子功夫可不赖，将一封揭露朱容藩本来面目的告状信四处传送。堵胤锡当时恰好带着一支队伍撤到鄂西一带休整，看到钱邦芑的告状信之后，当即派人前去质问朱容藩。朱容藩百般狡辩，结果是漏洞百出，李占春、于大海、王光兴等人方才恍然大悟，知道自己上了这个江湖骗子的当。

如此一来，朱容藩没脸待下去了，随即又跑到万县去忽悠"三谭"及"摇黄十三家"中的一些武装，继续做着东山再起的白日梦。永历三年（1649年）八月，自忖有"三谭"撑腰的朱容藩率部去攻打石柱土司。李占春、于大海发兵前来，狠狠地揍了这个江湖骗子一顿。朱容藩落荒而逃，最终在云阳遭追兵擒杀。

第四场大规模内战的情况有点复杂，尽管发生在地处川南的富顺一带，但参战的其中一方主要来自川东北地区。永历三年（1649年）初，"摇黄十三家"中的袁韬，以及顶着总督头衔的李乾德都率部来到富顺寻求发展，另有一些实力稍弱的武装，譬如"摇黄十三家"中的呼九思部也相继投奔到袁韬的麾下。各方势力聚集于此，虽然身份、来路不同，但都面临着同一个凄惨的处境："绝粮，饿死者甚众。"

李乾德毕竟是永历小朝廷正式委任的地方官员，头衔能吓唬人，脑子也比较灵光，提议一起去找盘踞在川南的大财主杨展。咱们在前面说过，盘踞在嘉定、峨眉的杨展是当时四川境内唯一实现了自给有余的实力派。考虑到同是奉永历政权为正朔的抗清武装，杨展多多少少给李乾德卖了一些面子，给了不少粮食，没想到李乾德得寸进尺，竟然以总督的名义发号施令，要求杨展交出当地财政大权。杨展岂肯轻易就范，李乾德便与袁韬等人合谋，打着为袁韬祝寿的幌子，摆了一出鸿门宴。杨展不知是计，兴高采烈地前来赴宴，没想到有来无回，成了人家的刀下之鬼。

贪恋钱财的李乾德谋害实力雄厚的杨展，让四川各派势力十分心寒，连空有川陕总督头衔的樊一蘅都看不下去了，写信痛斥了李乾德一通，说他"背施忘好，而取人杯酒之间"，简直是丧心病狂！臭骂归臭骂，无兵可用的樊一蘅根本无力改变这个既成事实，厚颜无耻的李乾德非但置之不理，还将这种卑劣行径自诩为救时大计，随即率部强攻嘉定，以达到斩草除根的险恶目的。杨展之子杨璟新打不过来势汹汹的李乾德，被迫率领残部放弃嘉定，索性跑到保宁府投降清军去了。正是在李乾德、袁韬等人的胡作非为之下，四川境内痛失了一支实力雄厚的抗清武装，史载"自是蜀事大坏矣"。

## 55 入川治黔，志在清障

　　四川乱成了一锅粥，名义上具有管辖权的永历政权既鞭长莫及，又自顾不暇，只能全当看不见。但一心抗清的孙可望坐不住了：你们的精力这么旺盛，不去抗清也就算了，别挡着本"国主"的道啊！于是乎，孙可望决定先易后难，杀鸡儆猴。

　　孙可望选定的这只小鸡，正是盘踞在贵阳府的小军阀皮熊。早在永历三年（1649年）八月，孙可望便派出一支队伍前出至距离贵阳府约两百里路的黔中重镇安顺府，探查皮熊的虚实。皮熊对此似乎没有什么反应，甚至可以说是不敢轻举妄动。见此情形，孙可望心里的底气更足了。转眼到了次年四月，李定国、刘文秀率部进抵贵阳，顺利将皮熊撵到了两百里开外的平越。数月之后，皮熊又被孙可望的追兵抓个正着。拿下贵阳之后，孙可望又命令刘文秀率部继续北上，渡过乌江攻占遵义府，以武力强逼盘踞于此的军阀王祥归附。永历四年（1650年）底，地处黔东北的铜仁府也被孙可望收入囊中。至此，整个贵州和川南地区已经纳入孙可望的控制范围。

　　孙可望的这些大动作有效地震慑了忙着窝里斗的四川各路军阀。在进军川南、扫荡贵州的同时，孙可望又与永历政权在四川的名义最高长官——川陕总督樊一蘅取得了联系。樊一蘅早就想结束乱局，只是苦于无权无兵。形势所迫，只谈合作，樊一蘅没有瞿式耜那么矫情，甭管大西军还是大顺军，谁能摁住四川这群刺头，他就愿意跟谁联手。在樊一蘅的号召之下，大部分四川军阀终于开始深明大义起来，争先恐后地表示愿意听从指挥、结束内战、一致对外。不过，他们不是良心发现，而是担心步皮熊、王祥等人的后尘，被孙可望收拾。

话说回来，这个世界上既有贪生怕死的，也有豁得出去的。尽管四川大多数军阀都选择了归附孙可望，但也不乏个别继续硬刚的，譬如顶着川东北总督头衔的李乾德。自从导演了川南大火并之后，李乾德便带着袁韬等部顺势攫取了杨展在嘉定、峨眉地区积累的财富，发了一笔不小的横财，自然也有了继续跟孙可望对着干的资本。

樊一蘅在四川是名副其实的光杆司令，李乾德便是最难缠的刺头。获悉杨展遭到暗害，樊一蘅曾经亲自写了一封书信痛斥李乾德，李乾德看了非但不买账，还公然叫嚣着"救时大计，讵竖儒所知"，反过来骂樊一蘅是狗屁不懂的一介书生。后来，樊一蘅又号召各路军阀遵守军令政令统一的规则，说白了就是听从孙可望的统一指挥。又是李乾德最先跳出来反对。没过多久，樊一蘅病死，李乾德跳得就更高了，公然以四川境内的最高长官自居。这倒是给一直想染指四川的孙可望帮了大忙，他正愁找不到借口率部进军四川，这回妥了，给杨展报仇去！

李乾德级别最高，反对孙可望最坚决，所以也最先挨揍。永历五年（1651年），孙可望做出了分两路进军四川的作战部署，由刘文秀率领主力北渡金沙江，取道建昌入川，另一部则取道毕节、永宁入川作为策应。

面对孙可望大军压境，李乾德决定死扛到底，派出主力前往雅州迎战，同时增派一部兵力驻防叙州。永历五年（1651年）八月，刘文秀在荥经全歼了李乾德麾下的精锐部队，正在嘉定坐镇指挥的李乾德、袁韬抱头痛哭一番之后，决定一起抱头鼠窜。刘文秀穷追不舍，李乾德、袁韬携带的财物太多，走得太慢，终于在仁寿被追兵活捉。后来，作为从犯的袁韬和其他将领得到宽大处理，只有李乾德被押往贵阳，交给孙可望亲自治罪。李乾德自忖在劫难逃，与其受辱而死，倒不如自行了断，遂在途中投水自尽，好歹留一个全尸。

剿灭李乾德的势力之后，刘文秀继续顺江东下，川东大大小小的武装在威逼利诱之下纷纷宣布归附，唯独盘踞在涪州、长寿地区的李占春、于大海部跟先前的李乾德一样选择继续抵抗。李乾德不愿意合作，主要是因为他狂妄自大、贪恋权财，李占春、于大海则另有隐情。当初孙可望率大西军余部从西充南下的时候，在重庆干掉了明军守将曾英，李占春、于大海正是曾英收养的义子，于情于理，他们都拒绝跟自己的杀父仇人相逢一笑泯恩仇。

在孙可望看来，不管什么原因，只要抗拒收编，都是欠收拾的行为。因此，刘文秀在收拾李乾德、袁韬的同时，也派出一支队伍去清剿川东南。李占春、于大海当初想替杨展报仇，结果被李乾德一顿痛扁，他们连李乾德、袁韬都揍不过，更别提把李乾德、袁韬揍得呜呼哀哉的刘文秀了。

果不其然，李占春、于大海比李乾德、袁韬崩溃得还要快，一路向东败退，打算前往湖北去投降清军。军阀想在四川立足很难，想出川投降更不是一件容易的事情，李占春、于大海率领三万残军还走在半道上，便遭遇了夔东武装一路截杀。夔东地区形势复杂，山头众多，但各路山大王眼下只有一个目标：痛打落水狗！此时的李占春、于大海岂止是落水狗，简直就成了过街老鼠、众矢之的，他们这一路损兵折将，跌跌撞撞地向湖北靠近，终于抵达了清军的防区。

离开四川，倒是安全了，但李占春、于大海接下来的日子并不好过。他们被清军安排在松滋休整，但清军对付这群残兵败将的办法与何腾蛟、瞿式耜如出一辙：要钱没有，要粮不给！肚子饿了怎么办？自己想办法！事实证明，这一招术相当无耻，却屡试不爽。想当初，田见秀被何腾蛟用这招逼得拍屁股走人，郝摇旗也被瞿式耜逼得四处抓狂，如今轮到李占春、于大海中招，处境比田见秀、郝摇旗还要艰难。想跑吧，作为投降清军的叛徒，还能往哪儿跑？想抢吧，清军正愁没有合适的理由收拾你呢！跑不能跑，抢不能抢，李占春终于看破红尘，选择了皈依佛门。李占春选择出家，于大海又不济事，这正中清军的下怀。这支昔日的抗清武装由于群龙无首、人心惶惶，不久之后便自动瓦解了。达到废其武功的目的以后，清军又招抚李占春还了俗，先后委派他出任安陆副将、黄州总兵等职，以此彰显清军的博大胸怀。

回头来看四川，李乾德、王祥、李占春几大军阀死的死、衰的衰、逃的逃，其他军阀再也不敢有轻举妄动的痴心妄想。先前表态愿意归附的军阀无论是出自真心还是假意，如今都只有死心塌地了。尤其是夔东地区的抗清武装，在亲眼见证了李占春、于大海的悲惨境地之后，纷纷"扼险自守，差人申好"。至此，"三川之阻兵皆尽"，除了清军控制的保宁府之外，四川各地及贵州全境都在孙可望的掌控之中。

抗清的道路通畅了，但孙可望并没有贸然进军，因为拿下四川和贵州以后，孙可望面临的麻烦依然不小。原因很简单，四川、贵州地瘠民贫，老百姓吃了上顿没下顿，好不容易有一个自给有余的杨展吧，偏偏又被李乾德收拾了，仅凭云南一地之力，实在支撑不起。即便能凑出一点粮食支持前线打仗，但要想穿过四川、贵州运出去，不可预知的风险也很高，毕竟这些地方遍布饿红了眼的饥民。

过去四川、贵州是别人的地盘，孙可望大可不必操心。现如今这两处烂摊子落到自己的肩上，孙可望终于见识了。孙可望恍然大悟为何当年豪格一路追到遵义府突然就放了他一马，原来这烂摊子真是烂得够呛啊！

肚子里的牢骚再多，眼前的摊子再烂，孙可望也只能埋头苦修，因为不把四川、贵州的烂摊子修好，自己的军队根本就走不出去。如果不能走出去发展，三十多万大军迟早要被困死在云南。客观地说，孙可望既自私又贪权，品行不怎么样，但不应该因为这些劣迹而抹杀他治理西南地区的卓越政绩。

咱们在前面说过，云南在孙可望的手里不出三年便呈现出一片太平景象。控制四川、贵州以后，孙可望便开始大力推广治理云南的经验。特别是在向来贫瘠的贵州，孙可望确实耗费了很大的功夫。简单总结一下，比较重要的措施有以下四个方面：

一是统一军令政令。

皮熊被活捉以后，分散在贵州各地的残余势力纷纷退守山区，负隅顽抗。除此以外，各地世袭的土司也占山为王，过去不买皮熊的账，现在又与孙可望抗衡。总而言之，凡是外乡人、官家人，他们一概不愿搭理。孙可望控制贵阳之后，果断派出部队清剿、收编散兵游勇和各路山匪，有力地遏止了大小军阀占山为王、残害百姓的乱局。

二是裁撤冗员，整顿吏治。

贵州作为永历政权名义上的属地，存在官员多如牛毛、官场鱼龙混杂的通病，结果造成官府乌烟瘴气、百姓不堪重负。针对这种状况，孙可望首先将官员过一道筛子，挨个开展清查，凡是欺压百姓的"戮奸蠹民者"，直接处决，并对弘光、隆武、永历小朝廷胡乱任命造成的大量冗员进行大规模裁撤。

有幸过关留任的官员也别忙着弹冠相庆，他们接下来的日子不见得好过。孙可望颁布了一条严令："凡官员犯法，重则斩首、剥皮，轻者捆打数十，仍令复任管事。"这可不是吓唬吓唬而已，真犯了事，是要动真格的。于是这样的场景在当时屡见不鲜：某位官员正端坐堂上审案，对嫌犯用刑逼供。此时，突然闯进来一帮人宣读命令，说该官员犯了某条罪行，依律要杖二十。于是乎，正趴着受刑的嫌犯被拖到一边，堂上的官员被拽下来。打完二十杖之后，官员、嫌犯各归其位，该审案的审案，该受刑的受刑，就当什么事都没有发生过。

三是招徕商贾，安抚百姓，恢复经济生产。贵州是喀斯特地貌的山区，自古有"地无三里平"的说法，而且石多土少。由于自然环境恶劣，贵州历来土地贫瘠，交通不便，耕作方式比较原始，再加上军阀皮熊大肆盘剥，经济濒临崩溃。在这种情况下，孙可望一面招徕商贾，恢复贸易，一面采取休养生息的政策，还派出军队就地组织开荒，"安抚遗黎，大兴屯田"，积极恢复农业生产。

四是发展交通，积极备战。李白经剑门关入川，曾留下"蜀道之难，难于上青天"的名句。王阳明被流放到贵州龙场驿的时候，有"连峰际天兮，飞鸟不通"的感慨。可以说，"黔道难"比起"蜀道难"有过之而无不及。交通，不仅关系出兵问题，而且直接决定后勤补给能力。"要致富，先修路"是现代喊出来的口号，对于当时孙可望而言，更恰当的说法则是"要打仗，先修路"。

于是乎，孙可望开始大张旗鼓地修路，遇山开道，遇水架桥，促使贵州的交通状况得到极大的改善。道路畅通，既方便了自己，当然也会方便敌人，孙可望又推行"路印"制度，严防清军间谍趁机混入。

在孙可望的治理下，昔日民不聊生的贵州犹如凤凰涅槃，初步呈现出一片欣欣向荣的景象。根据史料记载，贵州"官绝贪污馈送之弊，民无盗贼攘夺之端"。这虽然不免有些夸张，但经济得到较快的发展却是不争的事实。

话说回来，孙可望治理贵州，最根本的目的是壮大自己的实力。因此，贵州经济得到恢复以后，税赋是相当繁重的。俗话说得好："兔子不吃窝边草。"作为孙可望的老巢，云南的税赋是官一民九，也就是一成的税率，这在全国是最低的。但对于贵州，孙可望可就没这么客气了，税赋一般都在五成以上，部分地区甚至达到九成。在孙可望的横征暴敛之下，元气稍有恢复的贵州再一次遭受无情的摧残，为后来清军顺利通过贵州进入云南清剿奠定了坚实的群众基础。当然了，以后的事情，咱们以后再说，就目前而言，孙可望的日子还是比较舒爽的。

㊶
天无绝人之路

　　孙可望在西南搞得风生水起的时候，辗转落脚于南宁府的忠贞营依然在苦苦求生。自打从湖南一路败退到两广地区，后来又没了堵胤锡的庇护，寄人篱下的忠贞营便开始江河日下。帮着陈邦傅拿下南宁府之后，陈邦傅非但不酬谢，还千方百计地想把忠贞营挤对走，翻脸比翻书还快。特别是忠贞营的一号人物李锦病逝之后，高一功曾经率部挺进广东境内，帮着永历小朝廷抗清，却屡遭一些顽固派官员刁难排挤，最终无功而返。

　　转眼到了永历四年（1650年）下半年，忠贞营在两广地区已经无法立足了，高一功、李来亨决定转移。做出搬家的决定并不难，麻烦的问题在于：该往哪里搬呢？他们将地图摊开，发现天下的道路千万条，却没有一条能让忠贞营顺利通过，去寻找新的落脚之处。广西的东面是广东，尚可喜、耿继茂率领的清军此时正在围攻广州，苟延残喘的永历小朝廷则对忠贞营参与抗清心存疑虑，甚至不乏伺机拆台、借刀杀人的险恶用心，所以东面肯定是不能去的。广西的北面是湖南，孔有德率领的清军正在清剿各路抗清武装，兵力单薄的忠贞营赶过去，岂不是羊入虎

328

口？西面的云南则是孙可望的地盘。虽说当年的大西军、大顺军都是农民起义军，但张献忠与李自成向来不对付，各种恩怨情仇交织，还曾经为了争夺四川大打出手。旧账未了，又添了新账，先前孙可望要封王，高一功就跳出来反对。这个时候前去投奔，可能会被秋后算账，即便不会性命堪忧，估计受到的窝囊气也不会少。什么？还少了一个南面？广西的南面是浩渺无垠的汪洋大海，忠贞营可没有水师战船啊！

四面八方都堵死了，岂不是只能留在原地坐以待毙？别着急，正所谓天无绝人之路，只有绝路之人！思来想去，高一功、李来亨决定冒一次险，率部北出广西，穿过孔有德、孙可望的势力均未有效控制的湘西地区，前往夔东山区图谋发展。永历四年（1650年）底，他们率领忠贞营从南宁府出发，带着辎重、家眷浩浩荡荡向北而去。由于担心受到袭击，忠贞营不敢走大路，只能选择崎岖的山间小道艰难跋涉。按照既定的路线，忠贞营有惊无险地进抵地处湘西北的保靖地区，结果遭到业已归附清军的当地土司袭击，高一功不幸中毒箭身亡。李来亨强忍悲痛率部突围，历尽千辛万苦，终于带着残存力量抵达夔东山区，与各支抗清武装会合。

抵达目的地之后，对永历政权切齿痛恨的李来亨毅然取消了忠贞营的番号。随着这支武装加入，过去的"摇黄十三家"也逐渐演变成为"夔东十三家"，利用易守难攻的地理优势，继续在川东、鄂西地区坚持抗清斗争。

毫不夸张地说，一心抗清的忠贞营被逼入绝境，充斥着各种魑魅魍魉的永历政权是罪魁祸首。不过，朱由榔此时的日子也不比忠贞营好过多少。由于桂林府、广州府相继失守，小朝廷被迫逃往南宁府避难，但"三顺王"率领的清军大举南下，旨在彻底荡平两广，南宁虽处广西腹地，也绝非久留之地、安身之所。万不得已，朱由榔不得不放下一朝天子的脸面与傲娇，将最后的希望寄托在孙可望的身上。然而问题来了，朱由榔心存希望，但孙可望是否愿意接招，就得两说了，毕竟先前永历小朝廷在请封的纷争之中做得实在太绝了。

朱由榔想依靠孙可望实现东山再起的美梦，说白了就是继续苟延残喘，请封的问题终究是绕不过去的。考虑到永历政权已经走投无路，急红了眼的朱由榔十分果断，册封孙可望为"冀王"，任何人不得有任何异议！

在朱由榔看来，给孙可望册封一字王，自己已经做出了最大的让步，但孙可望丝毫不领情，依然不改当初抛出来的筹码：要么封"秦王"，要么免谈！上一次孙可望的实力还有限，因此他做出妥协的姿态，提出"要敕不要印"的折中方案。现如今呢，永历小朝廷已是江河日下，羽翼颇丰的孙可望索性坐地起价，敕书、大印一个都不能少。热脸贴了冷屁股，朱由榔觉得自己丢不起这个人，结果又没能谈成。

转眼到了永历五年（1651年）初，孔有德率领的清军从柳州一路南下，挥师直指南宁，逃无可逃的朱由榔顿时急了眼。其实孙可望比他还要心慌意乱，如果清军砸了这块金字招牌，他这只炙手可热的"潜力股"可就成为无源之水、无根之木的"垃圾股"了。形势万分危急，孙可望决定搁置前嫌，雪中送炭，给永历小朝廷送来一份厚礼：派出五千精锐协防南宁。别看气势汹汹的孔有德人多势众，他还真的未必干得过这装备精良、训练有素、以逸待劳的五千精兵，孙可望对自己精心打造的队伍还是胸有成竹的。

孙可望的算盘，当然并不限于保住朱由榔这块金字招牌，这支队伍进驻南宁以后主要干了三件事情：首先是部署防御，抵挡可能进犯的清军，这还算是正事。其次是对先前孙可望请封"秦王"时秉持异议的大臣进行报复，以此向朱由榔示威，譬如杀害了时任兵部尚书杨鼎和与大学士严起恒。最后便是顺理成章地老调重弹，请封"秦王"。

撞破南墙始回头，见到棺材方落泪，被孙可望逼到这个份上，朱由榔只有屈服了。毕竟南宁府已在孙可望的控制之中，杀鸡儆猴的把戏还在不断上演，朱由榔实在找不到拒绝的底气。于是乎，永历小朝廷正式册封孙可望为"秦王"，历时两年的请封之争总算是尘埃落定了。

孙可望如愿以偿，但并没有给朱由榔什么好脸色。对于孙可望而言，永历小朝廷和朱由榔本人，不过是让他得以招摇过市的幌子及壮大实力的招牌。孙可望主动出兵救其于危难之间，可不是为了给自己找一个大爷。他可以奉朱由榔为正主，但必须掌控小朝廷的一举一动，群臣则不许有一丝多嘴饶舌之举。

过去马士英、郑芝龙也想做到这一点，但都没能做成，他们在把持朝政的同时，也饱受群臣攻讦。这个自相矛盾、看似无解的难题，到了孙可望这里，却神话般地变成了现实。他是怎么做到的呢？在得到"秦王"的册封之后，孙可望宣布放弃"国主"的名号，奉永历政权为正朔，同时在贵阳府设立所谓的"行营六部"，安排自己的亲信充任各部尚书，代表（更是代替）小朝廷向各地发号施令。如此一来，滞留在南宁的永历小朝廷被架空，至于朱由榔，过去是权臣手中的傀儡，如今俨然神龛上的牌位了！

孙可望为了攫取权力不择手段，难道没有人出来叫嚷几声吗？这样的人还真有，而且还出自孙可望一方，那就是他的那位陕西老乡、曾经替他找小朝廷请封的杨畏知。杨畏知是个厚道人，看不惯奉命协防南宁的将领在这里仗势欺人，于是奋笔上疏弹劾。看到杨畏知的这封奏疏，朱由榔由衷地感动，虽然他不敢把孙可望麾下的将领怎么样，但提拔杨畏知入阁还是可以的。

然而，在很多时候，讲公道、说真话是要付出代价的。在朱由榔看来，褒奖杨畏知是在跟孙可望套近乎，毕竟杨畏知名义上也是孙可望的人。然而，对权力极其敏感的孙可望并不这么看，他跟杨畏知谈不上有多少交情，如今更是认定对方背叛了自己，暗中勾结永历小朝廷，干着卖主求荣的勾当。转眼到了永历五年（1651年）五月，孙可望随便找了一个由头，派人将杨畏知押回贵阳处死。这就是杨畏知说公道话的代价，但孙可望未必是真正的赢家。既然永历政权威信扫地，孙可望又能身价几何？出来混，迟早要还，孙可望当然也会付出代价，只是需要一点时间而已。

此时的孙可望可谓小人得志、趾高气扬，寄人篱下的朱由榔则是如履薄冰、胆战心惊。到了永历五年（1651年）底，朱由榔最不愿意看到的一幕终于发生了：孔有德率领的清军逼近南宁。尽管有孙可望派来协防的五千精兵，然而，朱由榔这位以跑路著称的君主，根本就不是固守一地的性格。坐镇指挥，鼓舞士气，将来犯清军打得抱头鼠窜，这是隆武帝朱聿键的禀性，闯荡江湖全凭腿长的永历帝朱由榔不可能这么做。

可是，这一次又该往哪里跑呢？就当前的形势而言，朱由榔有三个选择：

一是经海路逃亡，投靠活动于福建沿海的郑成功部。但这个方案似乎不太靠谱，别看郑成功口头上奉永历政权为正朔，但小朝廷真要搬到他的地盘上过日子，他愿不愿意接收还是个问题，即便愿意接收，他是否会倚仗实力成为第二个郑芝龙、第二个孙可望，也是一个问题。更何况在清军的不断进逼之下，此时的郑成功部可谓饥寒交迫、漂泊不定，小朝廷跑到那儿去，又能坚持多久？总而言之，风险太大了！

二是向南逃往越南避难。这个方案显然更不靠谱，越南名义上是大明王朝的属国，但看到大明王朝衰败成这个样子，越南人岂能做引火上身的傻事？如果朱由榔的双脚迈出国门，极有可能发生的场景便是被越南人羁押，转手遣返给清军，作为归附清政权的投名状。

三是向西进入孙可望的地盘。相较而言，这个方案显然靠谱多了。其实在此之前，孙可望已经提出了移跸云南的动议，但朱由榔坚决不同意。孙可望是什么人，朱由榔不是没有见识过，近距离地过着寄人篱下的生活，用脚趾头都能想到会是多么屈辱，多么悲惨。

话说回来，尽管朱由榔"不欲就可望"，但很多事情不是他说了算的。朝议之中，三种方案都有人提出来，接着轮到小朝廷名义上的首辅吴贞毓拍板。事实上，根本没有必要拍板，谁不知道永历小朝廷除归附孙可望之外，已经别无选择了。然而，吴首辅当初也是竭力反对给孙可望封王的强硬派之一，杨鼎和、严起恒等几位同道中人尸骨未寒，担心被报复的吴贞毓实在不敢这样拍板。

永历小朝廷会而不议、议而不决的办事效率，让奉命协防南宁的将领急了眼，索性带着五千精兵先行撤出广西。朱由榔当然不肯坐以待毙，随即乘船仓皇逃离南宁，溯左江进抵濑湍。由于上游的水太浅，无法行船，一行人只能弃船登岸，走陆路向云南进发。由于清军穷追不舍，嗅觉特别灵、跑得特别快的朱由榔跑得胆战心惊，好在走到桂、滇交界的时候，与孙可望派来接驾的部队会合，心里的石头才算是落了地。

永历六年（1652年）正月初一，朱由榔在云南境内一个偏僻的小山村里惨兮兮地度过了新年。他不知道接下来该去向哪里，确切地说，不知道会被孙可望安排到哪里去。

强颜欢笑过完年，朱由榔在这支迎驾队伍的护送下继续开启艰难跋涉的旅程，半个月后抵达地处滇、桂、黔交界的广南府。朱由榔并不想去昆明府或者贵阳府，天天看着孙可望的脸色过日子，他希望留在广南，舒舒坦坦地了此残生。

朱由榔的想法，孙可望一般都不支持，他可不希望永历小朝廷赖在广南不走。他给出一个冠冕堂皇的理由："广南虽云内地，界邻交趾，尚恐夷情叵测。"意思是广南靠近边境，不可预知的风险太大了。

驻跸广南的方案被孙可望否定了，至于昆明或者贵阳，朱由榔不想去，孙可望也不可能让他去。永历小朝廷该往哪里摆呢？孙可望物色了一个相当遥远的风水宝地，位于贵州西南部的安隆千户所，朱由榔驻跸此地后改为安龙府。

遥远，有时候不单指空间距离。安龙的遥远，超乎所有人的想象。安龙位于黔、桂交界地区，距离云南也不算太远，原是隶属贵州都指挥使司的千户所，属于屯兵机构。这座位于大山深处、居民只有百余户的所城，地域极其狭小，史载城围只一里有余，差不多十分钟便能绕着城走上一圈。从南宁到广南，再到落脚于安龙，朱由榔的心里恐怕只有一个感觉：距离九五之尊的地位越来越遥远了。这哪里是移跸，简直就是落草嘛！

话说回来，永历小朝廷自己没本事，将地盘丢了个精光，沦落到寄人篱下的地步，确实也没有底气跟孙可望讲什么条件，只有客随主便的份。于是乎，朱由榔带着五十余文武大臣、三千兵丁家眷，在地处大山深处的安龙府过上了近乎一无所有的凄惨生活，史载"王自入黔，无尺土一民"，真是太贴切了！

# 第十三章 ｜ 反攻

㊗

狭路相逢勇者胜

孙可望通过非常强硬的手段有效地整饬了四川、贵州的乱局，也借助有些卑劣的伎俩收拾了山穷水尽的永历小朝廷，其实他最初的动机还算单纯，那就是坚定地执行张献忠"尔急归明，毋为不义"的临终嘱托，为集中精力抵抗清军做好各方面的充足准备。抗清必须要有统一的指挥，所以不服气的要摁住（譬如跟他资历相当的李定国、刘文秀），不听话的要收拾（主要是四川、贵州的大小军阀），没本事的靠边站（主要是永历政权的君臣），这就是孙可望的逻辑。

南明政权延续这么多年的经验充分证明，清军特别喜欢趁其不备、不请自来。这不，正当孙可望一面苦心经营西南，一面为封王之事跟永历小朝廷吵嚷不断的时候，北京方面便有了新的动向。永历四年（1650年）底，为清政权夺取江山立下卓越功勋的皇父摄政王多尔衮重病不治，终于撒手人寰，朝廷为他举行了极其隆重的丧礼。转眼到了永历六年（1652年）初，终于得以亲政的顺治皇帝福临向驻扎在汉中的"平西王"吴三桂、定西将军李国翰下达了作战任务，责令他们率部南下，进抵保宁。

335

几万大军从陕西进入四川，肯定不是帮着四川巡抚李国英守住保宁城的。显然是眼瞅着四川大部成为孙可望的地盘，清政权坐不住了。当时，孙可望正在贵州境内集结兵力，准备进军湖南收复失地，留在四川的队伍不多，所以吴三桂的进攻速度非常快，成都、嘉定相继陷落，川西地区落入清军之手。随后，吴三桂、李国翰率部向川东、川南运动，利用绝对的数量优势轻松攻克合州、重庆、叙州等地，将孙可望的势力剿灭或者驱逐殆尽。

孙可望不是没有预料到清军会来，但他万万没有想到，清军来得如此迅猛。四川各地警报频传，孙可望不得不改变进军湖南的既定部署，委派刘文秀率部入川抗清。狭路相逢勇者胜！与不可一世的清军一决雌雄的时刻终于到了！

孙可望、李定国、刘文秀、艾能奇既是张献忠生前收养的四名义子，更是他麾下的四员猛将，身经百战，个顶个的打仗天才。孙可望的本事，咱们已经见识过了，他进取并经营西南的功绩可不是吹出来的。艾能奇转战千里，战功显赫，没想到会在云南征讨东川土司的时候遭遇伏击，不幸阵亡。现如今，轮到刘文秀隆重登场了。

大腕登场，不同凡响，刘文秀率部入川后果然展示了大手笔。他麾下有四万多人，并不是选择一个方向入川，而是兵分三路，从川西南的建昌、川南的永宁、川东南的彭水同时推进。毫不夸张地说，敢如此入川干仗的，迄今为止独此一人。可以这样说，刘文秀的灵魂深处有一股不服输的勇气，更有一股舍我其谁的傲气！

永历六年（1652年）八月，取道永宁的中路军率先获得大捷，全歼了驻守叙州的清军，并会同弃守而逃的原重庆守军反攻重庆。与此同时，取道建昌的西路军、取道彭水的东路军也以席卷之势收复失地，快速向北推进。吴三桂、李国翰、李国英被这样的阵势吓傻了眼，三位大员不敢耽搁，赶紧在夹江召开了一次重要会议，一致做出了撤退的决定。毕竟大家都是聪明人，都明白打得赢就打、打不赢就逃的道理。不过，在撤往哪里的问题上，三人出现了严重的分歧。

吴三桂、李国翰主张直接撤回汉中，那里是他们的驻防地，四川巡抚李国英则主张撤到保宁，这毕竟是清军进取四川的起点，如果贸然放弃四川，他没办法跟朝廷交代。然而，李国英终于强扭不过掌握兵权的吴三桂、李国翰二人，分散在四川各地的清军开始向陕西撤退。

大家逃得不亦乐乎，只有驻守在重庆一带的清军比较悲惨。当时，驻守重庆的清军将领很多，既有满八旗里的章京，也有顶着各种名头的总兵，总之一抓一大把。他们接到撤退的命令之后，纷纷率领各自的队伍开拔。刘文秀这边呢，正带着队伍浩浩荡荡地杀往重庆，准备大张旗鼓地跟清军拼上一场，结果却发现敌人早已不见了踪影。

对手未战先逃、不翼而飞，刘文秀并没有半点庆幸之感，心里反倒咯噔了一下，说是如鲠在喉也并不为过。这跟他此番率部入川的重大使命有关，孙可望让刘文秀率部入川，除了收拾吴三桂、李国翰、李国英之外，还交给他一项重任，那就是打通川、鄂通道，为将来顺江东下扫清障碍。对于这条出西南抗清的道路，极富战略远见的孙可望已经谋划很久了。就目前的形势而言，如果单纯采用推土机的战术，从贵州出发，经过湖南、江西、浙江一路推到南京，难度显然是相当大的，但要是控制了长江这条黄金水道，进军南京的难度至少可以打对折。因此，重庆守军玩起人间蒸发，对维系长江水道的畅通埋下了巨大的隐患。刘文秀丝毫不敢怠慢，赶紧率部日夜兼程向北追击。追到距离重庆一百多里的停溪，终于看到了北撤清军的影子，随即像饿绿了眼的恶狼见到肥美的绵羊一般猛扑了上去。清军众多将领哪里想到追兵会来得这么快，加之互不隶属、各自为战，很快就乱作一团，成了刘文秀大军的活靶子，最终只有数百残兵败卒侥幸突围，跟跟跄跄地逃回保宁。

刘文秀率部在四川攻城略地，忙得不亦乐乎，吴三桂、李国翰也按照先前做出的部署，一路北撤到了地处川、陕交界的广元。眼瞅着翻过大巴山脉便是汉中平原，李国英屡次反对无效，但保宁府终于有人看不下去了。此人名叫郝浴，三年前才中了进士，因为才干与胆识非凡，不久前以钦差的身份出任四川巡按御史。当时，郝浴能指挥的守城部队只有一百来号人，见吴三桂、李国翰二话不说准备撤回陕西，郝浴屡次派人给他们带话，好言相劝之余也不乏恫吓威胁，说他们奉旨率部入川，未经请示朝廷便擅自弃守返回陕西，这可是欺君之罪，奉劝吴、李二人在踏出四川地界之前，先摸一摸自己脖子上长着几个脑袋，免得将来徒自哀叹"早知今日，何必当初"，毁一世英名于一旦！

李国英不同意大军撤回陕西，吴三桂完全可以充耳不闻，但顶着钦差头衔的郝浴放出狠话，就必须掂量掂量了，他知道这个巡按御史不太好惹。事实上，自打吴三桂、李国翰率军入川，郝浴弹劾他们的奏疏就没有断过，今天状告他们"骄恣部下，淫杀不法"，明天又斥责他们"残暴无纪律"。尽管朝廷没有把手握重兵的吴三桂、李国翰怎么样，但屡遭弹劾确实让他们不胜其烦。

一番深思熟虑之后，吴三桂、李国翰似乎也意识到这么一走了之确实没办法向朝廷交代，终于改变主意，率部折返保宁。不过，从此以后，郝浴和吴三桂算是结下了梁子，一个不断地告状弹劾，而且总是点中对方的要害，另一个屁股不干净，被揪出小辫子便暴跳如雷、报复反击，二人一度吵得乌烟瘴气。顺治皇帝出于大局考虑，原本不想搭理这些烂账，但双方闹得不可开交，为了安抚手握重兵的吴三桂，只好勉为其难地将郝浴流放到关外了事。直到反复无常的吴三桂又造反清政权，郝浴才得到朝廷赦免，重返官场。

回头来说四川局势，在郝浴的不断掺和下，吴三桂、李国翰大军重返保宁，使得川北的形势发生了颠覆性变化。更要命的问题在于，一路凯歌高奏的刘文秀根本没有足够重视，自然也不会意识到危险正在一步步地向自己逼近。骄兵必败，这是亘古不变的真理！在刘文秀看来，收复全川只剩下攻克保宁府了，唾手可得，胜利在望。永历六年（1652年）十月初，刘文秀亲率大军进抵保宁，将清军在四川这最后一座堡垒团团围困。

刘文秀乘胜进攻保宁可以理解，毕竟他已经掌握了整个四川战场的主动权。但是，灵魂深处的傲气、轻而易举的胜利，让刘文秀在战场形势发生根本性变化的时候失去了必要的理智与稳重。他忽略了一个至关重要的现象：数万大军攻城略地，收复了保宁以外的四川全境，但消灭的清军并不多啊！除了重庆守军之外，四川各地清军大部分不战而逃，玩起了人间蒸发，这些队伍到底去了哪里？答案显然只有一个：保宁府！

各地清军退守保宁，再加上吴三桂、李国翰亲率大军折返，驻守于此的清军实力不可小觑。在兵力不占绝对优势的情况下，刘文秀不经细致准备便贸然组织对保宁的进攻，这就在战略上相当失策了。刘文秀急于剿灭清军的有生力量，又在战术上犯了一个相当没有技术含量的低级错误，他竟然下令采取"铁桶战术"，将重兵集结的保宁城围得水泄不通，随后从各个方向发起全面攻击。

大家或许会产生一丝疑惑：这个战术没什么问题啊，当年堵胤锡率领忠贞营围攻长沙，不也是这么干的吗？要不是何腾蛟瞎搅和，拿下长沙城也就是几天后的事。如此强悍的战术，轮到刘文秀施展于保宁城，怎么就成了低级错误呢？

事实上，打仗是一门技术活，具体形势还得具体分析，生搬硬套的打法是要不得的！首先，采用"铁桶战术"有一个重要的前提，那就是己方兵力无论数量还是质量，都能对敌方构成压倒性的优势。然而，随着保宁守军得到大量补充，刘文秀部的这种优势便荡然无存了。其次，保宁城的地理环境与赣州类似，东、西、南三面被嘉陵江环绕，形成了"U字形"的天然阻隔，无疑增加了攻城难度。

在各种不利因素的叠加下，刘文秀率部攻城的效果可想而知。他率领五万大军从四面攻城，将主攻方向放在没有河流阻隔的北面，并将架设在嘉陵江上的浮桥全部损毁，想把清军困死在城内。然而，吴三桂率部绝地反击，专挑对方的薄弱处发起猛攻，一处得手则转战他处，很快就造成刘文秀大军各个方向难以相互策应的混乱局面。由于浮桥被毁，刘文秀的攻城部队反倒陷入了难以抽身的绝境，遭遇自入川以来最严重的一次惨败。刘文秀率领残部一路败退返回贵州，盛怒不已的孙可望当即解除了他的兵权，但考虑到他劳苦功高，并没有治其战败之罪，而是送往昆明闲居。

踌躇满志的刘文秀败得一塌糊涂，导致四川很多地方重新落入清军之手。勉强留下来坚持的吴三桂胜得稀里糊涂，也不敢贸然扩大战果。于是乎，四川转入了僵持状态，孙可望打通川鄂水道的设想落空，成为当时抗清斗争的一大憾事。

# 「战神」出征，旗开得胜

　　刘文秀在四川意外失手，但湖南给孙可望带来了意外的惊喜。说到入湘抗清，孙可望已经盘算好几年了。早在永历五年（1651年）四月，孙可望便派出部将冯双礼作为开路先锋，率领四万余众（包括骑兵一万余、战象十余头）进入湖南境内。清军"三顺王"南下两广的时候，七拼八凑才勉强凑足四万人，孙可望进取湖南，光是开路的先锋部队就超过了四万，竟然还有大象助阵，这排场可真够大的！毫不夸张地说，跟南明几大政权交锋的这些年来，清军似乎只有受降的时候才见过这么多人！

　　冯双礼率领的这支前锋部队从贵州出发，进抵湖南的首站是沅州。清军在这里有多少留守部队呢？三千人！冯双礼凭借压倒性的兵力优势，采取四面围攻的"铁桶战术"，毫无悬念地收复沅州，俘获了清政权任命的知州、守将等一批地方文武官员。

　　拿下沅州之后，冯双礼率部北进抵达辰州，驻守在此的是时任辰常总兵徐勇。徐勇原是左良玉麾下的部将，能征善战，尤其擅长防守，尽管只有几千人马，但他依托地形和城防工事精心布置防线，扼险固守，负隅顽抗，人生地不熟的冯双礼没能把辰州打下来。

与一根筋的刘文秀相比，冯双礼没有什么傲气，能够坦然接受现实。既然奉命进取的是整个湖南，就有足够的地域发挥才能、表现自己，完全没有必要计较一座孤城的得失。冯双礼决定绕过防守严密的辰州，转而攻打宝庆府。事发突然，猝不及防的宝庆守将沈永忠郁闷了。

沈永忠原本是辽东明军的一名副将，崇祯时期率部投降，被编入汉军正白旗。跟随清军入关以后，沈永忠被派往山东驻防，为了解除孔有德南下的后顾之忧，他又被朝廷调往湖南。这一年多来，沈永忠率领麾下两万多人马四处转战，除了踩熟地皮之外，也多少积累了一些山地作战的经验。因此，面对来势汹汹的冯双礼，沈永忠只能采取运动战的方式，与对方艰难地周旋。双方你来我往，各有胜负，湖南很快进入相互僵持的状态。

差不多与此同时，吴三桂、李国翰奉命率军入川，但这并没有改变孙可望进军湖南的既定部署。继冯双礼的前锋部队之后，真正的主力也在李定国的率领下，于永历六年（1652年）四月浩浩荡荡地开赴湖南战场。咱们在前面说过，南明时期能把清军打急眼的只有两个人，一个是发动山西大起义、火烧清政权后院的姜瓖，另一个便是堪称"战神"的安西将军李定国。

李定国亲率十余万大军，会同冯双礼部一起攻打靖州。正在宝庆府坐镇的沈永忠此时还不知道李定国的大军已经进入湖南，误以为跟先前一样，又是冯双礼在四处找茬，于是只派出八千兵马前往靖州增援。短短几天之后，派去增援的队伍狼狈不堪地逃回来了，竟然只剩下两千余人。

派去增援的将领心有余悸地向沈永忠描述了靖州战况，沈永忠听得毛骨悚然，敏锐地意识到，此次进攻靖州的绝不仅仅是冯双礼的部队。

如此看来，孙可望开始对湖南下狠手了！尽管沈永忠已经料到孙可望非拿下湖南不可，但他万万没有想到，自己即将面对的对手竟然是南明时期最为强悍的"战神"。

眼瞅着湖南局势突变，沈永忠能想到的最稳妥的办法，就是派人马不停蹄地奔赴桂林，恳请孔有德回师救援。然而，孔有德接到沈永忠的急报之后，毫不犹豫、毫不留情地回了俩字儿：没空！

孔有德如此绝情，看似不太仗义，也不顾及全局，毕竟一旦湖南有失，他率领的南下大军也难以安生。不过，站在孔有德的角度来看，他断然拒绝的理由也是非常充分的。

其一，他这是为了报先前沈永忠的参劾之仇。孔有德进军广西之初，因为后勤补给一时没跟上，曾经向永州、衡州借支了一些钱粮，承诺以后奉还，没想到芝麻大点的事儿，竟然被沈永忠一封奏疏捅到朝堂上去了，参劾孔有德无视地方衙署、擅自征讨钱粮。尽管朝廷深知战况紧急，没有怎么怪罪，还是搞得孔有德十分难堪。

其二，他严重怀疑沈永忠小题大做、谎报军情。孔有德认为，自己率大军在广西坐镇，随时可以进军贵州、云南，孙可望怎么可能不顾老巢的安危，派出大规模兵力进取湖南？因此，肯定是沈永忠遭遇了小股部队袭扰，又没本事打赢，便开始胡编乱造，谎称对手有多么强悍，从而为自己无能开脱。

其三，且不说孔有德麾下的两万大军分散在广西各地，短时间内没办法收拢集结，即便沈永忠有足够的耐心等待，若孔有德回师湖南，那么广西怎么办？根据以往的经验，清军撤离以后，大大小小的抗清势力比雨后春笋冒得还要快，岂不是又回到了原点？

说一千道一万，孔有德的态度很明确：各端各的碗，各吃各的饭，抗清武装在湖南搞事，那归你沈永忠管，如果他们敢闯到广西来，我孔有德负责收拾，不用你沈永忠掺和！

救兵搬不来，打又打不赢，所幸沈永忠还剩下最后一个选择——跑路。从宝庆一路北撤，沈永忠可以说是食不甘味、夜不能寐，因为至少有两个人会要他的命，一个是穷追不舍的李定国，一个是紫禁城里的顺治皇帝福临。追兵倒是容易摆脱，大不了多走一些山路就是了，但朝廷要是追究他的失地之罪，多少个脑袋都不够砍啊！

沈永忠就这样胆战心惊地走到湘潭，终于接到了顺治皇帝下达的密旨，责令他"不可浪战，移师保守"。这下妥了！再没有比奉旨撤退更惬意的事情了！怀揣着这道护身符，沈永忠跑得飞快，撤退得相当彻底，连长沙都不打算守，一路撤到了地处洞庭湖口的岳州。在沈永忠的示范效应之下，湖南各地的文武官员纷纷树倒猢狲散，开启了逃亡大比拼。李定国、冯双礼四处攻城略地，很快就收复了湖南大部分地区，只有岳州、常德、辰州等少数几个地方暂时还控制在清军的手里。

当初四川打得只剩下一个保宁府的时候，刘文秀沉不住气，结果非但没能啃下这块硬骨头，还把自己的门牙崩坏了几颗。此时的湖南呢，还剩下三座重要城池，李定国决定见好就收，因为他还有更重要的事情要办，那就是收拾孔有德。由此看来，是否具有敢于舍弃的远见与胸怀，往往决定着能力水平的高低啊！

李定国做出了英明的抉择，孔有德却还在做着他的春秋大梦，误以为湖南的形势根本不足为虑。因此，眼瞅着湖南各地相继易主，孔有德除了增派一些兵力协防全州加强警戒之外，没有做出更多的防御部署。

转眼到了永历六年（1652年）六月底，李定国亲率大军经武冈、新宁进抵全州，将驻守于此的清军连同孔有德新近增派的部队一锅端了。战报传来，孔有德震恐，亲率桂林的留守部队赶赴严关防御。然而，面对士气高昂的"战神"李定国的军队，孔有德亲自出马也不济事，依然被揍得七荤八素，仓皇撤回桂林固守。短短几天时间，李定国率领的大军便将桂林城团团围困，尽管分散在广西各地的军队接到命令之后火速回援，但一切都已经太晚了。七月初四日，桂林城终于被李定国攻破，悔恨交加的恭顺王孔有德自知难逃一死，选择了自行了断，史称"桂林大捷"。

值得一提的是，大约一年之前，那个四处使坏的"弃城小能手"陈邦傅在孔有德大军的进逼之下选择了投降，此时正在桂林城里苟且偷生，结果被李定国捉个正着，与其他几个降清的前明官员一道被押往贵阳处死。由于恶贯满盈、臭名昭著，陈邦傅被下令"剥皮，传示滇黔"！

李定国大举进军广西，干掉孔有德并非唯一的目标，夺取桂林府也不是鸣金收兵的终点。得知桂林城易主、孔有德自尽，原本率部驰援的清军将领登时傻了眼，赶紧掉转马头撤回梧州，坐视李定国的大军在广西四处攻城略地却不敢轻举妄动。等到八月份，终于腾出手的李定国率部进抵梧州，群龙无首的几位将领不战自溃，逃往广东投靠尚可喜去了。至此，广西全境得以收复，距离李定国出征湖南才过去了四个月。

尚可喜曾经因为南下路线的问题跟孔有德闹过一些不愉快，但眼下看到孔有德死得这么惨，他实在是没有幸灾乐祸的雅兴。倒不是他胸怀宽广不记仇，而是李定国的大军太过于强悍了，不出意外的话，尚可喜恐怕很快会成为下一个孔有德。然而令人意想不到的是，尚可喜梦寐以求的意外偏偏就发生了。当时，李定国正号令大军在梧州集结，准备挥师进取广东，收拾尚可喜，却突然接到孙可望的命令，让他火速回援湖南。

湖南到底出了什么事，让孙可望如此急不可耐地要求李定国北撤？原来，清政权见湖南的仗打得太不像样了，担心会影响两广安危（后来的事实证明确实影响很大），遂于七月中旬委任曾经参与弹压山西起义的尼堪为定远大将军，率领数千八旗精锐南下。根据朝廷制定的作战计划，尼堪经湖南进取贵州，再会同四川的吴三桂、李国翰西征云南，捣孙可望的老巢，上演一出螳螂捕蝉、黄雀在后的好戏，顺便把朱由榔请到北京，与顺治皇帝把酒言欢。然而，尼堪还在半道上，朝廷便接到了孔有德自尽的噩耗，于是在八月初临时调整了作战计划，命令尼堪在南下湖南之后顺势增援广西。与此同时，顺治皇帝福临还给驻守在广东的尚可喜、耿继茂下达了一道严令，让他们"切毋愤恨，轻赴广西"，只需要保存实力、固守待援就行了。

湖南一旦有失，贵州危矣，眼瞅着尼堪率领的八旗兵进逼湖南，孙可望急了眼，赶紧下令李定国迅速率师回援。客观来讲，孙可望做出这样的决定，未免也太小家子气了，既相当草率，也十分幼稚。咱们可以从三个方面来分析：

其一，李定国率领十余万大军留在两广，对清政权而言无疑是极具威慑力的。清政权更担心的是，两广一旦有失，势必造成盘踞在西南的朱由榔、孙可望与活动于东南沿海的郑成功、鲁监国连成一片。因此，尼堪即便能在湖南得手，优先进攻的方向也应该是广西而不是贵州。

其二，尼堪的部队进入湖南尚需时日，在湖南打开局面也还要一定的时间。李定国即使要回援，也有足够的时间先进取广东，至少将尚可喜、耿继茂打残，再从容不迫地经韶州、郴州北上湖南，迎战尼堪。

其三，即便李定国现在从广西回援，也没必要全军北上，应当留下足以抗衡尚可喜、耿继茂挑衅的兵力。十余万大军，分出一半回援湖南，留下一半守住梧州、桂林，尚可喜、耿继茂根本不敢轻举妄动，收拾尼堪也是绰绰有余。

令人遗憾的是，怎么分析也不应该犯的战略性错误，孙可望、李定国偏偏就犯了。十万大军从梧州一路北撤到湖南境内的衡州，只留下区区两三千人马，分别驻守于梧州、桂林，其余地方的防守兵力更加单薄，广西境内可谓空空如也。

眼瞅着来势汹汹的李定国大军突然没了踪迹，侥幸脱险的尚可喜胆识愈壮。为了探查广西方面的虚实，李定国前脚刚走，尚可喜便让原属孔有德麾下的队伍返回广西。这倒是没有违背"切毋愤恨，轻赴广西"的旨意，毕竟这些队伍原本就是从广西跑过来的。令尚可喜喜出望外的是，这些残兵败将竟如同瞎猫碰到了死耗子，只需要对付广西境内极其微薄的防守力量。尽管进展缓慢，但清军还是相继攻克了梧州、平乐、桂林等地，广西大部再次易主。

说完广西，回头来看湖南，"战神"李定国将在这里上演一出好戏！就在李定国抵达衡州之后，尼堪也在二十天之后姗姗来迟，进抵湘潭。此时驻守在湘潭的正是号称"永历政权三大劲旅"之一的左家军旧部，曾受堵胤锡的节制，将领名叫马进忠。当然，经过多年鏖战，加之失去了堵胤锡的庇护，这支劲旅早已风光不再。鉴于尼堪来势汹汹，马进忠决定好汉不吃眼前亏，果断避敌锋芒，主动退守宝庆府。

尼堪不费吹灰之力夺取湘潭之后，随即于十一月下旬率部抵达衡州城外三十里。李定国只派出一千多人马迎战，并严令其只许败、不许胜，务必一路败退诱敌。尼堪好歹也是身经百战的一名悍将，或许是过于傲娇而轻敌吧，竟然没能识破这套烂大街的把戏，结果一路狂撵，陷入重围，几乎全军覆没，其本人也在混战中阵亡，史称"衡州大捷"。

从永历六年（1652年）五月至十一月，"战神"李定国只用了半年时间便相继取得"靖州大捷""桂林大捷""衡州大捷"，掀起了永历政权抗清斗争的新高潮！这三次大捷，不仅干掉了清政权的两个王——定南王孔有德、敬谨庄亲王尼堪，还打破了清军不可战胜的神话，沉重打击了八旗兵不可一世的嚣张气焰！时任清政权吏部尚书朱玛喇在一封奏疏中痛心疾首地承认道："自国家开创以来，未有如今日之挫辱者也。"面对如此残酷的现实，顺治皇帝福临也不得不哀叹："我朝用兵，从无此失。"毫不夸张地说，这三次大捷发出了南明抗清的最强音，为饱受清政权暴政压迫的百姓出了一口恶气，极大地鼓舞了全国抗清军民的士气！

胜利是最响亮的集结号！在广东、广西、江西等地，不少抗清武装曾经遭到清军残酷镇压而偃旗息鼓，正是在这三次大捷的感召之下，这些武装又重新高举义旗，加入轰轰烈烈的抗争。值得一提的是，许多原本已经对永历小朝廷失去信心、选择隐居的前明大臣们认为中兴有望，主动与"战神"李定国取得联系，表示愿意为国家效力。隐居浙江的黄宗羲后来评价说："逮夫李定国桂林、衡州之捷，两蹶名王，天下震动，此万历以来全盛之天下所不能有。"

创下如此骄人战绩，"战神"李定国确实居功至伟！稍微回顾一下南明几大政权的历史，能够感悟到李定国的这三次大捷还有一层更深的寓意："战神"并非神话，只要南明自己不折腾、不胆怯、不内讧，任何强敌都是可以战胜的！

几年来，惨败的血腥教训、胜利的刺眼光芒，无时无刻不在提醒南明政权的君臣顿悟这条克敌制胜的秘诀。只可惜啊，处处充斥着贪欲的小朝廷真是无可救药！不出大家所料，在三次大捷以后，多灾多难的永历政权再一次坐上了过山车，形势很快又要急转直下了！

## (59) 分道扬镳

眼瞅着“战神”李定国打得越来越出彩，孙可望有些不乐意了。他这些年在云南、贵州励精图治，政绩颇丰，深藏于内心的私欲也逐渐膨胀起来。孙可望、李定国、艾能奇、刘文秀四人都是张献忠的义子，按照原先的盟约，他们地位相当，史载“每公事相会，四人并坐于上”。虽然孙可望凭借年长的优势具有一定的最终裁决权，但作为大西南事实上的最高统治者，孙可望越来越不习惯与人分享权力的盛宴。

更为麻烦的是，四位大佬“各领一军不相下”。单就军事实力而言，孙可望最多能与刘文秀并列第三，跟李定国、艾能奇实在没法比。在这种情况下，孙可望想摆出老大的架子一手遮天，还真不是一件容易的事。

让孙可望暗自感到庆幸的是，艾能奇在阴沟里翻了船，被压根不值一提的云南土兵伏杀，刘文秀在四川沉不住气，吃了一场败仗，被打发回昆明养老去了。两位大佬一个阵亡，一个赋闲，孙可望一手遮天的障碍就只剩下李定国这一个了。然而，堪称“战神”的李定国，从来就不是一盏省油的灯。

在张献忠的四位义子之中，能征善战的李定国实力最强，但他最大的缺点是不擅长讨好上司，结果让生性狡猾、善于溜须拍马的孙可望钻了空子。孙可望被众人拥戴为盟主以后，李定国顾全大局，不至于耿耿于怀，但他深知孙可望的为人，对这位狡猾甚至诡诈的兄弟始终是睁大两只眼睛盯着的。

太过久远的事情不必再提，就说孙可望向永历政权请封的时候吧。当时陈邦傅想投机取巧，派人送来伪造的"秦王"敕印，孙可望明知其伪，却揣着明白装糊涂，准备将错就错，结果李定国果断站了出来揭露，并说服刘文秀一起抵制这场闹剧。刘文秀话说得很直白："我等自为王耳，何必封！"李定国倒是稍微委婉一点，认为"我等无尺寸之功，何敢受朝廷之封"。尽管两人一个唱红脸，一个唱白脸，终究没能让孙可望回心转意。刘文秀见势不妙，当即转变了态度，唯独李定国坚决不妥协。没过多久，被派往广东与永历小朝廷接洽的杨畏知回来了，带着小朝廷册封的"平辽王"敕印。孙可望大为光火，拒绝接受这样的册封，结果又是李定国出面，拉着刘文秀一起给孙可望做思想工作，惹得孙可望斥道："汝前不受封，今何为而受乎？"

有专制，必然有反抗，孙可望与李定国之间的矛盾多了，这里不必细数。即便如此，两人还能待在一起，不能不说是得益于李定国顾全大局。当然，此时还一心抗清的孙可望，确实不能没有堪称"战神"的李定国辅助，这也是一个重要的因素。

然而，随着李定国在湖南、广西屡战屡胜、一鸣惊人，孙可望过去对李定国的倚重，逐渐被明里暗里的羡慕嫉妒恨所取代了。按理说，李定国是孙可望派到湖南抗清的，打不开局面肯定不符合孙可望的预期，但李定国打得太过漂亮，人气很快就压过了孙可望，眼瞅着这个原本就跟自己貌合神离的属下功高震主、声名远扬，孙可望坐不住了。

很多事实足以证明，私欲一旦战胜了理智，便会让人做出意想不到的事情来。早在攻打衡州的时候，孙可望就担心早已光环在身的李定国锦上添花，竟然暗中给冯双礼下达密令，让他在战场上给李定国使点绊子，结果导致衡州大部分守军顺利突围。除了背地里拆台，孙可望还亲自上阵，带着队伍进入湖南，跟李定国同台竞技，甚至声称"北兵本易杀"，换谁都能杀他们一个片甲不留，以此来向众人证明，先前的几场大捷实在跟李定国的个人能力没有太大关系。

孙可望的调子起得很高，而且专门挑了李定国先前没能攻下来的辰州，作为自己入湘之后的开门一战。平心而论，孙可望的确有说狠话的底气，从他亲自到沅州坐镇算起，他花了不过二十一天的时间，便将辰州这块硬骨头啃下来了。当头一炮打响之后，孙可望的气焰更加嚣张，竟然在沅州摆了一出鸿门宴，以召开军事会议为名，打算诱捕李定国。

按照原定的作战部署，冯双礼、李定国、孙可望各自率领一支队伍，分成三个梯队入湘抗清。因此，孙可望此番率部入湘，并在沅州召集军事会议，李定国并没有过于怀疑，而是抓紧时间率部启程前去。不过，在湖南尽在掌控的情况下，孙可望还要兴师动众地赶过来，并迅速组织会议，李定国的心里还是有些忐忑不安的。稳妥起见，李定国派出一名心腹先行出发，前往沅州打探孙可望的虚实。

尽管孙可望有意遮掩，但只要心存邪念，终究是会露出一些蛛丝马迹的。李定国派出的这位心腹综合各种情况，推断孙可望要在沅州召集的绝不是一次讨论湖南战事的军事会议，而是一场专门针对李定国的军事审判！接到心腹密报的时候，李定国刚走到武冈，在庆幸自己逃过一劫之余，他不禁仰天哀叹道："本欲共图恢复，今忌刻如此，安能成大功乎？！"

为了避免上演同室操戈的闹剧，李定国决定忍辱负重、顾全大局，率部调转方向，经镇峡关进入广西境内，随后重新占领了梧州。李定国率大军离开湖南之后，清军更加肆无忌惮起来。譬如因为冯双礼暗中拆台而在衡州侥幸得脱的清军竟然死灰复燃，前去攻打宝庆府。孙可望闻讯，赶紧率援军前来迎战，结果他太想"亲立大功，以服众心"了，竟遭遇了一场惨败，不仅死伤惨重，还把宝庆府丢了。颜面尽失的孙可望率部撤回贵州休整，湖南战场再次陷入你来我往的拉锯状态。

令人遗憾的是，宝庆战败依然没有让孙可望彻底醒悟。探察到李定国驻防在柳州之后，孙可望竟然又给冯双礼下达密令，让他率领三万大军前去偷袭。李定国不愿手足相残，主动后撤，没想到冯双礼也是一个不知好歹的，竟然穷追不舍。李定国终于忍无可忍，怀着极其复杂的心情奋起反击，将曾经跟自己在湖南并肩作战的冯双礼打得抱头鼠窜。

挨了一通收拾之后，孙可望才算是老实一些，不敢再去广西找李定国的麻烦。当然，从这时开始，孙可望与李定国实际上已经分道扬镳了。

进入广西以后，李定国并没有跟孔有德的旧部纠缠，而是直接挥师东向，对准尚可喜、耿继茂盘踞的广东杀了过去。永历七年（1653年）三月，李定国率部开赴广东，一路上可谓锐不可当，不到一个月便顺利进抵肇庆府，又分兵占领周边的四会、广宁等地。

广东再度出现奉永历政权为正朔的官军，使得很多已近乎销声匿迹的抗清武装又纷纷浮出水面。在这些地方性的抗清力量当中，活动在潮州一带的郝尚久算是一个比较有故事的人。他最初是李成栋的部将，这些年一直频繁跳槽。崇祯末年，郝尚久跟随李成栋投降了清军；几年之后，他又跟随李成栋反正，奉永历政权为正朔，转而与清军为敌。这一回抗清只抗了两年光景，随着尚可喜、耿继茂率部大举南下广东，加上郑成功派兵到潮州一带搞武装征粮，两头受气的郝尚久决定再次向清军投降。

郝尚久名为"尚久"，结果跟着哪个主子都不长久，连清军都看不下去了，觉得此人反复无常、桀骜不驯，有必要对他进行一些教育。永历六年（1652年）八月，时任潮州总兵郝尚久接到了新的任命：被调为广东水师副将。郝尚久登时傻眼了：兵种要被换，地盘要被占，兵权要被收，还要官降一级！这次投降也太不划算了。

于是乎，郝尚久拒绝接受这道任命，死赖在潮州积极准备再次反正。得知李定国大军已经开进广东，郝尚久立刻又"跳槽"了，并跟李定国取得了联系。如此一来，轮到尚可喜、耿继茂急眼了：西面有李定国，东面有郝尚久，广州的清军岂不是成了夹心饼干？

话说回来，尚可喜、耿继茂实在是多虑了，广州貌似被两面夹击不假，此时的郝尚久却是被四面夹攻：西面是盘踞在广州的尚可喜、耿继茂，东面有驻防在福建漳州的清军，北面也有占据着大埔、镇平、程乡等地的清军，南面虽然是汪洋大海，但也不能让郝尚久省心，他得时刻提防着郑成功的船队前来武装征粮。

因此，对于一心想夺取广州的李定国而言，郝尚久的实力明显是拿不出手的，更加靠谱的同盟军应该是活动在福建沿海一带的郑成功部。如果郑成功能够率领水师到广东参战，这盘棋显然就走活了。尚可喜、耿继茂根本就不是两路大军的对手，拿下广州不过是时间问题。夺取广州之后，孙可望占据的云南、贵州便可通过李定国控制的两广，与郑成功、鲁监国活动的福建、舟山连成一片，形成西南、华南、东南"三南并举"的局面！梦想鼓舞人心，现实却令人扼腕叹息：李定国的谋划十分到位，但郑成功似乎对广东兴趣不大。

郑成功到底是怎么想的，李定国并不清楚，但肇庆府就在眼前，不敲打它几下，实在对不起在广州城里如坐针毡的尚可喜。然而，肇庆守将许尔显比先前的辰州守将徐勇还要难对付，他麾下的兵力更多，鬼主意也不少，看到李定国的队伍架梯攀城，便暗中派精兵出城迎战，主要任务不是杀敌，而是抢夺对方的云梯。

攻城的云梯不足，李定国便另谋他计，打算采取挖掘地道的方式破城。于是乎，数万大军除了少数警戒之外，全都在帷幕的遮掩之下搞起了土工作业。许而显在城墙上站得高、看得远，很快就识破了李定国的新战术，随即下令在城墙内开凿拦阻沟。许而显的工程队有城墙挡着，李定国看不见，继续埋头干着自己的工程。

两支队伍在城内外挖得不亦乐乎，广州的尚可喜却坐不住了，他不知道许而显能撑多久，更不知道自己能否撑得住。孔有德、尼堪都成了"战神"李定国的刀下之鬼，尚可喜不希望自己成为第三个倒霉蛋。于是乎，心虚又胆寒的尚可喜一面向朝廷请援，一面亲自带着援军前往肇庆。耿继茂没有跟着来，而是率部在三水设防，阻击李定国可能派去联络郝尚久的部队，谨防兵力空虚的广州遭到偷袭。

尚可喜抵达肇庆之后，下令守军杀出城去，迅速击溃李定国的警卫部队，占领各地道口，接着以烟熏方式消灭地道内的工程队。此时，李定国的数万大军还在地道里专心致志地开展土工作业，出也出不来，有力没处使，损失惨重。李定国被迫率部撤退，在距离肇庆城五里的地方扎营。尚可喜乘胜追击，一举冲破对方临时构筑的阻击阵地，大获全胜。眼瞅着败局已定，夺取肇庆的希望已成泡影，李定国只得率部撤回广西，准备整军再战。

李定国的大军一撤，郝尚久就惨了。转眼到了五月，原本驻防南京（清政权更名为江宁府）的八旗兵奉命增援广东，但他们显然来晚了一步，李定国已经被尚可喜撵回广西去了。来都来了，总不能空着手回去吧，于是郝尚久的潮州就成了这支援军新的作战目标。永历七年（1653年）九月，孤立无援的潮州被清军攻破，郝尚久自杀身亡。

第一次进军广东失利之后，李定国认真总结了经验教训，积极筹备第二次进军广东。毫不夸张地说，这是永历政权实现翻盘的最佳时机。咱们可以从几个方面来看：首先，广东是永历政权实现西南、华南、东南"三南并举"的最关键一环。其次，广东是海外贸易的重要窗口，经济较发达，税赋至少是广西的十倍以上，可以为后续的抗清斗争提供更加雄厚的经济保障。最后，也是最重要的一点，从敌我双方力量对比的态势来看，此时打下广东虽然算不上唾手可得，但也不是多么困难的事情。

当时，从南京南下增援的清军在消灭郝尚久之后便奉命北撤了，尚可喜、耿继茂麾下只有区区两万余众。而且经过一路征战，他们从北方带来的老部队只剩下不足五千人，其余全靠在当地招募补充，史载"皆游荡之辈，俱非经战之辈"，战斗力可见一斑。永历政权方面呢，李定国入湘时带了十万大军，除去战斗减员，以及在他跟孙可望闹掰之后，一些部队没有跟着他前往广西另谋发展，此时还剩下四万余众，别看数量不算多，但这支队伍身经百战，十分剽悍。至于活动在东南沿海的郑成功，这些年闷声不响发大财，兵力发展到了十万余众、战船上千艘，水师的实力首屈一指。除去这两支正规武装，广东各地的抗清力量也相当活跃，钦州、廉州、高州、阳江、恩平、台山等地均有大大小小的义师活动，其前身大多是永历小朝廷驻广东时的官军，因为各种原因没有跟随朱由榔西撤，虽然实力有限，但他们充分利用地皮熟、人脉广的优势，与清军周旋了多年。

如此绝妙天成的机会，连只会逃跑的朱由榔都看出来了。永历七年（1653年）九月，远在安龙府的朱由榔派人前往广东，向名义上节制各地义师的大学士郭之奇、两广总督（永历小朝廷任命的）连城璧宣谕，盛赞李定国"戮力效忠，誓复旧疆"，让他们务必积极配合。

得到朱由榔道义上的支持，又派人顺利联络到郑成功部之后，李定国于永历八年（1654年）初从柳州出发，经横州、灵山进抵廉州，清军守将闻风而逃。紧接着，李定国又率部收复了高州、雷州等地。

得知"战神"李定国卷土重来，尚可喜、耿继茂顿时惊慌失措，一面向朝廷请援，一面收缩兵力于广州布防。但广东的清军不禁打，朝廷援军远水难解近渴，不出意外的话，第二个孔有德恐怕很快就要在广东诞生了。

然而，意外的事情再次意外地发生。这次倒不是孙可望在背后使坏，而是天不遂人愿，李定国生了一场重病，反反复复地耽搁了小半年才勉强痊愈。在此期间，既定的作战部署受到了比较大的影响。屋漏偏逢连夜雨，原本答应出兵到广东参战的郑成功部竟然一点动静都没有。李定国左等右等，终究不见郑成功水师的踪影，赶紧派人前往福建催促，但直到李定国的队伍在新会打得热火朝天，依然没能盼来郑成功的队伍前来助阵。由于李定国重病在身，不能亲临一线指挥，士气受到比较大的影响，加之缺乏水师助战，这场仗打起来十分被动。就在城内外双方僵持的时候，福建那边终于有了消息，郑成功派来的使者姗姗来迟、言辞闪烁，李定国顿时明白，援军彻底没指望了。

郑成功不愿出兵，当地义师的力量又着实有限，缺乏足够后援的李定国在广东面临的局面越来越被动了。由于新会牵制了李定国大军的主力，郑成功一方又没什么动静，尚可喜、耿继茂便可以放心大胆地待在广州固守待援了。当然，尽管新会暂保无虞，城中守军的日子并不好过。由于被李定国的大军围困了好几个月，城中的粮食早已消耗殆尽，饿着肚子的守军开始向百姓伸手，"搜粟民家，子女玉帛，恣其卷掠"。很快百姓也断了炊，从"掘鼠罗雀"到"食及浮萍草履"，将能吃的、不能吃的全吃了个遍，就差抱着城墙啃了，实在是惨不忍睹。令人发指的是，丧失人性的清军无粮可掠，竟然"略人为脯腊"，足见当时的惨况。

永历八年（1654年）底，清政权派出的援军抵达广东，会同尚可喜、耿继茂向李定国发起反击。经过数日激战，李定国大军全线溃败，除了留下数千人马驻守罗定之外，主力悉数撤回广西境内休整，第二次进军广东的行动依然以失败告终。翻过新年，罗定的守军也在清军的逼迫下撤了回来，李定国一路退往南宁府防守。

至此，永历政权谋求"三南并举"重大转机的期望彻底化为泡影。与此同时，闪耀在"战神"李定国头上的光环也逐渐黯然失色了。

# 第十四章 | 合流

## (61)

## 『闽系』：家徒四壁

近乎与世隔绝的西南地区，由于永历政权辗转流落到此，经历了一段风云跌宕的激情岁月。而昔日抗清运动的核心力量——舟山岛上的鲁监国、福建沿海的郑成功已经淡出我们的视野很久了。其实这里不曾有一刻平静，依然是高潮迭起，精彩纷呈。

“闽系”的代表性力量——郑成功部的日子并不好过，倒不是清军弹压得太厉害，而是巧妇难为无米之炊。为了解决粮食补给的问题，他时常去潮州找郝尚久打秋风，结果逼得郝尚久向清军投降。郝尚久改换门庭之后，郑成功的水师在潮州一带吃不开了，被迫于永历四年（1650年）七月将主力撤回福建，只留下郑鸿逵率领少量队伍继续与清军周旋。后来，“战神”李定国进军广东，郝尚久再次宣布反正，郑成功的水师才得以重返潮州地区征粮。

这些年来，郑成功部的实力不断壮大，兵多将广，但异常狭小的地盘成为严重阻碍其进一步发展的瓶颈。尽管郑成功依靠垄断海外贸易获取了大量财富，但金银财宝毕竟不能当饭吃，没有足够的地盘，粮食始终是一个大问题。由于形势变化太快，去广东打秋风的难度越来越大，郑成功又将目标瞄回了福建，厦门的郑彩、郑联正是两个现成的大地主。

虽说一笔写不出两个郑字，但自从郑彩投靠鲁监国政权之后，郑氏武装集团实际上处于分裂状态，郑成功占着金门，郑彩、郑联占着厦门，双方一水相隔却形同陌路，而郑成功早就看着这两块堵在家门口的石头不顺眼了。郝尚久投降清军之后，郑成功率部从潮州撤回福建，趁着郑彩不在家，率部摸到厦门城下，并以送粮为诱饵，哄骗郑联出城。郑联不知是计，成了郑成功的刀下之鬼。

郑彩收到消息后赶回来，自忖不是郑成功的对手，便向远在舟山的鲁监国求援。由于郑彩以元勋自居，在舟山干了不少翻云覆雨的事情，鲁监国朱以海受够了窝囊气，巴不得郑彩走麦城，所以云淡风轻地甩出一句"清官难断家务事"，便把郑彩打发了。有意思的是，鲁监国政权非但不肯施以援手，张名振等人还趁机痛打落水狗，将昔日不可一世的郑彩排挤出了舟山。郑彩无处安身，只能通过郑成功的祖母黄氏向郑成功求情，并承诺交出兵权，方才得以在厦门闲居。

成功占领了厦门，收编了郑彩、郑联的队伍，郑成功的实力进一步壮大。然而，相比于金门岛而言，厦门这块地盘也大不到哪儿去，粮食补给依然是一个急需解决的难题。于是乎，郑成功率部抵达粤、闽交界的南澳岛，与驻守在此的郑鸿逵会合，打算"舍水就陆，以剽掠筹集军饷"。

声势浩大的抢粮运动即将开始，却有人对此提出了异议。是谁吃了豹子胆，敢在这么关键的时刻跟上司叫板？不是别人，正是先跟着郑芝龙降清、再跟着李成栋反正、最后前往福建投奔郑成功的海战奇才施琅。

施琅反对大张旗鼓地前往广东武装抢粮，主要出于对形势变化的判断。他认为，尚可喜、耿继茂率领的清军已经在广东站稳了脚跟，咱们远征潮州，一旦打不开局面，很容易受到牵制，反倒给福建清军偷袭厦门创造了机会。考虑到郑成功一向自负，听不进不同的意见，施琅并没有直言相谏，而是假托做了一个梦，拐弯抹角地提醒郑成功务必慎之又慎。即便如此，郑成功还是没开窍，劈头盖脸将施琅臭骂一通，还褫夺了他的兵权，打发他跟着郑鸿逵返回厦门反省去了。

按照既定的作战部署，郑成功率领水师于永历五年（1651年）三月登陆广东，顺利攻占了大星所。虽然初战告捷，但施琅的担忧正在应验。就在郑成功大举兴兵之前，时任福建巡抚张学圣便派兵偷袭了厦门。厦门的留守部队有限，又是仓促应战，很快就全线溃败，主将郑芝莞入海逃亡，守军大部被迫退守金门岛。尤其惊险的是，郑成功的妻子董氏和儿子郑经当时正居住在厦门城内，侥幸逃到海上与郑芝莞会合，方才幸免于难。

张学圣此番进取厦门，显然不是单纯来抢地盘的，而是对郑成功积累的财富垂涎三尺。根据史料记载，清军在厦门斩获颇丰，包括"黄金九十余万，珠宝数百镒，米粟数十万斛，其余将士之财帛、百姓之钱谷何可胜计"。当然，这笔巨额财富全部被福建当地官员合伙私吞了，一分也没有上交朝廷。参与分赃者，除了福建巡抚张学圣之外，还有曾在弘光小朝廷痛斥马士英奸臣误国、后来跟随左梦庚投降的黄澍（时任福建巡道），以及曾胁持朱由崧向清军投降的前明将领马得功（时任福建右路总兵）等人。后来，清政权为了招抚郑成功，翻出了这桩旧案，将这几位假公济私、中饱私囊的官员全部革职查办，数额巨大的金银财宝则早已不知去向。

郑成功接到消息赶回厦门的时候，清军早已席卷财富而去，看着这副家徒四壁的景象，急火攻心的郑成功捶胸顿足。然而急也没用，强盗早就跑光了，他也不敢去找清军兴师问罪，只能拿自家人出气。郑芝莞身为厦门守将，需要承担战败失守之责，当即被处斩，其余将领或被斩首，或被革职，只有个别顽强抵抗的将领得以幸免。该杀的杀了，该罚的也罚了，但这件事情并没有了结，因为还有一个人没有被收拾。谁呢？施琅啊！

在电视剧《康熙王朝》中，福建总督姚启圣受康熙皇帝玄烨委派，全权负责收复台湾，他巧施离间计，诱使偏听偏信的郑经杀掉了施琅的家眷，逼得施琅走投无路，只得向清军投降，后来率领水师反攻郑经，以报此灭门之仇。其实，这不过是出于故事情节的需要而进行的艺术加工，并不符合史实。历史上的真实情况是这样的：在郑成功从荷兰人手中收复台湾之前，施琅已经投奔了清军，而此次厦门失利便是最初的导火索。

俗话说得好："冰冻三尺非一日之寒。"施琅走上降清这条路，从很大程度上说也是历史的必然。他第一次出场是在隆武元年（1645年）七月，跟随大学士黄道周北上联络抗清义师。当时，年少气盛的施琅已经崭露出在兵法、谋略方面的禀异天赋，他向黄道周提出了坐镇赣州、化整为零的抗清策略，怎奈黄道周等级观念太重，没有采纳这位青年奇才的正确意见。施琅虽然官卑职小，脾气却很大，见上司如此固执己见，索性挑子一撂，返回福建去了。咱们从这桩陈年旧事可以看出，施琅虽然具有杰出的军事才能，但为人傲慢跋扈，向来不给领导面子。正所谓"江山易改，本性难移"，随着官职不断晋升，施琅的这种性格缺陷越来越突出。投奔到郑成功的麾下以后，施琅依然我行我素，怎奈郑成功又是一个极要面子的人，两人之间不闹矛盾就怪了。

施琅投奔郑成功之初，郑成功对这位风宇魁梧、熟谙兵法、擅出奇谋的人才还是十分偏爱的，但这恰恰助长了施琅恃才倨傲的作风。郑成功原本就心胸狭隘，便想找机会给这个狂傲的下属泼上一点冷水，提醒他找准自己的位置。

围绕着率部前往潮州武装抢粮的利弊，施琅讲了几句不中听的实话，由此郑成功找到了收拾他的借口，趁机夺了他的兵权，将他撵回福建反省。清军偷袭厦门的时候，业已失去兵权的施琅并没有自暴自弃，而是率领为数不多的亲兵奋起抗敌。郑成功感念其忠勇，在惩治郑芝莞等将领的同时，赏了施琅二百两白银以示勉励。然而，施琅想要的可不是钱，而是平反昭雪。他认为，先前关于潮州的话都应验了，说明自己并没有错，至少应该官复原职。

郑成功似乎忘了这一茬，接连发出几道人事任免，却压根儿没有提到施琅的名字。面对这样的状况，施琅的心里肯定是不服气的，索性提出削发为僧的想法，以此试探郑成功的态度。郑成功表面上尽情挽留，紧接着又给施琅布置了一项新的任务，让他自行招募武装，能招到多少人，就给多大的官。

施琅负气另起炉灶，真的带着一帮亲信自行招募队伍去了，并屡次拒绝与郑成功见面，导致双方的矛盾日益激化。就在郑成功、施琅针尖对麦芒的时候，突然发生了一桩意想不到的事情，可以称为"曾德事件"。

曾德原本是郑彩麾下的将领，此人"淫纵多端"，品行十分卑劣，在隆武时期曾被调派到仙霞关驻防。他到任之后，要么克扣军饷，要么为祸乡里，搞得仙霞关鸡犬不宁，弹劾他的奏疏基本上就没断过，因此他一度被解职赋闲。后来，曾德与郑芝龙搭上了关系，打通各种关节得以官复原职，继续驻防在仙霞关。跟随郑芝龙投降清军以后，曾德被划归到施琅的麾下，后来又跟着施琅投靠了郑成功。眼瞅着施琅跟郑成功闹掰，曾德迅速改换门庭，不惜自降身份，跑到郑成功的身边做了一名

363

亲随。施琅大为光火，当即派人将这个趋炎附势之徒抓了回来，打算一斩了之。

考虑到曾德的名声的确太臭，又是从施琅那里跑出来的，郑成功不好说太多，只是奉劝施琅刀下留人，从长计议。施琅原本就受了一肚子的窝囊气，郑成功出面说情，他反倒杀得更快。这下倒好，一个"驰令勿杀"，一个"促令杀之"，双方撕破脸皮掀桌子了。永历五年（1651年）五月，郑成功决定下手，秘密派人诱捕了施琅，还有他的父亲施大宣和弟弟施显，羁押在金门岛上。

施琅虽然傲慢跋扈、脾气火爆，但生性耿直、胸怀坦荡，最重要的是在领导面前仗义执言，替大家出了不少牢骚气，所以平日里人缘很不错，深受大家爱戴。正是在众多官员、百姓的帮助下，施琅竟然奇迹般地逃了出来。得知关在眼皮底下的人都能溜掉，郑成功真是气不打一处来，除了严厉惩治看守之外，余怒未消的郑成功还命人将施大宣、施显从大牢里拖出来直接问斩。

郑成功这一刀下去，让施大宣、施显的人头落了地，令施琅彻底心灰意冷，一气之下便投奔清军去了。后来的历史证明，郑成功逼反施琅的举动不仅是自毁长城，也是自掘坟墓。只可惜，郑成功没能亲眼看到施琅率领清军水师登上台湾岛，如果他泉下有知，又会做何感想？

在郑成功的"闽系"波澜起伏的时候，鲁监国朱以海这边的"浙系"也经历着一番风云激荡。经过火并黄斌卿、排挤郑彩等一系列斗争，鲁监国总算是在舟山群岛站稳了脚跟，并与福建沿海的郑成功部遥相呼应。然而，兵多将广的郑成功愁粮，此时的鲁监国却苦于手中无兵。

打了这么多年的仗，朱以海从一个沉迷于声色犬马的皇室后裔，逐渐被锤炼成一个坚强勇猛、敢于担当的统帅。尽管鲁监国政权越来越衰颓，终于还是在舟山抢到了一个相对稳固的基地。朱以海的心里很清楚，实力正是维持"浙系"生存并图谋进一步发展的最大瓶颈。当时，"浙系"有限的兵力主要部署在三个地方：一是舟山本岛，部署着张名振、王朝先等人率领的主力部队；二是温州外海的三盘岛，这里有一支数量不多的队伍驻防；三是宁波附近的四明山区，活动着几支抗清义师。

总体来看，"浙系"的实力大不如前。因此，向日本请兵支援——这个被雪藏多年的大胆动议再次出现了。早在隆武时期，时任水师都督、协助黄斌卿防守舟山的周鹤芝曾经提出过这个想法，但没有被采纳。此时，提出该动议的人依然是周鹤芝，他正率部驻守三盘岛。

周鹤芝念念不忘日本，主要是他曾经与一个倭寇首领交情匪浅。此人名叫撒斯玛，在日本可是一个响当当的人物。当时，日本正处于幕府统治的江户时期，天皇完全是个摆设，与周鹤芝交厚的撒斯玛正是德川幕府统治下的三十六大诸侯中实力最强悍的一个。想当初，周鹤芝曾向黄斌卿建议去日本搬援兵，黄斌卿没有同意，认为自己家里的事情还是自己处理比较好，没有必要找外人，搞不好还会引狼入室。现如今，黄斌卿已经被杀害，深受实力困扰的鲁监国对周鹤芝的提议产生了浓厚的兴趣。不过，日本内部的形势已经发生了很大的变化，撒斯玛自顾不暇，最终没有同意出兵。

随着李成栋、金声桓相继反正，紧接着姜瓖在山西发起了声势浩大的抗清运动，清军四处扑火，兵力更加捉襟见肘。在这种情况下，多尔衮不得不调整东南方向的用兵策略，将重心从剿灭转向了招抚，以高官厚禄诱惑那些活跃在东南沿海的抗清将领，广泛接纳贪生怕死、贪婪无耻之徒。早在永历三年（1649年）正月，多尔衮的这一政策便收到了丰厚的回报，时任鲁监国政权金都御史的严我公主动向清军投降。

严我公是浙江会稽人，非常熟悉当地及鲁监国政权内部的情况，人脉也很广。多尔衮如获至宝，当即委任他为钦差，前往四明山区、舟山等地策反抗清武装，引得一大批文武官员纷纷步其后尘，争先恐后地改换了门庭。

有意思的是，尽管投降官员的名单有一长串，却把多尔衮气得直跺脚。这是怎么回事呢？原来，严我公策反的这些官员，绝大部分属于鲁监国政权中的"三无人员"——无兵、无权、无能。一言以蔽之，全是尸位素餐、混吃等死的饭桶！更让多尔衮大为光火的是，这些官员干啥啥不行，投机钻营第一名，官阶混得都不低，按照清军先前所做的原职留任的承诺，浙江根本就安排不完，还得占用其他地方的官员名额。这哪里是招抚，简直就是替鲁监国政权减负！

在严我公的"神助攻"下，多尔衮的招抚策略基本上是以闹剧收场。但"浙系"内部又出现了一些不和谐的音符。麻烦首先出现在地处温州外海的三盘岛，这里驻扎着两支队伍，一支由周鹤芝率领，另一支队伍的首领名叫周瑞，双方互不隶属，又在这块巴掌大的地盘上低头不见抬头见，时不时闹点矛盾出来，实在是太正常了。永历四年（1650年），周瑞、周鹤芝又互相掐起来了，动静还不小，舟山方面赶紧派出一名官员前去居中调停。然而，问题恰恰就出在这个奉命去劝架的官员身上，此人名叫吴明中，原来是清政权的官员，被义军俘虏之后假装投诚，真实身份是清军在鲁监国政权内部的卧底。

吴明中来到三盘岛之后，非但不大事化小、小事化了，反倒四处挑拨，煽风点火，将双方的矛盾越挑越大。周瑞、周鹤芝实力相当，谁也没有必胜的把握，当然也不乏顾全大局的考量，并没有诉诸武力。后来，忍不下这口气的周瑞索性率军南下，投奔郑成功的"闽系"去了。周鹤芝竟然也负气出走，率部北上舟山本岛，寻找自己的政治靠山。如此一来，三盘岛就成了一座主动撤防后留下的空岛。

三盘岛地方不大，与舟山本岛也有一定的距离，充其量算是浙江前往福建的中转站，虽然不能说可有可无，但出一点状况还是无碍于大局的。真正麻烦的问题在于，"浙系"的大本营舟山岛此时正酝酿着一场权力斗争的风波。这场风波的当事双方，一个是颇受鲁监国信任与重用的权臣张名振，一个是在火并黄斌卿时立下了汗马功劳的王朝先。

咱们在前面说过，王朝先原本是黄斌卿的部将，因张名振等人策反而倒戈，在舟山大火并中发挥了关键性作用。他原本以为，自己凭借这一功勋理应得到提拔重用，然而事与愿违，鲁监国始终对他背叛主子的行径心存芥蒂，倒没有把他怎么着，只是表面上不动声色，暗地里让他坐冷板凳。

事已至此，世上没有后悔药，不甘心的王朝先只能把一肚子窝囊气往张名振的头上撒。要知道，张名振可是那场大火并的真正主谋，黄斌卿麾下除了极少数心腹被一同消灭之外，旧部基本上被"浙系"收编了，而鲁监国、张名振等人为了稳定舟山局势，将整个密谋过程秘而不宣，甚至不惜编造各种舆论，以达到掩人耳目的目的。

王朝先叫嚷着要将当初密谋的过程公之于众，以此来报复、要挟张名振。张名振急了眼，他深知个人的安危事小，关键是黄斌卿的旧部一旦获悉真相，舟山必然会出现一场大乱。事不宜迟，保守秘密最好的办法就是杀人灭口，张名振决定先发制人，于永历五年（1651年）初将王朝先暗中捕杀。

然而，事态并没有随着王朝先丧命而得以平息。在王朝先若明若暗的一番炒作下，当初大火并的内幕已经在舟山传得满城风雨。张名振一不做二不休，将黄斌卿之死全部推到了王朝先的身上，说他"擅杀斌卿，忘谊不赦"。所谓的罪魁祸首已经死无对证，张名振等一批知情者又是伪证的始作俑者，整个内幕便被遮掩得天衣无缝。

张名振的想法很完美，但王朝先麾下的一些亲信并非任人愚弄的草包，他们搞不清楚内幕的真相，但仅凭自己朴素的认知和简单的推理，就能意识到自己正处于会被对方斩草除根的危险中。于是，有两名王朝先麾下的心腹将领决定叛逃，带着舟山军事部署的绝密情报，向驻守宁波的清军投降。为了彰显自己归附的诚意，他们还主动向清军提出，可以为其登岛作战提供向导。

对于早就对舟山垂涎三尺的清军而言，两个重量级叛徒来降，真是瞌睡遇到了枕头！实际上，清军在永历四年（1650年）九月便开始了清剿四明山区的军事行动，要为接下来夺取舟山岛解除后顾之忧。活跃于四明山区的抗清义师战斗力有限，靠着地利优势勉强苦撑了几个月，结果还是陷入绝境，几位首领相继战败殉国，"浙系"在大陆的唯一一块根据地被清军摧毁。

消灭了四明山区的抗清武装之后，时任浙闽总督陈锦便开始谋划舟山战役了。在清政权的统一部署下，一大批清军准备从陆路、海路分成多个方向和梯次进攻舟山。永历五年（1651年）八月，陆路大军集结完毕，一场大战即将爆发。山雨欲来风满楼，内讧余波未尽的舟山能撑得住这拨声势浩大的攻击吗？

兵来将挡、水来土掩，鲁监国在张名振的协助下，抓紧时间排兵布阵，准备迎战强敌。基于舟山本岛的地理环境及对敌情的分析判断，鲁监国、张名振做出了正面阻击、运动歼敌的总体作战部署。根据这一策略，首先是将一部水师布防于定海至舟山的海面，在正面迟滞清军对舟山岛的攻击；其次是在舟山驻守的三营陆兵守住大本营的同时，为水师提供岸防支援；最后是水师主力化整为零，由鲁监国、张名振、张煌言各领一支，运动到附近的海面伺机歼敌，搅乱清军的进攻节奏。

在敌强我弱的情况下，将主力作为机动力量以避敌锋芒，并在清军的侧翼和后方开展运动战、袭扰战，也算是比较高明的战法。不过，这一作战部署能否成功，取决于关键的一环，那就是担负正面阻击任务的部队能否顶得住清军的强攻。要知道，无论是布防定海至舟山海面的水师，还是舟山本岛上的三营陆兵，都并非"浙系"武装力量的主力。此外，鲁监国、张名振还忽略了一个重要的问题：作为"浙系"的核心领导力量，他们亲率主力去打运动战了，舟山本岛缺乏重量级人物统一指挥，而出于保密需要，这一高明的作战部署，从士兵到普通将领都是不知情的，如此一来，大家是相信鲁监国等人率部偷袭敌人后方去了，还是会相信鲁监国等人鞋底抹油先开溜的坊间传言？简单总结一下，正面阻敌可能有困难，军心稳定也存在风险。但鲁监国、张名振并没有给予足够的重视。

舟山方面困难与风险并存，清军则在浓雾的掩护下挥师渡海，舟山战役正式爆发。这场战役持续了十余日，战场形势的发展证实了先前的担忧并非多余，"浙系"武装力量在至关重要的两个环节上都掉了链子。

首先是在定海至舟山海上正面迎敌的水师，虽然单只战船的火力强于清军，官兵也进行了相当顽强的阻击，怎奈敌众我寡，这场遭遇战越大，也就越被动。为了扭转战局，夺回主动权，水师主将决定采取擒贼先擒王的战术，指挥自己所在的旗舰去跟清军水师的旗舰对轰。不幸的是，这边发射出去的火弹竟然被对方战船的桅杆弹了回来，把自己的战船点着了，登时陷入一片火海。主将跳海逃生，被清军俘获，终因伤势过重而壮烈殉国。

主将遭遇不测，使得担任正面阻敌任务的水师乱作一团，惨败在所难免。清军乘胜登上舟山岛，与三营陆兵展开激战。由于鲁监国、张名振等人去向不明，岛上军民人心惶惶。三营将领尽管率部奋起抵抗，但因为缺乏统一的指挥调度，又没有后援与足够的回旋纵深空间，很快陷入了绝境。至九月初，一部分舟山守军因为弹尽粮绝，选择了出城投降。清军趁势发起大规模攻击，一举冲破防线，占领了舟山本岛。

就在舟山守军奋起阻击的时候，鲁监国、张名振、张煌言等人率领的水师主力将第二梯队的清军死死地挡在海面上，使其难以靠近舟山一步。然而，由于舟山方面的战况不明，鲁监国等人取得的胜利难以扭转战局走势。直至接到舟山告急的警报，鲁监国等人方才姗姗来迟，怎奈舟山本岛已经失守，清军的布防也十分完备，贸然登岛反攻的话，基本上没有什么胜算。

迫不得已，鲁监国等人只得率部南下，暂避于三盘岛。周瑞、周鹤芝相继撤守之后，这里变成了一座荒岛，尽管尚未被清军伺机夺走，岛上也"有房可居，有险可恃"，但最大的麻烦便是无粮可吃。张名振率部前去征粮，没想到清军穷追不舍，竟然调派一部水师紧随而至，准备攻打三盘岛。

鲁监国等人一合计，决定不吃眼前亏，继续向南转移才是上策。然而，他们刚来到地处浙、闽交界的沙埕岛，浙闽总督陈锦便下令驻守福建的清军加以围堵，与南下的追兵一道，对鲁监国率领的残存力量构成两面合击的态势。难以安身的鲁监国等人权衡再三，极不情愿地做出了一个万般无奈的决定：前往厦门投靠郑成功。

为什么说这是一个万般无奈的决定呢？可以从两个方面来分析。其一，这些年"浙系"与"闽系"之间纠葛不断，积累了太多的恩恩怨怨，郑成功是否愿意跟他们相逢一笑泯恩仇，鲁监国、张名振等人的心里没底。其二，即便郑成功愿意接纳，但他名义上奉永历政权为正朔，鲁监国想寄人篱下，该以何种身份相处，就是一个敏感而颇费思量的问题了。

尽管这些问题的答案尚不明朗，但在清军的逼迫下，鲁监国等人还是继续向南转移到了海坛岛落脚，进入了郑成功部的势力范围。转眼到了永历六年（1652年）初，鲁监国等人终于等到了一个好消息和一个坏消息。好消息是郑成功同意将他们接到厦门去安顿，坏消息是这项安排带了一项条件，那就是朱以海必须放弃"监国"头衔。当然了，这种乘人之危的条件不大好直接开口，毕竟以后低头不见抬头见，面子上不大磨得开，更何况很多时候，行动能够代替语言，而且产生的效果更好。

这一附加条件如何落实到行动上呢？很简单！郑成功曾经被隆武皇帝朱聿键委任为"宗人府宗正"，负责处理皇亲事务。尽管隆武政权早已灰飞烟灭，但郑成功因时、因势而为，又将这个徒有虚名的头衔翻了出来，专门用作接待鲁监国，并将"浙系"高层悉数安顿在金门岛，紧接着"礼仪渐疏"，让他们坐起了冷板凳。

朱以海闯荡江湖多年，是个聪明人，深知郑成功搞这么一出的真实用意，就是为了逼他自己放弃监国之位，回到藩王的原点。人在屋檐下，不得不低头，更何况把"浙系"的地盘败了个精光，自己哪里还有做监国的资本呢？于是乎，朱以海主动宣布退位，恢复了"鲁王"的称号，并遥奉永历政权为正朔。

话说回来，郑成功同意接纳"浙系"的残存力量，主要目的还是壮大自己的实力。因此，当鲁王朱以海与张名振、张煌言等人积极谋划率部北伐、收复舟山，郑成功便开始百般阻挠，并在明里暗里笼络"浙系"将领，以图收为己用。旧怨未了、眼下关系微妙的"浙系"和"闽系"，又开始了艰难曲折的融合历程。

## ⑥③ 打到长江去

"浙系""闽系"这两大活跃在东海沿海的抗清力量实现合流，郑成功无疑是最大的受益者。出于扩张和抢粮的需要，郑成功于永历六年（1652年）初率部收复海澄，并乘胜进抵闽南重镇漳州。不过，清军在漳州的防守力量比较强，又有城防工事的加持，而无论"闽系"还是"浙系"，都以海战见长，陆战能力有限，一时难以攻克。郑成功改变战术，打算采取地道掘进的方式，只要一直挖到城墙根下，再填埋火药进行爆破，便能将城墙震塌，城墙有了缺口，何愁不能蜂拥而入破城？

令人意想不到的是，这项工程顺利完工、郑成功下令点火以后，只听轰隆一声巨响，漳州城墙竟然完好无损。原来，不是火药的当量不够，而是负责挖地道的队伍把距离测算错了，地道尽头离城墙还有几十米呢！计划意外失败，继续挖已经来不及了，更何况剩下的火药根本不够再爆破一回，郑成功只得退而求其次，利用数量优势采取围而不攻的"铁桶战术"，希望能把漳州守军困死。

漳州告急，刚喘了一口气的浙闽总督陈锦又忙活起来，亲率浙江、福建两地清军前来增援。第一拨援军被郑成功部揍了回去，但匪夷所思的是，见第二拨援军赶来，郑成功竟然下令队伍打开一个缺口，放他们进入了漳州城。面对众将的质疑，郑成功莞尔一笑，一语道破天机："城内人多，粮必乏。外调既迟，内势窘促，破之必矣。"援军顺利入城之后，郑成功下令扎紧口袋阵，不放一粒粮食入城，也不放一兵一卒出城。

不得不承认，郑成功的这个战术相当高明！援军到来虽然增加了漳州的防守力量，但更重要的是突然多出来几千张嘴，每张嘴都得吃饭，漳州城内的粮食原本就所剩无几，如此一来消耗得更快。没过多久，困守在漳州城内的清军便断了炊，能吃的、不能吃的全吃了个遍，甚至沦落到"百姓十死其八，兵马尽皆枵腹"的凄惨地步，如同人间炼狱一般。

心急如焚的陈锦认为，仅凭浙、闽两地之力，已经难以应对漳州面临的危局，他只得抓紧时间向朝廷请求增援。等待的日子是那么难熬，陈锦的脾气也越来越暴躁，他府上的家奴但凡出现一丝差错，动辄就会挨一顿毒打。永历六年（1652年）七月初七日，一些忍无可忍的家奴竟然合谋将陈锦暗杀了。

话说回来，陈锦意外身亡对漳州局势的影响并不大，一切都在按部就班地往下进行。郑成功这边继续围城，清政权调派的援军也在日夜兼程地赶往福建。转眼到了九月中旬，一大拨援军进抵泉州，会同当地守军一道驰援漳州。郑成功自忖不是对手，先是将围城的队伍收缩集结在漳州城南的高地，结果力战不敌，被迫退守海澄，并于次年初悻悻返回厦门。

这一大拨清军远道而来，当然不单单是为了解漳州之围，而是意图攻克海澄、厦门，彻底剿灭郑成功麾下的抗清力量。郑成功自然也不含糊，亲自赶往海澄督战。双方均以大量配备的火铳、火炮作为主要武器，这场异常激烈的攻防战很快就进入了白热化，这也是世界军事史上第一次热兵器的大规模对决。激战了三天，火器水平偏弱的清军终于败下阵来，被迫放弃进取海澄、厦门的计划，退守漳州，双方重新回到对峙僵持的状态。

夺取漳州不成的郑成功铩羽而归，张名振向他提出了一个相当具有诱惑力的动议：趁着清军在南京的布防空虚，率领水师一路北上，打到长江去，"捣其心腹"！张名振的这个想法不可谓不大胆，他更是坚定地认为，仅凭精华尚在、实力尚存的"浙系"水师，足以完成这项鼓舞人心的作战计划，需要郑成功做的，无外乎借些战船、给些粮食、补充些弹药，仅此而已。

郑成功兵败漳州，正愁找不到机会报仇雪恨，对于张名振的这一动议表现出了极其浓厚的兴趣，给予鼎力支持。根据既定的作战部署，张名振、张煌言于永历七年（1653年）八月亲率五百余艘战船、近万名士兵浩浩荡荡地从厦门出发，一路向北，直扑地处长江入海口的崇明岛。当时，清军在崇明岛上的防守力量还是比较强悍的，考虑到"浙系"的陆战能力有限，张名振也采取围而不攻的"铁桶战术"，并将部队分散到附近的沙洲"筑圩耕种"，发展农业生产，为长期固守做好准备。

有意思的是，张名振北上长江的作战行动，无意中竟与一个更加具有想象力、诱惑力的宏伟计划不谋而合。这个宏伟计划的最初动议者便是东林党大咖、江南硕儒钱谦益。你没有看错，就是那个万念俱灰、临阵倒戈的钱谦益！

钱谦益归附清军之后，因为各种复杂的原因一度身陷囹圄，多亏夫人柳如是四处奔走，才把他捞了出来。经历了隆武政权时期和永历政权初期，钱谦益眼瞅着抗清力量一败涂地，对光复大明的形势越来越不看好。不过，"战神"李定国的三战三捷，让钱谦益这样的前明旧臣又看到了一丝希望的曙光。当时，江南有不少人想跟李定国取得联系，钱谦益也不例外，但他不是投机钻营，而是为了实现天下抗清武装大合流的宏伟计划。

当时，活跃在南方的抗清力量，无论是成分、派系还是活动地域，都十分繁杂。首先是西南地区，有名义上尊奉永历小朝廷的原大西军残余力量，孙可望既是这股力量的核心人物，又是权力欲极强的野心家，结果逼得二号人物李定国跑到两广地区开辟新的战场去了。其次是川东、鄂西地区，以原大顺军残余力量和"摇黄十三家"为主，号称"夔东十三家"，名义上接受永历小朝廷的册封。其中，李来亨率领的忠贞营旧部和郝摇旗麾下的队伍，曾经都是永历政权军队中的劲旅。最后是东南沿海，包括"浙系""闽系"两大派别，名义上遥奉永历政权为正朔，水师的力量首屈一指。当然，还有大大小小的抗清义师散布在全国各地，但成分更加复杂，实力参差不齐。

局面如此复杂，怎么才能实现天下抗清武装大合流呢？钱谦益敏锐地发现了一个天然的契机：打到长江去，实现大会师！

为了更好地理解这个宏伟计划，咱们先沿着长江观察一下各方态势。三峡以上，基本上是孙可望的势力范围，清军仅有李国英率领的一支队伍，布防在地处嘉陵江上游的保宁府，吴三桂、李国翰则主要驻扎在陕西汉中一带。三峡地区是"夔东十三家"的活动区域。江汉平原一带，以洪承畴统领的少量汉军为主，还有从湖南战场北撤的清军，实力并不强。鄱阳湖口以下至南京城的长江沿岸，已是清政权统治区的腹地，处于半真空状态，清军基本上没有设防。南京以下，清军以岸防为主，以防备东南沿海水师从海上入江。至于长江口外的汪洋大海，基本上是"浙系""闽系"的天下。

大家发现没有，长江就如同一根纽带，将实力最强的几支抗清力量联系到了一起。如果能在长江一线形成合流，天下的抗清形势必然能翻开新的篇章！只要孙可望在江之头、"浙系"和"闽系"在江之尾采取军事行动，南京、安庆、九江、武昌等沿江重镇便可以全面开花，再依托"战神"李定国的部队清剿江南清军，半壁江山岂不是到手了吗？

为了实现会师长江的宏伟计划，钱谦益特意派人秘密前往西南，在贵阳府面见了孙可望，随后又赶往安龙府觐见朱由榔。或许是迎合了永历小朝廷急需扩张地盘的需要，朱由榔、孙可望对钱谦益的提议表现出了相当浓厚的兴趣，一致认为这个计划相当靠谱。与此同时，钱谦益还通过自己的人脉关系，与挥师进抵崇明岛的张名振、张煌言取得了联系。张名振、张煌言对这个宏伟计划喜出望外，毕竟英雄所见略同嘛，他们早就在长江口等候多时了！张名振还给钱谦益吃了一颗定心丸，说江浙一带粮食比较丰富，饱受缺粮困扰的郑成功一定会支持这个作战计划。

得到各方的积极回应之后，钱谦益、柳如是夫妇便带领江南的众多抗清志士行动起来，他们散尽家资，招募义勇，随时准备接应大举进攻南京的正规武装。咱们几乎可以断定，这将是永历政权实现翻盘的最后一个机会！

转眼到了永历八年（1654年）初，驻扎在崇明岛上的张名振、张煌言率先采取行动，率领水师逆长江而上。毫不夸张地说，"浙系"水师的战斗力是数一数二的，一路攻破了清军设置的多道要塞防线（譬如南通、常熟、江阴、靖江、常州、扬州、镇江等地的岸防封锁线），顺利进抵瓜州。随后，张名振率领五百余名勇士弃船登岸，缴获了清军的江防大炮，并在金山寺遥拜了位于南京紫金山上的明孝陵。

长江下游的局面很快打开了，怎奈上游一直静寂无声。张名振、张煌言翘首以待孙可望那边展开军事行动的消息，但终究未能如愿，他们日复一日地企盼，等来的却是清军前来增援的消息。张名振不想打草惊蛇，当即决定率部撤回崇明岛。

张名振百思不得其解，明明说好了两头会师长江，怎么那边迟迟不见动静呢？转念一想，张名振又意识到自己太着急了。崇明岛距离南京不过几百里的水路，人家孙可望却远在几千里外的巴蜀，这一路还得攻城略地，必然要耗费不少时日。

估摸着时间差不多了，张名振于三月底率领六百余艘战船再次进入长江，数日后抵达仪真。然而，长江上游依然没有消息，清军的增援力量又来了，逼得张名振再一次悻悻而返。张名振实在是不甘心，出来一趟太不容易了，总不能空着手回去吧，头一回虽说是白跑一遭，但好歹缴获了几门大炮，还在金山寺遥拜了明孝陵，这一回说什么也得有些斩获才行。当然，清军肯定是不能去碰的，能不能打赢倒在其次，万一引起对方警觉，派出大军南下布防，会师长江的计划就彻底泡汤了。于是乎，张名振决定找沿途盐商打秋风。但当时大宗生意已经通行类似于支票的"银票"，盐商随身携带的现银有限，张名振一怒之下，下令焚毁了六百多艘商船，方才心有不甘地打道回府。

考虑到孙可望需要足够的时间才能完成会师长江的宏伟计划，张名振只得耐着性子继续等待。其间，张名振除了率领船队南下温州购买粮食，还顺带着去厦门找郑成功化了一回缘。郑成功听说张名振、张煌言已经在长江口站稳了脚跟，自然是喜出望外，当即调派了五千水兵、一万陆兵随张名振北上。

得到数量可观的兵力补充后，张名振胆识愈壮，勉强熬到永历八年（1654年）底，他不想再空等下去了，带着四百多艘战船第三次逆长江而上，进抵地处南京远郊的燕子矶。清政权大为震惊，没想到南京这么安全的地方也会受到大规模抗清武装威胁，不由得惊呼"咫尺江宁，势甚披猖",随即加强守备,拼死抵抗张名振的进攻。由于长江上游一直没有动静,清军完全可以集中全力进行阻击,独木难支的张名振被迫退出长江。

三入长江均无果而终,张名振遭到了"浙系""闽系"诸多官员责难。他们认为,这些劳而无功的军事行动实与败家无异。张名振百口莫辩,心情极度抑郁,只有忍气吞声埋头固守崇明岛。

从年初到年底,张名振按照会师长江的宏伟计划三次出兵,但孙可望方面一直按兵不动,直接导致了这个计划破产。那边到底出了什么状况呢?这事儿怪不得孙可望阳奉阴违,而是他有难言之隐。

事实上,早在永历八年(1654年)初,孙可望就开始积极准备顺江东下了,并重新起用了被褫夺兵权、赋闲在昆明的刘文秀,让他"都督诸军,出师东伐"。然而,刘文秀的态度十分坚决:不干!至于拒绝的理由,憋了一肚子窝囊气的刘文秀声称,作为败军之将,实在难堪这样的重任。话里话外有将孙可望一军的意思,想给自己当初遭到惩治讨一个公道。有意思的是,孙可望既不愿提及先前的是是非非,也没有收回成命,而是强令刘文秀出山。刘文秀不便违拗,便玩起了拖字诀,一路上慢慢走,花了好几个月才从昆明来到贵阳。抵达贵阳之后,刘文秀又百般拖延率部出师的时间,经不住孙可望不断催促,直到是年七月才动身,晃晃悠悠地向东进发。走到地处湘、黔交界的天柱,刘文秀又找各种理由停下了。直到张名振第三次退出长江,刘文秀依然滞留在天柱,不肯向东再迈出一步。

刘文秀为什么这么干呢?表面上看,似乎只有一种解释,那就是故意给孙可望难堪,以解先前遭褫夺兵权之恨。其实,事情远远没有这么简单!刘文秀磨磨唧唧的背后,隐藏着一个惊天秘密:此时的孙可望有谋朝篡位之心,他不得不有所防备!

孙可望当初将朱由榔迎接到自己的势力范围之内，或许原本只是希望挟天子以令诸侯，但他这些年一直小动作不断，甚至妄想着取而代之。关于这场篡权与反篡权的斗争，咱们留待后面详细来说，这里只需要提醒大家，当时的贵阳、安龙两地，可以说是暗流涌动、风云诡谲，什么意外的事情都有可能发生。值此微妙而敏感的时刻，孙可望重新起用刘文秀并委派他率军东征，不能不引起刘文秀高度警觉。在刘文秀看来，以孙可望一贯的品行与处事风格，这一定是打着会师长江的旗号把他挤对走，就像孙可望先前对付李定国一样，为下一步实施篡逆阴谋扫清障碍。基于这个判断，刘文秀决定留在贵州观望局势，提防着孙可望图谋不轨。一直耗到永历九年（1655年）初，眼瞅着永历小朝廷的形势趋于缓和，刘文秀才放下心来，率领麾下六万余众进抵湖南境内。

长江上游终于有了动静，但从全局来看，早已时过境迁、水过三秋了，毕竟清军在江南地区的防御部署已经发生了根本性的变化。早在永历七年（1653年）底，洪承畴便被委任为湖广、两广、云贵经略大学士，在摸清各地的态势之后，他屡次向朝廷上疏，建议加强江南防务，避免西南、东南的抗清力量连成一体。清政权果断采纳了洪承畴的意见，增派八旗精锐驻防于湖广地区。

永历九年（1655年）初，一大拨八旗兵进抵湖南，与刘文秀的东征大军撞了个正着。按照既定的作战部署，刘文秀率领大军在辰州完成集结后，水、陆分兵进击，一举收复常德府。然而，刘文秀这边一动，老天爷也跟着动了，连日来暴雨不断。

下雨跟打仗有什么关系吗？关系太大了！刘文秀大军是分水、陆两路出发的，连日暴雨导致河水猛涨，走水路的那一支顺流而下，自然跑得飞快，而刘文秀率领的主力走陆路，需要冒着大雨翻山越岭，行军速度必然受到很大的影响。如此一来，原先计划的会合时间就被彻底打乱了。转眼到了四月中旬，走水路的队伍攻克了桃源，在这里苦等了一个来月，依然没有看到刘文秀陆路大军的踪影。由于担心坐失战机，这支队伍的主将决定先行出发，于五月下旬进抵常德城下。但他们不知道，清军方面已经将驻防荆州的八旗精锐调派到了常德。因此，常德攻防战打响之后，基本上呈现出一边倒的态势，以逸待劳的清军大获全胜，还顺势占领了辰州。接到常德战败、辰州失守的消息，刘文秀只能匆忙撤回贵州，又被孙可望臭骂了一通，褫夺了兵权，打发回昆明赋闲去了。

湖南的仗打得一塌糊涂，孙可望噤若寒蝉，担心清军会挥师杀入贵州境内，于是进行了一系列防御部署。幸运的是，清军没有向西进取的意图，毕竟这拨清军接到的命令只是"择湖南、湖北扼要之处驻劄"，自然不会轻越雷池一步，以免因小失大，惹出不必要的麻烦。

鉴于清军没有兴趣进剿西南，孙可望也没有能力出去惹事，双方在湘西转入了相对平静的对峙状态。不过，永历政权内部这些年来一直不太平静，而这场政治风暴的根源，正是孙可望咄咄逼人的野心。

## 第十五章 ｜ 败局

(64)
血溅安龙

对于野心勃勃的孙可望而言，逼迫"战神"李定国前往两广自立门户、将刘文秀安置在昆明赋闲，不过是实现个人终极梦想的第一步，永历皇帝朱由榔才是最大的绊脚石。早在迎立永历小朝廷的时候，孙可望就打起了自己的小算盘，公然在贵阳府另设了一套领导班子，代表小朝廷发号施令，甚至"大兴土木，建立宫殿，楼观甚美伟，又作行宫十余所于滇、黔孔道，以备巡幸"，过上了锦衣玉食的逍遥生活。与此形成鲜明对比的是，正儿八经的君主朱由榔却在穷乡僻壤的安龙府"宫室礼仪，一切草简""涂苇薄以处，日食脱粟"。贵阳与安龙很大程度上再现了当年"北漂""南混"的神奇场面，连皇帝本人都跟着小朝廷的原班人马混起日子来了。

毫不夸张地说，安龙版的"南混"远比原创版"南混"还要悲惨。因为这些人既不是不达圣意者，也不是韬光养晦者，更不是只有背影者，他们曾经是大权在握的永历小朝廷的重臣啊！几乎是一夜之间，地位竟然一落千丈，这些人的心理落差可想而知，尤其是深得朱由榔信赖的锦衣卫指挥使马吉翔，从呼风唤雨、一手遮天到一文不值，换成谁都会感到无比抑郁。为了实现翻盘逆袭甚至飞黄腾达，马吉翔竟然串通一个名叫庞天寿的宦官，打算干一件惊天动地的大事：逼迫朱由榔禅位给孙可望。

登高跌重的马吉翔利令智昏，经不住忽悠的庞天寿也跟着异想天开，但他们这个大胆的想法在永历小朝廷内部并没有什么市场，以首辅吴贞毓为代表的一批大臣纷纷站出来痛斥这二人"病狂丧心，欺蔑朝廷"。马吉翔挨了一通臭骂，但依然不肯善罢甘休，转而向孙可望求援。

客观来讲，孙可望觊觎皇位不是一天两天了，他不停地在背后搞小动作，一跃成为永历政权实际上的最高统治者。但是，凶相毕露，逼迫朱由榔退位，此时孙可望还没有这么大的胆量。更为确切地说，现在的时机还不够成熟，毕竟"战神"李定国完全可以占据道义和舆论的高地向他发难，让他吃不了兜着走。当然，现在没有机会，不代表今后没有机会，而机会总是青睐于有所准备的人。对于马吉翔这样的政治投机分子，孙可望认为有必要给予积极的回应。永历六年（1652年）六月，自封"国主"的孙可望便从贵阳府发来了一道所谓的"劄谕"，其中有一段是这样写的："凡朝廷内外机务，惟执事力为仔肩。若有不法臣工，一听戎政、勇卫两衙门参处，以息纷嚣。"意思是说，永历小朝廷的大小事务，都要由掌管戎政的"执事"马吉翔和掌管勇卫的宦官庞天寿来处理。

孙可望、马吉翔如此明目张胆地抢班夺权，朱由榔及吴贞毓等一批重臣考虑到寄人篱下的艰难处境，只能是敢怒不敢言。不过，一批中下级官员可管不了这么多，他们纷纷上疏弹劾马吉翔、庞天寿妖言惑众、图谋不轨。

朱由榔原本打算顺水推舟，趁机惩治上蹿下跳的马吉翔、庞天寿，但又担心惹恼孙可望，给自己乃至整个小朝廷惹来不必要的麻烦。一批官员协商后一致认为，解决当前危机最有效的办法就是朱由榔下一道密诏，派人秘密前往广西联络"报国精忠，久播中外，军声丕振"的"战神"李定国，请他率部返回安龙救驾，以此震慑孙可望，让他不敢轻举妄动、胡作非为。时任兵部武选司员外郎林青阳主动请缨，以归葬亲眷为掩护，避开马吉翔、庞天寿的监视，于永历六年（1652年）十一月秘密离开安龙府，赶赴广西寻找李定国。

等待的日子是漫长的，半年多过去了，林青阳那边杳无音讯，谁也不知道他走到了哪里，有没有顺利地跟李定国碰上面。眼瞅着苦苦等待不是办法，朱由榔出于稳妥起见，决定再派人前往广西。吴贞毓举荐了时任翰林孔目周官，安排他于永历七年（1653年）六月秘密前往广西。周官进入广西之后，跟李定国的队伍取得了联系，方才打听到李定国本人正率领主力在广东高州一带休整，于是又马不停蹄地赶往高州。

收到朱由榔的密诏，李定国不禁大为光火，当即表态说自己"宁负友，必不负君"，一定会管这件事。但考虑到目前广东的战局胶着，局面迟迟打不开，李定国又希望朱由榔顾及轻重缓急，"稍忍待之"。

得到李定国的回复，朱由榔、吴贞毓等人顿时就尴尬了：找不到人得等，找到了人还得等，夜长梦多啊！就在耐心等待李定国采取行动的这段时间里，永历小朝廷内部发生了一桩大事。事情的起因很简单，就是朱由榔两次派人前往广西密召李定国的举动被马吉翔无意中打探到了。事实上，朱由榔已经特别注意避开马吉翔的耳目了，在派遣周官前往广西之前，还特意以南宁府敌情复杂为由，安排马吉翔前去坐镇，将他撵出了安龙。

既然马吉翔远在南宁府，他怎么能得知如此机密的消息呢？事实上，并非马吉翔神通广大，这完全是一次相当偶然的意外。马吉翔抵达南宁府之后，意外碰到了李定国麾下一位名叫刘议新的将领。一个是朝中重臣，一个是军中将领，两人彼此了解得不多，也没有多少共同语言，实在聊无可聊的时候，便谈到了近期发生的一些新鲜事，譬如小朝廷密召李定国。这下麻烦来了，朱由榔密召李定国的事情，刘议新知道，马吉翔不知道，刘议新却以为马吉翔知道，更没有想到是朱由榔刻意不让马吉翔知道。就这么一来二去，马吉翔便获悉了详情，意犹未尽的刘议新还自行脑补了后续，表示李定国"接敕感泣，不日亲往安龙迎驾"。马吉翔信以为真，表面上不动声色，心里却吓得不轻，赶紧派人前往贵阳府给孙可望报信。

转眼到了永历八年（1654年）初，新年尚未过完，孙可望便接到了马吉翔的密报，当即派出两名心腹前往安龙，向朱由榔兴师问罪，明目张胆地要求"索首事之人"。朱由榔被吓得瑟瑟发抖，只顾一味地矢口否认、推诿搪塞，表示"密敕一事，朝中臣子必不敢做"。

眼瞅着在朱由榔这里打不开突破口，孙可望的心腹便串通起庞天寿，经过两个来月的明察暗访，终于搞清楚了整桩事情的来龙去脉。于是乎，他们利用庞天寿掌控的勇卫衙门，羁押了以吴贞毓为代表的二十余名各级官员，其中有很多人被打得遍体鳞伤、哀号不断，史载"痛苦难禁，惟呼二祖列宗"。尽管受尽了皮肉之苦，这些官员依然在设法保全朱由榔，一口咬定此事"未经奏明"，是他们擅作主张，朱由榔事先毫不知情。

众口一词，孙可望的心腹也没有办法，只得将这些官员以"盗宝矫诏，欺君误国"的罪名定了案，报告给孙可望处治。没过多久，孙可望的处理意见来了：除少数官员得以幸存之外，首辅吴贞毓被勒令自尽，好歹留下一个全尸，三名主谋则被凌迟处死，另有十四名同谋官员惨遭处斩，史称"安龙十八先生案"。

　　亲手造就了这场血雨腥风的惨案之后，孙可望对永历小朝廷和朱由榔的控制更加严密，距离谋朝篡位只差最后一步了，他甚至一度从贵阳返回昆明，筹备禅让、登基的相关事宜，连国号都想好了，史载其"拟改国号曰'后明'，日夜谋禅受"。不过，"战神"李定国在两广的实力不可小觑，因为战败而赋闲的刘文秀也有不小的影响力，孙可望此时逼迫朱由榔挪位置，时机还不够成熟，遭遇的阻力也不会小。

　　孙可望苦等一个合适的时机，但"战神"李定国并不打算给他实现这个终极野心的机会。在第二次进军广东铩羽而归之后，李定国便率部撤退，于永历九年（1655年）秋从广西出发，直奔安龙府而来。接到情报，孙可望赶紧派兵前往田州驻防，试图拦截李定国的大军，同时严令沿途各地"尽焚刍粮，以绝其归路"。

　　既然孙可望已经撕破脸皮，"战神"李定国可就不客气了，他率领麾下精锐，打着孙可望的帅旗作为幌子，仅用了三天时间便进抵田州，将孙可望刚刚部署在这里的守军打了一个措手不及。攻克田州之后，李定国重新打起自己的旗号，对战败的田州守军给予了宽大处理，避免了同室操戈的闹剧。

　　眼瞅着广西的阻击防线遭到瓦解，孙可望又派出一位名叫白文选的将领前往安龙，威逼朱由榔即刻动身前往贵阳府，给率部勤王的李定国来一个釜底抽薪。朱由榔知道一旦离开安龙，自己必然凶多吉少，但除了"合宫惨哭"，他也没有任何办法。好在白文选这个人虽然感念孙可望的知遇之恩，向来唯孙可望之命是从，但良心未泯，看到眼前这个场景，不由得心生恻隐，更不愿背负千古骂名。身处忠义不能两全的艰难境地，白文选思来想去，做出了一个将来必然不会后悔的决定：留在安龙府，保护朱由榔！

　　为了避免打草惊蛇，白文选跟孙可望打起了马虎眼，说"安龙地方僻小，招募民伕不易"，一再拖延时日，等待李定国的大军前来护驾。永历十年（1656年）初，李定国率领的大军已接近贵州，并派出一位部将先期赶往安龙府报信。这位将领在距离安龙府只有五十里的地方，被孙可望麾下的一名心腹抓个正着，直接送到白文选的跟前。他想蒙混过关，谎称自己是奉孙可望之命，前来督促各地州县预备粮草，迎接孙可望大驾光临的。白文选明知他在撒谎，却配合得十分默契，当即将他释放，使他得以在安龙自由活动，将李定国大军即将抵达的消息报告给了朱由榔和一干大臣。

尽管白文选在最后关头深明大义，采取"拖字诀"忽悠孙可望，但孙可望在安龙也有铁杆心腹，譬如有一个名叫叶应祯的死党，深感事不宜迟、夜长梦多，认为必须尽快采取行动。于是乎，刚过完元宵节，叶应祯便带着亲兵闯入简陋不堪的宫中，以武力胁迫朱由榔动身前往贵阳。可怜朱由榔带着一群手无寸铁的宫女，能想到的唯一办法就是不停地哭喊，一时间"宫中哭声彻内外"。白文选接到消息之后，赶紧带着队伍前来救驾，并以万一变生意外孙可望会怪罪为由，及时喝止了叶应祯。

功夫不负有心人，这场惊变过去几天之后，李定国的大军终于抵达安龙府。朱由榔喜出望外、白文选暗中欢喜、叶应祯拔腿开溜、庞天寿噤若寒蝉，小小的安龙上演了一幕幕悲喜交织的浮世绘。在安龙苦熬了数年的永历君臣终于看到了希望的曙光。当然，要说弹冠相庆也为时过早，毕竟以李定国目前的实力，还远远不是孙可望的对手。

既然眼下不能跟孙可望翻脸掀桌子，那么该怎么办呢？

⑥⑤
仁至义尽

　　朱由榔、李定国合计了一番，认为永历小朝廷继续留在安龙的话，早晚要被近在咫尺的孙可望收拾，因此必须另寻安身之所。君臣二人一致认为，昆明无疑是最为妥当的去处。于是在李定国大军的护送下，朱由榔一行从安龙启程，一路上不敢有丝毫耽搁，半个月之后便抵达了滇东门户曲靖府。

　　来到曲靖，朱由榔暂时不能再往前走了，因为云南的形势同样十分严峻。孙可望虽然身在贵阳，但他麾下有三个铁杆心腹此时正率兵驻守云南，即昆明的王尚礼、楚雄的王自奇和武定的贺九仪，他们掌握着两万多人的队伍，战斗力不可小觑。朱由榔、李定国能够争取到的同盟，估计只有赋闲在家的刘文秀和逐渐被边缘化的大土司沐天波，但他们有一个共同的特点：没有兵权。在这种情况下贸然进入昆明，很有可能是去送死，因此朱由榔、李定国来到曲靖后，陷入了进退维谷的尴尬境地。

　　获悉朱由榔、李定国打算在昆明安身，刘文秀、沐天波其实也陷入了两难境地。尽管朱由榔、孙可望之间尚未捅破最后那层薄薄的窗户纸，但水火不容、非此即彼的局面终究会来临，在忠义与实力之间权衡选择，确实非常考验一个人的政治智慧和战略眼光。刘文秀、沐天波举棋不定，打算先去探一探虚实，随后便以"勒兵守城"为由暂且稳住了王尚礼，刘文秀秘密出城，亲自前往曲靖与李定国碰面详谈。

无论是从道义还是从情理来讲，刘文秀都倾向于支持李定国。但他也坦承了自己的担忧，表示"我辈将以秦王为董卓，但恐诛卓之后又有曹操"（"秦王"即指孙可望）。为了打消刘文秀的顾虑，李定国指天立誓，表示自己并不情愿与孙可望为敌，只要他真心实意地奉永历政权为正朔，不再有任何非分之想，他愿意服从其领导。

李定国与刘文秀相约"秦王尊君，我辈当尊秦王"，算是在紧要关头找到了双方的相同点，促使朱由榔一行得以顺利进入昆明。王尚礼搞不清楚李定国真正的实力，更何况此时的李定国并没有公开跟孙可望撕破脸，所以他不敢也不必轻举妄动。

移跸昆明之后，朱由榔内心喜悦，永历小朝廷也焕发了一些崭新的气象。首先，在相关人员并未请封的情况下，永历小朝廷一改往日的穷酸迂腐、冥顽不化，主动晋封李定国、刘文秀为"一字王"，一个封"晋王"，一个封"蜀王"。当然了，永历政权君臣脑子突然开窍，既是投桃报李，也有制衡孙可望的考虑。其次，重用沐天波，令其负责掌管小朝廷的禁卫军，尽管这支军队战斗力有限，但好歹是表明了一种态度。同时，对孙可望麾下的部将，譬如白文选、王尚礼等人，也进行了等次有差的封赏，彰显了一视同仁的格局。最后，吸取安龙血案的教训，对小朝廷内部进行了洗牌，一大批正直的官员得到任用，表现极其恶劣的马吉翔、庞天寿则被整肃，一个锒铛入狱，一个服毒自尽。

话说回来，李定国打仗是一把能手，搞政治却略显生疏，结果竟让马吉翔钻了空子。马吉翔改头换面，先是在李定国的几位亲信面前百般献媚、摇尾乞怜，接着又吹捧李定国"再造家国之功，千古无两，从此以后，青史流芳"。李定国经不住几位亲信和马吉翔忽悠，重新安排这个溜须拍马之徒入阁办事，使得刚刚露出一丝清明迹象的永历小朝廷很快又走上了乌云压顶、污浊不堪的老路。

尽管在用人方面有不少瑕疵，但朱由榔、李定国、刘文秀在对待孙可望的态度上还是懂得顾全大局，没有意气用事，甚至可以说是仁至义尽了。当时，李定国、刘文秀一方只有区区四万余众，孙可望麾下则有二十万的规模。如何进行善后，不是解决孙可望一个人的小问题，而是关系永历政权生存的大问题。如果将孙可望定义成叛逆，无疑是将这二十万大军归入异类，逼着他们死心塌地跟着孙可望与小朝廷为敌，实力羸弱的永历政权显然经受不起这个折腾。因此，朱由榔、李定国、刘文秀虽然痛恨孙可望，但他们最希望看到的局面还是和平解决，只要孙可望公开认个错、服个软，小朝廷愿意承诺既往不咎，大家同心协力，继续抗清大业。

为了与孙可望握手言和，朱由榔、李定国在昆明真是做了不少努力，拿出了不小的诚意。主要体现在这几件事情上：第一，朱由榔没有将孙可望修造的豪华宫殿据为己有。第二，永历小朝廷非但没有给孙可望定任何罪名，反倒给他预留了位置，排名在李定国、刘文秀之前。第三，孙可望在云南的亲信没有受到刻意排挤与刁难，该加官晋爵、委以重任的，小朝廷一视同仁。第四，李定国主动派人将孙可望的家眷护送到了贵阳，以示小朝廷并无扣押他们作为人质的想法。第五，小朝廷特意委派白文选为使者，让他携带玺书，当面劝说孙可望实现和解。

不过，这一系列做法美中不足的是，或许是朱由榔、李定国操之过急，他们让白文选给孙可望带去玺书的同时，还附带着带去一道命令，要求孙可望"赴滇保驾"，将钱粮交给永历小朝廷统一调配，兵马交给李定国、刘文秀指挥。也就是说，孙可望不仅要返回云南，还得交出财权和兵权。孙可望登时火起：这是来劝架的，还是来叫阵的？

与白文选同行的还有一个孙可望的铁杆心腹，此人见风向不对便赶紧转舵，煞有介事地向孙可望爆料说，朱由榔赏赐的金簪其实是用来刺杀他的暗器，李定国已经控制了朝政大权，朱由榔成为摆设，文武百官只有唯唯诺诺的份，眼下云南"兵马不满三万，人无固志，可唾手取也"。

经不住这个宵小之徒忽悠，孙可望一口咬定朱由榔是忘恩负义，李定国、刘文秀是谋朝篡逆。白文选原本还想据理力争，极力从中斡旋，没想到挨了孙可望的一顿板子，险些丧命，幸得众将竭力求情保全，方才免于一死。为了向永历小朝廷报以颜色，孙可望假意接受劝和，但提出了一个不可能实现的条件，那就是让李定国亲自前往贵阳谢罪。

孙可望如此嚣张，实与翻脸掀桌子无异，但李定国还想再做一次努力，让孙可望的另一名心腹王自奇前往贵阳游说。出乎李定国的意料，这次派人还真不如不派，别看王自奇在昆明信誓旦旦地说自己一定竭力劝和，实际上他一到贵阳就原形毕露，说李定国"孤军易擒"，不遗余力地怂恿孙可望率军入滇。返回昆明之后，王自奇又四处散播消息，故意制造紧张气氛，说孙可望如何厉害，随后回到楚雄厉兵秣马，伺机而动，准备接应孙可望的大军。

事实上，咱们冷静分析一下，就会发现在当时那种情况下，视权力如生命的孙可望绝不可能与朱由榔、李定国合作。首先，孙可望麾下有养精蓄锐多时的二十万大军，李定国手上则只有颠沛流离、疲惫不堪的四万残兵，他怎么可能服软？丢不起那个人啊！其次，朱由榔、李定国在云南并没有真正站稳脚跟，王尚礼、王自奇、贺九仪等地方实力派都唯孙可望之命是从，一旦孙可望付诸武力，他们完全可以里应外合，轻而易举地将永历小朝廷玩弄于股掌之中。

正当孙可望在贵阳积极整军备战的时候，昆明这边的朱由榔、李定国、刘文秀等人却没有警觉与防备。在他们看来，孙可望是个混蛋不假，但还不至于混蛋到磨刀霍霍向兄弟的地步。他们哪里会想到，权力、金钱、私欲足以扭曲一个人的灵魂，如今的孙可望早已不是当年的孙可望，那个励精图治、志向高远的孙可望已经死了，取而代之的是一个利欲熏心、不达目的誓不罢休的孙可望。

李定国天真地认为孙可望良心未泯，在大敌当前的时候不会把事情做得太出格，不过，滇、黔之间的对峙已成定局，眼下挥师重返两广，显然是不合时宜的。尽管如此，刚刚受封"蜀王"的刘文秀，还是按原定计划率部北上，进取四川去了。永历十年（1656年）春，刘文秀的前锋部队进抵雅州，随后大军分成两路继续北上，除了一路偏师进抵嘉定之外，刘文秀率领的主力进抵洪雅，并在此设立"蜀王府"，积极准备收复四川全境。

刘文秀此行显然是奔着令"蜀王"封号名副其实去的，但当他兴致盎然进入四川，却发现这里根本施展不开拳脚。首先，滇、黔对峙的态势尚不明朗，李定国麾下的兵力有限，难以独自应付孙可望，所以刘文秀不能离云南太远。其次，四川境内多年混战，除了嘉定、雅州等少数地区基本能够实现自给之外，大部分区域荒无人烟，饿殍遍野，这也是清军一直驻守在汉中、保宁两地，没有全面进取四川的主要原因。在这种情况下，刘文秀只能老老实实地待在嘉定、雅州一带，将大军化整为零、开荒种地，恢复农业生产，先解决吃饭问题。就这样，刘文秀在四川始终难以有效作为。

在此期间，孙可望又生事端。刘文秀的军中有一位名叫祁三升的将领，过去在大西军中隶属于李定国。听说祁三升奉刘文秀的命令率部运动到了川南，孙可望便打着"国主"的名号，派人前去策反拉拢，希望祁三升能驻扎到遵义府来。李定国很快发现了端倪，果断下令让祁三升率部返回云南。祁三升顿时陷入了两难境地：两边都是自己的上司，只是一个是老上司，一个是号称"国主"的新上司，到底该听谁的？好在祁三升与部将商议之后，认为孙可望这个"国主"名不正言不顺，不应该跟着他瞎胡闹，随即奉命启程，准备返回云南。孙可望大为光火，竟然派兵追击祁三升部，缴获了大量辎重。

祁三升狼狈不堪地回到昆明告御状，李定国有些无可奈何，他既没有以牙还牙的实力，也没有同室操戈的心情。不过，正所谓防人之心不可无，李定国还是采取了一些必要的动作，包括加强云南的防御部署，并急调刘文秀部返回云南，谨防孙可望狗急跳墙。

⑥⑥
同室操戈

　　滇、黔之间剑拔弩张，该来的总会来。永历十一年（1657年）八月，孙可望亲率十四万大军从贵阳出发，浩浩荡荡向云南开赴。曾经竭力劝和的白文选则被委任为招讨大将军，配合孙可望入滇作战。前方警报传来，一时滇中震动不已，李定国、刘文秀在惊诧之余赶紧采取相应的防御措施。显然，这场防守仗太难打了，李定国、刘文秀麾下只有四万军队，对方却有十四万大军，数量悬殊，而且云南境内还有不少孙可望的内应。

　　情况紧急，李定国考虑不了这么多了，当务之急是坚决抵抗。相比之下，出兵阻击倒不是什么难事，只要大军开拔，接下来就听天由命了，说不定借助地利优势还能有所转机。真正足以致命的，是驻扎在云南境内的那些孙可望的内应，毕竟堡垒最容易从内部攻破，不对这些实力派采取必要的防范措施，永历小朝廷必死无疑。

　　于是，李定国、刘文秀先对驻扎在昆明的王尚礼动手了，让沐天波监视他，将其部署打散分配到各营。武定的贺九仪呢，兵力有限，内战的积极性也不高，暂时不足为虑。死心塌地跟着孙可望的王自奇比较麻烦，幸运的是，早在孙可望出兵之前，王自奇酒后撒疯打伤了李定国麾下的一名将领，因为担心受到责罚，竟然率部渡过澜沧江，逃往永昌去了。一拍屁股跑这么远，想送封书信都难，更别提接应孙可望了。

解决了内应的麻烦之后，李定国、刘文秀亲率主力离开昆明，于九月中旬进抵滇、黔交界的交水，与孙可望的大军展开对峙。大军扎下营，李定国、刘文秀扳着手指头数了数，立马傻眼了：对方有十多万人，扎了三十六营，自己这边却只有三万人，扎了三个营。这哪里是阻击战啊，简直就是来送死嘛！数完了，傻过了，李定国、刘文秀坐下来商议：咱哥儿俩该往哪儿逃呢？

刘文秀建议撤到交趾，但李定国认为不靠谱，毕竟只有三万人马，还要带着家眷，可能去了打不过人家。按照李定国的想法，应该取道沅江，从实力十分有限的土司手中抢地盘以安身，但刘文秀认为更不靠谱：孙可望的三十六营就在眼前，咱们还能飞过去？

李定国、刘文秀这边吵嚷不出什么结果，孙可望却在紧锣密鼓地进行作战部署。按照孙可望的计划，七千骑兵连夜走小路，绕开李定国、刘文秀的营地，在王尚礼的策应下占领昆明。为了迷惑对方，争取时间，孙可望又给李定国下了战书，相约数日之后展开决战。在孙可望看来，凭借自己手中的十余万大军，又有潜伏在云南的内应，拿下昆明城是易如反掌。李定国、刘文秀也是这么想的，所以难免有些胆战心惊、不知所措。事实上，在预测这场内战胜负的时候，双方统帅都忽略了一个至关重要的因素：人心向背！

俗话说师出有名，孙可望打着"讨逆"的旗号出征云南，对付的却是得到广泛承认的永历政权，这不是上坟烧报纸——糊弄鬼吗？眼瞅着孙可望的狼子野心昭然若揭，深明大义的白文选决定不再沉默，联合起一批志同道合的将领，暗中约定阵前倒戈。七千骑兵刚刚秘密出发，白文选以阵前视察为幌子，暗地里赶到李定国的大营报信，将孙可望的偷袭计划和盘托出。

尽管白文选言辞恳切，李定国、刘文秀还是心存疑虑，担心这是孙可望精心布下的迷魂阵。白文选急眼了，不惜指着上天立下毒誓，说自己"有一字诳皇上、负国家，当死万箭之下"。就在当天晚上，跟随七千骑兵行动的一位将领也给李定国送来一封密信，印证了白文选的说法。李定国、刘文秀这才下定决心，指挥队伍主动出击，打孙可望一个措手不及。

由于双方实力悬殊，李定国、刘文秀打得相当吃力，白文选又急了眼，亲率五千骑兵反戈相向，抄了孙可望的后路，"所向披靡，连破数营"。李定国、刘文秀趁机发起总攻，两面夹击孙可望。孙可望被揍得稀里糊涂，大军迅速全线溃败，他只得在少数兵马的拼死护卫之下马不停蹄地逃回贵州。

孙可望来到安顺府，与率兵驻守于此的马进忠撞个正着。马进忠咱们前面讲过，他的这支队伍曾是永历政权的三大劲旅之一，当年追随堵胤锡四处征战，后来阴差阳错归入到孙可望的麾下。作为永历政权当年倚重过的中坚力量，马进忠不愿与孙可望同流合污，不仅让孙可望吃了闭门羹，还派兵出城冲杀了一番。孙可望损失惨重，只得绕道继续东行，狼狈不堪地逃回贵阳府。

在正义力量的支持下，李定国、刘文秀大败孙可望，但先前奉命偷袭昆明的七千骑兵还在路上，云南的危机并未完全解除。前面说过，七千骑兵中有一位将领给李定国送过一封密信，此人名叫马宝，曾与白文选相约共同倒戈。因为担心昆明疏于防范，马宝故意在沿途各地焚烧房舍。坐镇昆明的沐天波接到警报，赶紧部署城防迎敌。朱由榔也亲自出面，找个理由急召王尚礼入宫，再让禁卫军将这个极其危险的内应扣押起来。等七千骑兵进抵昆明城下，一点也没有内应的动静。紧接着，交水大捷的消息传到昆明，王尚礼被迫自尽，七千骑兵只能悻悻撤退，结果走到半道上，又跟李定国回援的军队撞个正着，除了先前倒戈的马宝等人，基本上全军覆没。

　　昆明的警报业已解除，咱们回头来说宛如惊弓之鸟的孙可望。逃回贵阳之后，他既要应付李定国的追兵，还得防范驻扎在安顺府的马进忠。安全起见，孙可望便让部将冯双礼驻守在贵阳西面的威清要道，并约定以放炮为号，作为示警。结果刘文秀率领的追兵还远在普安，驻守安顺府的马进忠也没有什么动静，冯双礼这边却响起了震天的隆隆炮声。难道大炮也会走火？怎么可能，冯双礼这是故意放的炮！那么他为什么要这么做？痛打落水狗，不需要理由！

　　谁能想到，惶惶不可终日的孙可望被冯双礼的三声炮响吓跑了，一路逃到湖南境内的沅州，史载"各守将俱闭营不纳"，身边只剩下十几名亲随，真是众叛亲离，作茧自缚。走投无路的艰难处境并没有让一意孤行的孙可望幡然悔悟，他决定在卑鄙无耻的道路上继续走下去，甚至不惜认贼作父，承诺"愿献滇、黔、蜀以归一统"，打算借助清军的力量报仇雪恨。

　　孙可望选择投降，清政权如获至宝，说是中了头彩也毫不过分。首先，孙可望是永历政权的高层统治者，他在清军未做任何策反和军事行动的情况下主动投降，政治上的影响力不可小觑。其次，孙可望对永历政权的军队，特别是大西军旧部具有很强的感召力。最后，孙可望非常熟悉西南地区的军事布防和军队作战特点。

　　得到这样一个宝贝，清政权的喜悦之情溢于言表。顺治皇帝福临特意下诏，责成兵部调整作战策略，从先前的招抚、进剿并重转向全面进攻，首要任务便是"相机平定贵州"。与此同时，清政权还给予孙可望超乎寻常的恩赏和礼遇，册封其为"义王"。孙可望大喜过望，投桃报李，死心塌地地为清军效命，不仅向对方提供了西南地区的部署情况，还主动献上地图，提供向导。

话说回来，孙可望走的终究是一条不归路。后来，随着西南地区的局势趋于平定，逐渐失去利用价值的孙可望饱受排挤和打压。直到永历十四年（1660年）十一月，闲居北京城的孙可望神秘暴毙，死因不详。一百多年以后的乾隆三十六年（1771年），朝廷又对孙家的后裔下手了，规定"孙可望子孙所有世职，嗣后不必承袭"。这是叛徒应有的下场！

## 67
## 外敌难御，内忧再起

从肇庆建政到移跸昆明，永历政权稀里糊涂地撑了十来年光景，基本上处于垂而不死的状态，清政权百思不得其解，却又不知该从何处使力。现如今孙可望投降，清政权非常希望利用这次千载难逢的机会出兵清剿大西南，给永历政权来一个痛痛快快的了断。

要想实现这个终极目标，首要任务当然是攻取西南门户贵州。不过，虽然贵州地域狭小、土地贫瘠、经济落后，但也有不少永历政权的军队驻守于此。而且贵州道路崎岖、天险众多、易守难攻，周边形势也极其复杂。贵州的北面是四川，这里有各种势力犬牙交错地对峙：永历政权控制着川南、川西，川东是"夔东十三家"的活动区域，清军则主要控制以保宁府为中心的川北地区。贵州的东面是湖南，这里同样处于对峙的状态：洪承畴率领的清军主要驻守长沙、岳州、常德等地，湘西则是永历政权的外围防线，其中又有一部分跟随孙可望投降了清军。贵州的南面是广西，情况稍微好一点。李定国撤兵以后，留在广西的兵力有限，主要集中在靠近广东的桂南、桂东地区，桂北地区则基本上处于缺乏防守力量的真空状态。贵州的西面是云南，这也是永历政权赖以维系生命的唯一一块核心根据地了。在这种情况下，清军无论从哪个方向进攻贵州，都需要面对扼险固守的永历军队。即便清军能够凭借实力优势所向披靡，对方也有可能打一个时间差，从其他方向逃出去继续周旋，既让清军疲于奔命，还有可能对孤军深入的部分困而歼之。

面对如此复杂的局面，成竹在胸的顺治皇帝福临给出了一个超乎寻常的作战方案：从北、东、南三个方向，向贵州发起全面进攻！北路由吴三桂、李国翰率领，从陕西汉中出发一路向南，取道四川进攻。东路由洪承畴率领，会同北京调拨过来的一部八旗劲旅，经湘西进攻贵州。南路则从洪承畴分出一部，会同南京调拨过来的一部八旗劲旅，取道广西来一个包抄。稳妥起见，顺治皇帝随后又下达了一道诏谕，委任信郡王多尼（豫亲王多铎的次子）为安远靖寇大将军，在平郡王罗可铎（代善的曾孙）的协助下率领八旗兵南下，"专取云南"，先前三路大军"有料理未尽者，亦并加绥定"。如此看来，清政权是要对朱由榔下死手了！

别看清军的作战部署相当能吓唬人，永历政权这边的实力也不可小觑。别忘了，李定国、刘文秀麾下虽然只有四万多人，但还有一支举足轻重的力量：原属孙可望麾下的二十万大军！等等！孙可望不是投降清军了吗？没错！但他是带着二十来人跑到湖南投降的，不是带着二十万人投降的。孙可望投降之后，这二十万大军的境遇发生了很大的变化，一部分在滇、黔内战中消耗了，驻守湘西的一些队伍在孙可望的感召下也投降了清军，大部分还是被刘文秀、白文选收编了，从湘西到贵州，总计十余万大军分散驻守在要道上。

反观清军这边，浩浩荡荡的三路大军，其实每个方向就一万多人马，加起来不足五万。除了取道广西南路可能顺利一些，其他两路都需要应对不可预知的局面。就算是天神眷顾，五万大军能杀到贵州集结，他们应该还会发出两声长叹：一叹贵州山多，这里毕竟"连峰际天兮，飞鸟不通"，"地无三里平"的称号绝非浪得虚名；二叹贵州人多，十万敌军在这穷山恶水之间枕戈待旦，每处险隘都有可能成为清军的坟墓。区区五万人马就敢往这种地方瞎闯，岂不是活得不耐烦了吗？

然而谁也没有想到，这原本会是一场困难重重的仗，结果竟然打得轻松又愉快，清军仅用了两个月时间便摧枯拉朽般占领了贵阳府。这到底是怎么一回事？其实，只要咱们稍微回顾一下南明十几年来的历史，就不难发现：凡是出现有悖于常理的结局，根源往往在南明政权内部。这一次也不例外，竟然是李定国、刘文秀这两位原本亲密无间的战友互相掐了起来。

两人矛盾的起因，主要在于怎么对待孙可望的旧部。按照刘文秀的想法，能争取的就尽量争取，没有必要四面树敌。因此，在交水击溃孙可望之后，刘文秀、白文选奉命率兵追击，一路上收编了十多万的队伍，并趁机控制了贵州大部和湘西地区。然而，李定国出于维护自身利益的考量，认为斩草务必除根，以免后患无穷。就在刘文秀、白文选追击孙可望的同时，李定国也率兵回援昆明，解决了长途奔袭的七千骑兵之后，开始整肃所谓的"孙可望余党"。

刘文秀主张绥靖，李定国主张剿灭，都是为了确保永历政权的安全，只是具体执行的方式存在差异而已。此时的李定国、刘文秀还没有彰显出野心勃勃的态势，如果朱由榔能够出面调停，共同商议更为稳妥的对策，这些内部矛盾应该可以顺利得到化解。然而，两人还没来得及在昆明会面，刘文秀提出的一项动议促使矛盾骤然升级。这事儿发生在永历十一年（1657年）十月，刘文秀向朱由榔上奏，提议将永历小朝廷搬到贵阳府。理由很简单，川南、湘西都在永历政权的控制之下，贵州境内还有十万戍守大军，贵阳是非常安全的；朱由榔从云南来到贵州，

401

也能彰显谋求进取的态度，对前线将士是一种莫大的鼓舞。

刘文秀的想法是好的，动机也比较单纯，但他事先并没有跟李定国通气，使得李定国产生了很多联想与误会。当时，李定国正在永昌清剿王自奇，而朱由榔接到刘文秀的建议之后竟然也没有想太多，一面命礼部择选启程吉日，一面派人去永昌告知李定国。注意，是告知，而不是咨询。于是，李定国接到这一消息之后，脑子里的第一个反应便是：刘文秀有做第二个孙可望之嫌！

客观来讲，李定国有这样的想法，并不能简单地理解成以小人之心度君子之腹，毕竟刘文秀一路招抚孙可望的旧部，伺机控制了贵州、湘西，此时又迫不及待地让朱由榔移跸贵阳府，确实有一点挟天子以令诸侯的味道。在滇黔内战余波未尽的情况下，李定国多出一个心眼，怀疑刘文秀另有所图，也算是人之常情。

李定国这个人呢，虽然没有孙可望那么野心勃勃，但也是一个刚愎自用的人。他在没有查明事情原委、搞清楚对方真实用意的情况下，一口断定刘文秀有图谋不轨之心，实在是武断鲁莽。紧接着，李定国又以辞职相威胁，逼迫朱由榔放弃了移跸贵阳府的想法。他哪里意识到，自己的所作所为其实犯了跟刘文秀一样的错误，难免让刘文秀产生一些不便明说的联想，反过来怀疑李定国有步孙可望后尘的野心。

思维一旦形成某种定势，往往很难扭转过来。回想起刘文秀这些年的所作所为，李定国不由得浮想联翩，产生了某种强化效应。譬如说，先前刘文秀打的是收复四川的旗号，却跑到嘉定、雅州大抓农业生产，莫非是想自立门户？后来他奉命追击孙可望，结果人没逮回来，倒是网罗了一大堆孙可望的旧部，还怂恿永历小朝廷搬到贵阳去，这也太明目张胆了吧？

因此，在消灭了王自奇的势力之后，李定国迅速返回昆明采取行动，打算将刘文秀这股逆流扼杀在萌芽状态。根据他的判断，刘文秀两度被褫夺兵权，谈不上有什么铁杆旧部，只能依靠沿途收编的队伍发家，只要稳住这些残存力量，刘文秀就翻不起什么大浪。然而，孙可望的这些旧部分散在贵州、川南和湘西，李定国手上的兵力有限，恐怕没有办法以武力解决问题。

虽然动武不太现实，但李定国利用职务便利，还是琢磨出了一个"文"的办法。永历十二年（1658年）的新年刚过，李定国便向朝廷上疏，奏请下令川南、湘西、贵州各镇将领返回昆明，一是"核功罪"，二是"论功罪为分兵多寡之地"。说是奏请，其实就是走个程序而已，按照永历小朝廷的惯例，朱由榔只能同意。

朱由榔照准的诏谕很快就传达到了各个边镇。等到诸位将领奉诏返回昆明，才发现什么"核功罪""为分兵多寡之地"完全是掩人耳目，李定国的真实目的是要对孙可望的旧部进行全面整肃。从总体上来讲，李定国谋划的全面整肃可以分成"洗牌""洗脑""清场"三步，就像洗衣服一样，"二洗一清"，天下太平。

先说"洗牌"。根据诸位将领在滇黔内战中的表现，李定国对自己麾下的将领按功封赏，原本在孙可望阵营内但临阵倒戈的白文选、冯双礼、马宝、马进忠等人得到了相应的礼遇，剩下那些被迫接受改编的则要受到责罚，被革职下狱的也大有人在。

再说"洗脑"。孙可望的旧部，无论是临阵倒戈得到恩赏的，还是挨了责罚但官位得以保留的，都别忙着暗自庆幸，因为他们还得继续留在昆明参加学习活动。学习什么呢？一是彻底清算乱臣贼子孙可望，二是严加防范危险分子刘文秀，三是誓死效忠中流砥柱李定国。学习完成之后进行考核，过不了关可就惨了，得到封赏的，封赏一律作废，受到责罚的则罪加一等。

最后是"清场",也就是李定国奏疏中提到的"论功罪为分兵多寡之地"。具体怎么分，原则是非常清楚的：从哪儿来的，不能回哪儿去，大家都得挪位置。

完成全面整肃之后，李定国认为收拾刘文秀的时机到了，随即又向朱由榔上疏，奏请召刘文秀返回昆明，讨论防御部署。朱由榔继续照准，刘文秀也不便违拗，只得奉旨行事。他没想到，自己刚刚返回昆明，便在入宫觐见的时候挨了朱由榔劈头盖脸的一顿臭骂，指责他辜负了朝廷的信任，非但没能逮住孙可望，还逼得对方投靠了清军，"恐滇南之祸不远矣"。

刘文秀莫名其妙地挨了一顿批，一时丈二和尚摸不着头脑：腿长在人家孙可望的身上，他往哪里跑，我怎么管得着？然而，正所谓"欲加之罪，何患无辞"，李定国拿定主意要收拾刘文秀，岂能容他鸣冤叫屈？可怜的刘文秀这才意识到，李定国此番将他召回昆明，实与褫夺他的兵权无异。刘文秀顿觉心灰意冷，将军队的相关事务悉数交给下属料理，数月之后便在昆明郁郁而终了。

李定国这边干得火热，清政权派出的三路大军也在按照既定计划逼近贵州。根据史料记载，此时的李定国"宴饮恬愉，颇弛武备"，对即将到来的危险毫无察觉。事实上，并非李定国放松了警惕，而是他将精力都放在内部全面整肃上去了。各镇边将虽然很快返回抗清前线，但大部分人都被调防，导致川南、湘西乃至贵州全境陷入了"兵失其将，将不得兵"的混乱状态。

然而朱由榔也好，李定国也罢，一致认为这场全面整肃效果十分显著，十万大军足以在川南、湘西、贵州构成一道道坚不可摧的钢铁防线，埋葬一切来犯之敌！永历政权的君臣们抱定必胜的信念，反观清军这边，却显得有些信心不足，在展开作战行动的时候非常低调，完全不同于过去那种大张旗鼓甚至虚张声势的风格。此时的清军低调到了什么地步呢？举个例子来说吧，作为本次进攻的主力，从北京调拨而来、会同洪承畴一道从湖南行动的八旗劲旅于永历十二年（1658年）二月抵达常德后，近乎悄无声息地用了两个月时间，迅速攻占了贵阳府。

为什么会这么快？莫非他们抄了小道？没有，跟清军先前攻夺福建、两广一样，这次他们也是一站一站打过来的，无论是地处湘西的辰州、沅州、靖州，还是贵州境内的镇远、黄平、平越，沿途一座城池都没有落下。要说有什么不同，那就是永历政权的守军基本上都是稍触即溃，全线瓦解！清军一直打到贵阳附近，才遇到马进忠组织的一些像样的抵抗，怎奈兵力悬殊，马进忠无力回天。事已至此，永历小朝廷的君臣们应该会明白"兵失其将，将不得兵"的严重后果了！

原本以为有不少恶仗要打的东路清军竟然进展得如此神速，让南、北两路大军深感压力。南路大军从湖南取道广西，虽然基本上遇不到什么有威胁性的抵抗，但路途遥远，还得翻山越岭，结果于永历十二年（1658年）五月才攻占了黔南的独山、都匀等地，勉强赶上了东路大军超乎寻常的进军速度。

相比之下，从陕西汉中取道四川南下的北路大军就比较悲惨了。不过，他们遭遇的悲惨不是四川境内抗清武装的顽强阻击，而是老天爷帮起了倒忙。从四川顺庆府开始，吴三桂、李国翰率领的这支队伍便陷入了"三不见"的窘境：不见敌人，不见粮食，不见道路。原来，四川经过多年混战，很多地方荒无人烟，荆棘密布，别说百姓和粮食了，就连道路都很难找到，史载"枳棘丛生，箐林密布，虽乡导莫知所从"，这支队伍只好"描踪伐木，伐一程木，进一程兵"。

事实证明，一边砍树、一边赶路可比只赶路耽误时间多了，当东路大军逼近贵阳府的时候，吴三桂、李国翰率领的这支伐木大军刚扛着斧头砍进了重庆城。从重庆继续南下的路上，这支队伍又突遭厄运，一大批士兵水土不服，"溽暑熏蒸，心迷目眩"，根本没办法继续行军，只得停下来勉强歇息几天，先适应一下当地的气候再说。转眼到了四月下旬，东路大军已经攻占了贵阳府，北路大军才勉强赶到桐梓，距离遵义府尚有不短的距离，还在四川境内呢！[①]吴三桂、李国翰在此处张望一番，真是气不打一处来，此地"上则摩于九天，下则坠于重渊，人皆覆涩，马皆钉掌，节节陡险，一夫可守"，哪里像是给人走的路，恐怕连猴子走起来都有些困难。

更令北路大军深感抑郁的是，这里居然有永历政权的军队扼险固守。好在守将是在李定国全面整肃之后新近调防这里的，连防区内有多少座山头都没搞清楚。清军壮着胆子发起进攻，守军抵挡不住，很快就乱了阵脚。清军得以继续南下，于五月初进抵贵阳，与东路大军胜利会合，随后又折返遵义府休整。

贵阳府沦陷，黔东、黔南地区均落入清军之手，远在昆明的朱由榔、李定国这才意识到问题的严重性，抓紧时间在黔西地区部署防御。经过对敌我态势的细致分析，李定国制定了"三箭齐发"的御敌策略，具体包括正面防御、中心突破和后方牵制。

正面防御主要指黔西地区，由李定国亲率大军，在冯双礼、白文选等将领的协助下，沿着滇黔干道进行布防，依托有利地形构成节节阻击的格局。

至于中心突破，当然指的是贵阳府了。为了配合正面防御的展开，李定国先期派人前往贵州，联络贵阳附近的守军、土司，趁着清军立足未稳，伺机向贵阳发起进攻。然而，孙可望当年采取竭泽而渔的办法经

---

① 当时遵义府隶属于四川，直至清雍正年间才划入贵州。

营贵州，搞得民怨四起，导致此时真正愿意出兵出力的土司寥寥无几，反倒是吴三桂在遵义府振臂一呼，水西、酉阳、蔺州几个宣慰司就纷纷宣布归附了。尽管也有一些守军和土司响应李定国的号召，集结力量在贵阳府及其周边采取军事行动，但终因实力悬殊，难以打开局面。

说到后方牵制，并非指云南这个大后方，而是指清军的后方，具体来讲就是川东地区。按照李定国的计划，永历小朝廷派人前往川东，联络当地大大小小的抗清武装，打算集中力量围攻重庆府，逼着贵州境内的清军北撤增援。遗憾的是，川东地区的抗清武装成分复杂，实力参差不齐，根本担负不起这么重大的作战任务，虽然有不少武装愿意出兵，挽救永历政权于危难，怎奈力不从心，很快就被吴三桂的队伍击溃了。

李定国"三箭齐发"的防御部署并没有给永历政权带来全面开花的美好预期。更令人担忧的是，信郡王多尼于永历十二年（1658年）九月抵达贵州之后，清军的下一步作战计划便迅速成形了。根据多尼的部署，洪承畴的东路大军主要负责驻守贵阳府，并清剿黔东、川南、黔南一带的残余力量，确保清军后勤补给线的安全；吴三桂、李国翰的北路大军从遵义出发，沿着乌蒙山脉往西运动，经七星关、乌撒府进入云南；南路大军从都匀出发，经安龙府、黄草坝进入云南；多尼则亲率主力，沿着滇、黔干道一路向西，直奔昆明而去。

接到清军增兵的新情报之后，李定国也对正面防御的部署进行了适当调整：一是优化滇、黔干道沿线布防，二是将白文选部调往七星关驻守，阻击吴三桂的北路军，三是分兵向南，阻击走安龙府这条线的清军。

与先前三路进攻贵州相比，清军这次分三路逼近云南，遇到的困难会更大一些，毕竟永历政权的军队已经开始组织有效的抵抗了。不过，李定国手上的兵力有限，又要分散到三条路线进行防守，无法集中力量击破其一路，因此永历政权这方无法改变全面溃败的结局。

凭借数量上的绝对优势，三路清军的进攻速度非常快。多尼率领的主力一路过关斩将，很快就突破了李定国精心部署的防线。吴三桂的北路军在当地向导的帮助下抄小道绕过七星关，直扑乌撒府北面的天生桥，白文选只得弃守，率部撤回云南境内。南路清军虽然在北盘江渡口遭遇了顽强阻击，但经过当地土司的指点，换了一个地点偷渡成功，将永历政权的守军打了个措手不及。

眼瞅着三路阻击无一捷报，贵州败局已定，痛心疾首的李定国只得下令焚毁北盘江上的铁索桥，将残存力量全部撤回云南，组织起新的防线。

## 68 一路向西

仗打成这个样子，朱由榔来不及庆幸当初没有被刘文秀忽悠前往贵阳，他必须尽快考虑还能往哪里逃跑的问题。永历小朝廷的文臣武将们也十分着急，很快就拿出了三个撤离昆明的方案。

第一个方案是李定国提议的，他认为返回湘南武冈地区比较稳妥。首先，那里的土司实力羸弱，必然不是正规部队的对手。其次，如果处境不利，两脚一抬就能进入广西，再从广西撤往交趾，经海路与郑成功部会合。平心而论，这个方案还是比较靠谱的，毕竟当时除了西南地区之外，成建制、成规模的抗清武装就只剩下郑成功部了。更重要的是，郑成功部以海战见长，战船多得是，打不赢就跑到海上去，岸上的清军只有干跺脚的份儿。然而，从昆明出发，经湘南、广西、交趾入海，一路上势必遭遇不少清军，危险系数很高。

有个别官员提议了第二个方案：向西撤到缅甸境内，建立流亡政府。虽说这条撤离路线的危险系数比较低，但堂堂的永历政权竟然沦落到坐毙于瘴乡的地步，实在是颜面尽失，更何况故土难离，大家心有不甘，附议者寥寥无几。

另外有些官员提出了第三个方案，那就是北渡金沙江进入四川，在嘉定、雅州一带建立新的根据地。相比较而言，这个方案显得折中一些，撤离路线的危险系数没那么高，最后落脚的地点大家也比较容易接受，还在中国境内，而且那里的经济基础比较好，史载"连年丰稔，粮草山积"，不必为了吃饭发愁。目前，嘉定、雅州地区的守军虽然不多，但依然控制在永历政权的手中，从这里顺江而下的话，还能与"夔东十三家"遥相呼应，等待时机绝地反击，并非没有可能。

君臣反复商议，最后一致决定执行第三种方案，经楚雄往四川境内北撤。虽然路线很明确，但出于各种复杂的原因，永历小朝廷被人为地分成了三个批次进发。第一个批次是刘文秀的旧部，原本负责护送朱由榔一行，但刚从楚雄出来没多久，他们便嫌弃朱由榔携带的瓶瓶罐罐太多，行进速度太慢，竟然一声招呼都不打，自己先跑路了。如此一来，孤苦伶仃的朱由榔就成了第二个批次。第三个批次是李定国率领的队伍，他们是从滇、黔边界撤离的，路途上要远一些，一路都在追赶朱由榔。

李定国尚未赶上朱由榔，就出现了一场意外，导致整个撤离计划被彻底推翻。原来，李定国麾下有一个铁杆心腹名叫金维新，一直坚决反对小朝廷移跸四川。究其根由，完全是金维新个人出于趋利避害考虑而做的决定，一来他是云南人，不愿意抛却故土，二来他与建昌那边的守将有一些过节，担心跑到对方的地盘上会遭到暗算。

在金维新背后，其实还有臭名昭著的马吉翔在不断怂恿。马吉翔坚决反对移跸四川，反倒一心向往缅甸，倒不是对国外情有独钟，而是担心自己去了四川之后会受当地实权派制约，更担心对方借当初的"安龙十八先生案"向自己发难。对于劣迹斑斑、触犯众怒的马吉翔而言，只有越跑越偏远，跟着小朝廷的官员越来越少，自己的人身安全系数才能越来越高。

于是乎，马吉翔与金维新一拍即合，由金维新出面去忽悠李定国，促使他改变主意撤往滇西。李定国向来对金维新言听计从，此时也不例外，竟然采纳了这个极不靠谱的方案，并派人联系到朱由榔，让他调整撤离方向，一同奔向山脉绵延、沟壑纵横的滇西地区。

永历十三年（1659年）正月初，朱由榔一行进抵永昌。事态正如马吉翔期望的那样，愿意追随小朝廷闯荡荒山野岭的官员越来越少，很多人深感前途渺茫，纷纷脱离队伍，自寻出路去了。白文选奉命驻守澜沧江东岸的玉龙关，根本对付不了来势汹汹的清军，只得一把火焚毁了澜沧江上的铁索桥，仓皇向西撤退。

一个多月之后，朱由榔辗转来到中缅边境的布岭。为了尽快让朱由榔迈出国境，马吉翔不惜导演了一出士兵哗变的大戏，趁着夜色四处劫掠，结果又有一批官员落荒而逃。朱由榔被蒙在鼓里，登时如惊弓之鸟一般，马不停蹄地向西逃窜，直奔边关而去。再往前迈出一步便出国界了，能不能再回来难以预料，朱由榔并没有一丝犹豫，却被驻守边关的缅甸士兵拦住了。原因很简单，他们极其怀疑眼前这个衣衫褴褛、狼狈不堪的人竟然是一朝天子。

朱由榔百口莫辩，随行的沐天波在这个关键时刻发挥了作用。尽管缅甸守军不知道永历皇帝是何许人也，但他们久仰云南世袭勋臣黔国公沐家的大名，得知沐天波大驾光临，赶紧打开关门，列队欢迎。沐天波说明来意之后，缅甸守将十分爽快，要求他们"尽释甲仗"再入关。

虽说有缴械之嫌，但这里毕竟是人家缅甸的地盘，而且缅甸国小民弱，搞不清楚这支全副武装的队伍到底是来避难的，还是打着避难的旗号来抢地盘的，未雨绸缪，也算是人之常情。话说回来，朱由榔赤手空拳地进入缅甸避难，风险实在是太大了。缅甸名义上是大明王朝的藩属，但大明王朝业已土崩瓦解，过往的交情难保日后平安。

病急乱投医，已是穷途末路的朱由榔此时也管不了这么多了，毫不犹豫地接受了对方的条件，在沐天波、马吉翔等少数官员的陪同下迈出了国门。原本负责护送朱由榔的卫队不愿意向缅方缴械，选择返回滇西，寻找李定国的踪迹去了。

朱由榔希望能在缅甸得到片刻安宁，李定国依然在滇西苦熬时日。在清军的强大攻势下，澜沧江、怒江两道天险相继被突破，连地处中缅边境的腾越州都岌岌可危了。为了给残存的力量争取一线生机，李定国决定在怒江西岸的磨盘山打一场伏击战。这里丛林密布，山路狭窄，"箐深屈曲，仅容单马"，清军只能以长蛇阵的方式通过，正是利用地形优势搞偷袭的不二之选。

为了打好这一仗，李定国充分发挥自己的军事指挥才能，进行了相当周密的部署。当时，李定国沿着磨盘山的道路布置了三道伏兵，打算等清军完全进入之后，三路人马一道倾泻而下，堵住首尾，再拦腰截断，将对方聚而歼之。率部从昆明西征的是吴三桂，他这一路基本上是哼着小曲过来的，根本没有料到李定国还会组织一场规模浩大的绝地反击。毫不夸张地说，无论从哪一方的态势来看，这都将是一场没有悬念的漂亮仗，骄纵轻敌的清军必败无疑。

值此千钧一发之际，意外再一次发生，导致历史的天平再一次倾斜：永历政权方面有人叛变投敌，将磨盘山设伏的绝密情报与具体部署毫无保留地报告给了吴三桂。当时，清军已经有一半队伍进入伏击区域了，吴三桂立即下令回撤，并一路搜杀李定国布下的伏兵。预先设伏的军队没有接到李定国的命令，最初不敢擅自出战，被清军消灭了不少，后来发现情况不对，方才鸣炮出战，与清军拼个你死我活。李定国听到炮声十分混乱，感到事态有变，迅速率部增援，会同三路伏兵以相当惨重的代价击溃了清军。

　　磨盘山之战，是一场没有赢家的惨烈战役。原本一路凯歌的清军遭到迎头痛击，又因为滇西地区山路崎岖，后勤补给十分困难，只得返回昆明休整。李定国惨胜一场，有生力量消耗殆尽，也无力组织新的战役，被迫后撤到了紧邻边境的孟定。至此，清军占据了除边境地区之外的云南全境。一大批永历政权的官员投降，尽管有一些残存力量坚持继续抗清，但均被分割在中缅边境一线，又缺乏统一的指挥，再无发起成规模反攻之力。

　　事已至此，毋庸讳言，永历政权的气数已尽，什么时候迎来灰飞烟灭的大结局，全凭清军将领的心情了。

# 第十六章 ｜ 沧海

和平换食品

　　朱由榔狼狈逃亡缅甸，李定国率领残存力量在滇西苦苦煎熬，清军的攻势暂且告一段落，西南边陲的局势平静了下来。趁着这个空当，我们将目光转向东南沿海，看看遥奉永历政权为正朔的郑成功部这些年经历了什么。

　　上一次说到郑成功部，还是李定国两次进军广东、钱谦益谋划"三南并举"的时候。当时，尽管张名振、张煌言率领水师攻入长江下游，闹的动静挺大，但主要还是依靠原来"浙系"的力量，郑成功麾下的"闽系"似乎并未对此表现出多大的兴趣。归根究底，郑成功还是担心破坏了与清政权和议的局面，这事儿还得从清政权方面转变策略说起。

　　钱谦益敢于发起"三南并举"的大动作，从一个侧面反映出南方的抗清运动进入了新的高潮，清军需要在西南对付孙可望、在两广对付李定国、在东南对付郑成功，三线作战使得兵力的调遣和部署捉襟见肘，像四川、湖南、广东、福建这些地方，清军最初可以凭借战斗力的优势摧枯拉朽，但很快又因为兵力数量有限、后勤补给不济等诸多原因被迫陷入与对方僵持状态。更重要的是，连年不绝的战争极大地消耗着原本就不富裕的财政收入，使得清政权上上下下形成了一个普遍的共识：继续这么耗下去，一统天下遥遥无期，入不敷出的朝廷非吃土不可！

如何才能扭转被动局面呢？永历六年（1652年）初，一封密奏让顺治皇帝福临的眼睛一亮，登时有了豁然开朗的感觉。这封密奏是谁递上来的并不重要，上面写的各种口水话也不值一提，关键内容就是十个字：利用郑芝龙，招抚郑成功。

在清政权看来，与大西军出身的孙可望、李定国相比，郑成功应该是最具备被招抚潜质的，而一旦招抚成功，清军便可集中力量进取两广，最后挥师杀向西南，实现一统天下的终极目标。

心动不如行动，清政权迅速采取了一系列表达诚意的举措，譬如册封郑芝龙为"同安侯"，提高他的生活待遇，并向时任浙闽总督刘清泰①下达敕谕，让他适时调整一下策略，别把郑成功部逼得太狠。值得一提的是，数月前张学圣（时任福建巡抚）、黄澍（时任福建巡道）、马得功（时任福建右路总兵）等人偷袭厦门得手，将郑成功积累的巨额财富据为己有，如今这桩案子也被翻了出来，几个人均被革职查办，尽管金银财宝已经不知去向，但总算是给了郑成功一个交代。

做足了一番姿态以后，浙闽总督刘清泰奉朝廷之命，于永历七年（1653年）四月正式开始与郑成功方面接洽招抚事宜。无论是动机，还是实际行动，清政权都是非常有诚意的，能否达到招抚的预期目的，关键就看郑成功的态度了。

郑成功的地盘意识和独立性比较强，过去对鲁监国政权、永历政权总是爱搭不理、若即若离，如今面对清政权抛过来的橄榄枝，态度也异常坚决。他忘不了当年隆武皇帝朱聿键"当尽忠吾家，无相忘"的殷殷

---

① 刘清泰，辽阳人，皇太极时期降清，后编入汉军正红旗。

嘱托，也不会忘记自己的母亲田川氏因为不堪清军凌辱而选择自尽，还曾苦劝父亲郑芝龙"虎不可离山，鱼不可脱渊，离山则失其威，脱渊则登时困杀"。在郑成功的字典里，无论是过去、现在还是将来，都不可能有屈服、投降两个词！

话说回来，郑成功毕竟是成熟的政治家，懂得深藏不露、因势利导，而不是只会感情用事的二愣子。清政权方面有招抚之心，这让饱受粮饷困扰的郑成功看到了契机，谋划起一出"将计就计，权借粮饷，以裕兵食"的好戏，用今天的话，也可以说成是"和平换食品"的权宜之计。

既然招抚的动议是清政权方面提的，郑成功也就不跟他们客气了，明确提出一项条件：开启和议可以，先把派到福建境内镇压的大军调走。清政权觉得招抚的事儿似乎有谱，爽快地答应了条件，这样既能进一步表达和议的诚意，也可以弥补西南、两广地区的兵力不足。拦路虎被撤走以后，郑成功终于放开了手脚，前往福建、广东沿海地区征兵买粮。

转眼到了永历八年（1654年）初，清政权册封郑成功为"海澄公"的敕印抵达福州，让郑成功感到措手不及。为了避免假戏真做，郑成功又开出了新的条件：可以受封，但拒绝剃发！他心里很清楚，只要不剃发，这道敕印就不可能白白送给他。

郑成功预料得不错，这个条件直接击穿了清政权的底线，谁也不敢做这个主、开这个口。郑成功可管不了这么多，索性打着"海澄公"的旗号，派兵前往清军控制的地方大肆征粮。地方官员搞不清楚状况，又不敢贸然采取行动，破坏朝廷的招抚大计，只得认其无偿或者低价征收，回头再去找上面弥补损失。

时间一长，清政权意识到不对劲了，和议没议出个什么结果，粮食损失却不计其数，搞得福建、广东沿海各地苦不堪言。因此，朝廷决定改变策略，不再搞什么虚无缥缈的招抚了，还是诉诸武力更为现实。为了保住性命，郑芝龙不断呈上奏疏，恳请再做一次招抚努力，并主动提议让他的儿子郑世忠出面跑一趟。

见郑芝龙言辞恳切，顺治皇帝福临决定再做最后一次尝试。然而，郑成功的态度依然没有什么变化，可以受封但绝不剃发，对于地盘的要价也越来越高，根本没有任何谈拢的指望。奉命前去劝降的郑世忠急了眼，苦口婆心地奉劝郑成功不要把事情做绝，好歹顾忌一下父亲的性命安危。话说到这个份上，郑成功也不藏着掖着了，当着郑世忠的面说了一句肺腑之言："吾不剃发即可保全父命，剃发则父命休矣。"——投降后失去了利用价值，郑家人谁也不会有好日子过！

和议再一次破裂，顺治皇帝如梦初醒，终于下定了最后的决心，委任济度（济尔哈朗之子）为定远大将军，率领大军进剿福建。不久之后，失去利用价值的郑芝龙遭到囚禁，数年后被处以极刑。

获悉济度大军浩浩荡荡南下，郑成功意识到己方的陆战能力较弱，于是决定扬长避短、避其锋芒，主动放弃了先前收复的一些城池，采取坚壁清野的策略，集中兵力固守厦门、金门，并派出两支水师袭扰浙江、广东沿海地区，从而牵制清军对福建的军事行动。正因为郑成功部早有准备，部署严密，又有水师协防，济度率领的大军在福建难有作为，反倒是浙江、广东沿海成了此番较量的主战场。

先看浙江方面，郑成功派出的这支水师战斗力强悍，他们会同从崇明岛南下的张名振部，果断发起舟山战役，于永历九年（1655年）十月一举收复了"浙系"根据地舟山。然而不久之后，"浙系"的元老级人物张名振突然之间神秘死亡了。

这到底是怎么回事？各种史料里的记载大相径庭，大体上可以分成三种说法：

第一种说法是病亡。这个说法有一定的合理性，也比较简单，但从时间上来看，未免过于巧合。更令人生疑的是，张名振临终的时候将"浙系"旧部托付给了张煌言，但郑成功直接下令给"闽系"将领，将这些队伍全部就地收编了。

如此明目张胆地趁火打劫，使得第二种说法传得沸沸扬扬，认为张名振是被郑成功暗害的。这种说法合不合理呢？也还算合理，至少郑成功有足够的动机。那有没有证据呢？很遗憾，没有！需要留意的是，如果是郑成功下令暗杀了张名振，势必要承担真相泄露、"浙系"哗变的风险，而郑成功向来谨小慎微，舟山又刚刚收复，他不大可能这么做。

第三种说法出自时任江南总督马鸣佩①的一封揭帖。他在揭帖里透露，有个俘虏向清军交代，郑成功当时打算追究张名振先前战败失利的责任，要将其押往厦门治罪处死，没想到张名振急火攻心，就这么被吓死了。相比较而言，这种貌似离奇的说法，可信度其实是最高的。首先，张名振是"浙系"元老，郑成功确实有褫夺其兵权、彻底收编"浙系"武装的动机。其次，为了避免引发"浙系"反弹，战败追责的理由无疑是最为稳妥的，更何况因为张名振指挥失利，三入长江无所作为，"浙系"内部的一些将领早就颇有微词了。当然，要说郑成功想置张名振于死地，恐怕也没有这么夸张。

此时，张名振确实是病了，长年征战让他的身体严重透支。更令张名振不堪重负的是心病，是"信而见疑，忠而被谤"的痛苦，特别是经过郑成功这么一折腾，张名振便郁郁而终，撒手人寰了。

回过头来看郑成功派出的这支水师。他们奉命前往潮州地区征粮，

---

① 马鸣佩，辽阳人，皇太极时期降清，后编入汉军镶红旗。

围攻揭阳长达一个多月，随后又相继收复普宁、澄海等地，开局还算不错。然而，李定国的大军此时已经撤回广西境内，尚可喜、耿继茂得以抽出手来对付这支南下征粮的水师。

双方对峙了两个来月的光景，郑成功部的水师贸然出战，结果遭到清军伏击，损失四千多人，从此便一蹶不振，被迫撤回厦门。屋漏偏逢连夜雨，被郑成功派往海澄驻守的将领发动叛乱，向清军投降了。

南下潮州失利，又有济度的大兵压境，郑成功面临的处境越来越被动。永历十年（1656年）八月，清军在浙江展开大规模军事行动，将舟山守军赶到大海上去了。张煌言只得带着"浙系"的残存力量，辗转于浙江沿海继续坚持斗争。为了杜绝后患，清军将舟山岛上的居民全部迁往大陆，房屋全部焚毁，"浙系"昔日的抗清中心变成了一片废墟。此后，清政权将用兵重点放在了清剿西南地区，东南沿海又逐渐转入相持状态。

⑦0
直取南京

尽管招抚"闽系"化为泡影，但舟山之战还是让"浙系"损失惨重，清政权决定将注意力转向西南方向。心有不甘的郑成功却没有打算就此消停下来，在与清军对峙了一段时间以后，他便着手准备一次声势浩大的军事行动：像张名振、张煌言那样，率领水师从长江口打入江南！按照郑成功自己的说法，此次军事行动的目的在于"提师望复神京，以复社稷"。

长期活跃在东南沿海的郑成功，为什么选择在这个时候进取江南呢？得从"闽系"的现时处境来找原因。由于招抚的办法不奏效，清政权在福建、浙江、广东等地都增加了驻防兵力，这样一来，郑成功坐拥数十万大军，陆地上的地盘却小得可怜，除了厦门、金门勉强形成一片区域，其余据点大部分是散布在东南沿海的弹丸小岛，很多时候他们都过着海上漂的日子。

得益于垄断海外贸易，"闽系"向来不缺银子，但金银财宝不能当饭吃，地盘问题与随之而来的粮食问题，一直是困扰"闽系"发展壮大的两大瓶颈。郑成功原本利用清政权招抚的契机策动漳州守军发动兵变，从而夺取了不少地盘，没想到这个动作太扎眼，触动了清政权敏感的神经，结果主张进剿的鹰派在朝廷重新夺回话语权，不仅搁置了希望渺茫的招抚，还调遣军队大兵压境，郑成功被迫选择放弃。后来，清军的攻势稍有收缩，郑成功部趁机收复了一部分地方，但依然无法从根本上解决地盘和粮食的严重短缺。

在这种情况下，郑成功要想维系"闽系"的生存，就必须开辟新的根据地。通过反复权衡，尤其是吸取了先前派出两支水师前往浙江、广东沿海活动的经验教训，郑成功最终将目标锁定在了以南京为中心的江南腹地。

选择在江南一带开辟根据地，听上去有点像天方夜谭，其实理由还是比较充分的。简单归纳起来，至少有这么六点：第一，江南地区集中了一大批心向大明的义士（譬如钱谦益）和蛰伏起来的抗清武装，他们是可靠的后援力量。第二，永历政权在永历十二年（1658年）初晋封郑成功为"延平王"，由此他在江南地区的感召力显著增强。第三，江南地区经济发达，粮食充裕，地盘广大。第四，南京的政治意义非凡，一旦收复，郑成功的政治地位和影响力必然空前提升。第五，江南地区的抗清斗争已经沉寂多年，清政权又集中力量在西南、东南用兵，反倒是长江下游的防守力量比较薄弱。第六，清军擅长陆战，水师刚刚起步，郑成功部则以水战见长，由海入江正是他们扬长避短的打法，加之江南水网密布，获取战场主动权的把握就更大了。

打定主意之后，郑成功便趁着清政权调集大军进攻西南的契机，与张煌言麾下的"浙系"残存力量一道准备挥师长江，夺取新的抗清根据地。永历十二年（1658年）夏天，郑成功、张煌言率部进抵舟山岛，搭建草蓬驻扎，这片清军留下的废墟再度成为抗清的前沿阵地。随后，郑成功率领水师进抵羊山岛，并召集主要将领商讨了进军长江的具体部署。

万事俱备，一场飓风却不打招呼提前到来，横扫了羊山。郑成功部损失惨重，郑成功的六位妃嫔、三个儿子都因为船只翻覆而不幸溺亡。他只能选择放弃，率部返回舟山，但舟山岛已是一片废墟，没有办法长期立足，他只好再悻悻然折返福建。

转眼到了永历十三年（1659年）初，郑成功、张煌言又将挥师长江的作战计划提上日程。四月底，郑成功率领水师全歼浙江定海守军，又做出攻打宁波的假象，成功将驻防江南地区的清军调来增援。趁此机会，郑成功、张煌言率领十万大军、三千多艘战船果断北上，出其不意地经吴淞口进入了长江。

在如此强大的水师面前，清军的江防体系根本就不值一提，譬如经过江阴的时候，郑成功嫌这地方太小，连攻打的兴趣都没有，直接大摇大摆地过去了。直至六月中旬，郑成功、张煌言才在瓜州跟清军打了一场像样的攻防战，清军惨败。接着镇江也得以收复，张煌言率领的前锋部队甚至已经进抵南京城下。

获悉南京告急，清政权举朝震惊，一片哗然。有一位名叫汤若望的德国传教士当时正在北京为清政权效力，根据他的描述，顺治皇帝福临遭遇这场突如其来的变故之后，竟然动起了返回东北老家的念头，多亏孝庄皇太后临危不乱，劈头盖脸将他臭骂了一顿，方才让他意识到当务之急是召集大臣商讨对策，而不是卷起铺盖走人。既然朝堂如此，坊间的混乱可想而知，史载"东南之客，皆惶怖思归，至有泣下者"，一点都不夸张。

此时，清军主力都派往了西南方向进剿朱由榔、李定国，北京已经无兵可派，朝廷只得急调进攻贵州的部分八旗兵回援南京。这支奉命回援的队伍有两个显著的特点：一是数量少，二是身心疲惫。原本他们是在贵州战败以后被其他队伍替换下来进行休整的。远水难解近渴，更何况是这样一群残兵败将，无论这支队伍是否能按时赶到南京，就双方眼下的态势来看，郑成功、张煌言拿下南京城已经是十拿九稳了。

然而，莫名其妙的意外再次如期而至。这一次倒不是天灾，而是郑成功在收复镇江之后，竟然不再往前走了。郑成功率部由海入江，一路直扑南京而来，还派张煌言麾下的"浙系"前去打头阵，此时他自己的军队却停在浙江不走，着实令人费解。

原来，郑成功最初的想法是在镇江做短暂的停留，伺机招揽散布在江南各地的抗清力量，积极开展策反工作，以期达到不战而屈人之兵的目的。这个策略的确取得了效果，南京外围的句容、仪真、滁州、六合等地纷纷派人前来联络，表示愿意归附郑成功，为光复故土尽自己的绵薄之力。

眼瞅着时机已经成熟，郑成功在镇江召集了一次高级别的军事会议，重点讨论进取南京的具体作战部署。咱们回过头来看，这次大规模的军事行动恰恰就是坏在这次会议上，确切地说，坏在会议的决策上。

当时，众将领围绕如何进攻南京各抒己见，但在走陆路还是走水路的大原则上出现了严重的分歧。有个别将领认为，大军应当弃船登岸，走陆路长驱直入，打清军一个措手不及。如果能一鼓作气攻下来最好，实在不行就对南京城采取围困战术，分散兵力去扫清外围，则"孤城不攻自下"。按理说，水路应该比陆路更为稳妥，但就当时的季节气候而言，从镇江到南京既是逆流而上，也是逆风而行，尤其是郑成功部的船只以海船为主，吨位大、吃水深，行进起来十分吃力。因此，走陆路轻装突袭显然更为稳妥，也能达到出其不意的效果。然而，绝大部分将领早已习惯了打海仗，认为从陆路进军将面临诸多不确定因素，而在这样的酷暑雨季，大小河流很容易涨水，没必要放弃自己的战船优势，去跟清军拼步战，这不是以己之短、攻敌之长吗？

　　双方各执己见，争论不休，需要郑成功最后拍板定夺。按照少数服从多数的原则，加之郑成功也有陆战屡次失败的心理阴影，他站在了大多数将领的一边，决定继续走水路进取南京。后来的事实证明，真理往往掌握在少数人手中，郑成功失策了。

　　从镇江到南京，江面越走越窄，这支规模庞大的船队根本活动不开。由于是顶风逆水而行，大吨位的战船甚至要依靠两岸的纤夫拉动，十分吃力，行军速度也可想而知。经过整整十天的艰难跋涉，郑成功率领的主力大军终于进抵南京郊外。慢归慢，终归是赶在了大批援军的前面，如果能迅速展开攻城行动，兴许还有获胜的机会。然而，郑成功接下来的日程安排真是令人深感焦虑：抵达的第一日，休息；第二日，继续休息；第三日，"绕观钟山，踩踏地势"；第四日，祭奠太祖皇帝；第五日，部署围困南京。

　　毫不夸张地说，从在镇江召集会议算起，郑成功所走的每一步棋都有问题。该走陆路的时候，他决定走水路，结果磨蹭了十来天。该趁势发起攻势的时候，他又因为各种莫名其妙的安排磨蹭了好几天。磨蹭完了该干活了吧，竟然打算采取围而不攻的策略，幻想着能够威逼南京城里的守军不战而降，这不是开玩笑吗？

　　与福建的那些小县城不同，南京城太大了，又背靠长江，郑成功的大军根本围不过来。没过多久，清军的增援力量陆续抵达，既有从贵州撤下来的队伍，也有江浙一带的守军，他们利用各种空隙进入南京城内，使得双方的力量对比悄然发生了变化。因为围困的时间太长，一直不见有什么动静，郑成功麾下的队伍先松懈了，把盔甲、武器扔在一边，跑到长江里游泳、捕鱼去了。结果呢，城内的清军突然发起反击，将这些或在捕鱼，或在烤鱼，或在蒙头大睡的队伍打得四处溃逃，郑成功精心布置的包围圈迅速土崩瓦解，他只得带着残部顺江撤离。郑成功原本打算攻下崇明县城休整，偏偏又遭遇守军顽强抵抗，只能继续南撤，返回福建。

原本胜券在握的长江战役竟然被打成这个样子，率领"浙系"残存力量配合作战的张煌言确实没有意料到。早在围攻南京之前，张煌言便跟郑成功见过一面。当时，郑成功向他保证说，仅凭"闽系"的力量，攻打南京绰绰有余，"浙系"就没必要在南京浪费时间了，应当迅速沿着长江向西运动，继续扩大战果。张煌言觉得有道理，便率领"浙系"逆江而上，推进到了芜湖一带。

"浙系"的力量有限，阵势没有"闽系"那么大，没有能力去攻城略地。于是乎，张煌言打出了"延平王"的旗号，四处发布招抚檄文。这一招果然奏效，不到一个月的时间，四府（太平府、宁国府、池州府、徽州府）、三州（广德州、无为州、和州）以及二十四县（当涂、宁国、宣城等）纷纷归附，各地派来接洽的使者如朝圣一般云集芜湖。

但就在张煌言喜出望外的时候，突然传来南京战败的消息，让他惊出了一身冷汗。"闽系"撤退后，张煌言的"浙系"如同弃子，面临安庆、南京两路清军的合力围剿。腹背受敌的张煌言决定逆江而上，主动迎战安庆的清军，因为这支援军是新近从荆州调过来的，没有多少水战经验。如果能打赢，便能运动到广袤的鄱阳湖区，再琢磨周旋与应对之策。

张煌言表现得十分果敢，怎奈"浙系"的残存力量在"闽系"撤退后已是人心浮动，根本没有再战的念头，稍一接触便溃不成军了。张煌言改乘小船进入巢湖，并采纳当地抗清义士的建议，弃船登岸，准备前往皖、鄂交界的英山、霍山地区继续坚持抗清斗争。没想到刚走到霍山的边缘，便遭到一支清军截击，走投无路的张煌言只得乔装改扮，昼伏夜行，历时半年才回到浙江沿海，与"浙系"的残存力量会合。

⑪
向
台
湾
进
发

长江战役以失败告终，使得郑成功重新回到了原点，继续思考该往哪里去的老问题。眼下重新组织一次军事行动进取江南已经不现实了，毕竟大批清军云集于此，兴许可以凭借战船的优势闯进去，但未必能出得来。立足福建扩大地盘呢，这些年的经验证明此路基本不通，即便能趁着清军防守空虚，勉强收复几座县城，但受到地形限制，很难扩大战果，对方援军一到，只能坚壁清野，主动弃守。

天下之大，何处才能安身？就在郑成功心灰意冷之时，一个人的到来点燃了他心中即将熄灭的希望之火。此人名叫何斌，台湾人，原系荷兰东印度公司招募的本地雇员，职位还不低。

话说荷兰人盘踞台湾，已经不是一年两年的事儿了。早在万历三十二年（1604年），荷兰人便利用远洋战船登上澎湖岛，结果被大明王朝的水师揍跑了。转眼到了天启二年（1622年），荷兰人卷土重来，不仅重新霸占了澎湖岛，还不断向台湾本岛渗透。两年之后，明朝水师收复了澎湖，却忽略了当时尚未设立行政机构的台湾本岛。从此以后，荷兰人便得以在台湾立足，并以开设"东印度公司"的形式进行殖民化统治。

何斌从台湾逃到大陆，向郑成功详细介绍了台湾岛的地形地貌。郑成功虽然没有去过台湾岛，但郑氏集团常年从事海外贸易，与台湾岛上的荷兰人也有不少贸易往来，对台湾岛的情况还是比较熟悉的。在何斌赶来投奔之前，郑成功不是没有动过前往台湾开辟根据地的念头，但他搞不清楚荷兰人的实力，不敢贸然采取行动，毕竟"闽系"经过这一系列折腾，承受不起过高的风险了。

作为荷兰东印度公司的高级雇员，何斌对荷兰人在台湾岛的布防情况了如指掌。郑成功认为这正是一个绝佳的机会，随即开始积极筹备收复台湾的军事行动。永历十五年（1661年）初，郑成功在厦门召集了一次秘密军事会议，将前往台湾创建抗清根据地的想法告诉了麾下主要将领，没想到竟然招致一片反对之声。有一位曾经去过台湾的将领认为，攻打台湾有三大不利因素：一是气象条件恶劣难测，长距离航行风险很高；二是荷兰人的大炮很厉害，未必打得下来；三是台湾岛"风水不可，水土多病"，即使能打下来也很难在那里生存下去。对于大多数将领而言，不利因素其实并不是最重要的，关键是安土重迁、故土难离，一想到要漂洋过海，虽登高山却难以望及故土，大家就难以接受，纷纷认为此事不妥。

此时，一位名叫马信的将领果断站了出来，当场发表了一通宏论。马信先是从战略上阐明了收复台湾的意义所在，认为只有立足于更为广阔的根据地，才能长期坚持抗清斗争，这正是郑成功解决"诸岛难以久拒清朝"困境的万全之策。随后，马信又从战术角度谈了自己的想法。他认为，打仗肯定会遇到各种困难，荷兰人的布防再周密，咱们也能琢磨出克敌制胜的办法，更何况现在闲着也是闲着，与其争论不休、犹豫不决，倒不如派出一支部队前去打探虚实，能够进取就全力强攻，实在不行再另行商议就是了。

郑成功的坚定决心，加上马信的一番肺腑之言，让不少将领改变了看法，纷纷表示愿意试一试。郑成功特意组织了一次声势浩大的誓师大会，将收复台湾的想法通告全军将士。按照既定的作战计划，郑成功亲率主力出海，于次日进抵澎湖。四日之后，前锋船队在鹿耳门发起了抢滩登陆的战役，并在数千当地人的协助下建立了滩头阵地，使大批战船得以陆续驶入赤嵌城海湾。

荷兰在台湾部署了一千余守军，长官名叫揆一，主要驻扎在热兰遮城和赤嵌城两座要塞附近。郑成功率领的水师主力先是向赤嵌城海湾内的荷军水师发起强攻。别看荷兰方面的战船只有三艘，但其吨位大、火力强、射速快，刚交上火就给郑成功的水师造成了不小的伤亡。不过，郑成功麾下有六十多艘战船，在数量上占据压倒性优势。一场异常激烈的炮战打下来，一艘荷兰战船被击沉，另外两艘受到重创之后仓皇逃窜。

双方水师在海面激战甚酣的时候，先期登岛的部队也向荷兰人的阵地发起了猛烈的攻击，以排山倒海之势冲入敌营。荷兰人虽然单兵装备精良，但在数量上处于明显的劣势，陆续退入城内组织防守。经过数日激战，郑成功的军队顺利攻占赤嵌城，揆一收拢残部，龟缩在热兰遮城负隅顽抗。经过一个多月的围困，郑成功向揆一下达了最后通牒，但揆一依然打着固守待援的主意。结果荷兰东印度公司的援军未到，郑成功部的第二批水师先行抵达。荷兰援军姗姗来迟，看到对方的战船黑压压一片，吓得调转航向跑路了。

转眼到了永历十五年（1661年）底，郑成功下令对热兰遮城发起最后的攻击。揆一陷入绝境，只得无条件投降，率领残部灰溜溜地滚出了台湾岛。

从此以后，台湾岛成为郑成功坚持抗清斗争的大本营，并与地处东南沿海的厦门、金门、南澳等据点遥相呼应，搅得清军不得安宁。为了对付郑成功，清政权从永历十五年（1661年）八月开始，便在浙江、福建、广东等地推行"沿海迁界"[①]。由于当时台湾岛开发严重不足，郑成功部依然需要大陆的粮食补给，清军的"沿海迁界"让他们的处境愈加困难。

转眼到了次年四月，朱由榔在缅甸被俘的消息传到台湾岛，郑成功的内心陷入了极度的苦闷，或许也有一些愧疚与悔恨之情吧。张煌言提出拥立鲁王朱以海，郑成功不屑一顾，仍旧打着永历政权的旗号，凭借"延平王"的身份继续领导抗清斗争。

屋漏偏逢连夜雨，国事倾颓，家事也不安宁。留守厦门的郑经竟然跟一个奶妈通奸生子，还向郑成功谎称是自己的侍妾所生。郑成功先是欢喜一场，得知真相后急火攻心，加上早已积存在胸的悲愤，竟然一病不起了。弥留之际，郑成功不禁悔恨交加，仰天长叹："我无面目见先帝于地下！"永历十六年（1662年）五月初八，郑成功在绝望与悲愤中溘然长逝，年仅三十九岁。

郑成功去世之后，张煌言又向继承"延平王"之位的郑经提出拥戴鲁王的动议，没想到郑经不仅拒绝了张煌言的提议，还停发了鲁王朱以海的宗禄，任其自谋生路、自生自灭。是年十一月，四十五岁的鲁王朱以海病逝。

郑成功英年早逝，"闽系"在郑经的领导下愈加混乱，文武官员纷纷陷入争权夺利的内讧之中。清康熙二十年（1681年）正月，郑经病

---

① 指清政权强迫沿海居民搬迁到距离大海三十里甚至更远的地方，把濒海之地变成无人区，以此断绝据守海岛之郑氏集团的给养来源。

死，各派势力加紧了篡权的步伐。次月，郑经长子郑克臧被暗杀，冯锡范等人拥立年仅十二岁的郑经次子郑克塽继承王位，趁机攫取权力。

反观清政权方面，在继续实行"沿海迁界"的同时，还大胆起用降将施琅，募练能够出海作战的水师。清康熙二十二年（1683年）八月，施琅率领水师攻陷澎湖，郑克塽在大臣的劝说下投降，后被带往京师，特封为公爵，隶汉军正红旗。

十七年以后，康熙皇帝玄烨下达诏令，说郑成功是"明室之遗臣，非朕之乱臣贼子"，命人将郑成功、郑经父子的灵柩迁回福建老家重新安葬，并建祠堂祭祀。漂泊在沧海之外的落叶，终于归了根。

# 第十七章 | 殉难

## ⑦2
## 大势已去

当郑成功、张煌言在长江下游落败的时候，永历政权残存在西南、两广地区的势力也在急速崩塌。当时，信郡王多尼统领着三路大军进取云南，朱由榔一路向西逃往缅甸避难，吴三桂因为后勤补给问题停下了追击的步伐，回过头对滇中、滇东地区的抗清力量进行清剿。

在清军残酷而血腥的屠刀之下，不计其数的无辜百姓惨遭蹂躏，史载云南境内"无处不遭兵火，无人不遇劫掠"，"房地为之翻尽，庐舍为之焚拆，以致人无完衣，体无完肤，家无全口，抢天呼地，莫可控诉"。惨无人道的肆虐激发了云南百姓的怒火，滇东地区一些原本已经归附清政权的土司揭竿而起，令初来乍到的清军十分惊恐。然而，李定国、白文选率领的残存力量散布在滇西地区，难以进行统一的调度指挥，更别说响应滇东土司的抗清义举了。结果不到一个月的时间，吴三桂就把这些抗清力量全部镇压下去了。

与滇东土司、百姓奋起抗争形成鲜明对比的是，在朱由榔、李定国、白文选一路西逃之后，分散在云南各地的永历政权武装掀起了一股投降的高潮。吴三桂将这些降兵收拢起来，整编成了十个营，总兵力竟然达到了三万人以上！

四川方面也难以独善其身。早在永历十三年（1659年）的夏天，时任四川巡抚高民瞻率领清军从保宁府出发，用了半个月便进抵永历政权武装控制的成都府，守军竟然不战而降，将这座满目荆棘的蜀中首府拱手送给了清军。紧接着，清军又挥师向南，一路上收降纳叛，很快便将川南收入囊中。

尽管清军轻而易举地拿下了川西、川南，但对于"夔东十三家"盘踞的川东地区，颇有一点望山兴叹的味道，眼下还不敢轻举妄动。除地势险要、交通不便之外，这些号称"十三家"、实际上难计其数的抗清武装可比永历政权难对付多了。一直等到郑成功远赴台湾、朱由榔遇害，清政权才得以集中力量对"夔东十三家"下手，但谁也没有料到，这场声势浩大的绞杀战历时长达两年，郝摇旗、李来亨等颇有实力的抗清武装一度成功发起反击，搞得清军焦头烂额。一直到清康熙三年（1664年）的夏天，"夔东十三家"中的大部分抗清武装已经灰飞烟灭，硕果仅存的李来亨部依然在茅麓山区与清军继续周旋，利用地形优势不断地消耗对方的有生力量，很多清军将领丧命于此。在长达半年的围困战中，清军先后投入十多万军队，每前进一步都要付出极大的代价。李来亨这支孤军被困山林，终究难免弹尽粮绝的结局，他只能以自杀殉国的方式，给"夔东十三家"的抗清义举画上一个悲壮的句号。

再来看两广地区。李定国率领大军从两广撤退之后，留在当地继续抗清的主要是原来在当地招募或者主动归附的义师，他们由于势单力薄，基本上处于被动挨打的状态。从永历十三年（1659年）开始，清军对分散在两广各地的残存抗清武装展开了全面清剿行动。义师将领或殉国，或投降，或削发为僧，很快就消散在历史的长河之中了。

残存在云南、四川、两广地区的抗清力量纷纷土崩瓦解，归根结底还是由于永历政权这面大旗显示出日暮途穷的态势。咱们在前面说过，朱由榔不顾李定国的劝阻，执意在沐天波、马吉翔等人的陪同下前往缅甸避难，结果刚出国门，就被对方缴了械。他们没想到，边关遇阻可谓这些年来他们最为屈辱的时刻，但跟后面的遭遇比起来，就不算什么了。

当他们来到一个叫蛮莫的地方时，偶然发生了一段小插曲。其实，这一路逃亡下来，沐天波一直在思考一个问题：虽然缅甸目前还能顾及己方的面子，但往后毕竟是寄人篱下，如果清政权咄咄逼人，局势极有可能发生逆转，有必要做好准备。于是乎，沐天波给朱由榔提了一个建议，将太子留在边境地区，可进可退，以防不测。

沐天波的这个提议，令人不禁回想起十多年前紫禁城里曾经发生的类似的一幕：当时，李自成率领的大军兵临北京城下，有大臣向崇祯皇帝朱由检提议说，让他留守京城坐镇，太子则南迁避祸，避免被李自成一锅端，结果惹得朱由检大为光火。

跟刚愎自用的朱由检比起来，朱由榔脾气好多了，听了沐天波的提议，他非但没发火，还深表赞同。不过，他愿意将太子留在边境，主要还是因为他在内心深处认定前往缅甸腹地可比滞留在边境地区安全多了，如果必须分出一个，他宁可让太子顶上。但听说朱由榔、沐天波要把太子留在边境地区，中宫王氏登时急了眼，劈头盖脸将沐天波一顿臭骂。沐天波领了一脸唾沫回去，不敢再吭声了，只能埋头继续赶路。

经过中宫王氏这么一搅和，太子最终没能留下来。朱由榔一行经过艰难的跋涉，终于来到了缅甸的第一大河——大金沙江（即今天的伊洛瓦底江）。缅甸方面派船只来接，但他们似乎不太欢迎过于庞大的随从队伍，派来的船只十分有限。迫不得已之下，朱由榔只能挑选出五百来人跟着他一同乘船，剩下的一千多号人，他可就管不了了，有钱的自己找当地人雇船，没钱的就用脚步继续丈量缅甸国土。

好不容易来到缅甸都城阿瓦附近一个叫井梗的地方，朱由榔一行刚刚安顿下来，又遇到麻烦了。当时，朱由榔派人带着一道敕书前去与缅甸官方接洽，有一位缅甸官员接过敕书左看右看，上看下看，总觉得哪里不太对劲，但一时又想不起来。本着认真负责的态度，这位官员回去翻了一下档案，找到了万历时期颁发给缅甸的敕书，他把两张敕书放在一起对比，终于把心中的疑惑搞明白了，扭头就回去质问朱由榔派来的使臣：敕书上的玺印怎么小了一号？肯定是假的！你们到底是什么人？胆敢冒充大明王朝的君臣！值此关键时刻，沐天波拿出自己的征南将军大印，盖上一个戳给缅甸方送去，方才化解了这场信任危机。

历经各种坎坷之后，朱由榔一行终于暂且安顿下来，但寄人篱下的日子可不是一般人能够忍受得了的。尽管朱由榔已经领略过了各个权臣的颐指气使，但直到流亡缅甸，他才意识到了什么是真正的窝囊。缅甸国王莽达喇的蛮横与霸道，远远超过了丁魁楚、刘承胤、孙可望这些妄图挟天子以令诸侯的实力派。

面对远道而来的朱由榔，莽达喇使出了"三板斧"。第一板斧是替朱由榔"减负"，原本由一千多人组成的流亡小朝廷，很快就被他找各种理由抓去杀掉了不少。第二板斧是因陋就简，在城外临时修建了十间草房，专供朱由榔一家人居住，至于随从，他可就管不着了，自己想办法去。第三板斧是老死不相往来，拒绝与朱由榔本人及其派来的使者见面。这里蕴含着玄机：在莽达喇看来，缅甸毕竟是大明王朝的藩属，双方一旦见面，到底谁是爷？按理说朱由榔才是爷，人家毕竟是大明王朝的皇脉，可现如今混成这副模样，莽达喇还得行藩臣之礼，这不是侮辱自己吗？再者说，缅甸与这个流亡小朝廷公开发生官方往来，如果今后清政权坐稳了江山，前来兴师问罪，莽达喇该怎么解释？

"三板斧"砍下来，流亡小朝廷陷入了前所未有的困境，朱由榔哀莫大于心死，然而事到如今，也只能接受残酷的现实了。朱由榔原本打算既来之，则安之，但缅甸方面并不打算让这群乞丐一般的君臣在这里心安理得地安身立命。不久，莽达喇又使出了一道撒手锏：断其供养。

　　失去最基本的生活保障后，昔日养尊处优的官员们只能各显神通。很多人只能脱下身上的官服，与当地百姓打成一片，"短衣跣足，阑入缅妇贸易队中，踞地喧笑，呼卢纵酒"，受尽当地人的白眼和鄙视，换来一点钱勉强果腹。直到秋收之后，莽达喇似乎萌生了一丝恻隐之心，给他们送来一批新谷，这群人又为了抢夺粮食而大打出手，搞得披头散发、鼻青脸肿，新谷被泼洒一地，简直是丑态毕露，出尽了洋相。

　　总而言之，朱由榔过着越来越狼狈的生活。咱们回头再来看在滇西继续坚持抗清斗争的李定国。当初得知朱由榔不听劝阻，执意跨出国门前往缅甸避难，李定国不禁大为光火，随即与白文选商议，两人一致认为当务之急是把朱由榔接回来主持大局。白文选率部赶赴边境，两番派出使者前去接洽，没想到都被缅甸方面以擅闯国境为由直接杀害了。白文选哪里忍得下这口气，当即率部攻杀，狠狠地揍了缅甸军队一顿。

　　边境战报传到阿瓦，莽达喇赶紧派人前去质问朱由榔到底是怎么回事。莽达喇都搞不清楚状况，寄人篱下的朱由榔就更蒙圈了。在缅甸方面的逼迫下，朱由榔派人前往边境，向白文选传达撤兵诏令。没过多久，又出现一支抗清武装打着迎接圣驾的旗号进入缅甸境内，遭到阻止便大打出手，结果又是莽达喇逼着朱由榔下达诏令，方才将这拨不速之客送走。为了避免类似的情况再次发生，并向缅甸方面表达自己绝无二心的诚意，朱由榔又在马吉翔的怂恿下给缅甸边境的守军送去了一道"护关符"，上面写着"朕已航闽，后有各营官兵来，可奋力剿歼"，意思是谎称自己业已乘船前往福建去了，但凡有前来迎驾的队伍，就把这道敕令拿出来给他们看，让他们拜佛先找对庙门，如果不听劝阻，就别怪人家缅甸军队不客气了。

明明人在缅甸，偏要谎称去了福建，李定国、白文选可没这么容易糊弄，依然做着迎驾回国的各种谋划和行动。永历十四年（1660年），白文选率部进抵阿瓦附近，与流亡在外的小朝廷已经近在咫尺了，结果又是朱由榔的一道诏令，让白文选灰溜溜地回去了。

转眼到了永历十五年（1661年）五月，邻近的暹罗派出使臣前来联络李定国，邀请他率部前往暹罗境内的景线休整，并表示愿意提供支持，帮助他收复云南，把他感动得热泪盈眶。为了迅速成行，李定国一面派人前往暹罗接洽具体事宜，一面加快部署迎驾行动。然而，缅甸方面早有准备，又把李定国、白文选的迎驾队伍堵了回去。

经过这一系列变故与挫折，白文选深感前途迷茫。恰逢吴三桂派出马宝、祁三升等投降将领率部前来追剿，与白文选在一个叫孟养的地方撞个正着。正是在这些故交的劝说之下，白文选率领麾下四千余众投降了清军。如此一来，李定国更加势单力薄，只得独自率领残存的力量前往暹罗境内的景线暂且安身。永历十六年（1662年）六月底，苦闷而绝望的一代"战神"李定国在给部将留下"宁死荒徼，无降也"的嘱托之后，在异国他乡永远地闭上了双眼。然而，他麾下的很多部将最终背离了这份沉重的临终嘱托，他们相继率部回国向清军投降，毕竟大势已去，无力回天了。

尘
埃
落
定

在永历政权的残存力量看来，朱由榔好比一面旗帜，需要靠他来感召和凝聚所剩无几的抗清力量。因此，李定国一门心思地想把朱由榔迎回国内。反观清军内部，在如何处理朱由榔的问题上，其内心要纠结得多。

自从朱由榔迈出国门的那一天起，齐聚昆明的清军将领便围绕着一个话题争论不休：是否要出兵缅甸，把朱由榔逮回来？以信郡王多尼为代表的满族将领认为，朱由榔的号召力已经彻底被废了，无论他回国与否，对未来形势的发展都不会起到什么明显的影响，所以与其劳师以袭远、拉长战线，不如任其自生自灭好了。这里需要给大家说明的是，多尼等人做出这样的决断，并非对朱由榔的流亡小朝廷心生恻隐，而是基于现实考虑。率领大军从昆明经滇西征讨缅甸，路途艰险遥远，后勤补给异常困难，更何况那里的瘴疠之气远非两广可比，他们完全可以预见到，水土不服而造成的非战斗减员将是十分惊人的。

与满族将领不同，汉人吴三桂对这个民族的坚韧传统具有非常深刻的认知。他坚持认为，斩草务必除根，否则春风吹又生，如果不把朱由榔从肉体上消灭，这次挥师进剿就不够彻底，反清复明的势力极有可能卷土重来。

多尼与吴三桂难以达成共识，只有让朝廷来做出裁决。经过一番商议，清政权方面做出了明确的答复：首先，必须把朱由榔逮回来；其次，无论从政治影响还是从山地作战的实际情况来看，把这个任务交给八旗铁骑都明显不太合适，所以除了留下少量部队驻守昆明，多尼率主力北撤；最后，将洪承畴调往昆明，全权负责进军缅甸逮捕朱由榔的事宜，并由吴三桂麾下的武装具体执行。

洪承畴躺着也中枪，自然是相当郁闷，将无事生非的吴三桂臭骂了一通之后，他赶紧呈上一道奏疏，力陈此时进军缅甸面临诸多不利因素：一是经过战火摧残，云南被破坏得满目疮痍，尤其是"粮米腾贵，买备无出，军民饥毙载道，惨难见闻"，粮食补给成了现实的难题；二是李定国率领的残存力量还在滇西坚持斗争，滇中、滇东那些表面上归附清军的土司也未必那么可靠，滇西稍有风吹草动，不排除他们有反戈一击的可能。总而言之，洪承畴认为，等到次年秋收之后再展开追剿行动，显然要稳妥得多。

清政权将洪承畴调到昆明，是永历十三年（1659年）的事儿。考虑到洪承畴所言确属实情，朝廷方面也不便强压，但暂时搁置进军缅甸的作战计划，并不代表放朱由榔一码，清政权转为通过外交手段向缅甸施压。奉朝廷之命，洪承畴给缅甸官方及蛮莫当地的土司致信，要求他们向清军分别交出朱由榔、沐天波和李定国。

自从奉命部署逮捕朱由榔的行动以来，洪承畴的内心从来没有平静过。他不希望朱由榔被自己亲手逮住，更不希望朱由榔被自己亲手送上断头台。此时此刻，他想到了很多人、很多事，有直呼见他如见了鬼的左懋第，有讥讽他"洪恩浩荡，未能报国反成仇"，临死也要把他臭骂一顿的黄道周，有"不肯身泛洪涛，愿来投见，死于明处"而主动前来赴难的王之仁，还有很多很多……洪承畴想不过来，也不敢尽想。他摊开双手，上面仿佛沾满了淋漓的鲜血。他抬头仰望，无数双眼睛悬在空中发出仇恨的目光。他赶紧闭上双眼，无数张鄙夷的面孔又在他的脑海里回荡。

在等待缅甸方面回音的这些天里，洪承畴做了很多梦。他梦见崇祯皇帝朱由检在北京为他举行了隆重的祭祀大典，梦见史可法惨死于乱军之中、尸骨无存，梦见大江南北遍地哀号，梦见永历皇帝朱由榔人头落地，鲜血溅了他一身……洪承畴被朱由榔的鲜血激醒，才发现那不过是全身上下浸透衣衫的冷汗。他病了，病得很重，以至于不能继续完成朝廷托付给他的重要使命。没过多久，洪承畴如愿以偿地得到清政权的批准，返回北京调养身体。六年后，早已被清廷冷落的洪承畴在北京寓所里郁郁而终。

洪承畴离开昆明以后，清政权任命吴三桂留镇云南，事实上取代了洪承畴的地位。从此，吴三桂便以"云南王"自居，野心也逐渐膨胀起来，为后来起兵反叛埋下了伏笔。当然，吴三桂后来挑起的"三藩之乱"与反清复明的大业无关，尽管他打着复明的旗号。

回头来看眼下。缅甸方面一直没有回话，清政权不由得打起了退堂鼓，打算让朱由榔就此漂泊在异国他乡算了。原因很简单，因为长年用兵，朝廷的财政相当吃紧，郑成功率领的"闽系"已经在台湾站稳了脚跟，加之天下初定、百废待兴，清政权需要做的事情太多了。正是着眼于天下大局来考虑，清政权准备放朱由榔一马，任其自生自灭。

然而，以"云南王"自居的吴三桂可不希望自己的身边埋着这么一颗炸雷，他竭力上疏奏请进军缅甸。转眼到了永历十四年（1660年），朝廷经过反复权衡，同意了吴三桂的意见，为稳妥起见，又调派爱星阿①率领一部八旗兵南下入滇，配合吴三桂作战。

出乎所有人意料的是，吴三桂、爱星阿的大军尚未开动，缅甸国王莽达喇竟然派出使臣前往云南接洽来了。缅甸方面表示，他们愿意向清军交出朱由榔，但在此之前，需要清军配合缅军将活跃在边境地区的李定国、白文选彻底剿灭，毕竟与苟延残喘的流亡小朝廷相比，这支残存武装才是缅甸真正的忧患。

吴三桂认为，与缅甸方面合力进剿李定国、白文选的残存力量，这事儿本身没什么错，但最适当的出兵时机已经错过了，眼下大动干戈的话，既要承担诸多不确定的风险，也不符合擒贼先擒王的基本原则。经过反复权衡，吴三桂决定派出一些人马到边境地区晃一晃，算是给缅甸方面一点面子，并没有打算采取大规模的清剿行动，而是将主要精力放在进军缅甸、逮捕朱由榔本人的方向上。

转眼到了永历十五年（1661 年）五月下旬，吴三桂、爱星阿还在为挥师出征做着各种准备，缅甸方面却发生了一桩石破天惊的突发事件：莽达喇的弟弟莽猛白发动宫廷政变，将莽达喇处死之后篡位自立，成为新一任缅甸国王。按理说，这两兄弟手足相残、血溅宫廷，与寄人篱下的朱由榔没什么关系，但莽猛白执意派人向朱由榔索要贺礼。

说起来真是个笑话，此时的朱由榔穷得叮当响，连吃饭都成问题，哪里还有什么钱给莽猛白道喜呢？其实呢，莽猛白图的不是财，堂堂一国之君会缺几个铜板？他壮着胆子干了这么一票，难免有些心虚，毕竟君位来路不正，所以希望朱由榔能够配合一下，借用大明王朝天子的空头衔替他

① 爱星阿全名是舒穆禄·爱星阿，正黄旗人，其祖父舒穆禄·扬古利曾娶努尔哈赤之女为妻，是后金政权的开国元勋之一。顺治时期，爱星阿深受宠信，授正一品的领侍卫内大臣，史载此衔"以王公助戚大臣为之，位极尊崇"，是皇帝侍从中级别最高的武官。

站台背书，增加一些政治筹码，也能安抚一下缅甸内部舆论。

朱由榔这个人也挺有意思，当初为了保命，连就地缴械这样的严苛要求都能接受，现如今反倒端起来了，摆出一副宗主国君的架势，认为莽猛白这事儿办得太不地道，"以其事不正，遂不遣贺"。

如此一来，莽猛白与朱由榔的梁子就算是结下了。与先前蛮横霸道的莽达喇相比，莽猛白有过之而无不及，他打着"吃咒水盟誓"的幌子，将沐天波、马吉翔等数十名追随朱由榔流亡的官员请到阿瓦，结果他们有去无回，全部成了莽猛白的刀下之鬼。随后，他又指使手下跑到朱由榔的栖居地大肆劫掠，逼得包括两名嫔妃在内的一百多人当场自缢，尸身挂在树上"累累如瓜果"，一时间"母哭其子，妻哭其夫，女哭其父，惊闻数十里"，史称"咒水之难"。

亲眼看见异常惨烈的灾难，朱由榔吓得躲进屋中瑟瑟发抖，要不是身边的侍卫苦苦相劝，他自己都想上吊了。眼瞅着局面一发而不可收，莽猛白担心把朱由榔弄出个好歹，将来没法向清军交代，方才出面进行了制止，并为幸存人员送来了一些粮食和生活必需品。为了防止朱由榔自行了断，莽猛白谎称这场浩劫是军民自发组织的，原因是李定国、白文选擅闯边境，残害缅甸百姓，"缅民恨入骨髓，因而报仇尔"。

事到如今，朱由榔已经彻底绝望，没有兴趣去深究莽猛白所言真伪。跟随他流落异国他乡的大臣们基本上被杀了个精光，朱由榔无所依靠，只能苟延残喘，苦苦等待终结。

吴三桂、爱星阿并没有让朱由榔等待太久，他们于永历十五年（1661年）八月下旬正式从昆明启程，经过两个多月的艰难跋涉，前锋部队进抵地处萨尔温江以西的木邦。吴三桂、爱星阿随即联名向莽猛白致书，要求他把朱由榔一干人等无条件交给清军。正是无条件这个要求使得莽猛白犹豫起来，他索性不置可否，把这事儿挂了起来，静观事态变化。

等不来缅甸方面的回音，吴三桂、爱星阿决定亲自跑一趟，没费什么力气便兵临阿瓦城下。莽猛白意识到这支清军不好惹，搞不好连自己一道给收拾了，只得将朱由榔及跟随他流亡的儿子朱慈煊和几名宫人移交给了吴三桂。至于其他随从人员，虽然在"咒水之难"中被杀掉了不少，幸存下来的一部分并没有被莽猛白一起交给清军，而是留在缅甸的土地上繁衍生息下来了。有说法认为，这批明末遗民正是果敢族最早的来源之一。

永历十六年（1662年）三月，朱由榔等人被清军押解回昆明。吴三桂上疏认为，朱由榔的身份太过敏感，昆明到北京又路途遥远，将其送回北京受刑，一路上的风险太高了，还是就地解决比较稳妥。清政权批复表示同意，但到底让朱由榔有个怎样的死法，朝廷没有明说，汉人杀汉人，你吴三桂自己看着办吧！

为了彻底瓦解抗清势力的士气，吴三桂准备将朱由榔斩首示众，但爱星阿对此有不同的意见。他认为，清军入关伊始，便为在煤山自缢的朱由检发丧、祭祀，现如今倒要将朱由榔当众处决，于情于理恐怕都不合适。满族人入主中原，可不是待一天两天，时过境迁之后对天下子民不好交代，因此"当赐以自尽，始为得体"。

爱星阿是正黄旗出身，又深得顺治皇帝的宠信，既然他发了话，身为汉臣的吴三桂也不便违拗，但他依然心有不甘，最终只采纳了一半意见：可以给朱由榔留一个全尸，但不能赐其自尽。四月二十五日，朱由榔被押往昆明城外的篦子坡，吴三桂麾下的行刑手用弓弦将他勒死，随即又将尸身焚化，捡大骨送往朝廷复命。当地百姓不忘故主，以出城上坟为幌子，搜集朱由榔的残骸改葬于太华山（位于滇池西岸，今称西山），后来又将篦子坡改称"逼死坡"。

活生生的朱由榔成了一堆骨骸，不知他是怀着怎样的心情命赴黄泉的。在这个阴云密布的年份，郑成功、鲁王朱以海也紧随其后，在无垠沧海的涛声中长眠。尘埃落定，一个王朝宣告终结。

尾声

小人物的悲壮

南明应该画上句号了，但我还想再说一说张煌言。

张煌言（1620—1664年），字玄著，号苍水，鄞县人，崇祯十五年（1642年）举人。如果一切太平的话，他或许能挤进官场，像他的父亲那样，做一个不大不小的官，平平淡淡地了此一生。他或许还能成为一位诗人，闲暇之余赞美一下大好山河，感慨一番怀才不遇。然而，一场惊天动地的巨变改变了他的人生轨迹，金戈铁马、浪迹沧海成了这个柔弱文人后半生的写照。

虽说时势造英雄，但张煌言自始至终都是一个小人物。他第一次独当一面，是以监军的身份前去接应苏松提督吴胜兆的反正，结果出师不利、遭遇飓风，自己险些丧命，最后奇迹般地"得间行归海上"。他这一生的高光时刻，是与郑成功一起发起长江战役，打着"延平王"的旗号在南京上游招揽抗清力量，结果成为一枚弃子，历尽千辛万苦，辗转两千多里路才回归大海。

大海是他的家，而他不过是沧海一粟。张煌言想做一个扭转乾坤的人，却安于卑微，在钱肃乐、张名振、郑成功、朱以海等人的光环下和背影里默默坚守着自己的信念。他们那昔日耀眼夺目的光环黯然失色，曾经雄伟豪迈的背影随风而去，张煌言内心信念的丰碑也随之坍塌。深感回天无力之时，他解散了义师，到一座孤岛上"结茅而处"，要在一片汪洋中了此残生。

由于叛徒的出卖，他不幸沦为清军的阶下囚。面对敌人的招降，张煌言与很多忠贞不屈的义士一样，做出了掷地有声的响亮回答："父死不能葬，国亡不能救，死有余辜。今日之事，速死而已。"康熙三年（1664年）九月初七日，张煌言在杭州"挺立俟死""坐而受刃"，慨然结束了自己短暂而波澜壮阔的一生。他被当地百姓葬在南屏山北麓的荔枝峰下，后人称他为"西湖三杰"之一，另外的两杰，一个是岳飞，一个是于谦。

　　下笔千言，不知所止，就借用张煌言临难时所作的一首诗，给惨烈而悲壮的南明时代画上一个句号吧：

> 义帜纵横二十年，岂知闰位在于阗。
>
> 桐江空系严光钓，震泽难回范蠡船。
>
> 生比鸿毛犹负国，死留碧血欲支天。
>
> 忠贞自是孤臣事，敢望千秋青史传！

# 附　主要参考书目

（按书名拼音排序，同名书按著者名拼音排序）

**【古籍】**

《北使纪略》（明·陈洪范撰）

《东华录》（清·蒋良骐撰）

《过江七事》（明·姜曰广撰）

《弘光实录钞》（明·黄宗羲撰）

《嘉定屠城纪略》（明·朱子素撰）

《甲申核真略》（明·杨士聪撰）

《甲申纪事》（明·赵士锦撰）

《甲申日纪》（明·李清撰）

《爝火录》（清·李天根撰）

《明季北略》（清·计六奇编撰）

《明季南略》（清·计六奇编撰）

《明末滇南纪略》（清·佚名撰）

《明末农民战争史》（顾诚著，光明日报出版社，2012年）

《明史》（清·张廷玉等编）

《明史纪事本末》（清·谷应泰撰）

《南渡录》（明·李清撰）

《南疆绎史勘本》（清·温睿临原著，清·李瑶补辑）

《瞿式耜集》（明·瞿式耜撰）

《三藩纪事本末》（清·杨陆荣撰）

《三垣笔记》（明·李清撰）

《山阳录》（明·陈贞慧撰）

《石匮书后集》（清·张岱撰）

《绥寇纪略》（清·吴伟业撰）

《小腆纪年附考》（清·徐鼒撰）

《小腆纪传》（清·徐鼒撰，清·徐承礼补遗）

《杨忠节公遗集》（明·杨廷麟撰）

《扬州十日记》（明·王秀楚撰）

《永历实录》（明·王夫之撰）

《罪惟录》（清·查继佐撰）


【学术著作】

《剑桥中国明代史》（［美］牟复礼，［英］崔瑞德编，中国社会科学出版社，1992年）

《剑桥中国清代前中期史》（［美］裴德生编，中国社会科学出版社，2020年）

《柳如是别传》（陈寅恪著，三联书店，2015年）

《南明史》（顾诚著，光明日报出版社，2011年）

《南明史》（钱海岳著，中华书局，2006年）

《南明史》（［美］司徒琳著，上海书店出版社，2007年）

《三案始末》（温功义著，三联书店，2013年）

《增订晚明史籍考》（谢国桢著，上海古籍出版社，1981年）